美国注册管理会计师（CMA）认证考试应试指南

战略财务管理

优财管理会计研究院　组　编
代　坤　主　编
王　谦　姚　立　程　飞　副主编

中国财经出版传媒集团
经济科学出版社
Economic Science Press

图书在版编目（CIP）数据

战略财务管理/优财管理会计研究院组编．—北京：经济科学出版社，2019.10（2022.1 重印）
美国注册管理会计师（CMA）认证考试应试指南
ISBN 978－7－5218－1017－2

Ⅰ.①战… Ⅱ.①优… Ⅲ.①企业管理－财务管理－资格考试－美国－教材 Ⅳ.①F275

中国版本图书馆 CIP 数据核字（2019）第 221298 号

责任编辑：周国强
责任校对：蒋子明
责任印制：邱 天

美国注册管理会计师（CMA）认证考试应试指南
战略财务管理
优财管理会计研究院 组 编
代 坤 主 编
王 谦 姚 立 程 飞 副主编
经济科学出版社出版、发行 新华书店经销
社址：北京市海淀区阜成路甲 28 号 邮编：100142
总编部电话：010－88191217 发行部电话：010－88191522
网址：www.esp.com.cn
电子邮箱：esp@esp.com.cn
天猫网店：经济科学出版社旗舰店
网址：http://jjkxcbs.tmall.com
固安华明印业有限公司印装
787×1092 16 开 29.75 印张 640000 字
2019 年 11 月第 1 版 2022 年 1 月第 4 次印刷
ISBN 978－7－5218－1017－2 定价：100.00 元
（图书出现印装问题，本社负责调换。电话：010－88191510）

序

随着我国改革开放和经济强国建设继续向前推进，我国管理会计正在向着数据化、行业化、宏观化、国际化、业财融合、技财融合、中西融合等方向发展，一个管理会计应用和创新的新浪潮正扑面而来，这将对管理会计人才的需求产生积极影响。我们认为，中国管理会计人才培养比较有效的途径就是职业化，也就是让那些希望转型的财会人员、让那些乐意将管理会计作为自己职业生涯的人士、让那些在非财会部门工作而又想将自己的业务与企业价值创造联系起来的人士，通过认证过程系统地掌握管理会计的知识和技能体系及其应用原理，通过认证组织嗣后提供的增值服务不断地更新理论和实务，保持终身学习的人生态势。

"优财"即将推出"美国注册管理会计师（CMA）认证考试应试指南"，将为那些正在备战CMA认证考试的我国考生奉献一部宝典，其中包含着通过考试的经验和方法以及必须理解的关键知识点。

这里有三点想法，乐意与大家分享。

1. 怎么理解管理会计？

在企业管理实务上，管理会计是创造企业价值的信息系统。作为信息系统，它为企业高层、各级经理以及普通员工的决策提供信息，在现代技术条件下，提供信息与飞速进步的信息技术（IT）紧密相联，没有信息技术，管理会计信息系统的运行是不可想象的。至于企业价值，有多种理解，但最重要的是财务价值，也就是赚钱或利润。有人以为"企业不应该只追求利润"，这是对的，但这并不意味着企业可以不追求利润。企业利润是股东利益所在，在兼顾其他利益相关者（如顾客、员工、供应商、社区、政府等）利益的条件下，必须全力以赴地追求。原因很简单，在社会整体上，利润表示社会财富增长，是民富国强的保障，更何况我国最大的股东是国家，过去几十年我们正是利用国家作为股东的优势，创造了令世人瞩目的经济辉煌。由此我们可以推论：除非企业不想赚钱了，否则，只要想赚钱，就需要管理会计。

2. 怎样规划管理会计职业生涯？

在正常情况下，通过CMA认证并正式从事管理会计工作，然后依次晋级到主管会计、财务经理、总会计师（CFO）。实际上，从总会计师"华丽转身"到总经理（CEO），甚至到董事长并非少见。需要提醒的是，管理会计师不是行政职务，而是专业岗位，他（她）必须把认证过程中所掌握的知识和技能运用起来，为创造企业价值做贡献。美国管理会计协会（IMA）曾认为，管理会计师作为一种职业，是高层管理决策的伙伴、是计划和绩效管理系统的设计师、是报告与控制的专家。在企业中，管理会计师职业“很神圣”，但责任重大。说到这里，有人可能质疑：财务共享服务、大数据、人工智能、云计算、区块链、物联网等技术的应用正在“残酷”地淘汰财会人员，包括管理会计人员，管理会计还有机会吗？这确实是一个不争的事实！但我们并不认为信息技术的发展会将财会人员、管理会计师逼到“灭顶之灾”的地步，我们反而觉得有两点特别令人感到兴奋：一是信息技术淘汰的都是中低端人才，高端人才仍然是供不应求。我们曾经观察到，傻瓜相机把普通摄影师淘汰了，但婚纱照相师却大行其道，而且研发傻瓜相机的工程师一下子紧俏起来，管理会计亦然。二是管理会计信息技术的发展提供强大的数据获得、计算、存储和分析的手段，如果我们掌握了管理会计知识和技能，我们更容易将业务与财务、将技术研发与财务、将物联网与财务结合起来，更容易为企业创造价值。我们注意到，搞供产销、人财物管理的在学习管理会计；有个称为“商业数据分析”（business analytics）的新专业的学习内容是信息技术、市场营销和会计三个模块；制造业分为智能制造、人文制造和经济制造，而经济制造的知识和技能之一是管理会计。这一方面让人看到管理会计在开疆扩地，另一方面也让人看到非会计非财经人士在“挤占”管理会计地盘，职业竞争在所难免，但结果一定是具有管理会计知识和技能的专业队伍在壮大，当然他们不一定都在财务部门工作。由此推测，在实务上可能难以辨认谁是管理会计师，但管理会计知识和技能将依然是管理者知识结构中重要组成部分，依然是算法（algorithm）编制所依据的内容之一。

3. 怎么看待CMA认证？

我国管理会计师认证工作正在如火如荼地展开，已经取得了巨大成就，可圈可点。由于认证与培训、考试、加入会员、教材等经济利益连在一起，所以，我国认证机构之间的竞争相当激烈。当前我国管理会计师认证所采取的是公益事业民营化的形式，之所以采取这种形式，就是因为认证组织都是专业机构，从长远看，专业机构只有依靠提供高质量、行之有效的专业知识和技能，保证通过认证的管理会计师能够为企业价值创造做出贡献，才能招到学员、赚到钱，才能保证自己可持续发展。撇开利益羁绊，我们可以清楚地看到，我国当前管理会计师认证是一个中外认证组织“共存共容”的良好局面，符合我国政府最近几年所大力倡导的多边主义和贸易全球化的诉求。有两种说法值得肯定：一是引进管理会计师国际认证组织是必要的，因为它树立了标杆；二是本土化管理会计师认证也是必要的，因为它接地气，虽然还不成熟。但这两种说法并非相互排斥，按原中注协秘书长丁平准推算，我国需要300万注册管理会计师，即使最激进的估计，现在具备注册管理会计师知识和技能的人才不会超过20万！可见，潜力之巨大，竞争性合作应该是最佳选择，既利于认证组织，又利于管理会计人才培养。

经常有人来问我，美国IMA的CMA认证怎么样？我的答案是：第一，美国CMA认证是国家外专局正式引进的，时任国家外专局培训中心主任白继迅先生认为，CMA 认证体系是适应市场经济需要、具备国际视野，并相对成熟的现代企业管理的知识和技能体系；后来得到国务院国资委的认可，并在中央企业推广；更为重要的是，借助 2013 年以来财政部大力推动企业和行政事业单位管理会计体系建设的东风，加之 IMA 入乡随俗，汉化考试，使 CMA 认证在我国迅速扩张。第二，管理会计源于美国，美国迄今引导着管理会计发展潮流，IMA 代表着美国管理会计，CMA 认证有近 50 年的历史，在考试内容、教材编写、培训、会员管理、知识库积累以及如何保持管理会计知识和技能体系与时俱进等方面，都有比较成熟的经验，影响到管理会计研究、教育和实务，令人佩服。第三，IMA 在我国认证已有 10 多年的历史，为我国管理会计人才培养做出显著的贡献。据悉，中国的 CMA 持证者中大部分已经成为企业和行政事业单位的骨干力量，而拿到高薪、居于高位、获得突出成就的也大有人在。

优财专注管理会计培训，其业务分两类：一是 CMA 考前培训；二是企业和行政事业单位财务与非财务骨干进行 CMA 认证知识和技能的培训。十年前，优财在北京开业时，本人应邀出席，本人见证了优财的成长和对我国管理会计人才培养所做出的贡献。据悉，经优财培训的学员超过 1.7 万人，经优财 CMA 考前培训并通过 CMA 认证的有 9 000 多人。相信优财将会一如既往，通过推出“美国注册管理会计师（CMA）认证考试应试指南”，来帮助有志从事管理会计职业的人士顺利通过 CMA 认证，使他们有机会、有能力利用管理会计的知识和技能，为自己的职业生涯开辟道路，也为所在单位、为社会做出应有的贡献。

于增彪
清华大学教授
IMA 荣誉教授
财政部管理会计咨询专家

助力新一代财务管理者华丽转身
——编者序

新时代，越来越多的企业开始重视管理会计，越来越多的财务人员开始“充电”管理会计知识与技能，这是因为，管理会计确实能够为企业创造价值，管理会计也确实能为个人职业发展助力！中国管理会计的最佳机遇期全面到来！

企业推动财务转型就是要推动从传统的会计核算型转向创造价值型，这是适应经济全球化、市场环境复杂化、企业创新管理和提质增效的要求。而管理会计正是这一方向。在实现提质增效过程中，管理会计不是简单记账和统计，而是有能力参与计划、绩效、决策、修正等管理工作，并能够以专业化的财务表述和控制工具提供专业见解，在战略层面上提供专业化辅助管理的高级管理职业。据了解，在美国略微具有一定规模的企业都设有管理会计师的岗位，90% 的会计人员从事管理会计工作，75% 的工作时间用于决策支持。

近年来，我国财政部高度重视管理会计建设工作。2014 年 10 月财政部《关于全面推进管理会计体系建设的指导意见》正式出台，开启会计改革与发展的新篇章。2016 年 6 月财政部正式发布了《管理会计基本指引》，标志着管理会计建设从顶层设计正式走向落地实施。2016 年 10 月财政部又发布了《会计改革与发展“十三五”规划纲要》，将管理会计列为“行业急需紧缺人才”，明确提出“到 2020 年要培养 3 万名精于理财、善于管理和决策的管理会计人才”的任务目标。至此，管理会计体系建设正式上升到国家战略层面。2017 年 9 月，财政部发布了《管理会计应用指引第 100 号——战略管理》等 22 项管理会计应用指引，使我国在“管理会计大国”的顶层设计和实践落地建设上又迈出了坚实的一大步。2018 年 8 月和 12 月，财政部持续密集发布《管理会计应用指引第 202 号——零基预算》等 12 项管理会计应用指引。2018 年 12 月选聘组建第 3 届管理会计专家智库。管理会计体系建设持续快速推进。

新时代下，企业也对财务管理人员提出了新的要求，要求各级加快管理会计人才体系建设，培养一批熟悉国际市场、成本管理、资本运作、预算管理、风险管控、战略规划、信息技术，能够深入参与和支持重大决策的管理会计人才，释放管理会计在提高企业内部管理水平、增强价值创造能力方面的巨大潜力。这也是中国财务人员职业发展的方向和良好的职业发展机会。

2009 年 11 月，中国国家外专局与美国管理会计师协会（IMA）签约，正式将美国注册管理会计师（CMA）认证引入中国。IMA 成立于 1919 年，是当今世界管理会计学界最权威的机构之一，其推出的美国注册管理会计师（CMA）认证是世界财会领域的权威标准，具有很强的实用性。该认证的成功引进，对我国紧缺的高级管理会计人才的培养，对各类型企业战略决策能力及国际竞争力的提升、对中国高效透明的资本市场的建设，都有着极大的推动作用和重要意义！短短 10 年时间，中国会员人数已从 1 200 人增加到了 80 000 人。全球管理会计第一证 CMA 已经成为国内外大型企业抢夺的“香饽饽”，并成为中国新一代财务管理者充电选择的最佳途径。据时任 IMA 亚太区总监白俊江先生介绍：CMA 在全球 180 个国家认可，各行各业前 100 强企业都把 CMA 作为评估高级财务人员的衡量标准，根据 IMA 最新调研数据，持 CMA 证书的财务从业者平均薪酬明显高于其他同行。

在 2017 年 CMA 报考人数再次刷新历史纪录之后，2018 年、2019 年的报考人数呈持续井喷状态。为了帮助更多的 CMA 考生更顺利地通过考试，并能系统深入地掌握 CMA 知识、工具与技能，IMA 大中华区战略合作伙伴——优财（中国）CMA 培训中心再次引领行业创新，重磅推出 CMA 教辅书籍“美国注册管理会计师（CMA）认证考试应试指南”。

优财（中国）CMA 培训中心专注于 CMA 培训十年，被誉为 CMA 培训专家，据统计，国内 CMA 持证者一半以上毕业于优财。十年磨一剑，此书联合了国内几十位顶尖的管理会计专家和 CMA 金牌讲师，结合优财多年积累的教研经验和成功案例，也充分参考了 IMA 的《管理会计能力素质框架》，集多方资源精心研发而成，对 CMA 考生有很高的价值。

“美国注册管理会计师（CMA）认证考试应试指南”分为“P1”和“P2”两册，包罗了 2020 版 CMA 考试大纲全部考点，所列题目均出自历年 CMA 考试真题的精华，并在此基础上结合最新考点考纲进行了精准预测和模拟；在内容上与优财的“美国注册管理会计师（CMA）认证考试教材”充分契合，且各有侧重；配合优财最新上线的“CMA 案例式教学 2.0”课程，备考效果极佳。

本书得到了清华大学经管学院于增彪教授、IMA 亚太区总监李刚先生等专家的大力支持与帮助，在此一并表示感谢。

预祝全体 CMA 考生考试顺利、学业有成、事业有成！

赞　誉*

CMA 考试能让考生领略数字管理的风采，体验战略管理的乐趣。本书汇集了业内顶级名师的精心总结，书中大量使用表格对比，帮助考生记忆。同时，还囊括丰富的实务案例。本书可以说是 CMA 考生的必备书籍。

——**巴帅**　CMA，“CMA 全球高分金奖”

自从 2014 年中国的管理会计“元年”开始，我就渴望能够拥有这个当今世界最权威的管理会计证书——CMA，对于已经中年且承担繁忙工作的我确实力不从心。

然而遇到优财 CMA，一切都改变了。无论是老师的视频授课、案例分享，还是翻转课堂，都将管理会计的理论与实践有机结合，真正做到了开阔视野、学以致用，极大提升了我的集团财务管理能力。特别是百题精讲、考前串讲、每日一练和掌中宝助我轻松通过 CMA 考试。选择优财 CMA——“值”。

——**黄辉**　CMA，东风实业有限公司财务会计部部长

成功没有捷径可走，但这本不可多得的好书一定可以让您少走弯路，也一定会在您通往 CMA 的征程上助您一臂之力！

——**李峰**　CMA，“CMA 全球高分金奖”，中铁四局集团
上海工程有限公司副总会计师

随着社会经济的不断发展，财务工作的重心已由会计核算转向为管理会计。“会计人员越老越吃香”已成为历史，要想在职场立于不败之地，会计人员只能顺应社会潮流，不断学习，为自己加油充电。在 2016 年财政部印发的《会计改革与发展“十三五”规划纲要》中，多次提到管理会计体系与人才的建设。管理会计在我国普及程度还不高，管理会计人员属于稀缺性人才。如何成为一名优秀的管理会计人员？成为 CMA 就是一个不错的选择。

“优财”作为国内唯一专注于 CMA 的培训平台，拥有国内最先进的网络教学模式和优秀的老师队伍，我相信，“优财”将会为广大学员提供更加优质的培训和服务。考 CMA，我选择“优财”！

——**彭凯**　CMA，青海电力集体产业管理公司副总会计师兼财务资产部主任

为适应企业和自身发展的需要，每位财务人员都应该重视管理会计的学习。学习 CMA，不但会为您打开一扇窗，而且会带您进入一个更高、更广阔的世界。优财集国内顶尖的培训专家，编写的这套 CMA 认证考试辅导书，填补了国内备考 CMA 辅导书的空白。这套书详尽且重点、难点突出，对于备考 CMA 具有很强的方向性指导，必将成为广大考生的优质工具宝典。

——**全宇红**　CMA，国投中鲁果汁股份有限公司财务总监

管理会计在公司运营中具有特别重要的意义，从战略制定到逐层实施，每个环节都需要管理会计的专业支持！希望这本书提供的经典例题及案例，不仅可以助您通过 CMA 考

---

* 排名不分先后。

试一臂之力，并且可以为您的日常财务实践提供更多借鉴和指导意义！

——**山君** CMA，Johnson & Johnson 东南亚区域高级财务经理

在经济景气时，企业追求的是通过各方面的经营改善，获取超过行业平均水平的超额利润。而在经济不景气的情况下，企业要在生存的前提下，找到运营管理方面存在的问题，并加之以改善手段。因此，管理会计越发受到企业主的重视。

在此大背景下，CMA 的受众从广度和深度上都有了进一步的拓展。但学习 CMA，除了理论，更需理解和实践。

因此，“美国注册管理会计师（CMA）认证考试应试指南”的出版，将为众多考生更加深入地理解 CMA 理论的管理精髓起到助力的作用！

——**吴宁** CMA，锤子科技原财务总监

随着中国企业的国际化，财务人员也要顺应时代发展的要求，由传统的记账、管账提升到企业理财和管理的高度。而 CMA 非常好地契合了这一发展要求，给传统的财务提供了系统的理财培训和理论训练，为财务同仁必修课。我有幸于几年前结识优财，得益于其专业的服务、优秀的师资和持续不断的创新，为我现在的工作提供了很多的知识保障和便利，希望优财越来越好、越走越远。

——**魏丽萍** CMA，中美天津史克制药有限公司财务总监

在全球化格局和财务共享中心建立的情况下，财务会计的基础财务职能面临着国际会计准则趋同、会计人员的职业道德水准显著提高、会计记账的电算化和外包化三个问题，财务要想实现价值、创造价值，就需要建立起管理会计的思维，用管理会计的手段，应对企业外部和内部的环境变化。在这些方面，CMA 给了全体财务人一个快速高效提升自己管理会计思维和能力的机遇，优财作为国内唯一专注于 CMA 培训的佼佼者，相信“美国注册管理会计师（CMA）认证考试应试指南”的出版对于财务人深入把握管理会计精要必将大有助益！

——**杨强** CMA，“2016 CMA 年度杰出个人奖”，好未来教育集团
原新闻发言人兼董事会秘书、战略投资高级总监

“美国注册管理会计师（CMA）认证考试应试指南”是由国内首家通过 IMA 官方授权的美国注册管理会计师认证考试培训专家优财核心讲师团队组编，该系列书紧扣 CMA 认证考试体系大纲知识考点、重难点精讲突出，形成了一套从知识点复习、练习、强化、模拟、总结及提高的完整体系，书中对重要的考点结合经典例题通过文字、图表、对比来阐述，并配以经典考试真题及同步辅导和强化训练及解题思路，从而夯实基础，快速进入临考状态，是一套非常不错的 CMA 认证考试辅导书，值得推荐。

——**周金炳** CMA，美国纽交所上市公司原集团财务总监

学习 CMA 不仅可以开阔财务人员的眼界，还可以为职业生涯通往更高层次发展奠定基础，是一个企业财务管理者必备的执业储备。

CMA 教材是一部财务领域的百科全书，在这里我们不仅可以查到我们未知的全新知识点，也可以找到被定义为常识的理论与实践的结合。它将生命周期理论与企业成长相结合，更加细致与真实地剖析了一个企业成败的原因。CMA 辅导教材更是结合了中国实际将理论发挥得淋漓尽致，这是一部有中国特色和中国实践的卓越读本。

——**朱书红** CMA，“2016 CMA 年度杰出个人奖”，中国黄金集团公司总会计师

目　录

美国注册管理会计师（CMA）认证体系

CMA 考试介绍

一、关于 CMA 认证

美国注册管理会计师（Certified Management Accountant，CMA），是美国注册管理会计师协会（Institute of Management Accountants，IMA）1972 年创立的专业认证制度，是目前全球针对管理会计及财务管理领域的权威认证。与美国注册会计师（AICPA）、特许金融分析师（CFA）并称世界财经领域三大黄金证书，在全球范围内被企业财务高管所认可。CMA 认证旨在客观地衡量个人在管理会计领域的知识和能力。能帮助持证者职业发展，保持高水准的职业道德要求。站在财务战略咨询师的角度进行企业分析决策，推动企业业绩发展，并在企业战略决策过程中担任重要的角色。

二、CMA 报考条件

1. 学历背景要求（符合下列选项中任意一个即可）：

持有教育部认可的三年全日制大专毕业证书。

持有教育部认可的学士学位证书。

持有教育部认可的硕士研究生毕业证书、硕士学位证书、博士研究生毕业证书、博士学位证书。

持有中国注册会计师协会认证的注册会计师证书（CPA）或财政部会计资格评价中心认证的中级或高级会计师证书（中高级会计职称证书）。

2. 工作经验要求：

考生在通过全科考试后，可以在 IMA 网站上自行下载工作认证表格填写，IMA 在审核通过考生的教育认证和工作认证后才会寄发资格证书。

（1）具备 2 年连续的在管理会计或者财务管理领域中的工作经验。

（2）从业经验验证是要看您是否担任过在工作中需要您利用管理会计和财务管理的原理做出判断的岗位。这样的岗位包括财务分析、预算准备、管理信息系统分析、财务管理，以及政府、财务或行业中的审计、管理咨询、公开会计审计以及与管理会计或者财务管理有关的研究、教学或者咨询工作。

三、CMA 考试类型及时间

CMA 考试共有两门，提供英文和中文两种考试语言，满分为 500 分，通过分数为 360 分。每门考试时长为 4 个小时，包括 100 道选择题和 2 道 30 分钟的简答题。选择题分值比重 75%，简答题分值比重 25%。

CMA 考试采用机考模式（中文考试目前为纸笔考试）、考试每年开设三个考试窗口，每年举行三次。

中文：每年 3 个考试日期，4 月、7 月、11 月的某一个周末。

英文：每年 3 个考试窗口，1/2 月、5/6 月、9/10 月的工作日。

四、CMA 考试科目及费用

1. CMA 课程体系及各章节考试占比：

第一部分：财务规划、绩效与分析		第二部分：战略财务管理	
章节目录	占比（%）	章节目录	占比（%）
外部财务报告决策	15	财务报表分析	20
规划、预算和预测	20	公司财务	20
绩效管理	20	决策分析	25
成本管理	15	风险管理	10
内部控制	15	投资决策	10
科技与分析	15	职业道德	15

2. CMA 考试费用：

单位：美元

分类	学生会员	教师会员	专业会员
IMA 会员注册手续费	0	15	15
IMA 会员费	39	120	230
CMA 考试认证费（准入费）	188	188	250
CMA 单科考试费	311	311	415

注：从 2018 年 8 月 10 日起，购买 IMA 产品均需支付 6% 增值税。

五、CMA 考试流程

（1）首先，您需要注册成为 IMA 会员；

（2）支付考试准入费（entrance fee）；

（3）注册 CMA 考试，获得考试授权信；

（4）预约考试时间和地点；

（5）参加考试。

想要了解更多，可登录网站：www. youcaiwx. cn。

CMA 认证的核心价值

一、CMA 具备企业发展的核心价值

如何能为企业提供决策支持，整合和有效利用企业资源，组建以财务为核心的企业管理架构，已成为现代企业的重要需求，而 CMA 的价值就在于此。CMA 课程内容所包含的知识范围能反映管理会计人员和财务管理人员在现今商业环境所需要的能力。CMA 认证能够用来帮助企业提高竞争力，它的核心价值在于：

1. 全面的知识体系有助于企业优化运营模式。

企业的运营模式作为企业运行思路与方向，直接关系到企业的发展。CMA 课程及考试内容几乎涵盖所有 MBA 课程，因此被比喻为“迷你工商管理硕士课程”（mini-MBA program）。这些课程包含了管理会计、财务规划、预算及财务预测、财务业绩考评、财务决策、战略管理等涉及企业运营重要方面的内容。

2. 完善的知识体系有助于提升企业的领导力、决策力。

CMA 面向的人群并不仅仅局限于会计人士，CFO、CEO 等从事战略规划的高层管理人士都是关注 CMA 的重要人群。

在 CMA 课程中，财务决策作为重要的内容体系可供学员学习及应用，其中涵盖了财务报告分析、决策分析与风险管理、投资决策等系统知识，为广大财经人士决策提供帮助。

3. 关注企业内功的打造，提高企业内控和抵御风险的能力。

CMA 知识内容紧紧围绕如何更快、更优地实现企业价值最大化而设置。CMA 对帮助企业提高控制、风险评估和管理能力有相当大的作用。

4. 有助于企业搭建最优的组织构架。

CMA 课程对组织管理环节也有详细的阐述，其中涉及领导力、工作与团队、组织沟通、组织管理等多方面。综合其他内容，CMA 可以让企业在快速发展的进程中及时调整企业的管理模式，及时找到适应该时期发展的最优组织架构，为企业可持续发展奠定坚实基础。

5. 为企业培养更多复合型人才，统一企业内、外部的“管理语言”，提高管理效率。

CMA 专注为企业培养适合企业发展的高技能人才。在广泛的市场调研及专家委员会建议的基础上，CMA 考试内容定期优化，其课程设置紧贴当今

CFO 最为关注的内容，以便能够满足企业发展的需求。

二、CMA 是从业者职业发展的有力平台

（1）国际、国内双重认可，专业成就的证明；
（2）高薪回报，更多更优的工作机会；
（3）适应市场需求，大力提高竞争力；
（4）有价值的全球高端网络会员；
（5）学以致用的知识体系。

第 一 章

财务报表分析

财务报表分析是财务决策的重要内容，通过与行业平均水平的比较、与行业标杆的比较，可以了解公司在资产结构、融资结构、费用比例、获利能力等方面存在的差异和距离；通过与以前年度财务报表的比较，可以获取公司销售增速情况、毛利率变动趋势、成本控制等情况，判断趋势性、年度变化和长期趋势发展；通过财务比率分析，对公司的流动性、偿付能力和营运发展进行相关的推断，对公司财务健康状况提供额外的信息。因此财务报表分析既是财务决策的基础，也是公司各项财务决策结果的体现。

本章考情分析

本章主要内容：掌握横向比较、纵向比较分析；计算并解释财务比率；利用多项比率评估绩效；市场价值和账面价值对比；获利能力分析；分析性问题包括国外业务影响、物价变动和通货膨胀的影响，以及盈余质量。

本章考试占比 20%，是“战略财务管理”考试中最基础的部分。

本章近年来的主要考点：

（1）财务报表分析方法：横向比较分析、纵向比较分析、财务比率计算。涉及比率计算以及交易事项对财务比率的影响等题目。

（2）财务报表分析性问题包括：功能货币确认；物价变动或通货膨胀对财务报表分析的影响；会计差错、会计政策变更在报表中的披露以及对具体财务比率的影响；盈余质量高或低的判断分析。

本章结构框架图

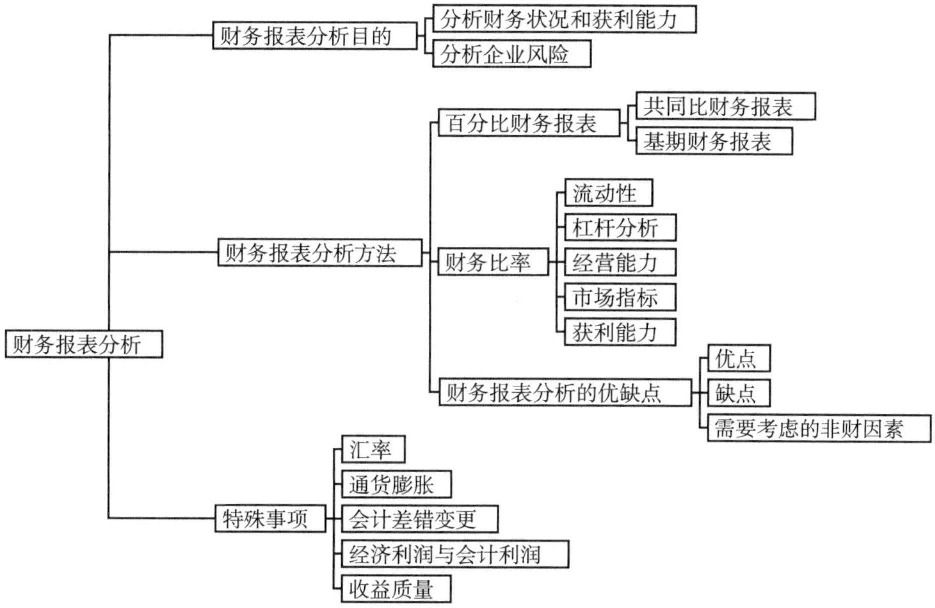
财务报表分析
财务报表分析目的
分析财务状况和获利能力
分析企业风险
财务报表分析方法
百分比财务报表
共同比财务报表
基期财务报表
财务比率
流动性
杠杆分析
经营能力
市场指标
获利能力
财务报表分析的优缺点
优点
缺点
需要考虑的非财因素
特殊事项
汇率
通货膨胀
会计差错变更
经济利润与会计利润
收益质量

本章重难点精讲

第一节　基本财务报表分析

一、基本财务报表

基本财务报表包括资产负债表、损益表和现金流量表。

（一）资产负债表

1. 资产负债表的作用。

资产负债表反映了某一特定日期企业会计价值的一张快照，包括资产、负债和所有者权益，说明企业拥有的资源及其来源。资产负债表的作用包括：

（1）资产负债表可以综合反映企业所拥有的资产及其分布情况，以便对企业的财务实力和财务弹性做出正确评价。

（2）资产负债表可以反映企业资金来源的构成情况，从而评价企业的偿债能力。

（3）资产负债表可以综合反映资产、负债、所有者权益的增减变化及其相互之间的对应关系。

2. 资产负债表的要素。

资产负债表按照各要素的流动性，从强到弱的顺序列示依次是：

（1）流动资产：现金及现金等价物、短期投资、应收账款、存货、预付账款。

（2）非流动资产：长期投资（有价证券及非当期经营用有形资产投资），财产、厂房及设备，无形资产。

（3）流动负债：应付账款、应付工资、应付税金、一年内到期的长期负债。

（4）长期负债：债券、长期租赁、长期票据、预计负债。

（5）所有者权益：股本、资本溢价、留存收益。

【提示】资产负债表分析需注意：

资产的流动性：流动性是指资产以较快的速度、较低的损失转变为现金的能力。资产的流动性越强，公司越能迅速将其变现用以偿还其短期负债。但是，资产的流动性越强，其收益越低。

债务与权益（资本结构）：负债是在一定的期限内偿付本金和利息的合同义务，伴随固定的现金支出负担；债权人享有对企业现金流量第一要求权。股东权益是股东对剩余资产的要求权，当企业将部分盈余留存而不作股利发放时，留存收益增加，股东权益的会计价值也随之提高。

市价与成本：企业资产的会计价值通常是指其“账面价值”，按照“公认会计准则”，企业财务报表对资产应按成本计价，而非“账面价值”，说是价值，而实际上是成本。如果资产的会计价值与市场价值正好相等，那只是一种巧合，而实际上，管理层的任务就是为企业创造高于其成本的价值。

（二）利润表

1. 利润表的基本概念。

利润表衡量企业在一个特定时期（如一年）内的业绩，是两张快照之间的录像。

销售收入 - 销售成本 - 营业费用 - 非营业费用 + 其他损益 - 所得税 = 净利润

2. 利润表的作用。

（1）利润表可以为报表使用者做出合理的经济决策提供相关信息。

（2）利润表为预测企业的盈利能力提供了重要依据。

（3）利润表可以反映企业的经营成果。

【提示】在分析利润表时，财务经理应注意以下问题：

公认会计准则：当销售货物或提供服务时，盈利过程实质上已经完成，因此确认收入；而当企业财产价值增值时，则不能确认收入。

非现金项目：在利润表中，与收入相配比的费用中有些属于非现金项目，并不影响现金流。比如“折旧”就是一个很重要的非现金项目；再比如“递延税款”，递延税款是由会计利润和实际应纳税所得额之间的差异引起的。在利润表中，会计税款可以分成两个部分：当期税款和递延税款，当期税款向税务机关缴纳，而递延税款则不实际缴纳。如果本年的应税所得小于会计利润，以后年度的应税所得就会大于会计利润，也就是说，本年未付的税款将在以后年度付出，这就形成了企业的递延税款，但是，从现金流量的角度看，递延税款并未形成现金流出。

时间和成本：在一定时间内，企业的费用分为固定费用和变动费用，这个“一定时间内”，就是短期。虽然对于不同企业而言，短期并没有一个统一的期限标准，但是所有企业制定短期决策时一定都有固定费用，比如管理费用、财产税等；变动费用则是随着企业产量变化而变化的费用，比如原材料和人工工资。

4. 利润表分析注意主观判断和会计方法的影响。

（1）估计：收入或费用确认中使用会计估计，比如固定资产折旧寿命。

（2）会计方法：多种会计方法选择对损益确认产生影响，如存货计价方法、固定资产折旧方法、评估和推论各种方法的选择对损益进而对常用财务比率的影响。

（3）披露激励：信息披露的充分性会促使企业估值更准确，但可能会被竞争对手利用，从而对企业未来产生不利影响。

（4）使用者的不同需求。

股东：关注财务状况和未来获利能力，对历史趋势和当前状况进行分析以预测未来；

债权人：重视考察短期和长期偿债能力，保守的判断；

供应商：权衡不能付款的风险；

管理层：平衡投资人和债权人的利益；

工会代表：提高员工工资和福利的能力；

政府：按时纳税及遵守相关监管规定。

（三）现金流量表

1. 现金流量表的基本概念。

现金流量表反映了一定期间内有关现金流入和现金流出的信息；包括经营、投资和融资活动的现金流量。

2. 现金流量表的用途。

（1）现金流量表可以提供企业的现金流量的信息，从而对企业整体财务状况做出客观评价。

（2）现金流量表可以反映企业的财务状况，预测企业未来的现金流量发展趋势。

（3）现金流量表能够直接揭示当前的偿债能力和支付能力，估算利润的可信赖程度。

（4）现金流量表能够评价流动性，决定是否需要外部融资或已产生现金流量能否满足偿债要求并分配股利。

3. 现金流量表的结构。

现金流量表由经营活动产生的现金流量、投资活动产生的现金流量和筹资活动产生的现金流量三个部分组成，把所有的现金流量加总起来，就可以得到资产负债表中现金的变动额。

（1）经营活动产生的现金流。

经营活动产生的现金流：企业生产经营活动所产生的现金流，如销售商品和提供劳务得到的现金流。

【提示】 经营活动现金流量——准则要求采用直接法编制，也允许选择间接法（最常使用）。

净利润
+非现金费用（折旧和摊销、减值损失等当期账户发生额）
+投资和筹资活动形成的损失
-投资和筹资活动形成的利得
+权益法投资损失
-权益法投资利得+非现金流动资产的减少
-非现金流动资产的增加
+流动负债的增加
-流动负债的减少
+应付债券折价摊销
-应付债券的溢价摊销
+递延所得税资产减少
+递延所得税负债增加
=经营活动产生的现金净流量

（2）投资活动产生的现金流。

投资活动产生的现金流：与长期资产账户的变动有关，如购买固定资产、处置固定资产得到的现金流。

现金流入：出售财产、厂房及设备，出售对其他实体的债券或股权投资，收回对其他实体的贷款本金（注意利息收入属于经营活动现金流）。

现金流出：购买财产、厂房及设备，购买其他公司的债券和股票，以及向其他实体提供贷款。

（3）融资活动产生的现金流。

融资活动产生的现金流：如发行股票或债券筹资、支付股利、偿还债务、股票回购等融资活动产生的现金流（注意利息支出属于经营活动产生的现金流）。

现金流入：出售本实体的股权或发行债券与票据。

现金流出：向股东支付股利，回收股份或偿还企业的债务。

【提示】 现金流量表脚注。①披露任何重大的非现金投资和筹资活动，如为购买或建设固定资产发行的股票、债转股等。②如果使用间接法计算经营活动现金流量，还必须披露支付的利息和所得税。

【例题 1-1】 当企业编制现金流量表时，以下哪项不是被要求单独报告为经营活动现金流？

A. 投资债券所收到的利息　　　　B. 支付公司债券的利息

C. 从客户那里收到的现金 D. 支付公司股票的现金股利

【答案】D

【解析】选项 D 正确。现金流量表应该将所有不属于投资或融资的交易和其他事件报告为经营活动现金流。来自出售产品和服务的现金收入、贷款的利息，以及来自权益证券的股利是经营活动。为了获得存货而支付给供应商的现金、付给员工的工资，为获得其他产品和服务而付给其他供应商或员工的现金，以及支付给债权人的利息也是经营活动。但是分配给所有者的现金股利是融资活动，而不是营业活动。

【例题 1-2】以下信息来自某公司在 12 月 31 日结束的财年的会计记录：

单位：美元

发行优先股所得的进款	4 000 000
支付给优先股的股利	400 000
应付债券转换成普通股票	2 000 000
采购设备的支付	500 000
出售工厂建筑的进款	1 200 000
2% 的股票股利	300 000
出售工厂建筑的利得	200 000

该公司在 12 月 31 日结束的财年的现金流表上的投资和融资现金流分别是：

A. 700 000 美元和 3 600 000 美元 B. 700 000 美元和 3 900 000 美元

C. 900 000 美元和 3 900 000 美元 D. 900 000 美元和 3 600 000 美元

【答案】A

【解析】选项 A 正确。投资活动应该包括采购设备和出售建筑的净现金流 700 000 美元(1 200 000 - 500 000)。融资活动包括发行优先股和支付股利的净现金流 3 600 000 美元(4 000 000 - 400 000)。将债券转换成股票和股票股利不影响现金。

【例题 1-3】10% 的股票股利最有可能造成：

A. 增加股东权益 B. 减少未来每股收益

C. 增加流动负债 D. 增加留存收益

【答案】B

【解析】选项 A、C、D 不正确。公司宣布发放股票股利时，无须做账务处理，仅改变股东登记手册即可。发放时需要做账务处理。账务处理是：借记公司留存收益（减少），贷记股本（大股票股利政策）或者股本和资本溢价（小股票股利政策）（增加），因此在发放股票股利的时候，仅改变股东权益的结构，但是不改变股东权益的总额。因此股票股利不会增加股东权益和流动负债，会减少留存收益。

选项 B 正确。股票股利会增加发行在外的普通股股数。因而在净收益不变的情况下，每股收益随着发行在外的普通股股数的增加而减少。

【例题 1－4】 以下哪个方法在存货成本持续上升的情况下会造成更多的利润？

A. 先进先出法　　B. 后进先出法

C. 加权平均法　　D. 个别认定法

【答案】 A

【解析】 选项 A 正确。随着存货成本的持续上升，在先进先出法下，发出存货的价格相对较低，销售成本较小，利润就会更多；在后进先出法下，发出的存货价格相对较高，销售成本较高，利润就会更小。

二、基本财务报表分析

（一）财务报表分析目的

以公司财务报表为分析对象，通过各种分析方法，对公司的偿债能力、盈利能力、资产运作情况、财务要素的内部结构、市场价值等作出全面分析，供公司内部管理人员和外部投资者及相关机构参考。

（二）财务报表分析方法

财务报表分析方法包括：百分比式财务报表和财务比率。

1. 百分比式财务报表分析。

百分比式财务报表分析：将特定财务报表中的所有金额均表示为某一报表项目（通常是金额最大、最为重要的项目）的百分比。

百分比式财务报表的作用：①比较同一年度报表中的不同元素；②分析某企业在若干年内的发展趋势；③比较同一行业内不同规模的企业；④将公司绩效与行业平均水平相比。

百分比式财务报表包括：垂直的百分比式财务报表和水平的百分比式财务报表。

（1）垂直百分比式财务报表。垂直百分比式财务报表即共同比财务报表（纵向比较），是指用百分比代替所有价值形态数值的规范化财务报表，资产负债表中用资产的百分比来表示；损益表中用销售收入的百分比来表示。共同比报表有利于在不同规模的公司之间做比较。

垂直百分比式财务报表可提供：

- 不同行业的百分比式财务报表存在显著差异，同行业的具有类似特征：资产结构、融资结构、费用比例、边际利润比例等。
- 能凸显某一会计要素的异常。
- 从单纯编制的百分比式财务报表中获得的信息很有限，除非分析师从已有的经验知识中形成预期，才能得出有用的结论。

（2）水平百分比式财务报表。水平百分比式财务报表：即基期比较财务报表（横向比较），是指在选择一基准年份的基础上，计算目标年份的各项与基准年份的同一指标的比值，并填入表中相应位置的一种财务报表。基期报表有利于在公司的不同时期比较。

通过水平百分比式财务报表可提供：

- 销售额和销售成本增速关系，反映毛利率变动趋势；销售成本如何控制；
- 固定成本占收入比重的变化，识别资源的过度消耗和浪费，提高获利能力；
- 销售额和应收账款增长关系是否异常，应收账款管理；
- 判断趋势性，年度变化和长期趋势；
- 绝对数比较及相对数比较，高增长比率可能对应较低的绝对额基数；
- 水平分析可以选择 2 年或 3 年的移动均值，以识别对多个均值和趋势有影响的异常年份；
- 可以针对任何财务指标计算其趋势性。

2. 财务比率分析。

财务比率分析：财务比率是在财务信息中的各个数据之间进行比较和考察的方法。比率能在原始财务报表数据的基础上，就公司财务健康状况提供额外的信息。通常用于三种类型的推断：

- 与流动性、偿付能力和营运相关的推断；
- 与资本结构相关的推断；
- 与获利能力相关的推断。

【例题 1－5】 戈登公司过去 4 年的财务结果如下表所示：

	第 1 年	第 2 年	第 3 年	第 4 年
销售额	1 250 000 美元	1 300 000 美元	1 359 000 美元	1 400 000 美元
产品销售成本	750 000 美元	785 000 美元	825 000 美元	850 000 美元
毛利	500 000 美元	515 000 美元	534 000 美元	550 000 美元
通货膨胀因子	1.00	1.03	1.07	1.10

戈登公司对上述结果实施垂直百分比式分析，以确定各指标的变动趋势。以下哪项能最好地描述戈登公司的绩效？

A. 由于产品销售成本的百分比数据不断增大，公司的毛利百分比数据下降

B. 销售额的百分比数据不断增大，并导致毛利的百分比数据不断增大

C. 产品销售成本的百分比数据不断下降，并导致毛利的百分比数据不断增大

D. 销售额逐渐增大以及产品销售成本逐渐下降，导致毛利的百分比数据

不断增大

【答案】A

【解析】选项 A 正确。具体可见下表：

	第 1 年	第 2 年	第 3 年	第 4 年
销售收入	1 250 000 美元	1 300 000 美元	1 359 000 美元	1 400 000 美元
产品销售成本	750 000 美元	785 000 美元	825 000 美元	850 000 美元
毛利	500 000 美元	515 000 美元	534 000 美元	550 000 美元
毛利率	40%	39.62%	39.29%	39.29%
通胀系数	1.00	1.03	1.07	1.10
销售收入（定基趋势）	100%	100.97%（1 300/1.03/1 250）	101.61%（1 359/1.07/1 250）	101.82%（1 400/1.10/1 250）

【例题 1-6】某公司使用纵向分析法，净利润和利息费用金额相等，占比 9%，那么息前税后利润占比多少？

A. 24%　　B. 18%　　C. 20%　　D. 14%

【答案】B

【解析】选项 B 正确。息前税后利润占比是 18%，具体计算过程如下：

净利润 = 息前税后利润 − 利息费用

由于净利润和利息费用金额相等，且占比均为 9%，因此息前税后利润的占比 = 9% + 9% = 18%。

【例题 1-7】某公司第 1 年的实际结果和第 2 年的预期结果的简要同比利润如下表所示：

单位：%

	第 1 年	第 2 年
销售额	100	100
产品销售成本	50	50
销售和管理费用	40	?
营业收益	10	?

该公司预计在第 2 年售出产品件数将增加 5%，同时不会对客户提价，而从供应商处拿货的成本预计也不会增加。假定销售和管理费用中有 5% 为变动部分、95% 为固定部分。如果所有预测结果都成为现实，则该公司第 2 年的销售和管理费用应该：

A. 低于销售额的 40%

B. 等于销售额的40%

C. 大于销售额的40%但不会超过销售额的42%

D. 大于销售额的42%

【答案】A

【解析】选项A正确。假设第1年的金额为如下绝对值（见下表）：

	第1年		第2年	
销售额	100美元	100%	105美元	100%
产品销售成本	50美元	50%	52.5美元	50%
销售和管理费用	40美元	40%	40.1美元	38%
营业收益	10美元	10%	12.4美元	12%

假设第1年销售额为100美元。产品销售成本率保持不变（50%）。销售和管理费用中，销售件数增加5%，变动销售和管理费用 = 2 ×（1 + 5%）= 2.1，固定销售和管理费用 = 38，所以总的销售和管理费用 = 2.1 + 38 = 40.1，则销售和管理费用占比 = 40.1 ÷ 105 × 100% = 38%。

【例题1-8】某公司以占流动资产的百分比形式表示的存货量从去年7月的25%增加至今年7月的35%。最不可能造成这种增加的因素是该公司：

A. 是一家季节性公司，一般来说其夏季月份的作业量都会更高一些

B. 正在经历高速增长

C. 拥有逐渐过期的存货

D. 花费大量通过出售其短期投资获得的现金来购置土地

【答案】A

【解析】选项A正确。夏季业务量增加会使得存货量相应减少，所以其占流动资产的占比会减少。

选项B不正确。经历高速增长并不仅仅带来7月存货量占比的增加。

选项C不正确。过期存货量增加会增加其在流动资产中的占比。

选项D不正确。出售短期投资来购置土地会减少流动资产，同时增加非流动资产，而存货量不变，因此，增加存货相对于流动资产的占比，但不仅仅是7月存货量占比的增加。

第二节 财务比率

企业的财务比率从五个方面反映企业的财务业绩：

（1）短期偿债能力：企业偿付短期债务的能力。

（2）营运能力：企业运营资产的能力。

（3）资本结构：企业债务融资和权益融资的比重。
（4）获利能力：企业的盈利水平。
（5）价值：企业的市场价值。

一、短期偿债能力

短期偿债能力比率度量资产转化为现金的速度在多大程度上满足到期债务的还款需要；揭示短期偿债能力。最常用的财务比率就是流动比率和速动比率。

（一）营运资本

营运资本度量的是公司短期内的偿债能力，它考察公司在短期内的财务健康状况。

营运资本 = 流动资产 − 流动负债

（二）流动比率

流动比率度量流动资产满足流动负债需要的程度。

流动比率 = 流动资产/流动负债，可参照行业平均水平。

流动比率下降可能是企业财务困难的第一个信号，企业一方面通过历年流动比率的分析发现变化趋势，另一方面还要将本企业的流动比率与其他从事类似活动的企业进行比较，以了解企业在行业中所处的水平。

> **【提示】**在使用流动比率分析时，应注意：
> - 流动比率可靠性取决于流动资产的构成及其变现的灵活性；
> - 流动比率仅度量流动资产和流动负债当前的关系；不能预测未来的现金流模式及未来流动性的充分性；
> - 过高的流动性，会影响企业的长期偿付能力或资产利用的有效性（营运活动）。

（三）速动比率（酸性测试比率）

速动比率或酸性测试比率是从比流动比率更为短期的角度来考察流动性。

$$速动比率（酸性测试比率）= \frac{流动资产 - 存货}{流动负债}$$

$$= \frac{现金 + 有价证券 + 应收账款}{流动负债}$$

> **【提示】**实务中可以采用几种不同的方式来计算速动比率（酸性测试比率），但CMA考试统一采用以下计算公式：速动比率（酸性测试比率）=（现金 + 有价证券 + 应收账款）÷流动负债。

【提示】在使用速动比率分析时应注意：

- 速动比率采用比流动比率更短的期限考察流动性，更为保守；
- 速动比率的可靠性取决于应收账款的变现性；
- 营运资本、流动比率及速动比率是最为常用的流动性指标；
- 对于流动性指标可进行趋势分析、行业比较。

（四）现金比率

现金比率考察的是公司的即期流动性。

$$现金比率 = \frac{现金 + 有价证券}{流动负债}$$

【提示】在使用现金比率分析时应注意：

- 现金比率更为保守；是即期清偿能力，具有直接流动性。
- 通常现金及有价证券不足以满足流动负债的需要，但对于应收账款或存货周转慢的公司非常有用
- 现金比率的局限性：
- 过高，未能有效利用资源；
- 过低，流动负债偿付问题；
- 有价证券价值波动性，短期有效。

（五）现金流量比率

现金流量比率度量的是公司使用由正常业务产生的现金满足其偿债需要的能力。

$$现金流量比率 = \frac{经营活动现金流量}{流动负债}$$

【提示】在使用现金流量比率分析时应注意：

- 现金流量比率揭示了正常业务现金流量对流动负债的支付能力；
- 现金流量比率是一个动态指标。

【例题1-9】公司年末的相关信息如下：

速动资产	208 000 美元
速动比率	2.6
流动比率	3.5
净销售收入	1 800 000 美元
销售成本	990 000 美元
平均总资产	1 200 000 美元

公司年末流动负债是多少？

A. 59 429 美元　B. 80 000 美元　C. 134 857 美元　D. 187 200 美元

【答案】 B

【解析】 选项 B 正确。流动负债是 80 000 美元，计算步骤如下：

速动比率 = 速动资产 ÷ 流动负债 = 2.6

流动负债 = 208 000 ÷ 2.6 = 80 000（美元）

【例题 1-10】 公司年末的相关信息如下：

速动资产	208 000 美元
速动比率	2.6
流动比率	3.5
净销售收入	1 800 000 美元
销售成本	990 000 美元
平均总资产	1 200 000 美元

公司年末存货余额是多少？

A. 72 000 美元　B. 187 200 美元　C. 231 111 美元　D. 282 857 美元

【答案】 A

【解析】 选项 A 正确。速动资产 = 流动负债 × 速动比率；流动资产 = 流动负债 × 流动比率；存货 = 流动资产 - 速动资产；存货 = 流动负债 ×（流动比率 - 速动比率）= 80 000 ×（3.5 - 2.6）= 72 000（美元）。

【例题 1-11】 某公司的流动比率和速动比率均已缓慢下降。过去两年，流动比率从 2.3 下降至 2.0。同期，速动比率从 1.2 下降至 1.0。下列哪项可以解释流动比率与速动比率间的差异？

A. 长期债务中的流动部分稳定增加

B. 现金余额异常低

C. 应收账款余额下降

D. 存货余额异常高

【答案】 D

【解析】 选项 D 正确。流动比率比较的是流动资产和流动负债，而速动比率比较的是速动资产和流动负债，流动资产和速动资产最主要的区别就是存货，由于存货不易转换成现金，速动比率将存货从流动资产中排除。因而两比率的差异是由高水平的存货余额引起的。

【例题 1-12】 戴维斯零售公司总资产为 7 500 000 美元，赊购 750 000 美元的商品前公司的流动比率为 2.3，则采购后：

A. 依然是 2.3　B. 高于 2.3　C. 低于 2.3　D. 等于 2.53

【答案】C

【解析】选项C正确。赊购750 000美元的商品前公司的流动比率为2.3，假设赊购前流动资产为2 300 000美元，流动负债是1 000 000美元，赊购750 000美元的商品后流动资产增加750 000美元，流动负债也增加750 000美元，则流动比率＝(2 300 000＋750 000)÷(1 000 000＋750 000)＝1.743，因此赊购750 000美元的商品后公司的流动比率小于2.3。

二、营运能力分析

营运能力分析反映企业资产管理水平的财务比率。如何衡量企业在资产上的投资水平是否合适？就是将资产和企业全年的销售收入相比得出周转率，以便了解企业运用资产创造销售收入的有效性。营运能力财务比率公式可参见表1－1。

表1－1　营运能力财务比率公式

营运能力比率	公式
应收账款周转率	$应收账款周转率=\frac{年赊销额}{应收账款平均余额}\times 100\%$
应收账款周转天数	$应收账款周转天数=\frac{365}{应收账款周转率}=\frac{应收账款平均余额}{(年赊销额/365)}$
存货周转率	$存货周转率=\frac{产品销售成本}{平均存货}\times 100\%$
存货周转天数	$存货周转天数=\frac{365}{存货周转率}=\frac{平均存货}{(产品销售成本/365)}$
总资产周转率	$总资产周转率=\frac{销售额}{总资产平均余额}\times 100\%$
固定资产周转率	$固定资产周转率=\frac{销售额}{不动产、厂房及设备的平均净值}\times 100\%$

（一）应收账款周转率和应收账款周转天数

应收账款周转率度量的是在一年中从销售商品到收到应收账款的平均次数。

$$应收账款周转率=\frac{年赊销额}{应收账款平均余额}$$

应收账款周转天数：也称为平均收账期。

$$应收账款周转天数=\frac{365天}{应收账款周转率}$$

$$或=\frac{应收账款平均余额}{(年赊销额/365天)}$$

【提示】应收账款周转率分析应注意：

- 通过比较应收账款周转天数与公司的信用期限，可揭示公司在应收账款管理上的效率；
- 应收账款周转率的基本假设：年度销售均匀，无季节性；零售行业具有明显的季节性；
- 平均收现期延长表明流动性恶化；
- 平均应收账款可以使用期末数据；
- 应收账款周转率的计算不适用现金为主的企业；
- 过于严格或宽松均不利。

（二）存货周转率和存货周转天数

存货周转率度量的是在一年之内存货销售的平均次数。

$$存货周转率 = \frac{产品销售成本}{平均存货}$$

$$存货周转天数 = \frac{365天}{存货周转率}$$

$$或 = \frac{平均存货}{（销售成本/365天）}$$

【提示】存货周转率分析应注意：

- 制造业存货价值占流动资产一半以上；
- 成功企业在满足顾客需求前提下，有较低存货数量及较高的周转率；
- 通过 JIT 及有效的供应链管理，可实现高周转率；
- 存货周转率过低，与存货相关的机会成本、保险、残损等费用会增加；
- 对于存货过于严格或宽松均不利。

（三）总资产周转率和固定资产周转率

$$总资产周转率 = \frac{销售额}{总资产平均余额}$$

$$固定资产周转率 = \frac{销售收入}{不动产、厂房及设备的平均净值}$$

【提示】固定资产周转率分析应注意：

- 若资产周转率高，说明企业能够有效运用资产创造收入；
- 若资产周转率低，则说明企业没有充分利用资产的效能，因而应提高销售额，或者减少部分资产；

● 通常旧资产的会计价值低于新资产的会计价值，总资产周转率或固定资产周转率可能因为旧资产的使用而偏大；

● 在固定资产投资额较大的资本密集型行业中，确定销售额与固定资产投资或总资产投资之间的关系可能十分有用。

（四）营业周期和现金周期

营业周期：指从存货到达至收回应收账款获得现金的这一段时间。

营业周期 = 存货周转天数 + 应收账款周转天数

现金周期：指从现金支付原材料货款至收回应收账款获得现金的这一段时间。

现金周期 = 营业周期 − 应付账款期

【提示】 营业周期与现金周期分析应注意：

● 现金流入与流出之间的缺口要求进行短期财务决策；

● 现金缺口与营业周期和应付账款期的长度有关；

● 通过改变存货期、应收账款期和应付账款期可以缩短该缺口。

（五）应付账款周转率与应付账款周转天数

应付账款周转率揭示与供应商达成一致的支付期限。

$$\text{应付账款周转率} = \frac{\text{年产品销售成本}}{\text{应付账款平均余额}}$$

$$\text{应付账款周转天数} = \frac{365\text{天}}{\text{应付账款周转率}}$$

$$\text{或} = \frac{\text{应付账款平均余额}}{(\text{年产品销售成本}/365\text{天})}$$

【提示】 应付账款周转率分析应注意：

● 应付账款周转率计算假设应付账款支付不会违约；

● 应付账款周转率评估流动负债的偿付政策；

● 应付账款周转率可分析应付账款支付的及时性和可靠性；

● 总采购额替代赊购额：总采购额 = 产品销售成本 + 期末存货 − 期初存货；

● 如果应付账款周转率较低，表明良好的供应商关系或流动性存在问题导致拖欠；

● 应定期检查与主要供应商协调的信用期限；

● 平均应付账款也可以使用期末数，以维持应付账款周转率的可比性。

【例题 1－13】 从某公司的财务报表中可知以下信息：

单位：美元

应收账款（第 1 年末）	320 000
赊销额（第 2 年）	3 600 000
应收账款（第 2 年末）	400 000

则该公司的应收账款周转率为：

A. 0.10　　B. 9.00　　C. 10.00　　D. 11.25

【答案】 C

【解析】 选项 C 正确。该公司的应收账款周转率为 10，计算如下：

应收账款周转率＝赊销额÷应收账款平均余额

＝3 600 000÷[（320 000＋400 000）÷2]

＝3 600 000÷360 000

＝10.00

【例题 1－14】 摩尔公司预计下一年度的销售收入和销售成本分别为 54 000 000 美元 和 36 000 000 美元。摩尔公司调整了存货系统，目的是增加存货周转率，从当前每年 9 次增加到每年 12 次。如果短期借款利息率为 8%，公司下一年度的成本将节约：

A. 80 000 美元　B. 40 000 美元　C. 20 000 美元　D. 120 000 美元

【答案】 A

【解析】 选项 A 正确。存货周转率＝产品销售成本÷平均存货。平均存货＝产品销售成本÷存货周转率＝36 000 000÷9＝4 000 000（美元）；当存货周转率增加到 12 次时，平均存货＝36 000 000÷12＝3 000 000（美元）。

摩尔公司调整了存货系统，目的是使存货周转率从当前每年 9 次增加到每年 12 次，平均存货占用资金也减少了 1 000 000 美元(4 000 000－3 000 000)，由此减少的机会成本＝1 000 000×8%＝80 000（美元）。

【例题 1－15】 祖宾公司销售额和产品销售成本下降，应收账款增加，存货未变。如果其他账户保持不变，那么上述所有变化将会怎样影响应收账款周转率和存货周转率？

	存货周转率	应收账款周转率
A.	增加	增加
B.	增加	下降
C.	下降	增加
D.	下降	下降

【答案】 D

【解析】 选项 D 正确。在这种情况下，祖宾公司的存货周转率和应收账款周转率均下降。存货周转率 = 产品销售成本 ÷ 存货，产品销售成本下降，存货不变，则存货周转率下降；应收账款周转率 = 赊销额 ÷ 应收账款，赊销额下降，应收账款增加，则应收账款周转率下降。

【例题 1 - 16】 莫娜是兰帕索公司的财务主管，收集了公司的如下信息：

单位：美元

	年初	年末
存货	6 400	7 600
应收账款	2 140	3 060
应付账款	3 320	3 680

该年的销售额为 85 900 美元，其中 62 400 美元为赊销，产品销售成本为 24 500 美元。则兰帕索公司该年的存货周转率是多少？

A. 3.2　　B. 3.5　　C. 8.2　　D. 8.9

【答案】 B

【解析】 选项 B 正确。兰帕索公司该年的存货周转率为 3.5，计算如下：

存货周转率 = 产品销售成本 ÷ 平均存货

= 24 500 ÷ [(6 400 + 7 600) ÷ 2]

= 24 500 ÷ 7 000

= 3.5

【例题 1 - 17】 某公司财务报表中的部分数据如下：

单位：美元

	年初	年末
存货	6 400	7 600
应收账款	2 140	3 060
应付账款	3 320	3 680

该年的总销售额为 85 900 美元，其中 62 400 美元为赊销。产品销售成本为 24 500 美元，则公司的应付账款周转率为：

A. 6.7　　B. 7.0　　C. 16.9　　D. 17.8

【答案】 B

【解析】 选项 B 正确。公司应付账款周转率为 7.0，计算步骤如下：

应付账款平均余额 = (3 320 + 3 680) ÷ 2 = 3 500（美元）

应付账款周转率 = 产品销售成本 ÷ 应付账款平均余额

= 24 500 ÷ 3 500

= 7.0

【例题 1－18】供职于 Z 公司的财务分析师收集了有关 Z 公司及其三个主要竞争对手的以下信息：

	公司 Z	公司 A	公司 B	公司 C
净收入	1 000 000 美元	5 000 000 美元	850 000 美元	2 545 000 美元
利息费用	200 000 美元	750 000 美元	100 000 美元	565 000 美元
平均总资产	2 500 000 美元	10 000 000 美元	1 250 000 美元	7 750 000 美元
所得税税率	40%	45%	30%	50%

根据收集的信息，该财务分析师计算了每家公司的资产周转率。下面哪一项陈述最正确？

A. 公司 C 的管理层的资产利用效率最高。

B. 公司 B 的管理层比公司 A 的管理层的经营效率高。

C. 公司 A 的管理层的资产利用效率最低。

D. 公司 Z 的管理层比公司 B 的管理层的经营效率高。

【答案】B

【解析】选项 B 正确。计算过程如下：

公司 Z 资产周转率＝1 000 000 ÷2 500 000＝0. 4

公司 A 资产周转率＝5 000 000 ÷10 000 000＝0. 5

公司 B 资产周转率＝850 000 ÷1 250 000＝0. 68

公司 C 资产周转率＝2 545 000 ÷7 750 000＝0. 32

公司 B 的管理层比公司 A 的管理层的经营效率高。根据计算结果，所以选项 B 正确。

【例题 1－19】某零售公司在本年度出现了销售额快速增长的现象，一位分析师计算出该公司的各项比率如下：

	前一年度	本年度
存货周转率	5. 4	9. 3
应收账款周转率	4. 2	3. 5
固定资产周转率	2. 4	3. 6
酸性测试比率	1. 5	1. 2

根据以上数据，该分析师可以总结出销售额增加是因为：

A. 定价更有竞争力　　B. 赊销政策更优惠

C. 在本年度有更多门店开业　　D. 加强了对存货量的控制

【答案】B

【解析】选项 B 正确。赊销政策更优惠意味着放宽赊销政策，比如有更长的账期。延长账期就会使应收账款周转率下降。收紧赊销政策会提高周转率。

存货控制可能会使存货周转率上升，因为存货周转率的分母（平均存货）在变小。但是能够使存货周转率上升的还有可能是增加销售引起的，因为存货周转率的分子（产品销售成本）在变大。

三、资本结构分析

资本结构是长期债务和权益的组合比率，它对公司的风险和回报均有影响，并与公司的杠杆率直接相关。在盈利的情况下，企业通过杠杆效应，可以放大股东的回报，为股东创造更多的价值。但是杠杆效应也会放大损失，在亏损时会造成更大的损失。公司的资本结构与企业的破产风险直接相关。过度地增加负债，可能导致资本结构恶化，增加破产的可能性。表1－2就是资本结构财务比率公式。

表1－2　　资本结构财务比率公式

资本结构比率	公式
经营杠杆系数	$\frac{边际贡献}{息税前利润}$
财务杠杆系数	$\frac{息税前利润}{税前利润}$
总杠杆系数	$\frac{边际贡献}{税前利润}$ 或 经营杠杆系数×财务杠杆系数
财务杠杆比率	$财务杠杆比率=\frac{资产}{权益}$
资产负债比率	$资产负债比率=\frac{负债总额}{资产总额}\times 100\%$
长期负债比率	$长期负债比率=\frac{长期负债}{长期负债+权益}\times 100\%$
权益乘数	$权益乘数=\frac{资产总额}{权益总额}$
利息保障倍数（利息覆盖率）	利息保障倍数（利息覆盖率）$=\frac{息税前利润}{利息支出}$

（一）杠杆

1. 经营风险和经营杠杆。

经营风险（营运风险），是其经营中的固有风险；融资方式不影响经营风险；经营风险通常用经营杠杆系数（degree of operating leverage，DOL）度量。

> **【提示】**影响经营风险的因素包括：需求、价格、投入成本的波动性；开发新产品能力；外币风险，固定成本高低。

经营杠杆是因为成本结构中存在固定营运成本。如果经营杠杆的比例越大，销售收入变化对营运利润的影响就越大。

经营杠杆系数（DOL）：反映销售额变动所带来的息税前利润的变动。

$$经营杠杆系数=\frac{息税前利润的变动百分比}{销售额的变动百分比}$$

$$或=\frac{边际贡献}{息税前利润}$$

2. 财务风险和财务杠杆。

财务风险是与债务融资和/或优先股融资相关的风险；通常用财务杠杆系数度量。

财务杠杆是因为资本结构中存在固定融资成本的债务资金，而非全权益来筹集资本。如果公司通过营运赚取的投资资本回报率高于债务利率，则通过借入资本为公司的营运提供资金，能提高对公司投资人的回报。

财务杠杆系数（degree of financial leverage，DFL）反映息税前利润的变动所带来的投资收益的变动。

$$财务杠杆系数=\frac{净利润的变动百分比}{息税前利润的变动百分比}$$

$$或=\frac{息税前利润}{税前利润}$$

3. 总杠杆系数。

总杠杆系数（degree of total leverage，DTL）等于经营杠杆系数与财务杠杆系数的乘积，是成本结构和资本结构双重作用的结果。

$$DTL=DOL\times DFL$$

$$=\frac{边际贡献}{税前利润}$$

4. 财务杠杆比率。

财务杠杆比率是衡量公司资产筹资的构成比率。

$$财务杠杆比率=\frac{资产}{权益}$$

（二）长期偿付能力

长期偿付能力：反映长期偿付债务能力的财务比率；分析人员可以通过比较债务与资产或比较债务与权益来考察资本结构。

1. 资产负债比率。

资产负债比率：反映通过债务融资的资产比例，揭示破产状态下债权人受到保护的程度。

$$资产负债比率 = \frac{负债总额}{资产总额} \times 100\%$$

【提示】在使用资产负债比率时，应注意：

- 资产负债比率过低，表明债权人保护程度高或低成本融资利用不足或公司极为成功；
- 资产负债比率过高，表明债权人保护程度低，导致难以举借新债或债务融资成本提高；
- 最优债务比率随行业不同而不同；
- 负债的会计价值可能与其市场价值完全不同，资产负债表的负债仅仅是未偿付的金额，没有根据当前利率和风险水平加以调整；
- 有一些债务可能不出现在资产负债表上，比如养老金负债等；
- 非周期性行业比周期性行业具有更高的债务比率。

2. 长期负债比率。

$$长期负债比率 = \frac{长期负债}{长期负债+权益} \times 100\%$$

$$或 = \frac{长期负债}{总资产-流动负债} \times 100\%$$

【提示】长期负债比率过低，表明公司有能力在需要资金时筹集更多的债务资本，且固定融资成本—利息支付压力小；但投资回报率可能较低，利用债务融资能力不足。

3. 权益乘数。

$$权益乘数 = \frac{资产总额}{权益总额}$$

权益乘数从资产是权益倍数的角度反映了企业的债务水平，权益乘数越大，表明权益越小，债务水平相对较高；而权益乘数越小，表明权益越大，债务水平相对较低。

4. 利息保障倍数。

$$利息保障倍数（利息覆盖率）= \frac{息税前利润}{利息支出}$$

【提示】关于利息保障倍数，需要注意：

- 利息保障倍数度量通过经营活动付息的能力，利息保障倍数高表明可以满足利息支付的需要；
- 与债务比率指标结合使用，判断有效管理债务的能力；
- 债务比率高，利息倍数低，偿付能力较差；
- 债务比率高，利息倍数高，偿付能力较好。

5. 固定费用保障倍数。

$$固定费用保障倍数=\frac{扣除固定支出和税款前的利润}{固定支出}$$

【提示】
- 固定费用保证倍数，衡量公司保障固定支出的能力；
- 固定支出包括：利息支出、本金偿还、租金支付等。

6. 现金流量固定支出保障倍数。

$$现金流量固定支出保障倍数=\frac{(经营活动现金流量净额+固定支出+税款支付)}{固定支出}$$

- 现金流量固定支出保障倍数，衡量的是企业通过日常经营活动产生现金流支付固定支出的能力；
- 经营活动现金流量净额是税后现金流。

【例题1-20】 莎拉公司利润表的摘要信息如下所示：

单位：美元

销售额	15 000 000
产品销售成本	9 000 000
营业费用	3 000 000
利息费用	800 000
所得税	880 000
净利润	1 320 000

根据以上信息，莎拉公司的财务杠杆系数为：

A. 0.96　　B. 1.36　　C. 1.61　　D. 2.27

【答案】 B

【解析】 选项B正确。莎拉公司的财务杠杆为1.36，计算如下：

财务杠杆=息税前利润÷税前利润

=(1 320 000+880 000+800 000)÷(1 320 000+880 000)

=3 000 000÷2 200 000

=1.36

【例题1-21】 5 000个销售单位经营杠杆系数为3，意味着：

A. 息税前利润3%的变动将会引起销售额3%的变动

B. 销售额3%的变动将会引起息税前利润3%的变动

C. 销售额1%的变动将会引起息税前利润3%的变动

D. 息税前利润1%的变动将会引起销售额3%的变动

【答案】 C

【解析】 选项C正确。经营杠杆度量的是销售额1%的变动所引起的息税前利润变动的百分比。因此，经营杠杆为 3，意味着销售额 1% 的变动将会引起息税前利润 3% 的变动。

【例题 1-22】下面所示为阿巴特有限公司两个经营年度的财务信息。

	第 1 年	第 2 年
销售额	4 000 000 美元	4 400 000 美元
总营运成本	3 200 000 美元	3 440 000 美元
息税前收益	800 000 美元	960 000 美元
利息支出	320 000 美元	275 000 美元
所得税	245 000 美元	354 000 美元
净收益	235 000 美元	331 000 美元
每股收益	2. 35	3. 31

那么，阿巴特有限公司的经营杠杆系数为：

A. 4. 09　　B. 2. 67　　C. 2. 00　　D. 0. 75

【答案】C

【解析】选项 C 正确。经营杠杆系数是 2，计算步骤如下：

经营杠杆系数 = 息税前利润变动百分比 ÷ 销售额变动百分比
= [(960 000 美元 - 800 000) ÷ 800 000 美元] ÷
[(4 400 000 美元 - 40 000 000 美元) ÷ 4 000 000 美元]
= 2

【例题 1-23】下列哪项是反映长期负债偿还能力的最好指标？

A. 营运资金周转率　　B. 资产周转率

C. 流动比率　　D. 资产负债率

【答案】D

【解析】选项 D 正确。营运资金周转率是年销货净额与营运资金之比，反映营运资金在一年内的周转次数，是反映企业经济效益状况的一个重要指标；资产周转率是年销售净额与资产之比，反映资产在一年内的周转次数；流动比率是流动资产与流动负债之比，反映企业的短期偿债能力；资产负债率显示了资产中由债权人提供资金的比例，反映了企业的长期偿债能力，有助于判断在破产情况下债权人受保护的程度，从债务偿还能力的角度而言，该比率越低越好。

【例题 1-24】阿斯顿银行收到了从事计算机服务业务的三家公司的贷款申请，将为未来最有可能履行贷款义务的一家公司提供贷款。为便于审查和与行业平均水平进行比较，选取了三家公司的如下财务数据：

	C 公司	A 公司	S 公司	行业平均
销售额（百万美元）	4.27	3.91	4.86	4.30
净利率	9.55%	9.85%	10.05%	9.65%
流动比率	1.82	2.02	1.96	1.95
资产回报率	12.0%	12.6%	11.4%	12.4%
负债权益比率	52.5%	44.6%	49.6%	48.3%
财务杠杆系数	1.30	1.02	1.56	1.33

基于以上信息，选择能够实现阿斯顿银行目标的策略：

A. 阿斯顿银行不应该贷款给任何一家公司，因为这些公司都不具有良好的风险控制

B. 贷款给 C 公司，因为该公司的数据均接近行业平均值

C. 贷款给 A 公司，因为该公司的负债权益比率和财务杠杆系数均低于行业平均值

D. 贷款给 S 公司，因为该公司具有最高的净利率和财务杠杆系数

【答案】 C

【解析】 选项 C 正确。债权人在选择投资对象时，首先考虑的是偿债能力。偿债能力越强，违约风险就越小，就会成为债权人的投资对象。因此阿斯顿银行作为债权人会关注负债权益比率与财务杠杆系数，财务杠杆系数和债务权益比率均度量了公司的偿债能力，负债权益比率越小，财务杠杆系数越小，说明偿债能力越强，偿债风险越小。A 公司的财务杠杆系数和负债权益比率均低于行业均值，显示出公司较低的财务风险。因此阿斯顿银行在寻找未来最有可能履行贷款义务的公司时，就会选择 A 公司。

【例题 1－25】 若一家公司的利息费用等于息税前利润（EBIT），该公司的所得税税率为 40%，则公司的利息保障倍数为：

A. 2.0　　B. 1.0　　C. 0.6　　D. 1.2

【答案】 B

【解析】 选项 B 正确。该公司的利息保障倍数为 1.0。利息保障倍数 = 息税前利润 ÷ 利息费用，因为利息费用等于息税前利润，因而利息保障倍数为 1.0。

四、获利能力分析

获利能力分析：反映企业盈利能力的财务比率，该类指标主要反映企业获利能力和股东的投资回报率状况。获利能力分析财务比率公式可以参见表 1－3。

表 1-3 获利能力分析财务比率公式

获利能力财务比率	公式
销售毛利率	$\frac{\text{毛利}}{\text{销售额}} \times 100\%$
营运利润率	$\frac{\text{营业利润}}{\text{销售额}} \times 100\%$
销售净利率	$\frac{\text{净利润}}{\text{销售额}} \times 100\%$
息税折旧摊销前利润率	息税折旧摊销前利润率 $= \frac{\text{息税折旧摊销前利润}}{\text{销售额}} \times 100\%$
总资产收益率	$\frac{\text{净利润}}{\text{资产平均余额}} \times 100\%$
权益报酬率	$\frac{\text{净利润}}{\text{平均权益额}} \times 100\%$
可持续增长率	(1 - 股利支付率) × 权益报酬率（ROE）

（一）利润率分析

利润率分析：不同口径利润/销售净收入。

1. 销售毛利率。

$$\text{销售毛利率} = \frac{\text{销售毛利}}{\text{销售净收入}} \times 100\%$$

其中：毛利 = 销售净收入 - 销售成本

销售净收入 = 销售收入 - 销售折扣、折让与退货

> **【提示】** 影响销售毛利率的因素包括：
> - 销售价格与存货成本波动比例不同；
> - 销售价格由于竞争而下降；
> - 产品销售组合变化，利润率低的产品比例增加；
> - 存货被盗，同样的销售会有更高的产品销售成本；
> - 产品销售成本 = 期初存货 + 净采购 - 期末存货；产品销售成本是最为重要的成本类型，产品销售成本变化对利润产生重大影响。

2. 营运利润率。

$$\text{营运利润率} = \frac{\text{营业利润}}{\text{销售额}} = \frac{\text{销售毛利} - \text{各种管理费用、销售费用}}{\text{销售净收入}} \times 100\%$$

> **【提示】** 费用中不含税收及利息费用。

3. 销售净利率。

$$\text{销售净利率（边际利润率）} = \frac{\text{税后利润}}{\text{销售收入}} \times 100\%$$

> **【提示】**
> - 营运利润率与毛利率之间的关系，在于管理和销售费用的变化；
> - 营运利润率与净利润率之间的关系，在于利息费用和税收的变化。

（二）资本投资回报率

资本投资回报率，度量业务单位的获利能力，资本投资口径的选择取决于利益相关者。

1. 投资回报率（return on investment，ROI）。

$$ROI = \frac{业务单元利润}{业务单元资产}$$

> **【提示】**在资产回报率与投资资本回报率中所使用的投资资本可以定义为所有资产、修正投资基础或者仅仅包含股东权益。财务报表中的以下部分可能会进行修正或者不包含在投资基础之中，这取决于分析师的偏好。
> - 非生产性资产，包括闲置厂房、过剩的存货、无形资产；
> - 应折旧资产，账面价值逐渐下降，在收益相同的情况下导致更高的投资收益率；
> - 优先股账面价值，由于在清算时优先股股东仅仅拥有对优先股账面价值的求偿权，而不具有对企业全部回报的求偿权，因此有些分析师在计算投资收益率时排除了优先股股东的账面价值。

2. 总资产收益率（return on assets，ROA）。

$$ROA = \frac{税后利润}{总资产} \times 100\%$$

> **【提示】**总资产收益率涉及全部利益相关者，包括股东和债权人，这是最常用的收益率指标。

3. 权益报酬率（return on equity，ROE，或称净资产收益率）。

$$ROE = \frac{税后利润}{股东权益总额} \times 100\%$$

> **【提示】**权益报酬率仅涉及股东利益，是企业所有者最关心的指标。

（三）杜邦分析模型

杜邦分析模型有助于理解资产回报率的概念。

1. 杜邦模型用于总资产回报率的分析。

总资产回报率 = 净利润 ÷ 总资产 = （净利润 ÷ 销售收入）×（销售收入 ÷ 总资产）= 利润率 × 总资产周转率

2. 杜邦模型用于净资产回报率的分析。

权益报酬率 = 净利润 ÷ 净资产 =（净利润 ÷ 销售收入）×（销售收入 ÷ 总资产）×（总资产 ÷ 权益）= 利润率 × 总资产周转率 × 权益乘数

【提示】

- 利润是衡量一个公司的经营能力，即怎样控制成本；
- 总资产周转率衡量一个公司的资产利用率，就是怎样有效利用资产；
- 权益乘数是一个财务杠杆比率。

【提示】 提高权益报酬率的举措：

- 提高生产效率，削减费用，控制成本，提高利润率；
- 改善资产管理，降低存货、应收账款等占用，提高总资产周转率；
- 利润和资产水平不变前提下提高销售额；
- 有效利用财务杠杆，确保债务和权益的最优组合。

（四）可持续增长率

可持续增长率是指不增发新股并保持目前经营效率和财务政策条件下公司销售可以实现的最高增长率。此处的经营效率指的是销售净利率和资产周转率，财务政策指的是股利支付率和资本结构。

可持续增长率 =（1 − 股利分发率）× 权益报酬率（ROE）

【提示】 可持续增长率取决于以下四个因素：

- 销售利润率：其增加提高公司内部生成资金能力，提高可持续增长率；
- 股利政策：降低股利支付率即提高留存比，增加内部股权资金，提高可持续增长率；
- 融资政策：提高权益负债比即提高财务杠杆，获得额外债务融资，提高可持续增长率；
- 总资产周转率：提高每单位资产带来更多销售额，同时降低新资产的需求，提高可持续增长率。

公司可以通过以下方式来提高增长率：

- 发行债券或回购股票增加债权比；
- 更好地控制成本来提升销售利润率；
- 降低资产销售比，或者更有效利用资产；
- 降低股利支付率。

（五）收入分析

收入分析需要考虑的因素包括：

（1）分析收入确认相关的会计政策，防止提前确认收入，虚增获利能力和流动比率。

（2）收入的趋势和稳定性分析，并与行业均值或竞争对手进行比较。

（3）产品的需求弹性——消费者对价格变化作出的反应。

（4）新产品收入的预测能力——预测的准确性。

（5）行业竞争程度。

（6）客户集中度，包括对单一客户的依赖程度。

（7）少数销售代表的依赖程度。

（8）市场区域的多样化程度。

（9）收入与存货及应收账款的关系——应收账款周转率及存货周转率。

（10）收入增加，引起应收账款及存货增加。

（11）收入未增加，应收账款及存货增加，表明应收账款及存货管理存在问题。

（六）盈余计量分析

盈余并不存在一个绝对真实的计量指标，它取决于一系列的主观判断和会计政策选择。

盈余计量需要考虑以下因素：

（1）会计估计：对未来事件及其结果的合理估计。

（2）会计方法：理解不同会计方法的选择，并评估其对公司盈余计量和公司可比性的影响。

（3）信息披露：包括会计准则（ASC）的基本要求，证券交易委员会（SEC）的追加要求。

（4）不同使用者的需求：

- 投资者关注财务状况和未来盈利能力；
- 债权人关注流动性和长期偿债能力；
- 供应商关注企业的信用风险；
- 管理层全面关注偿债能力和未来盈利能力；
- 工会关注未来增加薪酬的能力；
- 政府关注税收和监管目的。

【例题1-26】 当报告异常事项时：

A. 每个事项（税后）作为某个期间净利润的一个组成部分在损益表上单独呈现

B. 每个事项是在扣除任何相关的所得税后呈现

C. 每项作为来自持续经营的利润中的偶然事项来呈现

D. 所有发生在一个期间的异常利得或亏损被综合成总利得和总亏损，然后相互抵消得到净异常利得和亏损

【答案】A

【解析】选项 A 正确。异常事项应该呈现非持续经营的税后利润。APB 30 规定“单独异常事项或交易的定性描述和金额应该被呈现，最好是在损益表上，但在附注中也是可以接受的”。

【例题 1－27】以下哪项包括在确认持续经营形成的利润？

A. 非持续经营
B. 异常损失
C. 会计准则变化的累积效果
D. 注销存货而造成的偶然损失

【答案】D

【解析】选项 D 正确。APB 30 具体说明了某些一般不作为异常利得和损失处理的事项。它们包含了来自持续经营的利润的约定。这些利得和损失包括应收款和存货的注销，外汇的换算，处理业务部门，销售生产性资产，罢工，长期合同的应计。而非持续经营、异常损失和会计准则变化的累积效果均不属于持续经营形成的利润。

【例题 1－28】以下哪一个比率受其他收益或非经常性收益影响最大？

A. 利润率
B. 营业利润率
C. 毛利率
D. 负债权益比率

【答案】A

【解析】选项 A 正确。净收益包括了其他项收益和非经常性收益，而经营收益与毛利仅反映经营收益，不包括其他收益或非经常性收益项目，因此利润率受其他收益或非经常性收益的影响最大，而营运利润率和毛利率均不受影响。

【例题 1－29】某公司提供了与其某一款产品有关的以下数据：

年度	产品销量	销售单价（美元）	毛利率（%）
1	1 000	50	45
2	1 200	55	48

以下哪一项陈述是正确的？

A. 每件售出产品的成本在第 2 年降低了 3%
B. 毛利额在第 2 年增加了 3%
C. 在第 2 年，售价在提升百分比方面超过了每件售出产品的成本
D. 在第 2 年，每件产品的成本增加与单位产品销量的增幅相一致

【答案】C

【解析】选项 C 正确，见下表：

年度	产品销量	单价	产品销售成本	毛利
1	1 000	50 美元	27.5 美元	22.50 美元
2	1 200	55 美元	28.6 美元	26.40 美元
变化幅度	20.0%	10.0%	4.0%	17.3%

【例题 1－30】 某公司希望在可预见的未来，净利润每年至少达到 1 000 万美元。则某公司可通过针对存货周转率和权益融资的利用程度采取下列哪些措施，以提高其权益回报率？

	存货周转率	权益融资利用程度
A.	增加	增加
B.	增加	下降
C.	下降	增加
D.	下降	下降

【答案】 B

【解析】 选项 B 正确。如果该公司增加其存货周转率，则存货占有金额将下降，使公司资产总额下降，资产周转率增加，增加的资产周转率导致权益回报率增加；权益融资利用程度下降会使发行在外的股票数量保持稳定或下降，负债相对增加，在净利润保持不变的情况下，权益回报率增加。因此，降低资产总额和降低股东权益均会导致该公司的权益回报率上升。

【例题 1－31】 公司财务风险是指公司管理和维持其债权的能力。以下哪一项表明公司具有最大的财务风险？

A. 高负债权益比率，高利息覆盖率，波动的权益收益率

B. 高负债权益比率，高利息覆盖率，稳定的权益收益率

C. 低负债权益比率，低利息覆盖率，波动的权益收益率

D. 高负债权益比率，低利息覆盖率，波动的权益收益率

【答案】 D

【解析】 选项 D 正确。负债权益比率＝负债÷权益，负债越大，负债权益比率越大，公司的偿债风险就会增加，因此财务风险就会增加。

利息覆盖率＝息前税前利润÷利息费用，负债增加，利息费用增加，利息保障倍数就会减少，公司的偿债风险就会增加，因此财务风险就会增加。

权益收益率＝净利润÷股东权益总额，净利润或者公司的融资结构不断波动，都会造成权益收益率的波动，进而公司的偿债风险就会增加，因此财务风险就会增加。

因此，高负债权益比率、低利息覆盖率以及波动的权益收益率就会使公司财务风险达到最大。

【例题 1－32】 某公司已决定对其靠举债融资的经营资产进行追加投资。假设所有其他因素均保持不变，这种追加投资将产生以下哪种影响？

	营业利润率	资产总额周转率	资产回报率
A.	增加	不变	增加
B.	不变	降低	降低
C.	不变	增加	降低
D.	降低	降低	降低

【答案】B

【解析】选项 B 正确。营业利润率 =（销售收入 - 销售成本 - 销售费用）÷ 销售收入；所有要素不受影响，营业利润率保持不变。

资产周转率 = 销售收入 ÷ 资产；经营性资产增大，资产周转率降低。

资产回报率 = 净收益 ÷ 资产；经营性资产增大，资产回报率降低。

【例题 1 -33】某公司的总裁正在为该公司的每个制造工厂制定绩效目标。下面的数据表示的是其中一座工厂的前一年业绩。

营业收入　400 000 美元

变动成本　100 000 美元

固定成本　200 000 美元

平均资产　1 000 000 美元

平均负债　200 000 美元

那么，该工厂的资产回报率为：

A. 37.5%　B. 30.0%　C. 12.5%　D. 10.0%

【答案】D

【解析】选项 D 正确。该工厂的资产回报率是 10%，具体计算步骤如下：

资产回报率 = 净收益 ÷ 平均总资产 =（400 000 - 100 000 - 200 000）÷ 1 000 000 = 10%。

五、反映市场价值的财务比率

市场价值，反映的是资本市场对企业价值的估计。主要指标见表 1 -4。

表 1 -4　市场价值财务比率公式

市场价值财务比率	公式
市盈率	市盈率 = 市场价格 ÷ 每股收益
市净率	市净率 = 市场价格 ÷ 每股净资产 = 市场价格 ÷ 每股账面价值
基本每股收益	基本每股收益 =（税后利润 - 优先股股利）÷ 发行在外的加权平均普通股数
股利收益率	股利收益率 = 每股现金股利 ÷ 每股市场价格
股利支付率	股利支付率 = 每股现金股利 ÷ 每股净利润

（一）市场比率

1. 市盈率。

$$市盈率=\frac{市场价格}{每股收益（EPS）}$$

● 市盈率表明，投资者为了获得1美元的每股税后利润，愿意付出多少倍的市场价格。

● 市盈率能反映一家公司股票价值是否被高估或低估。

2. 市净率。

$$市净率=\frac{市场价格}{每股净资产}=\frac{市场价格}{每股账面价值}$$

● 市净率表明，投资者为了获得1美元的资产净额，愿意付出多少倍的市场价格。

（二）每股收益

每股收益是在每股的基础上表示净利，分为基本每股收益和稀释每股收益。

1. 基本每股收益。

$$基本每股收益（EPS）=\frac{提供给普通股股东的税后利润}{发行在外的加权平均普通股数}$$
$$=\frac{税后利润-优先股股利}{发行在外的加权平均普通股数}$$

【提示】

● 每股收益可用于不同企业间的业绩比较，以评价某企业的相对盈利能力；

● 每股收益可用于企业不同会计期间的业绩比较，以了解该企业盈利能力的变化趋势；

● 每股收益用于企业经营实际实绩与盈利预测的比较，以掌握该企业的管理能力。

2. 稀释后每股收益。

$$稀释后每股收益（EPS）=\frac{稀释后提供给普通股股东的税后利润}{稀释后发行在外的加权平均普通股数}$$
$$=\frac{（税后利润-优先股股利）}{稀释后发行在外的加权平均普通股数}$$

【提示】 稀释每股收益的方式是将收益在其他与股票相关的各种证券中进行平摊，其中最广为人知的证券就是股票期权、认股权证以及一些可转换债券和可转换优先股。CMA考试中并不要求稀释每股收益的计算。

（三）现金股利相关财务比率

$$股利收益率=\frac{每股现金股利}{每股市场价格}$$

$$股利支付率=\frac{每股现金股利}{每股净利润}$$

【例题1-34】马森有限公司报告其去年的净收益为3 500 000美元。该公司在该年度有100 000普通股发行在外、面值为1美元的普通股，并有5 000美元股库存的普通股。马森公司已宣布针对其普通股派发每股1美元的股利并已支付。去年年末每股普通股的市价为30美元，而每股普通股的账面价值为10美元。那么该公司该年度的股利收益率为：

A. 10.00%　　B. 5.00%　　C. 3.33%　　D. 2.71%

【答案】C

【解析】选项C正确。公司该年度的股利率是3.33%，具体计算步骤如下：

股利收益率=每股股利÷每股市价=1÷30×100%=3.33%。

【例题1-35】在2××0年12月31日财年结束时，某公司股东权益为24 209 306美元，其中3 554 405美元为优先股。在2××1财年，该公司的税后净利润为2 861 003美元，并支付优先股股利223 551美元、普通股股利412 917美元。在2××1年12月31日，该公司发行在外的普通股为12 195 799股，当年公司没有出售任何普通股。则2××1年12月31日，该公司的每股账面价值为：

A. 1.88美元　　B. 2.17美元　　C. 1.91美元　　D. 2.20美元

【答案】A

【解析】选项A正确。每股账面价值计算如下：每股账面价值=普通股权益÷平均发行在外的股票数。

在2××1年12月31日的权益等于2××0年12月31日的股东权益加上2××1年的净利润，减去2××1的股利，减去优先股权益。

2××1年12月31日的普通股权益=24 209 306-3 554 405+2 861 003-223 551-412 917=22 879 436（美元）。

每股账面价值=22 879 436美元÷12 195 799股=1.88美元/股

【例题1-36】某公司最近宣布并支付了50%的股票股利。则该交易将会减少公司的：

A. 流动比率　　B. 普通股的每股账面价值

C. 债务权益比率　　D. 营运资产回报率

【答案】B

【解析】选项 A 不正确。股票股利只会增加发行在外的普通股股数，因而公司的流动比率不变。

选项 B 正确。股票股利会增加发行在外的普通股股数，因而公司的普通股每股账面价值将随着发行在外普通股股数的增加而减少。

选项 C 不正确。股票股利会增加发行在外的普通股股数。公司宣布发放股票股利时，账务处理是：借记公司留存收益（减少），贷记股本（大股票股利政策）或者股本和资本公积（小股票股利政策）（增加），因此在宣布发放股票股利的时候，仅改变股东权益的结构，但是不改变股东权益的总额。公司发放股票股利时，仅改变股东登记手册即可，无须做账务处理。因而公司的债务权益比率不变。

选项 D 不正确。公司宣布发放股票股利时，账务处理是：借记公司留存收益（减少），贷记股本（大股票股利政策）或者股本和资本公积（小股票股利政策）（增加），因此在宣布发放股票股利的时候，仅改变股东权益的结构，但是不改变股东权益的总额。公司发放股票股利时，仅改变股东登记手册即可，无须做账务处理。由于对净利润和营运资产均没有影响，因此营运资产回报率不变。

> **【提示】**公司发放股票股利不会改变股东权益的总额，但是改变了股东权益的结构；而公司发放现金股利，则会造成股东权益的减少以及资产的减少。

【例题 1－37】某公司持有 250 000 股发行在外的普通股，每股面值 10 美元。本年度，该公司支付每股 3.50 美元的现金股利，每股收益为 4.80 美元。该公司现行股价为 34 美元。则公司的市盈率为：

A. 2.08　　B. 2.85　　C. 7.08　　D. 9.71

【答案】C

【解析】选项 C 正确。该公司的市盈率为 7.08，计算如下：

市盈率 = 每股市价 ÷ 每股收益

= 34 ÷ 4.80

= 7.08

【例题 1－38】A 公司持有面值为 10 美元的 500 000 股发行在外的普通股。当年，A 公司每股支付现金股利 4 美元，每股收益为 3.20 美元。A 公司每股市价为 36 美元。A 公司所处行业的平均市盈率为 14.00。与行业平均相比较，A 公司的股价：

A. 被高估了约 25%　　B. 被高估了约 10%

C. 被低估了约 10%　　D. 被低估了约 25%

【答案】D

【解析】选项 D 正确。A 公司的股价被低估了约 25%，计算如下：

估计每股价值 = 行业平均市盈率 × A 公司的每股收益

= 14.00 × 3.20

= 44.80（美元）

估计每股价值与市价差异 = 44.80 − 36.00 = 8.80（美元）

百分比差异 = 8.80 ÷ 36.00 = 24.4%

【例题 1 − 39】 某上市公司的资产负债表第 1 年年底（截至 12 月 31 日）的部分信息如下：

普通股（每股面值 1 美元）	1 000 000 美元
资本公积	2 000 000 美元
留存收益	500 000 美元

第 2 年即将过去，预计净利润为 200 000 美元，股利支付率为 30%，并且年内将不会发行或赎回股份。如果可比公司以 2 倍的市场对账面比率（市账率）进行交易，该公司第 2 年年底每股的预期市场价格将是多少？

A. 6.28 美元　　B. 7.00 美元　　C. 7.28 美元　　D. 7.40 美元

【答案】 C

【解析】 选项 C 正确。计算过程如下：

每股账面价值 = [1 000 000 + 2 000 000 + 500 000 + 200 000 × (1 − 30%)] ÷ 1 000 000 = 3.64（美元）

股票价格 = 3.64 × 2 = 7.28（美元）

【例题 1 − 40】 某公司的销售额为 100 000 美元，销售成本为 40 000 美元，利息费用为 4 000 美元，税额为 18 000 美元，业务费用为 15 000 美元。那么，该公司的营业利润率是多少？

A. 60%　　B. 45%　　C. 41%　　D. 23%

【答案】 B

【解析】 选项 B 正确。营业利润率 = 营业利润/销售收入 = (100 000 − 40 000 − 15 000) ÷ 100 000 = 45%。

【例题 1 − 41】 年初，里维斯公司发行在外的普通股为 100 000 股。年中，发生如下交易：

日期	交易
4 月 1 日	发行股票 10 000 股，以换取土地
7 月 1 日	宣布并发放 10% 的股票股利
10 月 1 日	购买 5 000 股库存股

则里维斯公司在年末计算每股收益时，应当使用的股票股数为：

A. 117 000　　B. 116 000　　C. 111 750　　D. 106 250

【答案】 A

【解析】 选项 A 正确。里维斯公司在年末计算每股收益时，应当使用的股票股数为 117 000 股，具体计算如下：

时间	发行在外的股票股数	时间权重	股权股利权重	股数
期初数	100 000	×3/12	×1.1	27 500
4 月 1 日	110 000	×3/12	×1.1	30 250
7 月 1 日	121 000	×3/12		30 250
10 月 1 日	116 000	×3/12		29 000
				117 000

【例题 1－42】 ABC 公司的部分财务数据如下所示：

在刚结束的一年中，净利润为 5 300 000 美元。

上一年度发行面值为 1 000 美元、利率为 7% 的可转换债券共 5 500 000 美元。每一债券可转换为 50 股普通股，在当年未发生债券转换。

上一年度发行了 50 000 股面值为 100 美元、股利率为 10% 的累计优先股。公司本年度并未发放优先股股利，但优先股于去年年终开始流通。

本年度年初，发行在外的普通股为 1 060 000 股。

本年度 6 月 1 日，公司发行并出售 60 000 股的普通股。

ABC 公司的平均所得税税率为 40%。

则 ABC 公司当年的基本每股收益为：

A. 3.67 美元　　B. 4.29 美元　　C. 4.38 美元　　D. 4.73 美元

【答案】 C

【解析】 选项 C 正确。ABC 公司当年的基本每股收益为 4.38 美元，具体计算如下：

加权平均股数　1 060 000 × 5 ÷ 12 = 441 667

1 120 000 × 7 ÷ 12 = 653 333

合计：1 095 000

基本每股收益 =（净利润 − 优先股股利）÷ 加权平均股数

= [5 300 000 −（10% × 100 × 50 000）] ÷ 1 095 000

= 4 800 000 ÷ 1 095 000

= 4.38（美元）

【例题 1－43】 戴利公司关于发行在外的股东权益部分信息如下表所示：

单位：美元

普通股，每股面值 10 美元，发行在外 3 500 000 股	35 000 000
优先股，每股面值 100 美元，发行在外 10 000 股	1 000 000
优先股股利	60 000
普通股股利	7 000 000
每股收益	3
每股市价	18

则戴利公司的普通股股利收益率为：

A. 11.11%　　B. 16.66%　　C. 16.88%　　D. 20.00%

【答案】A

【解析】选项 A 正确。戴利公司的普通股股票收益率为 11.11%，计算如下：

普通股股利收益率 = 普通股每股股利 ÷ 普通股每股市价
= (7 000 000 ÷ 3 500 000) ÷ 18
= 11.11%

【例题 1 - 44】在最近会计期间中，奥克兰德在公司支付了每股 0.20 美元的定期季度股利，每股收益为 3.20 美元。奥克兰德公司期末股票市价为 40.00 美元。则奥克兰德公司的股利收益率为：

A. 0.50%　　B. 1.00%　　C. 2.00%　　D. 6.25%

【答案】C

【解析】选项 C 正确。奥克兰德公司的股利收益率为 2.00%，计算如下：

股利收益率 = 普通股每股股利 ÷ 普通股每股市价
= (4 × 0.20) ÷ 40.00
= 2.00%

【例题 1 - 45】股利收益率是以下列哪种计算方式计算的？

A. 每股市价除以每股股利

B. 每股收益除以每股股利

C. 每股股利除以每股市价

D. 每股股利除以每股收益

【答案】C

【解析】选项 C 正确。股利收益率表明了每股股利和普通股每股市价之间的关系，是以每股股利除以每股市价计算的。

六、财务比率分析的优缺点

（一）财务比率分析的优点

财务比率分析的优点主要有：

（1）有利于进行（同行业）不同公司之间的比较分析。

（2）能表明公司经营的效率和风险。

（3）平衡了不同规模的影响。

（二）财务比率分析的缺点

财务比率分析的缺点主要有：

（1）与财务报表一样，财务比率体现的是历史数据。

（2）当不同公司之间的比率进行比较分析时，需注意各公司采用的不同会计政策。

（3）要注意是否有特殊事件会影响公司的财务比率。

（三）财务比率分析的局限性

（1）单一比率并不能揭示与公司相关的所有信息，应计算比率——了解后果——形成预期——比较实际结果与预期产生差异的原因。

（2）比率标准不存在统一的标准，取决于行业特征以及企业的业务模式。

（3）财务报表分析中忽略了非营运信息，如非常损失或中止经营的影响。

（4）会计政策选择的影响。

（5）比率的合理性取决于计算中所用数值的合理性，但各账户之间具有关联性。

（6）比率之间的相互影响，如降低营销费用会改善费用收入比率但可能导致销售下降，影响企业未来潜在的获利能力。

（7）财务数据的季节性波动也会造成财务比率的季节性波动。

（8）不同公司之间缺乏可比性，导致整合分析困难。

（9）会计信息真实性影响以及会计政策变更对财务报表数据及财务指标的影响；如存货计价对流动比率或毛利率的影响；管理层讨论及分析时应关注会计政策的一致性及其变更影响。

第三节 特殊问题对财务报表分析的影响

一、会计利润与经济利润

（一）会计利润

会计利润：依据权责发生制原则对资源生成以及消耗的度量，遵循美国一般公认会计原则。

会计利润 = 总收入 − 显性成本

（二）经济利润

经济利润是指公司在生命周期内实现盈利的净现值。

经济利润 = 总收入 − 显性成本 − 隐性成本

= 总收入 − 经济成本（所有机会成本）

【提示】经济成本是企业使用的所有资源总的机会成本，是显性成本（会计成本）与隐性成本二者之和，因此经济成本与会计成本的不同之处就在于经济成本还包括隐性成本，其中，隐性成本一般指机会成本。

经济利润 = 息前税后利润 - （长期负债 + 股东权益）
× 加权平均资金成本（WACC）

【提示】经济利润是息前税后利润及资本投资的调整。

（三）会计利润与经济利润的联系与区别

以会计利润为基础调整经济利润，财务会计的目的并不是使会计利润尽可能地接近经济利润，而是为推断经济利润提供一个合理的基础，从而能根据报告的会计利润得出经济利润的取值。二者的区别可参见表 1 - 5。

表 1 - 5　会计利润与经济利润的区别

会计利润	经济利润
会计利润是建立在权责发生制基础上的一个量度指标，因此对资源生成和资源消耗的量度需遵循公认会计原则中设定的规则	经济利润的赚取是一个过程，该时间期间囊括了生产时间、装运时间和待售时间等时间段，而非发生在销售时点
会计利润侧重会计期间假设	经济利润侧重持续经营，是资源优化配置的指标器
会计利润关注短期目标	经济利润强调长期目标，是企业决策的基础，促进企业规划现金流量及长期收益潜力

二、会计准则和程序的差异造成的影响

（一）会计估计变更

会计估计变更：是指基于新的信息和经验对财务报表的估计金额发生的变化。比如一项资产的使用寿命由 5 年变为 7 年。

会计估计变更的核算问题及影响：会计估计变更采用未来适用法，即不对以前年度财务报表数据进行重述，而是只调整变更当期及以后期间的财务报表数据。

（二）会计政策变更

会计政策变更：当美国会计准则委员会（Financial Accounting Standards Board，FASB）发布新的会计规则，或因为管理层在可供选择的会计方法中，由一种公认会计原则（Generally Accepted Accounting Principles，GAAP）方法变为另外一种公认会计原则方法，会计政策就会发生变更。例如，存货计价方法由加权平均法变更为先进先出法。

> 【提示】折旧方法的变更不属于会计政策的变更，而属于“受会计政策影响的会计估计的变更”，因此这种变更按照会计估计变更处理。

会计政策变更的核算问题及影响：会计政策变更适用于追溯调整法，这种方法要求视同交易最初发生就采用该方法，累计调整所有期间数据至报告期期初留存收益。

（三）会计差错更正

会计差错更正：当以前年度财务报表发生重大差错，并且需要对这种差错进行调整以编制新的财务报表，这就是差错更正。更正后的财务报表才能反映正确的累积留存收益的余额。

会计差错更正的核算问题及影响：重大会计差错更正适用于追溯调整法，通过调整留存收益的期初余额可以更正会计差错。累计调整所有期间数据至报告期期初留存收益。

三、收益质量

收益质量衡量的是所报告信息的有效性和准确性，对收益质量的分析可以确定管理层对财务报表选择的结果，判断管理层的动机、倾向及态度。

（一）影响收益质量的基本因素

（1）会计原则的选择，保守的会计方法收益质量较高。

（2）推迟酌量性费用的确认获得短期高收益，但对长期收益产生不利影响。

（3）经济的周期性及其他经济力量对收益的影响是管理层不可控的，但经验丰富的管理层可以将经济周期对收益来源稳定性和波动性的影响降低至最小，收益的波动性较高，表明收益的质量低。

（二）收益质量高的公司具有的特点

（1）持续的、稳健的会计政策，该政策对公司财务状况和净收益的计量是谨慎的。

（2）公司的收益是由经常性的与公司基本业务相关的交易所带来的，而不是一次性的。

（3）会计上反映的销售能迅速转化为现金，企业的债务水平适当，收益趋势是稳定的、可预测的。

（4）在收益创造过程中使用的固定资产维修良好并保存至今。

（三）如何评估收益质量

（1）与竞争对手的会计政策进行比较。

（2）分析公司近期会计政策的选择或变化。

（3）确定异常事项对收益的影响。

（4）分析利润表的分类。

（5）调查是否存在没有披露的重大费用。

（四）收益的持久性和能力

收益的持久性：度量当前收益可以在多大程度上代表未来收益。收益的趋势比大小更重要，我们更希望看到稳定程度较高的收益，或者在经济周期内具有持续性的收益，此外，我们更希望可以看到稳定增长的收益。

收益在不同年度之间可能表现出一定的波动性，而这种波动可能与非正常和例外业务有关，为了区分非正常收益和费用的影响，财务分析师需要重构损益表，通过编制调整损益表，展示会计原则变更给多个期间带来的利得或损失，更为准确地描述收益的持久性。

收益能力是对企业估值时最重要因素的考虑，可通过 5 ~ 10 年平均收益，消除非重复性因素或特殊因素。

四、通货膨胀对财务报表的影响

通货膨胀，或随时间的推移不断提高价格，是财务报表分析时需要考虑的重要因素。财务报表以历史成本为基础；收入会逐年增加，但并不意味着公司业务获得了真正的增长。为了考虑通货膨胀对财务报表的影响，FASB（财务会计准则委员会）要求，如果通货膨胀水平较高时，在财务报表的附注中单独计算通货膨胀的影响。

通过水平（趋势）分析，根据基准年份的美元价值计算通货膨胀率，可确立通货膨胀影响，分析中应用通胀率对财务指标进行修正。也就是说，如果通货膨胀率为 10%，则随后年份的销售额应分别除以 1.1、1.21 等因子，见表 1 -6。

表 1 -6　　　　通货膨胀对财务报表的影响

	基准销售额	第 1 年	第 2 年
销售额	300 000 美元	320 000 美元	350 000 美元
不考虑通胀增长率（定基）	—	6.67%	16.67%
通胀调整销售额（销售额 ÷ 通胀率）	300 000 美元	290 909 美元	289 256 美元
通胀率（10%）	1	1.1	1.21
实际增长率（定基）	1	-3.03%	-3.58%

【例题 1 -46】公司的财务总监关心通货膨胀会对公司报告的财务业绩造成影响，并希望知道销售额是否具有逐年可比性。该公司第 3 年的销售额为 500 000 美元，其所在行业的价格指数已从第 3 年的 200 增长到第 4 年的 220。

要实现 15% 的实际增长率，该公司在第 4 年的销售水平必须达到：

A. 550 000 美元　B. 575 000 美元　C. 632 500 美元　D. 690 000 美元

【答案】C

【解析】通货膨胀率 = (220 - 200) ÷ 200 = 10%

第 4 年的销售水平 = 500 000 × (1 + 15%) × (1 + 10%) = 632 500（美元）。所以选项 C 正确。

五、外币报表的折算

（一）功能货币的确认

如果外国子公司的报表货币不同于母公司的报表货币，则在进行财务报表合并前，务必将该子公司的财务报表货币转换为母公司的报表货币。子公司外币财务报表折算方法的选择是否合适，取决于该实体的功能货币。

1. 功能货币的定义。

ASC 第 830 号公告“外币折算”事项将功能货币定义为：功能货币是企业从事经营活动的环境中主要使用的货币，是企业计量现金流量和经营成果的统一尺度。功能货币一经确定，企业的现金流量和经营成果就以它来计量，而不是以非功能货币的外币计量。外币作为非功能货币，则承受着汇率变动的风险。如果该子公司在某一国家经营能够相对自给自足或比较完整，则当地货币就是该子公司的功能货币；如果国外分支机构的子公司本质上只是母公司的业务延伸时，那么母公司的货币为功能货币。

2. 跨国公司选择功能货币的标准。

跨国公司选择功能货币的标准主要如表 1 - 7 所示。

表 1 - 7　　跨国公司选择功能货币的标准

子公司	母公司报告货币	当地货币
现金流量	直接影响母公司的现金流量，经常汇回母公司	主要是当地货币，不影响或很少影响母公司的现金流量
销售价格	对汇率变动有反映，由世界范围内的竞争决定	对汇率变动基本上没有反映，主要由当地竞争支配
销售市场	主要在母公司所在国，以母公司通货标价	主要在子公司所在的东道国，以当地通货标价
理财	财源主要来自母公司，或依靠母公司偿还债务	主要表现为当地货币，通过当地经营活动来偿付与债务有关的支出
公司间交易	经常而且是大量的	既不经常也不是大量的

企业选定境外经营的记账本位币，除了考虑上述因素外，还应当考虑下列因素：

- 境外经营相对其所从事的活动是否拥有很强的自主性。
- 境外经营活动中与企业的交易是否在境外经营活动中占有较大比重。
- 境外经营活动产生的现金流量是否直接影响企业的现金流量、是否可以随时汇回。
- 境外经营活动产生的现金流量是否足以偿还现有债务和可预期的债务。

（二）外币报表折算方法

外币报表折算方法包括时态法和现行汇率法。

时态法：又称时间度量法，是一种以资产、负债项目的计量属性作为选择折算汇率依据的一种外币报表折算方法。

现行汇率法：是一种以现行汇率为主要折算汇率的外币报表折算方法。

当功能货币为母公司报告货币时，分支机构和子公司采用时态法将财务报表转化为母公司货币；当功能货币为当地货币时，子公司采用现行汇率法折算外币报表；当子公司采用非功能货币或非母公司报告货币的当地货币时，财务报表折算必须先折算为功能货币，然后再折算为母公司报告货币。

（三）外币报表列报与披露要求

利润表或财务报表附注应该列示外国实体在当期会计年度的汇兑利得或损失总额。企业应当在独立报表项目、附注或股东权益项目栏中披露累计汇兑差额在本期的变动情况。

> **【提示】** CMA 考试要求掌握功能性货币的确认和汇率变化对财务比率的影响。

【例题 1 -47】 某公司 2××3 年 1 月 1 日期初存货少报了 26 000 美元，而期末存货多报了 52 000 美元，上述结果将导致 2××3 年存货的销售成本：

A. 少报 26 000 美元　　B. 多报 26 000 美元

C. 少报 78 000 美元　　D. 多报 78 000 美元

【答案】 C

【解析】 选项 C 正确。

	错误金额（美元）	－	正确金额（美元）	=	差异（美元）
期初金额	0		26 000		(26 000)
采购金额	100 000		100 000		0
减：期末金额	52 000		0		52 000
销售成本	48 000		126 000		(78 000)

【例题 1 -48】 公司在其财务报告对外发布之后，发现一个重大期末存货

被夸大的错误，那么这个错误对发出的年报产生什么样的影响？

	流动资产	毛利
A.	低估	高估
B.	高估	高估
C.	低估	低估
D.	高估	低估

【答案】B

【解析】选项 B 正确。因为存货是流动资产的一部分，所以期末存货被高估，那么流动资产也就被高估。

存货高估或者低估对损益的影响可以通过存货销售流程来分析：

期初存货
+采购金额
可销售的成本
－期末存货
销售成本

基于上述分析，期末存货的高估将导致低估销售成本，进一步导致毛利高估。

【例题 1－49】N 公司在编制年终财务报表时出现了一个严重的计算错误，在计算坏账费用时多加了一位数字。该错误导致报告的净收益仅为正确金额的一半。根据美国公认会计原则，第二年发现此错误后的纠正应被视为：

A. 发现错误当年的坏账费用增加

B. 发现错误当年的收入组成部分，但应在损益表中单独列出并在财务报表备注中进行详细说明

C. 发生错误当年的非经常项目

D. 期初留存收益的前期调整

【答案】D

【解析】选项 D 正确。发现以前年度会计差错，采用追溯调整法，对以前年度损益进行调整，因此是期初留存收益的前期调整。

【例题 1－50】采用公允价值核算法时，在以下哪种情况下以公允价值报告负债将对公司有利？

A. 该公司有价值 3 200 万美元、交易价为 101 美元的发行在外债券

B. 该公司有 5 000 万美元发行在外的优先股

C. 该公司有价值 2 800 万美元、交易价为 98 美元的发行在外债券

D. 该公司有价值 2 500 万美元、交易价为 102 美元的可回售债券

【答案】C

【解析】选项 A 不正确。市价高于账面价值。

选项 B 不正确。未告知市价。

选项 C 正确。按照公允价值计量的话，在外流通的债券是以市价计量，并列示在资产负债表上的。所以市价低于账面价值，负债减少对企业有利。

选项 D 不正确。市价高于账面价值。

【例题 1－51】 经济利润与会计利润之间的主要区别在于，采用经济利润时：

A. 在应计费用方面更加准确

B. 可以最小化会计估算的影响

C. 会计利润中扣减相关的资本成本

D. 按折旧成本调整会计利润

【答案】 C

【解析】 选项 A 不正确。经济利润与会计利润的主要区别就是经济利润扣除了机会成本，无论是经济利润还是会计利润，在应计费用方面都要准确；

选项 B 不正确。无论是经济利润还是会计利润，会计估算都要尽可能准确反映交易事项。

选项 C 正确。经济利润与会计利润的主要区别就是经济利润扣除了机会成本，经济利润 = 总收入 − 显性成本 − 隐性成本 = 总收入 − 经济成本（所有机会成本）= 会计利润 − 隐性成本。

显性成本 = 损益表上所列示的成本

隐性成本 = 股东投入资本的机会成本

选项 D 不正确。无论是经济利润还是会计利润计算时都要扣除折旧费用的。

【例题 1－52】 科技公司管理层采取哪项措施会对其盈余质量产生不利影响：

A. 对公司设备使用寿命作保守估计

B. 在客户安装及验收软件前记录软件销售

C. 立即将研发成本转为费用

D. 对公司退休金计划所投资资产回报率作保守估计

【答案】 B

【解析】 选项 A 不正确。科技公司管理层采取对公司设备使用寿命作保守估计，表明科技公司管理层采用稳健的会计政策，因此对盈余质量不会产生不利影响。

选项 B 正确。科技公司管理层在客户安装及验收软件前记录软件销售，在服务尚未提供前确认收入，该收益的确定不符合公认会计准则的要求，不应该确认收入，因此该项处理会对盈余质量产生不利影响。

选项 C 不正确。科技公司管理层立即将研发成本转为费用，不管研发是否成功都将研发费用确认为当期费用，这不仅符合公认会计准则的要求，而且也反映了稳健性的特点，因此不会对盈余质量产生不利影响。

选项 D 不正确。科技公司管理层对公司退休金计划所投资资产回报率作保守估计，表明科技公司管理层采用稳健的会计政策，因此对盈余质量不会产生不利影响。

【例题 1 – 53】 一家美国公司和一家德国公司在德国股票市场上购买了同一只股票并且持有该股票一年。在这期间欧元对美元贬值，比较两家公司的收益，则美国公司的收益将：

A. 更低　　B. 更高

C. 一样　　D. 短期更高但长期更低

【答案】 A

【解析】 选项 A 正确。股票的投资收益应该是以欧元支付的，因而欧元相对于美元的价格变化不会对德国公司的回报有影响，但是较弱的欧元减少了可以兑换美元的数量，所以美国公司以美元计价的收益也相应减少了。

【例题 1 – 54】 正确定义功能性货币：

A. 公司所处的主要经营环境的货币

B. 财务报表所用的货币

C. 由所在国家或地区大量持有，经常用于国际收支结算的货币

D. 在可以预见的未来能保持稳定与可靠，预计可以用于国际收支的货币

【答案】 A

【解析】 选项 A 正确。功能货币是企业从事经营活动的环境中主要使用的货币，是企业计量现金流量和经营成果的统一尺度。功能货币一经确定，企业的现金流量和经营成果就以它来计量，而不是以非功能货币的外币计量。

【例题 1 – 55】 SFAS 52，外汇换算，要求采用功能性货币概念。在海外分支的财务报表可以换算为母公司的货币前，海外分支机构的功能性货币必须被确定。当以下哪项时，一个海外分支机构的功能性货币不是外国货币？

A. 它的现金流主要是外国货币，并不影响母公司的现金流

B. 它的销售价格对汇率的变化和国际竞争是敏感的

C. 它的人工、材料和其他成本是在海外分支机构的本地市场获得

D. 它的融资主要来自外国当地和来自分支机构的经营

【答案】 B

【解析】 选项 A 不正确。它的现金流主要是外国货币，并不影响母公司的现金流，则海外分支机构的功能性货币就是外国货币。

选项 B 正确。SFAS 52 规定功能性货币是一个实体经营的主要经济环境。因此，它通常是一个财务报表被换算的实体产生和花费的现金的货币。分支机构的货币是功能性货币的表现有：现金流主要是外国货币，不影响母公司的现金流；人工和材料在海外分支机构的当地市场获得；分支机构的融资是从外国当地和分支机构的经营中来的；以及海外分支机构与母国很少发生交易。它的

销售价格对汇率的变化和国际竞争是敏感的，则海外分支机构的功能性货币是母国的货币而不是外国货币。

选项C不正确。它的人工、材料和其他成本是在海外分支机构的本地市场获得，则海外分支机构的功能性货币就是外国货币。

选项D不正确。它的融资主要来自当地外国来源和来自分支机构的经营，则海外分支机构的功能性货币就是外国货币。

简答题出题方向分析

【出题方向 1】根据财务报表的部分信息计算各种财务比率，并根据财务比率分析公司的财务与经营情况。

解题要点：熟练掌握各种财务比率的具体公式，并理解财务比率分析的内容，能够将各个财务比率归类到如长短期偿还能力方面的分析、获利能力方面的分析、资产周转能力方面的分析或是杠杆与风险方面的分析，通过财务比率的归类分析，对公司的偿债能力与风险、经营能力与风险、资金周转情况等财务状况和经营成果等进行分析，并判断公司所处的财务与经营情况。

【出题方向 2】根据已知的财务比率数据，分析各数据之间的关系，并分析对公司的融资决策影响。

解题要点：首先要熟练掌握各个财务比率之间的关系，比如，经营周期、现金周期、存货周转期和应收账款周转期之间的关系；市盈率、每股收益、股利收益率和股利支付率之间的关系；杜邦体系中销售利润率、资产周转率、权益乘数与权益收益率之间的关系。其次要掌握第二部分公司财务中的各种融资工具特点和财务情况对融资风险的影响，综合分析当前的财务状况对未来融资决策的影响。

【出题方向 3】根据已知多家公司的财务比率数据和行业平均水平，比较分析公司与行业平均水平的差距，结合风险态度做出投资决策。

解题要点：通过各个财务比率的比较，分析公司在营运能力、获利能力、市场和风险方面与竞争对手和行业相比存在的优势和劣势，根据公司的收益性并结合公司对风险的态度（风险厌恶者、风险偏好者、风险中性者）做出投资决策。

【出题方向 4】在数据计算分析的基础上，解释一些诸如经营杠杆、财务杠杆、可持续增长率等概念，以及分析财务比率的局限性、财务比率分析需要考虑的其他因素。

解题要点：掌握经营杠杆、财务杠杆、经营周期、现金周期、可持续增长率、权益报酬率等基本概念及影响因素。熟悉财务比率的局限性、财务比率分析需要考虑的其他因素等知识点。

历年经典试题回顾

一、单选题

【经典试题 1】 当赊购商品时，下列哪个选项不受影响？

A. 流动资产总额　　B. 净营运资本

C. 总流动负债　　D. 流动比率

【答案】 B

【解析】 选项 A 不正确。当赊购商品时，应付账款增加，同时存货以相同的金额增加，流动资产总额和流动负债总额同时增加，净营运资本保持不变，但是流动比率会变化。

【经典试题 2】 格里马迪公司某些账户的期初及期末账户余额如下所示：

单位：美元

	1 月 1 日	12 月 31 日
现金	48 000	62 000
有价证券	42 000	35 000
应收账款	68 000	47 000
存货	125 000	138 000
厂房及设备	325 000	424 000
应付账款	32 000	84 000
应计负债	14 000	11 000
应付债券（7%）	95 000	77 000

格里马迪公司年末的酸性测试比率或速动比率为：

A. 0.83　　B. 1.02　　C. 1.15　　D. 1.52

【答案】 D

【解析】 选项 D 正确。速动比率 = 速动资产 ÷ 流动负债 =（62 000 + 35 000 + 47 000）÷（84 000 + 11 000）= 1.52。

【经典试题 3】 如果一家公司的流动比率为 2.1，以现金支付了部分应付账款，则流动比率将：

A. 下降　　B. 增加

C. 保持不变　　D. 更接近速动比率

【答案】 B

【解析】选项 B 正确。公司流动比率是 2.1，假设流动资产为 2.1，流动负债是 1，以现金支付部分应付账款，导致流动资产、流动负债都减少，假设均减少 0.5，减少后流动资产是 1.6，流动负债是 0.5，减少后的流动比率是 3.2，结果是以现金支付部分应付账款造成流动比率增加。

【经典试题 4】马科维茨公司增加了坏账准备，则该项调整将：

A. 提高酸性测试比率　　B. 使营运资本增加

C. 增加负债权益比　　D. 降低流动比率

【答案】D

【解析】选项 A 不正确。因为坏账准备的增加将会使速动资产总额减少，同时流动负债不变，速动比率 = 速动资产 ÷ 流动负债，因而马科维茨公司的速动比率将下降。

选项 B 不正确。因为坏账准备的增加将会使流动资产总额减少，同时流动负债不变，营运资本 = 流动资产 − 流动负债，因而马科维茨公司的营运资本将下降。

选项 C 不正确。因为坏账准备的增加将会使资产总额减少，同时负债不变，权益减少。负债权益比 = 负债 ÷ 权益，因而马科维茨公司的资产负债权益比将下降。

选项 D 正确。因为坏账准备的增加将会使流动资产总额减少，同时流动负债不变，流动比率 = 流动资产 ÷ 流动负债，因而马科维茨公司的流动比率将下降。

【经典试题 5】当收到信贷申请时，信贷经理最应该关心申请者的下列哪个选项？

A. 毛利率和资产回报率

B. 市盈率和流动比率

C. 营运资本和普通股权益回报率

D. 营运资本和流动比率

【答案】D

【解析】选项 A 不正确。该指标反映了获利能力。

选项 B 不正确。该指标既包括反映偿债能力的流动比率，也包括反映获利能力的市盈率。

选项 C 不正确。该指标既包括反映偿债能力的营运资本，也包括反映获利能力的普通股权益回报率。

选项 D 正确。当收到信贷申请时，信贷经理最应该关心的是申请贷款客户的信用和偿债能力。流动比率可以揭示一个公司的短期债务偿付能力，营运资本及流动比率均反映偿债能力，可以衡量申请者的信用品质。

【经典试题 6】四家公司的资本结构如下所示：

单位：%

	公司			
	斯特林	库柏	沃里克	潘恩
短期负债	10	10	15	10
长期负债	40	35	30	30
优先股	30	30	30	30
普通股	20	25	25	30

哪家公司的杠杆最高？

A. 斯特林　　B. 库柏　　C. 沃里克　　D. 潘恩

【答案】 A

【解析】 选项 A 正确。杠杆的作用就在于固定的费用对企业净利润的影响，其中负债则意味着固定的利息费用，因此在融资结构中，负债的比重越大，公司的杠杆就越大。斯特林其债务或者支付固定费用（如利息）的融资额所占比重最高，为 50%，因此斯特林是杠杆最高的公司。

【经典试题 7】 博格勒姆公司正在考虑收购一家该公司的零件供应商，并一直在审查相关财务报表。为了审查各公司及与行业平均相比较，财报中的部分具体数据如下表所示：

	邦德	洛克兰	威斯滕	行业
销售额（百万美元）	4.27	3.91	4.86	4.30
净利率	9.55%	9.85%	10.05%	9.65%
流动比率	1.32	2.02	1.96	1.95
资产回报率	11.0%	12.6%	11.4%	12.4%
负债权益比率	62.5%	44.6%	49.6%	48.3%
财务杠杆系数	1.40	1.02	1.86	1.33

博格勒姆公司此次收购的目标在于确保从一个能持续发展的公司获得稳固的供应来源。根据以上信息，选择能够达到博格勒姆公司目的的策略。

A. 如果公司不具有良好的风险控制，那么博格勒姆公司不应该收购任何一家这样的公司

B. 收购邦德公司，因为该公司负债权益比率以及财务杠杆系数均高于行业平均值

C. 收购洛克兰公司，因为该公司负债权益比率以及财务杠杆系数均低于行业平均值

D. 收购威斯滕公司，因为该公司具有最高的净利率以及财务杠杆系数

【答案】 C

【解析】 选项 C 正确。博格勒姆公司的目的在于寻找稳定的供应商，因此应首选具有较低财务风险的公司。洛克兰公司的债务权益比率、财务杠杆系数

较低，均低于行业平均值，且流动比例高于行业平均值，显示出洛克兰公司具有较低的财务风险，博格勒姆公司应收购洛克兰公司。

【经典试题8】 M公司的财务分析师计算该公司的财务杠杆系数为1.5。如果息税前利润增加5%，那么净利润将增加：

A. 1.50%　　B. 3.33%　　C. 5.00%　　D. 7.50%

【答案】 D

【解析】 选项D正确。M公司的净利润将会增加7.5%，计算如下：

财务杠杆系数＝净利润变动百分比÷息税前利润变动百分比，即净利润变动百分比÷5%＝1.5，则净利润变动百分比＝7.5%。

【经典试题9】 下列关于息税前利润、每股收益（EPS）杠杆效应陈述，正确的是：

A. 对于使用债务融资的公司而言，息税前利润的下降将会导致每股收益更大比例的下降

B. 公司财务杠杆的下降将会增加公司的β值

C. 如果公司A的经营杠杆高于公司B，但公司A使用较低的财务杠杆，那么两个公司的息税前利润将会有相同的波动性

D. 财务杠杆影响每股收益和息税前利润，而经营杠杆仅影响息税前利润

【答案】 A

【解析】 选项A正确。财务杠杆系数反映的就是息税前利润变化所带来的每股收益的变化，由于财务杠杆的放大效应，息税前收益的下降将会导致每股收益更大比例的下降。

【经典试题10】 哈利法斯是斯特里克兰公司的首席财务官，已跟踪公司最为接近的竞争对手多年。哈利法斯注意到竞争对手利用新技术在市场上推出新产品的速度快于斯特里克兰公司。为了找出原因，哈利法斯审查了两家公司的如下数据：

	斯特里克兰	竞争对手
应收账款周转率	6.85	7.35
资产回报率	15.34	14.74
利息保障倍数	15.65	12.45
流动比率	2.11	1.23
负债权益比率	42.16	55.83
财务杠杆系数	1.06	1.81
市盈率	26.56	26.15

基于以上信息，下列哪项是哈利法斯可以用来改进斯特里克兰公司弹性的

最好的战略?

A. 寻找削减成本措施以提高斯特里克兰公司的盈利能力

B. 研究提高资产使用效率及周转次数的方法，以提高流动性

C. 寻找外部融资的额外来源，以引入新产品

D. 增加斯特里克兰公司的短期证券投资，以提高流动性

【答案】 C

【解析】 选项 C 正确。弹性表示“企业采取有效行动改变现金流数额和时间以应对未来预期需求和机会的能力”。弹性高的企业更易在困难时期生存、从未预料到的挫折中恢复、利用有利可图的投资机会。正如题目所讲，竞争对手利用新技术在市场上推出新产品的速度快于斯特里克兰公司，根据数据也表明，斯特里克兰公司的竞争者具有更高的财务杠杆系数及更高的债务权益比率。两项指标表明竞争者比斯特里克兰公司更加充分地运用了外部融资。因而，对于斯特里克兰公司来讲，首先从战略发展的角度看，必须发展新技术，否则会逐渐落后于竞争对手，同时应当考虑增加外部融资来改善弹性，为研发提供资金。

【经典试题 11】 罗威尔公司已决定在年末呈报给股东的年度报告中包含某些财务比率信息。该公司最近财年的部分数据如下所示：

单位：美元

现金	10 000
应收账款（年末）	20 000
应收账款（年初）	24 000
存货（年末）	30 000
存货（年初）	26 000
应付票据（90 天内到期）	25 000
应付债券（10 年内到期）	35 000
年度净赊销额	220 000
产品销售成本	140 000

以每年 365 天计算，则罗威尔公司的应收账款周转天数为：

A. 26.1 天　　B. 33.2 天　　C. 36.5 天　　D. 39.8 天

【答案】 C

【解析】 选项 C 正确。罗威尔公司的应收账款周转天数为 36.5 天，计算如下：

$$应收账款周转天数 = \frac{365}{(年净赊销额/年平均应收账款余额)}$$

年平均应收账款余额 =（20 000 美元 + 24 000 美元）÷ 2 = 22 000 美元

应收账款周转天数 = 365 ÷（220 000 ÷ 22 000 美元）= 36.5（天）

【经典试题 12】 佳兰德公司刚刚过去的一年的利润表如下所示：

单位：美元

净销售额	900 000
产品销售成本	
存货（年初）	125 000
当期采购额	540 000
可供销售产品	665 000
存货（年末）	138 000
	527 000
毛利	373 000
营业费用	175 000
营业利润	198 000

则佳兰德公司的存货周转率为：

A. 6.84　B. 6.52　C. 4.01　D. 3.82

【答案】 C

【解析】 选项 C 正确。佳兰德公司的存货周转率为 4.01，计算如下：

存货周转率 = 产品销售成本 ÷ 存货平均余额

= 527 000 ÷ [（125 000 + 138 000）÷ 2]

= 527 000 ÷ 131 500

= 4.01

【经典试题 13】 高博公司是一家零售商，实质上其所有的商品都是从一个国家的制造商中采购的，该国正经历严重的通货膨胀。高博公司正在考虑将其存货计价方法由先进先出法变为后进先出法。存货计价方法从先进先出法改为后进先出法对高博公司的流动比率和存货周转率将有怎样的影响？

A. 流动比率和存货周转率均增加

B. 流动比率增加，存货周转率下降

C. 流动比例下降，存货周转率增加

D. 流动比率和存货周转率均下降

【答案】 C

【解析】 选项 C 正确。在严重的通货膨胀情况下，存货计价方法由先进先出法改为后进先出法，意味着发出存货的价值变大，根据期末存货 = 期初存货 + 本期采购 - 发出存货，期末存货的价值变小。因为期末存货价值变小，使公司流动资产下降，高博公司的流动比率将下降。由于发出存货的价值变大，产品销售成本增加，根据存货周转率 = 产品销售成本/存货，高博公司的存货周转率将增加。

【经典试题 14】 某公司市盈率稳步下降可能表明：

A. 每股收益增加，同时股票市价保持稳定

B. 每股收益稳步下降

C. 股票市价稳步上涨

D. 每股收益与股票市价同时上涨

【答案】 A

【解析】 选项 A 正确。市盈率 = 每股市价 ÷ 每股收益，每股收益增加，同时股票市价保持稳定会造成公司市盈率稳步下降。

选项 B 不正确。每股收益稳步下降会造成公司市盈率上升。

选项 C 不正确。股票市价稳步上涨也会造成公司收益率上升。

选项 D 不正确。每股收益与股票市价同时上涨不一定会造成公司市盈率下降。

【经典试题 15】 一个公司的功能性货币应当为：

A. 基于多种经济因素选择的结果，包括现金流、销售价格、金融因素

B. 公司主要产生及消耗现金的国外环境中的货币

C. 基于成本效益分析的选择，且便于编制合并财务报表

D. 母公司机构所用的货币，该机构像母公司运营的延伸一样进行公司运营

【答案】 A

【解析】 选项 A 正确。某公司的功能性货币是公司运营所处的主要经济环境中的货币，是基于多种经济因素选择的结果，包括现金流、销售价格、金融因素等。

选项 B 不正确。某公司的功能性货币是基于多种经济因素选择的结果，包括现金流、销售价格、金融因素等，如果该子公司在某一国家经营能够相对自给自足或比较完整，则当地货币就是该子公司的功能货币；如果国外分支机构的子公司本质上只是母公司的业务延伸时，那么母公司的货币为功能货币。因此，公司主要产生及消耗现金的国外环境中的货币并不一定就是功能货币。

选项 C 不正确。功能货币的选择是编制合并报表的基础，而不是基于成本效益分析的原则。

选项 D 不正确。在确定功能货币时，如果机构像母公司运营的延伸一样进行，那么公司运营则应选母公司所用的货币，如果该子公司在某一国家经营能够相对自给自足或比较完整，则当地货币就是该子公司的功能货币。

二、简答题

索尔巴是一家只销售一种产品的零售公司，其业务开展时间为第 1 年，公司财务报表如下：

利润表

单位：美元

	第 1 年	第 2 年	第 3 年
销售收入	1 000	3 000	5 000
产品销售成本	200	1 000	2 500
毛利	800	2 000	2 500
其他费用	400	500	700
营业利润	400	1 500	1 800
折旧	150	250	200
利息	50	100	100
税金	60	345	450
净收益	140	805	1 050

资产负债表

单位：美元

	第 1 年	第 2 年	第 3 年
现金	150	505	805
存货	100	700	1 200
应收账款	50	350	1 200
其他资产	500	1 000	1 000
总资产	800	2 555	4 205
应付账款	50	500	1 000
应计费用	100	100	200
其他负债	500	1 000	1 000
总负债	650	1 600	2 200
权益	150	955	2 005
总负债和权益	800	2 555	4 205

索尔巴公司所有存货均采用赊购方式购入，其 20% 的销售也采用赊销方式。公司在过去三年里均销售同一种商品，产品的单位销售成本保持不变。公司有效所得税税率为 30%，所得税在当年最后一天支付。

问题：

1. a. 请计算索尔巴公司第 2 年和第 3 年的边际毛利率，存货周转率和应收账款周转率。请写明计算过程。

b. 请解释边际毛利率、存货周转率和应收账款周转率的发展趋势。

c. 按照趋势分析，索尔巴公司的产品销售状况在变难还是变易？请解释原因。

2. 请使用间接方法计算索尔巴公司第3年的营业现金流。请写明计算过程。

3. 索尔巴公司计划于第4年年初借款1 000 000美元以偿还交易负债。借款时间一年，利率为15%，并于当年最后一天还清本息。除了借款以外，索尔巴公司预计其第4年财务表现与第3年一致。请计算索尔巴公司第4年的净收益和营业现金流。

4. a. 请确认和说明在公司财务分析中，仅着重分析公司净收益的局限性。

b. 请解释对现金流的关注和分析如何能够提高公司财务分析的多面性。

【解析】

1. a. 请计算索尔巴公司第2年和第3年的边际毛利率、存货周转率和应收账款周转率。请写明计算过程。

第2年：

边际毛利率＝边际毛利÷销售收入＝2 000÷3 000＝66.7%

$$存货周转率=\frac{产品销售成本}{平均存货}$$

产品销售成本＝3 000－2 000＝1 000（美元）

平均存货＝(700＋100)÷2＝400（美元）

存货周转率＝1 000÷400＝2.5

$$应收账款周转率=\frac{赊销销售额}{平均应收账款}$$

赊销销售额＝20%×3 000＝600（美元）

平均应收账款＝(350＋50)÷2＝200（美元）

应收账款周转率＝600÷200＝3

第3年：

边际毛利率＝边际毛利÷销售收入＝2 500÷5 000＝50%

$$存货周转率=\frac{产品销售成本}{平均存货}$$

产品销售成本＝5 000－2 500＝2 500（美元）

平均存货＝(1 200＋700)÷2＝950（美元）

存货周转率＝2 500÷950＝2.63

$$应收账款周转率=\frac{赊销销售收入}{平均应收账款}$$

赊销销售额＝20%×5 000＝1 000（美元）

平均应收账款＝(1 200＋350)÷2＝775（美元）

应收账款周转率＝1 000÷775＝1.29

b. 请解释边际毛利率、存货周转率和应收账款周转率的发展趋势。

边际毛利率从66.6%下降到50%，这表示该公司产品的销售价格可能降低，产品销售成本可能增加。存货周转率从2.5提高到3，显示存货的流动速度提高，没有囤积库存。应收账款周转率从3.0下降到1.29，意味着该公司收取赊账有困难。

c. 按照趋势分析，索尔巴公司的产品销售状况在变难还是变易？请解释原因。

收账日益恶化，加上较低的价格，显示该公司的产品近年来越来越难以实现销售。为应对产品滞销，通常的对策是以低价及更宽松的信贷政策来吸引顾客。

2. 请使用间接方法计算索尔巴公司第 3 年的营业现金流。请写明计算过程。

净收益 = 1 050 美元

折旧 = 200 美元

存货的变动 = (500) 美元

应收账款的变动 = (850) 美元

应付账款的变动 = 500 美元

应计费用的变动 = 100 美元

营业活动的现金流 = 净收益 + 折旧 + 存货减少(− 存货增加) + 应收账款减少(− 应收账款增加) + 应付账款的增加(− 应付账款的减少) + 应计费用的增加(− 应计费用的减少) = 1 050 + 200 − 500 − 850 + 500 + 100 = 500 (美元)。

3. 索尔巴公司计划于第 4 年初借款 1 000 000 美元以偿还贸易负债。借款时间一年，利率为 15%，并于当年最后一天还清本息。除了借款以外，索尔巴公司预计其第 4 年财务表现与第 3 年一致。请计算索尔巴公司第 4 年年末的净收益和营业现金流。

利息开支从 100 美元增至 250 美元，因此税前收入减少至 1 350 美元。扣掉所得税 405 美元，净收益为 945 美元。

营业活动现金流：945 美元净收益 + 200 美元折旧 − 1 350 美元存货及应收账款的增加 + 500 美元应付账款的增加 + 100 美元应计费用的增加 = 395 美元。

4. a. 请确认和说明在公司财务分析中，仅着重分析公司净收益的局限性。

净收益根据会计准则试图将支出与收入相匹配，因此在计算营业活动现金流时，报表上的净收益可能会产生误导，包括应计费用、库存调整等。也有许多产生或者使用现金的活动，如借款及资本性支出，并没有包括在损益表上。

b. 请解释对现金流的关注和分析如何能够提高公司财务分析的多面性。

(1) 现金流可以提供企业的现金流量的信息，显示一定期间内的现金流入与流出，它也提供营业、投资和融资活动的信息，从而对企业整体财务状况做出客观评价；

(2) 现金流可以反映企业的财务状况，预测企业未来的现金流量发展趋势；

(3) 现金流除去“权责发生制”下应计项目对报表的影响，估算利润的可信赖程度；

(4) 现金流能够评价流动性，能够直接揭示当前的偿债能力和支付能力，有助于管理层作投资/贷款决定，决定是否需要外部融资或是否正在产生现金流量、能否满足偿债要求并分配股利。

同步测试题

一、单选题

1. 某盈利公司通过下述哪项可以增加其投资收益率？

A. 销售收入和经营费用的增加额相同

B. 销售收入和经营费用的减少百分比相同

C. 投资额和经营费用的增加额相同

D. 销售收入和经营费用的增加百分比相同

2. 纽曼制造公司第 3 年的毛利润率与第 2 年一样保持不变。但是，第 3 年公司的净利率比第 2 年降低。这是因为在第 3 年：

A. 公司税率增加

B. 相对于销售收入，销售成本增加

C. 销售的增长比经营费用的增长快

D. 普通股股息增加

3. 下述哪项代表的是公司平均应收账款总额？

Ⅰ. 应收账款天数 × 应收账款周转率

Ⅱ. 平均日销售额 × 平均收款期

Ⅲ. 销售净额 ÷ 平均应收账款总额

A. 只有Ⅰ

B. 只有Ⅰ和Ⅱ

C. 只有Ⅱ

D. 只有Ⅱ和Ⅲ

4. 诺顿公司流动比率为 2∶1。该比率增长超过 2∶1，如果：

A. 派发以前宣布的股票股利

B. 公司核销未收回的应收款

C. 公司赊售设备赚取正常的毛利

D. 公司赊购存货

5. 与行业平均值相比，经营杠杆系数较高意味着公司：

A. 变动成本较高

B. 盈利对销售量变动较为敏感

C. 获得更多的利润

D. 风险低

6. 强生公司使用备抵法来计量应收账款中无法收回的金额。在记录了今年坏账准备之后，强生公司决定注销一笔 20 000 美元的坏账，因为该顾客申请了破产。这次注销对公司当期净收益和流动资产总额各有什么影响？

	当期净收益	流动资产总额
A.	下降	下降
B.	没影响	下降
C.	下降	没影响
D.	没影响	没影响

7. 与资产负债率相比，负债权益指数将：

A. 大约与资产负债率相同　　B. 比资产负债率高

C. 比资产负债率低　　D. 与资产负债率根本没有关系

8. 下述财务指标是用来衡量流动性及活跃性，除了：

A. 平均收款天数　　B. 商品存货周转率

C. 应收账款周转率　　D. 利息保障倍数

9. 较高的销售与营运资金比率，表明：

A. 无利可图地使用营运资金

B. 相对于可使用的营运资金销售不足

C. 公司资本金不足

D. 公司不存在流动性问题

10. 从佩里公司年末财务报表中选取如下数据：

流动比率	2.0
速动比率	1.5
流动负债	120 000 美元
存货周转率（以销售成本为基础）	8 次
毛利率	40%

佩里公司当年的销售净额是：

A. 800 000 美元　B. 480 000 美元　C. 1 200 000 美元　D. 240 000 美元

11. 用来衡量流动资产运营情况的比率是：

A. 营运资金周转率　　B. 营运资金与资产总额比

C. 所有者权益回报率　　D. 流动比率

12. 6月3日杰森公司召开董事会，宣告常规季度现金股息0.4美元/股，总计200 000美元。股息支付日6月24日，股权登记日6月17日。从杰森公司5月31日的财务状况表截取数据如下：

单位：美元

现金	400 000
应收账款净值	800 000
存货	1 200 000
流动资产小计	2 400 000
流动负债小计	1 000 000

假设影响杰森公司的唯一业务就是6月的股息分派。

如果杰森公司宣告的股息是10%的股票股利而不是现金股息，杰森公司的流动负债将会：

A. 股息宣告日没有变化，股息支付日增加

B. 股息宣告日没有变化，股息支付日降低

C. 股息宣告日增加，股息支付日保持不变

D. 股息宣告日或股息支付日均保持不变

13. 莫里斯公司年末11月30日普通股信息如下：

流通股股数	460 000
每股面值	5.00 美元
今年每股已支付股息	6.00 美元
每股市价	54.00 美元
基本每股收益	18.00 美元
稀释每股收益	12.00 美元

莫里斯公司普通股稀释市盈率是：

A. 10.8倍　　B. 3.0倍　　C. 9.0倍　　D. 4.5倍

14. 衡量长期负债支付能力的是公司的：

A. 经营周期的长度　　B. 资产收益率

C. 存货周转率　　D. 利息保障倍数

15. 今年，尼森实业息税前利润增加17%。同期，税后净利润增加42%。该年末财务杠杆指数是：

A. 1.70　　B. 4.20　　C. 2.47　　D. 5.90

16. BDU 公司当年的净利润为 500 000 美元，总资产平均余额为 2 000 000 美元，资产周转率 1.25 倍，则其销售净利率为：

A. 0.25　　B. 0.31　　C. 0.36　　D. 0.2

17. 下述哪项可以增加公司净营运资本？

A. 应付工资税的现金支付

B. 通过 20 年抵押的方式融资购买一新工厂

C. 应收账款现金收款

D. 以 2 年的应付票据对短期应付票据再融资

18. 贝尔公司将其利润的一半作为股息支付。今年贝尔公司收益增长 20%，其股息增长 15%。贝尔公司今年的股息支付率是：

A. 50%　　B. 57.5%　　C. 47.9%　　D. 78%

19. 史密斯公司财务状况表中的权益部分如下：

单位：美元

面值 100 美元的优先股	12 000 000
面值 5 美元的普通股	10 000 000
资本公积	18 000 000
未分配利润	9 000 000
净值	49 000 000

史密斯公司普通股每股账面价值是：

A. 18.50 美元　　B. 5.00 美元　　C. 14.00 美元　　D. 100 美元

根据下列信息回答问题 20 题和 21 题。

假设下列信息摘自近年 R 公司、M 公司及其所在行业：

	R 公司	M 公司	行业平均
流动比率	3.50	2.80	3.00
应收账款周转率	5.00	8.10	6.00
存货周转率	6.20	8.00	6.10
利息保障倍数	9.00	12.30	10.40
负债权益指数	0.70	0.40	0.55
投资收益率	0.15	0.12	0.15
股息支付率	0.80	0.60	0.55
每股收益	3.00 美元	2.00 美元	—

20. 如果两家公司的资产总额和销售收入相同，则下述哪项是正确的？
A. R 公司比 M 公司有更多的现金
B. R 公司的流动负债比 M 公司少
C. M 公司对财务杠杆的使用效率更高
D. M 公司比 R 公司的经营周期短

21. 拉梅尔公司和马森公司对风险态度的最好解释是：
A. 流动比率、应收账款周转率、存货周转率
B. 股息支付率和每股收益
C. 流动比率和每股收益
D. 负债权益指数和利息保障倍数

22. 卡博公司第 2 年年末 5 月 31 日的每股收益是 4.80 美元。卡博公司第 1 年和第 2 年的流通股包括 2 000 000 美元的股息为 10%、面值 100 美元/股的优先股和 1 000 000 股普通股。第 2 年的 6 月 1 日，普通股每 1 股送 2 股，并以面值赎回一半的优先股。卡博公司第 3 年年末 5 月 31 日的净利润比第 2 年年末增长 10%。卡博公司第 3 年普通股的每股收益是：
A. 1.76 美元　　B. 1.80 美元　　C. 5.28 美元　　D. 5.40 美元

23. 根据下述信息回答问题：
迪夫公司今年的财务报表如下：

资产负债表	单位：美元	损益及未分配利润表	单位：美元
现金	100	销售收入	3 000
应收账款	200	销售成本	(1 600)
存货	50	毛利	1 400
固定资产净值	600	经营性费用	(970)
总计	950	经营性利润	430
		利息费用	(30)
应付账款	140	税前利润	400
长期负债	300	所得税	(200)
实收资本	260	净利润	200
未分配利润	250	加：1 月 1 日未分配利润	150
总计	950	减：股息	(100)
12 月 31 日未分配利润	250		

迪夫公司的净利润率是：
A. 6.67%　　B. 13.33%　　C. 14.33%　　D. 46.67%

24. 如果 A 公司的资产收益率高于 B 公司，其原因可能是因为 A 公司有

“A 列”的销售边际利润率，“B 列”的资产周转率，或者两者都是。

	A 列	B 列
A.	较高	较高
B.	较高	较低
C.	较低	较高
D.	较低	较低

25. 一家位于欧洲的公司报告第一季度的资产负债表为现金 100 000 欧元，应收账款 200 000 欧元和流动负债 90 000 欧元。主计长预测，第二季度应收账款将没有变化，但现金余额将增加 5%，流动负债将减少 10%。根据主计长的预测，第二季度的预测速动比率是多少？

A. 1.30　　B. 3.39　　C. 3.70　　D. 3.77

二、简答题

A 公司是一家上市公司，公司是一家销售娱乐设备的特色零售商，公司坐落在美国，但是受全球环境和经营的影响，公司财务业绩不好。公司聘请了 Z 公司对其进行评估并可能对公司的战略和经营提出改进建议。Z 公司中的乔森对公司的以往情况收集资料并评估，认为公司需要对多家分公司的资本情况进行调整，而这需要公司提供资金支撑。乔森分析公司以往财务指标如下：

营业周期增加 20 天；

现金周期增加 15 天；

利息保障倍数由 10 下降到 5；

权益收益率由 12% 下降到 6%；

杠杆系数保持不变；

存货周期的天数保持不变。

乔森正考虑采用通过发行企业债券解决资金需求，乔森在发行 5 年期债券还是 20 年期债券中决策，债券利息的收益曲线是陡峭的正斜率曲线。同时乔森也考虑发行可转换债券。

问题：

1. 解释经营周期的两个构成要素，并分析经营周期增加的原因。
2. 经营周期与现金周期的差异是什么？
3. 债券利息的收益曲线是陡峭的正斜率曲线，说明 5 年期债券和 20 年期债券的影响？
4. 什么是可转换债券？可转换债券和不可转换债券在息票利率上有什么区别？
5. 财务比率分析的两个局限性。

同步测试题答案及解析

一、单选题

1.【答案】D

【解析】选项 A 不正确。等额增加销售和费用金额不会改变利润或投资收益率。

选项 B 不正确。等比例减少收入及费用会减少利润并降低投资收益率。

选项 C 不正确。等额增加投资及经营费用会降低投资收益率。较高的投资增加分母，增加的费用减少分子。

选项 D 正确。投资收益率等于利润除以投资资本。如果公司已经盈利，等比例增加销售收入及费用会增加投资收益率。如果公司销售额 100 美元，费用 80 美元，净利润 20 美元。假定投资资本为 100 美元，投资回收率为 20%（20 美元 ÷ 100 美元）。如果销售和费用同时增加 10% 分别为 110 美元和 88 美元。净收入增加 22 美元。投资收益率为 22%（22 美元 ÷ 100 美元）。

2.【答案】A

【解析】选项 A 正确。毛利率等于销售净额减去产品销售成本。净利润等于毛利减去所有存在的费用和损失，其中之一就是所得税。如果公司所得税税率增加，净利润会减少，而毛利保持不变。

选项 B 不正确。产品销售成本变动会影响毛利率。

选项 C 不正确。销售收入的增加比经营费用的增加快会产生增加净利润，而不是减少。

选项 D 不正确。无法从给定的信息确定任何对股息的影响。

3.【答案】C

【解析】选项 A 不正确。方法 I 不正确。

选项 B 不正确。方法 I 不正确。

选项 C 正确。公司的平均应收账款余额是由每日平均销售额乘以平均回款期得出。另一种方法，年赊销额除以应收账款周转率（赊销净额 ÷ 平均应收账款）得到平均应收账款余额。

选项 D 不正确。方法Ⅲ不正确。

4.【答案】C

【解析】选项 A 不正确。派发股票股利仅影响所有者权益账户，不影响流动资产和流动负债账户。

选项 B 不正确。冲减无法收回的款项等额减少应收账款科目及相关的坏账准备科目；因此，应收账款净额不变。

选项 C 正确。赊销设备，应收账款增加。流动资产增加，流动比率增加。

选项 D 不正确。赊购存货同时等额增加流动资产和流动负债。影响是降低大于 1 的流动比率。

5.【答案】 B

【解析】 选项 A 不正确。较高经营杠杆的公司有较高的固定成本、较低的变动成本。

选项 B 正确。经营杠杆等于经营净利润变化百分比除以销售变化百分比。从而，当经营杠杆增加时，利润变得对销售量变化更为敏感。

选项 C 不正确。当销售收入高时，经营杠杆较高的公司比经营杠杆较低的公司相对更具有获利性。当销售收入低时，反之亦然。

选项 D 不正确。经营杠杆较高的公司风险更高，它对固定成本的依赖更大。

6.【答案】 D

【解析】 选项 D 正确。1. 注销一笔坏账，坏账准备减少 20 000 美元，应收账款总值减少 20 000 美元，应收账款净值不变。所以，流动资产总值不变。2. 注销坏账对费用没有影响，对净收益也没有影响。

7.【答案】 B

【解析】 选项 A 不正确。比率总是不同的，除非负债或权益中有一方为零。

选项 B 正确。因为负债加权益等于资产，权益指数的分母低于资产负债率分母。因此，权益指数比资产负债率大。

选项 C 不正确。权益指数中的分母降低意味着它总是比资产负债率高。

选项 D 不正确。两个比率是相关的，因为它们的移动方向总是相同的。

8.【答案】 D

【解析】 选项 A 不正确。平均收款天数是活跃性指标。

选项 B 不正确。商品存货周转率是活跃性指标。

选项 C 不正确。应收账款周转率是活跃性指标。

选项 D 正确。利息倍数是衡量公司使用债务来融资资本及经营的杠杆比率。

9.【答案】 C

【解析】 选项 A 不正确。高比率意味着相比于销售，营运资金水平低。公司可能有效地使用其流动资产。

选项 B 不正确。高比率意味着相比于销售，营运资金水平低。公司可能有效地使用其流动资产。

选项 C 正确。高销售与营运资金比通常是受欢迎的，因为营运资金其自身是一个没有盈利的使用资源。公司持有现金、存货或应收账款不会赚钱。这些资产应该最小化。然而，高销售与运营资金比可能表明销售非常高（好情况）或者低运营资金提供量（潜在的坏情况）。因此，高比率可能意味着公司的资本不足，没有资源投资于运营资金。

选项 D 不正确。高比率表明营运资金不足以支持公司的销售水平，从而造成流动性问题。

10.【答案】 A

【解析】 选项 A 正确。存货是速动比率和流动比率之间的差异。因为流动负债是120 000 美元，流动比率是 2.0，则流动资产肯定是 240 000 美元。速动资产（流动资产 - 存货）是 1.5 倍的流动负债，即 180 000 美元。存货肯定是 60 000 美元(240 000 - 180 000)。因为存货周转率是 8，产品销售成本就是 480 000 美元(8 × 60 000)。因为毛利是销售的 40%。则销售成本率为 60%，因此，销售净额是 800 000 美元(480 000 美元产品销售成本 ÷ 60%)。

选项 C 不正确。流动资产是 240 000 美元、产品流动负债及存货周转合计是 1 200 000 美元。

选项 D 不正确。流动资产是 240 000 美元。

11.【答案】 A

【解析】 选项 A 正确。衡量资产运营效率的比率众所周知的是周转率。营运资金周转率是销售除以营运资金平均额。高周转率是好的。

选项 C 不正确。净资产回报率是衡量净利润或盈利能力的比率，而不是资产的运营效率。

选项 D 不正确。流动比率衡量偿债能力，或者营运资金的充足性，而不是其运营效率。

12.【答案】 D

【解析】 选项 D 正确。股票股利要求将金额从未分配利润转到实收资本。因此，负债科目既不受股票股利宣告的影响也不受股票股利分配的影响。

13.【答案】 D

【解析】 选项 A 不正确。数字 10.8 倍是使用面值 5 美元计算而不是稀释每股收益12 美元。

选项 B 不正确。数字 3 倍是使用基本每股收益 18 美元计算而不是稀释每股收益。

选项 C 不正确。数字 9 倍是用股息 6 美元计算而不是稀释每股收益。

选项 D 正确。股票分析师通常用现有市场价格除以稀释的每股收益来计算市盈率，其中使用稀释的每股收益比使用基本每股收益得出的值更高（稀释每股收益总是等于或小于基本每股收益）。因此，市盈率是4.5倍（54/12）。

14. 【答案】 D

【解析】 选项A不正确。经营周期长度不影响长期债务支付能力。根据定义，长期是指比正常经营周期长。

选项B不正确。资产收益率仅衡量管理层如何有效使用有效资产。

选项C不正确。存货周转率是衡量公司如何有效管理其流动资产的措施。

选项D正确。利息保障倍数是衡量公司用现有收益偿还债务能力的措施。这个比率等于息税前利润除以利息费用。

15. 【答案】 C

【解析】 选项C正确。如果息税前收益增加17%，净利润上涨42%，公司有效使用杠杆。财务杠杆是净利润变化百分比除以息税前利润变化百分比。因此Nelson公司的财务杠杆为2.47。

16. 【答案】 D

【解析】 利润率 = 净利润 ÷ 销售额；资产周转率 = 销售额 ÷ 资产；销售额 = 资产周转率 × 资产。销售额 = 1.25 × 2 000 000 = 2 500 000（美元）；利润率 = 500 000 ÷ 2 500 000 = 0.2。

17. 【答案】 D

【解析】 选项A不正确。现金支付工资所得税等额减少流动资产和流动负债。

选项B不正确。用20年抵押购买新工厂对流动资产或流动负债没有影响。

选项C不正确。应收账款现金收款增加一项流动资产，等额减少另一项流动资产。

选项D正确。营运资金净额等于流动资产减流动负债。用两年期的应付票据再融资短期票据减少了流动负债，因此增加营运资金。

18. 【答案】 C

【解析】 选项A不正确。以前年度支付率为50%。

选项B不正确。57.5%是以前年度支付率的115%。

选项C正确。以前年度股息支付率是50%。因此，如果以前年度净利润为x，股息支付总额为50%x。如果收益增长20%，今年利润将为120%x。如果股息增长15%，则总股息支付为57.5%x(115% ×50%x)，今年的股息支付率为47.9%(57.5%x/120%x)。

选项D不正确。78%等于120%的65%。

19.【答案】 A

【解析】 选项 A 正确。普通股每股账面价值等于普通股股东可以获得的净资产（权益）除以在外流通的普通股股数，即 18.50 美元[(10 000 000 美元普通股 + 18 000 000美元资本公积 + 9 000 000 美元留存收益) ÷ (10 000 000 美元 ÷ 5 美元面值)]。

选项 B 不正确。5 美元是每股面值。

选项 C 不正确。14 美元没有包括普通股股东可获得的权益部分中的留存收益。

选项 D 不正确。100 美元为优先股面值。

20.【答案】 D

【解析】 选项 A 不正确。从这些因素中不能确定现金金额。

选项 B 不正确。从这些因素中不能确定流动负债金额。

选项 C 不正确。M 公司负债率不高，没有关于股东权益收益率的信息给出。

选项 D 正确。R 公司应收账款周转率和存货周转率比 M 公司的低。因为 M 公司收回其应收账款更快，持有存货的时间更短，其经营周期比 R 公司更短。M 公司经营周期大约为 91.7 天［(365 ÷ 8.1) + (365 ÷ 8)］。R 公司经营周期大约为 131.2 天［(365 ÷ 5) + (365 ÷ 6.2)］。

21.【答案】 D

【解析】 选项 A 不正确。这些是没有考虑风险发生的流动性比率。

选项 B 不正确。每股收益不说明管理层关于风险的意图。

选项 C 不正确。流动比率和每股收益不说明接受的风险等级。

选项 D 正确。马森公司是较为保守的公司，因为其负债不高（较低的权益指数及较高的利息保障倍数）。这些比率反映了管理层意图。

22.【答案】 B

【解析】 选项 A 不正确。1.76 美元是用第 2 年普通股股东可使用的净利润增加 10% 为第 3 年的净利润而不是使用第 3 年普通股股东可使用的净利润的结果。

选项 B 正确。第 2 年的每股收益 4.8 美元表明归属于普通股的净利润 4 800 000 美元。优先股股息为 200 000 美元(10% ×2 000 000 美元)。因此，净利润必须是 5 000 000 美元。第 3 年增加 10%，净利润为 5 500 000 美元。第 3 年优先股股息仅需要 100 000 美元，剩下 5 400 000 美元给普通股股东。1 股送 2 股后，每股收益为 1.8 美元(5 400 000 美元 ÷3 000 000 股)。

选项 C 不正确。5.28 美元是用第 2 年普通股股东可使用的净利润增加 10% 为第 3 年的净利润而不是使用第 3 年普通股股东可使用的净利润的结果。

选项 D 不正确。5.4 美元是允许股票拆分而没有增加普通股流通股数的结果。

23. 【答案】 A

【解析】 选项 A 正确。净利润率是净利润比销售的比率。它等于 6.67%（200 美元净利润 ÷3 000 美元销售额）。

选项 B 不正确。税前利润比销售的比率是 13.33%。

选项 C 不正确。息税前利润比销售的比率是 14.33%。

选项 D 不正确。毛利比销售的比率是 46.67%。

24. 【答案】 A

【解析】 选项 A 正确。因为资产收益率等于利润率乘以资产周转率。

资产收益率 = 利润率 × 资产周转率

$$\frac{净利润}{资产}=\frac{净利润}{销售额}\times\frac{销售额}{资产}$$

如果公司的资产收益率比另一家公司高，其利润率就较高，资产周转率较高，即两者都较高。

选项 B 不正确。当销售利润率高而资产周转率低时，A 公司的资产收益率不一定高于 B 公司。

选项 C 不正确。当销售利润率低而资产周转率高时，A 公司的资产收益率不一定高于 B 公司。

选项 D 不正确。当销售利润率和资产周转率都低时，A 公司的资产收益率一定低于 B 公司。

25. 【答案】 D

【解析】 选项 D 正确。计算过程如下：

第二季度速动资产 = 100 000 ×（1 + 5%）+ 200 000 = 305 000（欧元）

第二季度流动负债 = 90 000 ×（1 − 10%）= 81 000（欧元）

速动比率 = 305 000 ÷ 81 000 = 3.7654 ≈ 3.77

二、简答题

随着经济环境的日益复杂，作为管理会计师在企业经营管理中必须具有全面的综合分析能力，这也是近几年 IMA 在 CMA 考纲中日益强调的能力要求。自 2015 年考纲改革以来，CMA 考试中基本上均是多个考点相结合的综合性很强的简答题。本题目就是一道非常具有 CMA 考试代表性的简答题。题目将财务比率分析与融资相结合，要求考生具备财务比率分析能力和依据财务比率对企业经营情况、财务情况做出判断，进而分析对公司融资包括融资成本和融资风险的影响。

【解析】

1. 解释经营周期的两个构成要素，并分析经营周期增加的原因。

经营周期是指从存货到达至现金从应收账款收回的这一段时间。

经营周期 = 存货周转期 + 应收账款周转期

经营周期的两个构成要素是存货周转期和应收账款周转期。造成经营周期增加的原因包括：存货周转期增加或者应收账款周转期增加或者存货周转期与应收账款周转期同时增加。案例中 A 公司经营周期增加但是存货周转天数保持不变，说明公司的应收账款周转期增加，也就表明公司在应收账款赊销政策方面和收账方面存在问题。

2. 经营周期与现金周期的差异是什么？

现金周期是指从现金支付原材料货款至现金从应收账款收回的这一段时间。

现金周期 = 经营周期 – 应付账款周转期

经营周期与现金周期的差异就在于应付账款周转期。对于 A 公司来说，营业周期增加 20 天，现金周期增加 15 天，可以推断出公司应付账款周转期增加 5 天，表明 A 公司在支付供应商的信用时间上有所拖延，也就是公司在资金方面存在短缺的问题。

3. 债券利息的收益曲线是陡峭的正斜率曲线，说明 5 年期债券和 20 年期债券的影响？

债券收益率曲线是描述在某一时点上一组可交易债券的收益率与其剩余到期期限之间数量关系的一条曲线。反映出某一时点上（或某一天）不同期限债券的到期收益率水平。当债券利息的收益曲线是陡峭的正斜率曲线时，意味着随着之前期限的延长，债券的收益率增幅越来越大，因此可以表明 20 年期债券的收益率要远远大于5 年期债券收益率。从 A 公司目前财务情况来看，公司现金周期的增加、应收账款周转天数的增加以及应付账款周转期的增加，表明公司现金流短缺，而公司的利息保障倍数下降，表明公司的偿债能力减弱，公司的偿债风险加大，权益收益率由 12% 下降到 6%，表明公司的获利能力减弱。所有这些指标分析来看公司的偿债风险加大。对于债权人来说，在偿债风险加大的情况下，同等期限的债券所要求的收益率就会增加，这也就是公司债券利息的收益曲线之所以呈现陡峭的正斜率曲线的原因，所以如果公司通过发行债券融资，发行债券的期限越长，债券融资成本增加的幅度也就越大。

4. 什么是可转换债券，可转换债券和不可转换债券在息票利率上有什么区别？

可转换债券是无担保债券，债券的持有人可自由选择将其转换为债券发行人的普通股。它是一种推迟的权益发行。

由于可转换债券给予持有者更多的权利，就是可以由债权人转为股东，当公司盈利不好的情况下，可转换债券的持有者作为债权人获取固定的利息报酬；当公司盈利好的情况下，可转换债券的持有者转为股东，与其他股东分享公司的剩余收益，因此，可转换债券的票面利息比不可转换债券的票面利息小。

5. 财务比率分析的两个局限性。

财务比率分析的局限性包括：

（1）财务比率分析与财务报表一样，财务比率体现的是历史数据；

（2）当不同公司之间的财务比率进行比较分析时，需注意各公司采用的不同会计政策；

（3）要注意是否有特殊事件会影响公司的财务比率分析。

第 二 章

公司财务

以经济全球化为背景的企业发展、扩张和跨国经营，迫切地需要管理会计师以科学的决策理念和决策方法，通过对融资工具发行价格、资金成本、融资风险的分析，在风险一定的情况下，尽可能实现以最佳的融资结构筹集到企业发展和成长所需的资本。管理会计师也需要在不断国际化的背景下，掌握与并购重组以及跨国经营有关的知识体系，以便在全球经济一体化进程中，灵活运用并购重组等手段实现企业的跨越式成长，包括在国际化运营中应对和处理各种跨国经营环境中特有的风险。

本章考情分析

本章主要内容：风险类型，包括信贷风险、外汇风险、利率风险、市场风险和政治风险；长期融资资本工具；首次公开发行与二次发行；股息政策；资本成本；筹集资本；营运资本管理；并购以及国际融资。

本章考试占比 20%。

本章近年来的主要考点：①离散系数；②回报率的计量；③单一证券及证券投资组合风险和报酬的量化关系；④系统性和非系统性风险的界定；⑤资本资产定价模型；⑥利率的期限结构含义；⑦债券、普通股、优先股的定义，主要特征及其估值；⑧金融衍生品的定义、功能、如何利用金融衍生品规避资产价格波动的风险；⑨营运资金持有策略；⑩现金管理策略；⑪作为现金替代品的有价证券的类型及其特征；⑫应收账款的信用决策，如机会成本的计算、信用期限决策等；⑬短期融资主要形式，包括商业信用和银行信用及其融资成本；⑭债券、优先股留存收益、普通股、个别资金成本的计算、加权平均资金成本及最佳资本结构、边际资本成本的定义；⑮并购的定义、并购的协同效应、反收购策略、剥离的常见形式及其特征；⑯应对汇率波动风险的有效手段等。

本章结构框架图

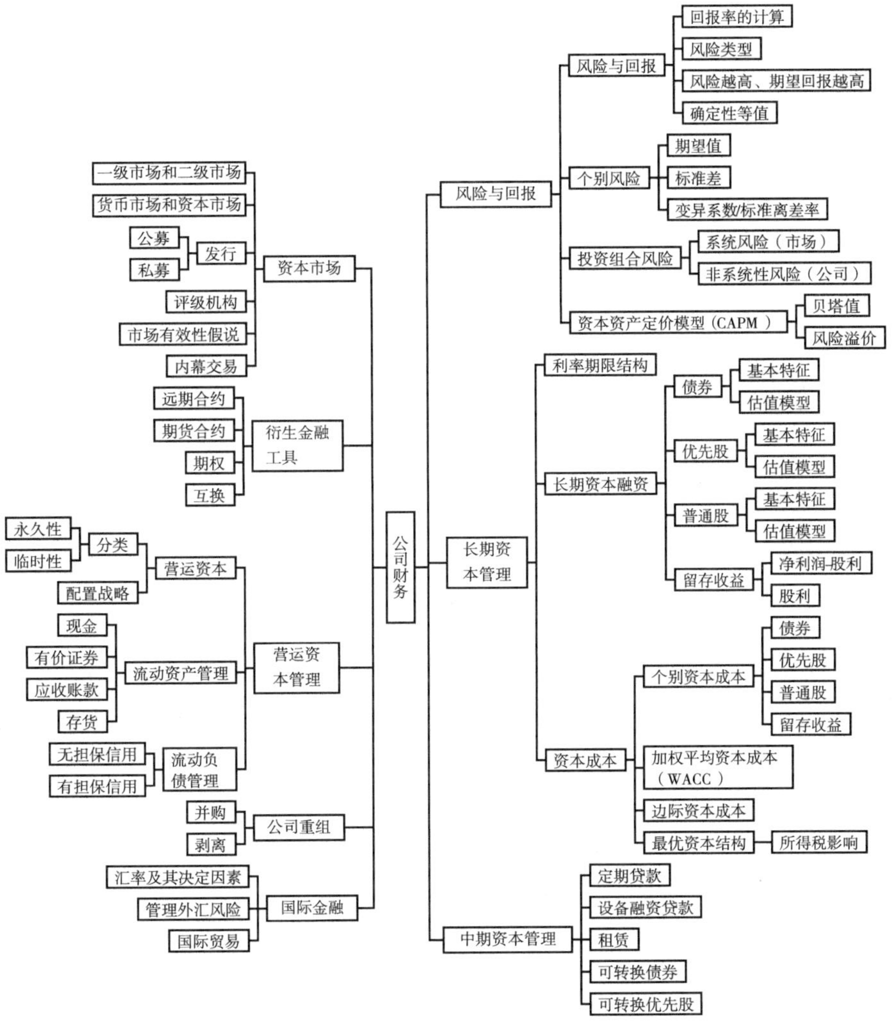

公司财务
资本市场
一级市场和二级市场
货币市场和资本市场
发行
公募
私募
评级机构
市场有效性假说
内幕交易
衍生金融工具
远期合约
期货合约
期权
互换
营运资本管理
营运资本
分类
永久性
临时性
配置战略
流动资产管理
现金
有价证券
应收账款
存货
流动负债管理
无担保信用
有担保信用
公司重组
并购
剥离
国际金融
汇率及其决定因素
管理外汇风险
国际贸易
风险与回报
风险与回报
回报率的计算
风险类型
风险越高、期望回报越高
确定性等值
个别风险
期望值
标准差
变异系数/标准离差率
投资组合风险
系统风险（市场）
非系统性风险（公司）
资本资产定价模型（CAPM）
贝塔值
风险溢价
长期资本管理
利率期限结构
长期资本融资
债券
基本特征
估值模型
优先股
基本特征
估值模型
普通股
基本特征
估值模型
留存收益
净利润-股利
股利
资本成本
个别资本成本
债券
优先股
普通股
留存收益
加权平均资本成本（WACC）
边际资本成本
最优资本结构
所得税影响
中期资本管理
定期贷款
设备融资贷款
租赁
可转换债券
可转换优先股

本章重难点精讲

第一节 风险与回报

一、风险与回报的基本概念

（一）风险定义

风险表示不确定程度。在公司财务中，风险是指不能从投资中获得预期回报的可能性。风险通过回报率的变化性来度量，回报的潜在变化性越大，风险越高。

风险类型包括：①信用风险；②外汇风险；③利率风险；④市场风险；⑤行业风险；⑥政治风险。

（二）回报率及其计算

1. 回报率。回报率（报酬率、收益率）反映了投资的市场价格的变化以及从投资中获得的股利收入或利息收入，包括资本利得收益率和股利收益率两部分。

$$R=\frac{D_t+(P_t-P_{t-1})}{P_{t-1}}$$

其中，R：实际的（预期的）股票收益率；t：过去（未来）特定的时间段；D_t：第 t 期期末的现金股利；P_t：第 t 期期末的股价；P_{t-1}：第 $t-1$ 期期末的股价；$\frac{P_t-P_{t-1}}{P_{t-1}}$：资本利得收益率；$\frac{D_t}{P_{t-1}}$：股利收益率。

> **【提示】** 已知收益率和欲出售价格，可计算确定股票目前价格，即 P_{t-1}。

2. 持有期回报率（到期收益率）。当有价证券持有期超过 1 年时，计算回报率需要考虑货币时间价值，其中包括再投资收益。

（三）风险和回报的关系

1. 风险和回报的基本关系。资本市场大量研究表明提供给投资人的回报一般是对投资人所承担风险的反映。

美国短期国库券（T－bill）没有违约风险，由于期限短受通货膨胀影响较小，具有最稳定的回报率；债券（bonds）期限较长，美国政府债券比公司债券具有更低的违约风险，其回报率略低于公司债券；股票的风险要大于国库券和债券的风险，其回报率也大大高于国库券（T－bill）和债券（bonds）的回报率；小公司股票风险高于大公司股票风险，其回报率也高于大公司股票回报率。

2. 投资人对待风险的态度。投资人对待风险的态度会影响投资的预期回报率。投资人对待风险的态度取决于确定性等值与期望现金流之间的关系。确定性等值是将有风险现金流折合为相当于无风险现金流的数量（确定性现金流＝期望现金流×确定性等值系数，确定性等值系数是指每1元有风险现金流相当于无风险现金流的金额）。确定性等值、风险偏好与预期收益率之间的关系如表2－1所示。

表2－1　　确定性等值、风险偏好、预期收益率之间的关系

确定性等值系数	确定性等值与期望值关系	风险偏好	预期收益率与期望收益率关系
系数＜1	确定性等值＜期望现金流	厌恶风险	预期收益率＞期望收益率
系数＝1	确定性等值＝期望现金流	风险中立	预期收益率＝期望收益率
系数＞1	确定性等值＞期望现金流	偏好风险	预期收益率＜期望收益率

（四）风险衡量——期望收益、标准差和标准离差率

风险是随机变量的离散程度，财务上是指预期收益率的离散程度、预期现金流量的离散程度、预期每股盈余的离散程度或者预期净现值的离散程度。本节我们重点分析有价证券投资预期收益率的离散程度。

计算预期收益率的离散程度需要计算三个描述性统计指标：期望收益、标准差和标准离差率（也称变异系数、变化系数、离散系数等）。

1. 期望收益（均值）是指可能出现的收益与其发生概率（作为权重）的加权平均值。

$$\overline{R} = \sum_{i=1}^{n}(R_i \times P_i)$$

其中，R_i：第i种可能的收益率；P_i：收益率发生的概率；n：各种可能性的数量。

2. 标准差量度的是对投资期望（最可能发生）回报的变异或离散程度，展示了围绕均值（平均数）的分布，标准差的计算是取方差的平方根。

$$\sigma = \sqrt{\sum_{i=1}^{n}(R_i - \overline{R})^2(P_i)}$$

其中，σ：标准差；n：可能概率的总个数；R_i：第i种可能的回报；P_i：该回报发生的概率。

> **【提示】**一般来说标准差越大，回报的潜在变动性和总风险越高。这里提到的风险是指回报的总体风险。

3. 标准离差率是标准差与期望值的比率，表明每一单位期望收益承担的风险，为相对风险提供了度量指标，有助于对投资规模差异进行调整，以衡量不同期望收益下的风险。期望收益的标准离差率越大，投资的风险越大。如 2-2 所示，使用标准离差率分析证券 A 与证券 B 的相对风险。

表 2-2 标准离差率计算

项目	证券 A	证券 B
$\overline{R}$	0.06	0.18
σ	0.04	0.06
CV（标准离差率）	0.04/0.06 = 0.67%	0.06/0.18 = 0.33%

【提示】 不同风险衡量指标的应用及其计算公式比较如表 2-3 所示。

表 2-3 风险衡量指标的应用及其计算公式

	期望回报	标准差	标准离差率
目的	计算未来预期的收益	衡量资产的风险	衡量资产相对的风险
公式	$\overline{R} = \sum_{i=1}^{n}(R_i \times P_i)$	$\sigma = \sqrt{\sum_{i=1}^{n}(R_i - \overline{R})^2(P_i)}$	$CV = \frac{\sigma}{\overline{R}}$
评估	计算标准差的基础	标准差越大，风险越大	标准离差率越大，相对风险越大

【例题 2-1】 上市公司 W 的首席财务官预期明年的股利为 1.25 美元，并且预计公司的股票价格在一年内都将为 45 美元。该首席财务官已确定 W 公司的预期收益率为 10%。根据所提供的数据，W 公司股票现在的每股价值是多少？

A. 42.05 美元　　B. 45.00 美元　　C. 46.25 美元　　D. 51.39 美元

【答案】 A

【解析】 选项 A 正确。依据投资收益率的计算公式，投资收益率 =（每股股利 + 资本利得）÷股票目前市价，资本利得为股票预期价格与目前市价的差额。设股票目前价格为 x，则（1.25 + 45 − x）÷ x = 10%。股票目前价格 x =（1.25 + 45）÷（1 + 10%）= 42.05（美元）。

【例题 2-2】 一项高风险的资产：

A. 其期望收益较低　　B. 比低风险资产的价格高

C. 会增加期望收益率　　D. 其收益的标准差较高

【答案】 D

【解析】 选项 A 不正确。通常需要在相同风险水平下，衡量不同资产的收益，或者在相同收益水平下，衡量不同资产的风险。且高风险的资产一般会有相对较高的期望收益。

选项 B 不正确。资产的价格是由折现现金流模型决定的。高风险的资产通常具有较高的折现率水平，而低风险的资产具有较低的折现率水平。因此高风险的资产比低风险的资产价格更低。

选项 C 不正确。期望收益率的增加不仅取决于资产本身的风险，也与投资人对待风险的态度有关。具有较高风险偏好的投资人，可能不会提高高风险资产的预期收益。

选项 D 正确。标准差是衡量资产风险的重要指标，财务上依据预期回报标准差的大小来衡量资产的风险水平。通常标准差越高，资产风险越大。

【例题 2－3】 科基公司股票的期望收益率为 20%，标准差为 15%；马斯汀公司的股票期望收益率为 10%，标准差为 9%。风险较大的股票是：

A. 科基，因为其收益更高

B. 马斯汀，因为其标准离差率更高

C. 科基，因为其标准差更高

D. 马斯汀，因为其标准差更高

【答案】 B

【解析】 选项 A 不正确。两家公司股票的期望收益率水平不同，需要计算标准离差率衡量风险，而不能仅仅依据收益更高判定风险更高。

选项 B 正确。两家公司股票的期望收益率水平不同，需要计算标准离差率衡量风险，标准离差率高的公司风险大。标准离差率是标准差与期望值的比率。马斯汀公司标准离差率 $=9\% \div 10\% = 90\%$，明显高于科基公司标准离差率 $=15\% \div 20\% = 75\%$。因此，马斯汀公司风险更高。

选项 C 不正确。当两只股票期望收益率不同时，标准差不能衡量风险。

选项 D 不正确。当两只股票期望收益率不同时，标准差不能衡量风险，且马斯汀公司的标准差并不高。

二、投资组合的风险与回报

（一）投资组合的风险

投资组合是指两种或两种以上资产的混合，持有投资组合的目的是获得期望收益的同时最小化风险。

标准差度量的是单一股票收益的变动性，“协方差”和“相关系数”度量一种股票的收益率与另外一种股票收益率之间的依存关系。

资产收益之间波动的差异性越大，投资组合风险越小。随着投资组合中资产数目的增多，各种证券的标准差越来越不重要，而各种证券之间协方差变得更加重要。

1. 协方差。

协方差衡量各种证券之间的相互关系，揭示两组随机变量的趋同程度或依存关系。两种资产 x 和 y 之间的协方差用 $\mathrm{Cov}_{x,y}$ 表示。

使用期望值计算两个资产回报的协方差：

$$\mathrm{Cov}_{1,2} = \sum_{i=1}^{n} \{P_i[R_{i,1} - E(\bar{R}_1)][R_{i,2} - E(\bar{R}_2)]\}$$

其中，n：投资组合中不同证券的个数；$R_{i,1}$：资产 1 在状态 i 的回报；$R_{i,2}$：资产 2 在状态 i 的回报；P_i：状态 i 发生的概率；$E(\bar{R}_1)$：资产 1 的期望回报；$E(\bar{R}_2)$：资产 2 的期望回报。

2. 相关系数。

相关系数衡量两个随机变量的线性相关程度，是协方差除以随机变量标准差的乘积所得到的商，用 $Corr_{1,2}$ 表示。公式如下：

由 $\mathrm{Corr}_{1,2} = \dfrac{\mathrm{Cov}_{1,2}}{\sigma_1\sigma_2}$ 可推出 $\mathrm{Cov}_{1,2} = \mathrm{Corr}_{1,2}\sigma_1\sigma_2$

（1）相关系数为正（+），协方差为正（+），预期收益同向运动。

$\mathrm{Corr}_{1,2} = +1$，完全正相关，一个证券的变动会导致另一个证券精确的可度量的正向变动，两种证券构成的投资组合没有风险分散效应。

（2）相关系数为负（-），协方差为负（-），预期收益反向运动。

$\mathrm{Corr}_{1,2} = -1$，完全负相关，一个证券的变动会导致另一个证券精确的可度量的反向变动，两种证券构成的投资组合风险分散效应最大。

（3）相关系数 $\mathrm{Corr}_{1,2} = 0$，协方差为 0，预期收益之间不存在线性关系，不能使用线性方法给予 R_2 预测 R_1，风险分散效应介于正相关和负相关之间。

【提示】相关系数没有单位，$-1 \leqslant \mathrm{Corr}_{1,2} \leqslant +1$。大多数有价证券之间的相关系数介于 0 到 +1 之间，协方差为正，只是影响程度大小不同。风险厌恶型投资人一般愿意分散持有证券，以使投资组合包含不那么完全正相关的证券，继而分散投资风险，即多样化能降低风险，但不可能消除风险。

【提示】股票期望回报与卖出期权期望回报反向运动，协方差为负；同行业两只股票期望回报同向变动，协方差为正；由股票和无风险国债构成的组合，期望回报的协方差为零。

（二）投资组合的收益及其风险分散效应

1. 投资组合的收益率是构成投资组合的所有投资的期望收益率以其在投资组合中的比重为权重计算的加权平均数。计算公式如下：

$$\bar{R}_p = \sum_{i=1}^{n} W_i \bar{R}_i$$

其中，$\bar{R}_p$：投资组合的期望收益；W_i：投资于证券 i 占全部投资的比例或比重；$\bar{R}_i$：证券 i 的期望收益；n：投资组合中不同证券的个数。

2. 投资组合的风险是投资组合的标准差，其大小取决于投资组合中单一证券的标准差以及两两证券预期回报的协方差或相关系数。投资组合的标准差用 σ_p 表示，公式如下：

$$\sigma_p = \sqrt{w_1^2\sigma_1^2 + w_2^2\sigma_2^2 + 2w_1w_2\text{Corr}_{1,2}\sigma_1\sigma_2}$$

当 $\text{Corr}_{1,2} = +1$ 时，投资组合的标准差与证券投资组合中单一证券标准差的加权平均值一致，没有风险分散效应。

当 $\text{Corr}_{1,2} = -1$ 时，投资组合的标准差大幅度小于证券投资组合中单一证券标准差的加权平均值，具有最大风险分散效应。

当 $\text{Corr}_{1,2} = 0$ 时，投资组合的标准差介于完全正相关和完全负相关标准差之间，风险分散效应介于正相关和负相关之间。

【提示】

● 投资组合中只要两两资产之间预期回报率的相关系数 $\text{Corr}_{1,2} < +1$，两种证券组成的投资组合其标准差就小于两种证券各自标准差的加权平均值，表明证券投资组合具有分散风险效应，同时获取该投资组合的期望收益。即投资组合能降低风险。

● 投资组合的标准差随着资产相关系数从 +1 到 0 再到 -1 而逐渐下降，风险分散效应逐渐增大。

● 相关系数值为 0，具有分散风险效应，其效应介于正相关和负相关之间。

● 投资组合目标：预期收益水平下最小化风险；预期风险水平下最大化收益。

● 如果两种证券构成的投资组合中，组合的标准差与投资组合中个股标准差的加权平均值相等，则两种有价证券预期收益完全正相关，相关系数等于 1。

【例题 2-4】 股票 A 和股票 B 构成一个投资组合，权重相同。如果股票 A 收益的标准差是 30%，股票 B 收益的标准差是 30%，该组合收益的标准差是 30%，则两只股票收益之间的相关系数是多少？

A. -0.5　　B. 0.0　　C. 0.5　　D. 1.0

【答案】 D

【解析】 选项 A 不正确。如果两只股票的相关系数为 -0.5，即负相关，则证券投资组合的风险，应当小于个股风险的加权平均值。投资组合具有较好的分散风险效应。而目前 A、B 两只股票标准差的加权平均值为 30%，投资组合的标准差也为 30%，说明投资组合不具有风险分散效应。

选项 B 不正确。如果两只股票的相关系数为 0，即不相关，则证券投资组合的风险，也应当小于个股风险的加权平均值。投资组合的风险分散效应介于正相关和负相关之间。

选项 C 不正确。如果两只股票的相关系数为 0.5，即正相关，则证券投资组合的风险，也应当小于个股风险的加权平均值。投资组合具有风险分散效应，只不过分散效应较小。

选项 D 正确。如果两只股票构成的投资组合中，组合的标准差与投资组合中个股标准差的加权平均值相等，则两种有价证券预期收益完全正相关，相关系数等于 1。证券投资组合不具有风险分散效应。

【例题 2 -5】 某投资公司准备投资 400 000 美元购买由两只股票构成的投资组合。要获得零投资组合风险，这两只股票必须：

A. 完全正相关　　　　B. 完全负相关

C. 权重相同　　　　D. 来自不同的行业集团

【答案】 B

【解析】 零投资组合风险，投资项目应完全负相关。所以选项 B 正确。

选项 A 不正确。描述相反。正相关的股票组合，风险是同向的。

选项 C 不正确。权重不同只能代表投资组合风险程度的数值。

选项 D 不正确。来自不同的行业集团，可以适度分散风险，但不能完全抵消。

三、系统性风险和非系统性风险

（一）非系统性风险

非系统性风险又称公司个别风险、可分散风险或可避免风险，只同特定公司或行业相关，总风险（标准差）中有 60% ~75% 来自非系统性风险。例如新产品的出现、劳资问题或罢工等；非系统性风险可以通过分散化或多元化得到避免。

分散化（多元化）是指组合中持有各种不同的投资，以降低投资组合收益的变动性或风险；投资组合中来自同一行业的股票越少，组合就越有可能有较低的相关系数和较低的组合回报变动性。如果我们能将无限数目的股票组合在一起，那么投资组合的非系统性风险将不存在。

> **【提示】** 在较小的投资组合中，分散化能显著降低变动性，但随着持有大量投资的投资组合（一般 15 ~20 种不同的投资）规模的增大，这种改善就越来越不显著了（风险分散效应递减规律）。

（二）系统性风险

系统性风险又称市场风险、不可分散风险或不可避免风险，是指由市场整体收益率波动所引起的股票或投资组合收益率的波动，与市场整体的回报波动有关，影响市场上所有资产，由那些影响整个市场的风险因素引起，如经济体系风险或全球风险，包括国家经济波动、税制改革、世界能源状况变化。

如果用标准差衡量投资组合的总风险，则投资组合风险包含两种具体的风险类型：系统性风险和非系统性风险。具体如图 2－1 所示。

投资组合总风险(σ_p) = 系统性风险 + 非系统性风险

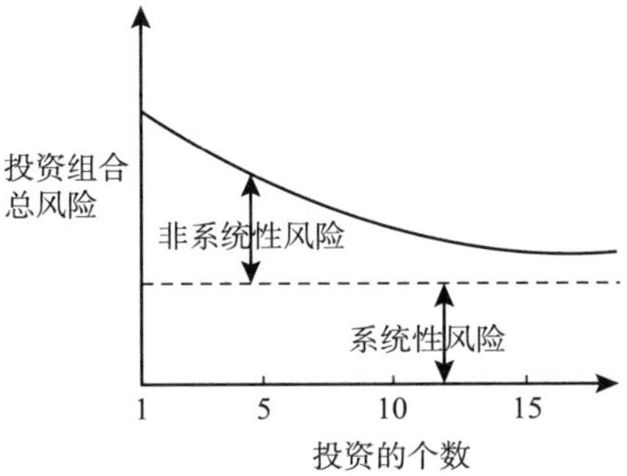

图 2－1　投资组合中的系统性风险和非系统性风险

【提示】

● 投资组合包含有限数量的投资时，非系统性风险极其重要。有效分散的投资组合，系统性风险更加重要。

● 随着投资组合中有价证券数量增大，就可以通过投资足够多的有价证券种类消除所有风险。但普通股往往同涨同跌，限制了分散化的效益。

● 系统性风险和非系统性风险的差异比较如表 2－4 所示。

表 2－4　系统性风险和非系统性风险的差异比较

项目	系统性风险	非系统性风险
定义	市场风险、不可分散风险、不可避免风险	可分散风险、可避免风险
诱发因素	市场因素	特定企业或行业的自身因素
变化方式	不能通过证券投资组合予以分散	随着投资组合中有价证券数量的增加，以递减的方式降低

（三）系统性风险与 β 值

1. β(beta) 值的理论概念及其计算。

（1）β 值。β 值是单一证券系统性风险的最优度量指标，反映一种证券对于市场组合变动的敏感程度，即单个证券预期收益对市场预期收益变动的波动性或敏感性。通常用标准普尔 500 指数代表市场组合。

（2）β 值的计算公式。β 值（系数）是第 i 种资产的收益与市场组合收益之间的协方差。度量单一股票风险对市场组合风险的边际影响，计算公式如下：

$$\beta_i = \frac{\mathrm{Cov}(R_i,\ R_m)}{\sigma_m^2} = \frac{r_{im}\sigma_i\sigma_m}{\sigma_m^2} = r_{im}\left(\frac{\sigma_i}{\sigma_m}\right)$$

其中，$\mathrm{Cov}(R_i,\ R_m)$：第 i 种证券的收益与市场组合收益之间的协方差；$\sigma^2(R_m)$：市场组合收益的方差。

【提示】β 值的最重要的特征是当以各种股票的市场价值占市场组合总价值的比重为权数时，所有证券 β 值的加权平均值就是市场组合的 β 值。

2. β 值的特征。

美国短期国库券（T－Bill）的 β 值为 0，其回报率固定，不受市场变动影响。

$\beta>1$ 的股票对市场变动敏感性高，波动性高于总体市场，如：有色金属行业；

$\beta<1$ 的股票对市场变动敏感性低；波动性低于总体市场，如：公共事业行业。

【提示】

- 理性优化的投资组合 β 值为个股 β 值的加权平均值。
- 充分分散的投资组合其标准差同 β 值成比例。β 值为 1 的分散化投资组合其系统性风险是 β 值为 2 的分散化投资组合系统性风险的一半。

3. β 值的影响因素。

收入周期性强，高经营杠杆，高财务杠杆，收益波动性大，β 值高。

（1）收入或盈利的周期性。企业在商业周期的扩张阶段经营好，而在商业周期的收缩阶段经营差；高科技企业和零售行业随商业周期的波动而波动，公用事业和食品行业与商业周期的关联性不大。收入或盈利的周期性较强的企业，股票的 β 值也会相应较高。

（2）经营杠杆。经营杠杆衡量企业的经营利润对销售业绩变化的敏感性。当企业收入发生较大波动时，较高的经营杠杆使得经营利润产生更大的波动，β 值会更高。

（3）财务杠杆。财务杠杆显示了企业每股盈余对经营利润变化的敏感性。当企业利用债务融资时，经营利润的较大波动，通过财务杠杆效应会引起预期每股盈余产生更大波动，β 值也会更高。

【例题 2－6】无法分散并会影响到投资组合价值的风险是：

A. 购买力风险　　B. 市场风险

C. 非市场风险　　D. 利率风险

【答案】B

【解析】选项 A 不正确。无法分散并会影响投资组合价值的是系统性风险，或称市场风险。购买力风险是市场风险的一种。

选项 B 正确。市场风险不能通过投资组合加以分散，并影响投资组合价值。

选项 C 不正确。非市场风险也称非系统性风险，或可分散风险。这种风险可以通过投资组合加以分散。

选项 D 不正确。利率风险属于系统性风险的一种。

【例题 2－7】 无法通过分散经营消除的风险因素包括以下哪几项？

Ⅰ. 利率波动

Ⅱ. 总体价格水平变化

Ⅲ. 新产品开发

Ⅳ. 管理人员流动

A. 仅Ⅰ和Ⅱ　　B. 仅Ⅰ、Ⅱ和Ⅲ

C. 仅Ⅱ、Ⅲ和Ⅳ　　D. Ⅰ、Ⅱ、Ⅲ和Ⅳ

【答案】 A

【解析】 选项 A 正确。利率波动、总体价格水平变化属于系统性风险因素。新产品开发与管理人员流动属于非系统性风险因素。

选项 B 不正确。利率波动和总体价格水平变化属于系统性风险，开发新产品属于非系统性风险因素。

选项 C 不正确。总体价格水平变化属于系统性风险，新产品开发与管理人员流动属于非系统性风险因素。

选项 D 不正确。既包括了系统性风险因素（利率波动、总体价格水平变化），也包括了非系统性风险因素（新产品开发、管理人员流动）。

【例题 2－8】 系统性风险解释了为何

A. 股票价值往往向同一方向移动

B. 多样化投资可降低整体风险

C. 股票价值向不同的方向移动

D. 多样化投资可增加整体风险

【答案】 A

【解析】 选项 A 正确。普通股往往同涨同跌，绝大多数股票被正协方差网络捆绑，个股之间预期收益的相关系数为正。因此，股票价值会向同一方向移动。

选项 B 不正确。多样化投资仅仅能够分散公司特有风险，系统性风险对整个资本市场所有资产产生影响，不能通过多样化投资予以分散。

选项 C 不正确。系统性风险因素会对整个市场所有资产价值产生影响，因为系统性风险因素产生的股票价值波动会同方向变化，不存在反向移动的情况。

选项 D 不正确。多样化投资能够分散非系统性风险，有助于降低投资组合的整体风险水平。

【例题 2－9】 单一证券系统性风险的衡量是通过

A. 证券收益率的标准差

B. 证券收益和市场收益的协方差

C. 证券对投资组合风险的贡献

D. 该证券收益和其他同类证券收益的标准差

【答案】B

【解析】选项 A 不正确。单一证券的系统性风险是通过个股预期收益与证券市场预期收益的协方差加以衡量的，用以描述单一证券预期收益与证券市场预期收益的依存关系。证券收益率的标准差仅能度量单一证券的自身风险水平，不能反映其与证券市场的依存度。

选项 B 正确。系统性风险描述单一证券预期收益与证券市场预期收益的依存关系，用单一证券预期收益与证券市场预期收益的协方差衡量。

选项 C 不正确。证券投资组合中各有价证券之间的协方差度量单一证券对投资组合风险的贡献。

选项 D 不正确。单一证券与整个市场预期收益的协方差衡量单一证券的系统性风险，而不是与其他证券收益的协方差来衡量。

【例题 2 - 10】Z 公司正在考虑对以下证券中的两种进行投资。

证券	预期的年度收益	β（相对风险计量）
A	14%	1
B	8%	-1
C	1%	0

哪两种证券组合最能限制风险？

A. 50% A，50% B　　B. 50% A，50% C

C. 50% B，50% C　　D. 25% A，75% C

【答案】A

【解析】选项 A 正确。A 证券 β 值为 1，表明该证券预期收益率与整个市场收益率水平一致。B 证券 β 值为 -1，表明该证券与整个证券市场预期收益率反向变动关系，两者构成的证券投资组合预期收益率波动最小，具有最大风险分散效应。

选项 B 不正确。C 证券 β 系数为 0，表明该证券属于无风险证券，与 β 系数值为 1 的 A 债券，构成的投资组合降低风险的水平比 B 证券略差。

选项 C 不正确。风险证券与无风险证券构成的投资组合，风险分散效应不明显。

选项 D 不正确。风险证券与无风险证券构成的投资组合，风险分散效应不明显。

四、资本资产定价模型

（一）基本模型

1. 资本资产定价模型。解决资产期望收益与风险之间的量化关系以及证券定价。该模型描述期望收益与系统性风险的关系，即某种证券的期望收益率等于无风险收益率与系统性风险溢价之和。

$R_j = R_f + (R_m - R_f)\beta_j$

其中，R_j：证券的预期回报率；R_f：无风险回报率；R_m：市场组合的期望回报率；β_j：证券 j 的 β 系数；$(R_m - R_f)$：市场（风险）溢价。

2. 证券市场线。证券市场线是描述单个证券（或组合）的期望收益率与由 β 值衡量的系统风险之间线性关系的直线，如图 2－2 所示。

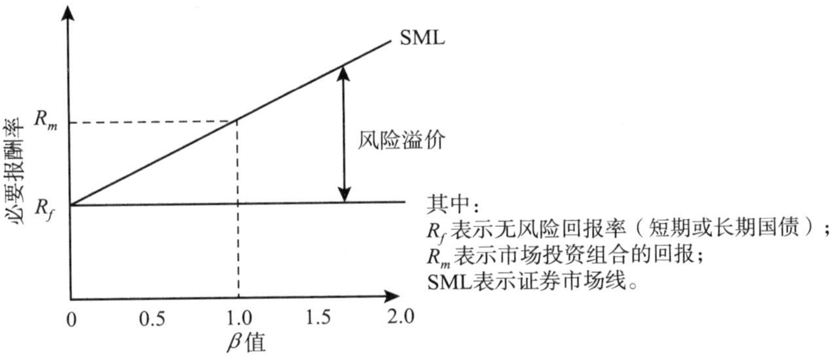

图 2－2　证券市场线

证券市场线表明 β 值的高低会影响某一证券或投资组合的系统性风险及预期回报率。要保持较低的投资组合风险，应选择 β 值较小的投资。要获得较高的回报，则应将 β 值较高的投资加入到投资组合中。

当无风险资产的回报率、股票或投资组合的 β 值以及市场投资组合的回报率已知时，资本资产定价模型可用来计算股票或投资组合的必要报酬率。

【提示】

- 资本资产定价模型建立了风险（β）和期望回报率之间的正向关系，并将市场作为共同的参照。
- 风险溢价体现市场整体对风险的偏好。风险厌恶程度高，市场风险溢价高。
- 无风险收益率 R_f 上涨而其他条件不变时，所有资产的期望收益率都会上涨同样的数值。

（二）资本资产定价模型的特征

1. 资本资产定价模型适用于投资组合。已知投资组合的 β 值，利用资本资产定价模型确定投资组合的预期报酬率。选择 β 值较小的投资或调整不同 β 值股票的投资比重以降低投资组合的系统性风险水平。

2. 资本资产定价模型争议。无风险回报率 R_f 采用短期国债还是长期国债的收益率？资本预算决策时倾向于使用长期国债收益率。风险因素仅用 β 值一个指标度量，过于简化。

【例题 2 - 11】T 有限公司是一家在非常稳定的市场中开展业务经营的成熟公司。12 年来的盈余增长率平均约为 3.2%，刚好与通货膨胀率保持一致。该公司的加权平均资本成本为 8%，远低于多数公司。斯托姆刚刚受聘为 T 公司的新任首席执行官，并希望将他所谓的“摇钱树”变成一家“成长型公司”。

斯托姆希望减少股利派发，并使用由此得到的留存收益来为该公司进军新产品线提供资金。T 公司的历史 β 值一直为 0.6 左右。随着这位首席执行官的改革，T 公司的 β 值及其股票的预期最低投资回报率最有可能出现什么情况？

A. β 值将下降，预期最低回报率将提高

B. β 值将下降，预期最低回报率也将下降

C. β 值将提高，预期最低回报率将下降

D. β 值将提高，预期最低回报率也将提高

【答案】D

【解析】选项 A 不正确。依据资本资产定价模型，资产的预期收益率与 β 值正向相关，因此，β 值下降，预期收益率也将随之下降。

选项 B 不正确。虽然 β 值下降，预期收益率也将随之下降。但将公司从成熟型的“摇钱树”变为成长型公司，意味着公司风险上升，β 值将上升。

选项 C 不正确。依据资本资产定价模型，资产的预期收益率与 β 值正向相关，因此，β 值提高，预期收益率也将随之提高。

选项 D 正确。将“摇钱树”变成一家“成长型公司”意味着将成熟型公司变成成长型公司，风险增加，导致 β 系数提高；依据资本资产定价模型，β 系数提高，股票的预期回报率上升。

【例题 2 - 12】请使用资本资产定价模型并根据以下信息确定预期的市场风险报酬：

A 投资项目	β 值 1.4
无风险回报率	3.0%
A 投资项目的预期回报	7.4%

A. 3.14%　　B. 6.14%　　C. 7.43%　　D. 8.28%

【答案】A

【解析】选项 A 正确。依据资本资产定价模型，7.4% = 3% + 1.4(R_M - 3%)，则 R_M = 6.14%。市场风险报酬 = 市场平均收益 - 无风险收益，即市场风险报酬 = 6.14% - 3% = 3.14%。

【例题 2 - 13】德维特是美国某大学会计部门的一名分析师。德维特收集

了关于此大学捐助资金池股票投资组合部分的以下数据：

证券	投资额（美元）	预期回报率（%）	β值
股票 A	1 000 000	10	0.80
股票 B	250 000	15	1.40
股票 C	3 000 000	8	0.95
股票 D	450 000	12	1.50
股票 E	2 500 000	4	1.00

根据上述数据，德维特计算出的股票投资组合预期回报率应为：

A. 7.4%　　B. 9.8%　　C. 49.0%　　D. 58.6%

【答案】 A

【解析】 选项 A 正确。投资组合预期回报率为个股预期回报率的加权平均值，权重为个股投资额占总投资额的比例。

(1 000 000 × 10% + 250 000 × 15% + 3 000 000 × 8% + 450 000 × 12% + 2 500 000 × 4%) ÷ 7 200 000 = 7.38% ≈ 7.4%

选项 B 不正确。计算的是预期回报率的简单平均数。

选项 C 不正确。计算的是每个项目预期回报率的代数和。

选项 D 不正确。计算的是每个项目预期回报率以 β 系数为权重的加权平均值。

第二节　长期财务管理

一、利率和债券估值

（一）利率的期限结构

1. 利率期限结构的含义。

利率的期限结构是指短期利率和长期利率之间的关系。表明任一到期期限的无违约风险、纯折现债券的名义利率。

当长期利率高于短期利率时，利率的期限结构是正斜率的，如图 2 - 3（a）所示；反之，它是负斜率的，如图 2 - 3（b）所示。利率的期间结构也可以是“驼峰”型的。这种情形下，利率最初是上升的，当期限越来越长时利率开始下跌。

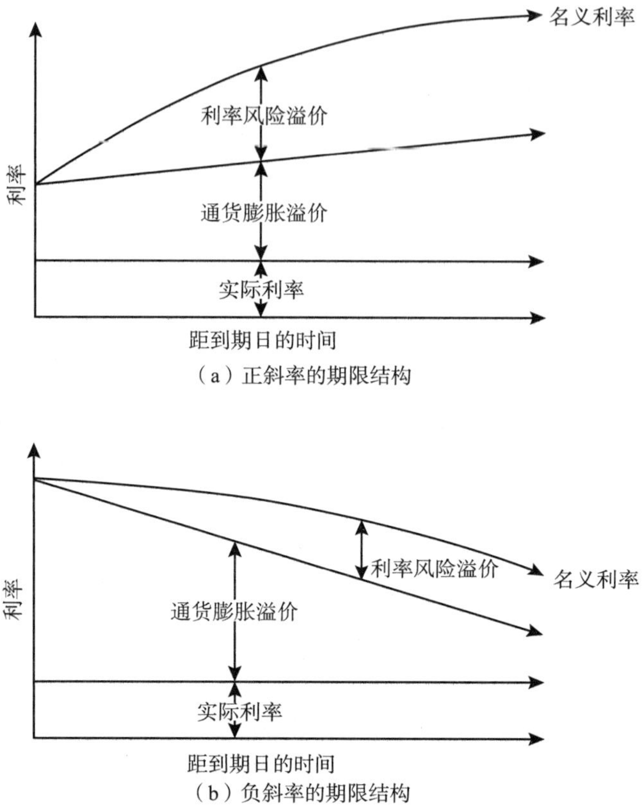

图2－3　利率的期限结构

> **【提示】** 利率期限结构的最常见形状是正斜率的，但斜率的陡峭程度各不相同。

2. 利率期限结构的影响因素（债券收益率的决定因素）。

利率的期限结构受到实际利率、通货膨胀溢价和利率风险溢价的复合影响。

（1）实际利率。实际利率是投资者对于放弃资金使用权所要求的补偿，在调整了通货膨胀影响之后，视作货币的时间价值，是所有利率的基本组成部分，它与债券的到期期限无关。实际利率高，则所有的利率都倾向于较高，反之亦然。因此，实际利率并不能真正决定利率期限结构的形状，而是影响整体利率水平。

（2）通货膨胀溢价。对未来通货膨胀的预期会严重影响利率期限结构的形状。投资者会考虑未来通货膨胀对收回的货币价值的侵蚀，而要求较高的名义利率以补偿损失，称之为通货膨胀溢价。正斜率的利率期限结构反映通货膨胀率上升的预期，负斜率的利率期限结构反映通货膨胀率下降的预期。

（3）利率风险溢价（也称流动性溢价或到期风险溢价）。长期债券对于利率变动所导致债券价格的波动会大于短期债券。对此风险的额外补偿，称之为利率风险溢价。

> 【提示】债券的到期期限越长，利率风险越大。因此，利率风险溢价和到期期限成正比，并以递减的速度增加。

3. 收益率曲线。

收益率曲线和利率的期限结构几乎完全相同，其横坐标为到期期限，纵坐标为名义利率或收益率。唯一的区别在于利率的期限结构是基于纯折价、无违约风险债券，而收益率曲线则是基于带息债券。因此，收益率曲线除了与利率期限结构的三个决定因素（即实际利率、预期通货膨胀率和利率风险溢价）有关之外，还应当考虑违约风险、税收溢价、流动性风险等。

在美国，联邦政府债券没有违约风险，债券利息免州所得税，不免联邦所得税；州政府或地方政府发行的票据或债券存在不同程度的违约风险，债券利息免联邦所得税或免州所得税。

（二）债券（bonds）和债券估值

1. 债券及债券契约。

（1）债券的定义及相关术语。

债券是指发行期限长于1年的债务工具。公司以及政府通过发行或售卖债券借入资金。债券通常分期付息，到期还本。

债券到期日：距离清偿面值的年份数被称为债券的到期日，是债券债务到期支付、履行义务了结的最后日期。

债券面值：债券到期时偿付给债权人的金额，表明债券到期日的价值。债券的面值通常为1 000美元。

债券票面利率：债券上标明的利率为票面利率或息票率。包括固定息票率（一直支付相同的利息）、浮动息票率（利率随经济变化而变化）和零息票率（不支付利息、债券折价出售、到期全价赎回）。

（2）债券类型及其特征。

美国资本市场中常见的债券种类及其特征如表2－5所示。

表2－5　债券类型及其基本特征

分类标准	主要类别
债券到期期限不同	短期债券2～5年
	中期债券5～10年
	长期债券10～30年
发行主体不同	政府债券：政府中长期债券、储蓄债券；无违约风险，免州所得税
	市政债券：地方政府发行，免联邦所得税或免州所得税，一定程度的违约风险
	公司债券：违约风险较高
	代理债券：政府派出机构发行，不以政府信用做完全担保

续表

分类标准	主要类别
发行市场不同	外国债券：在另一个国家债券市场向当地投资者发行的债券
	国际债券：在伦敦债券市场向全世界发行的债券，主要以美元标价
收益的稳定性不同	普通债券：息票率和利息金额在债券出售时确定
	收益债券：不太普遍，利息的支付取决于企业的盈余状况
是否提供抵押品	信用债券：不提供任何担保品，多数公司发行债券的主要形式
	抵押债券：以建筑物或全部资产做担保
	抵押信托债券：以持有的有价证券做抵押
	设备信托凭证：以购买的长期资产，如铁路机动车、飞机和轮船等为抵押，托管人拥有设备的名义所有权
其他类别	优先债券与次级债券
	息票债券与零息债券
	可赎回债券（发行人有赎回选择权）与可回售债券（持有人有回售选择权）
	私募债券与项目融资债券
	垃圾债券：低于投资级别的债券
	可转换债券：到期前可以选择转换为固定数量的普通股。近年来其发行数量已经在递减
	资产担保债券：资产证券化，以担保资产的现金流发售证券

【提示】 目前，美国的产业公司和金融公司所公开发行的债券，几乎全部都是信用债券。大部分公用事业和铁路债券有资产担保。

私募债券与公开发行债券的差异见表 2－6。

表 2－6　私募债券与公开发行债券的差异

项目	私募债券	公开发行债券
运作费用	低	高
协议内容	简单	复杂
标的工具特征	量身定制，包含特殊问题和机会	高度标准化产品
债权契约	条款更严厉但可修改	条款相对宽松但不可修改
适合企业	中小企业	大型公司
融资周期	短	长

（3）债券契约的保护性条款（限制性条款）。

保护性条款对合同期内发行公司可能实施的某些行为设定了约束或限制，

是债券合同中特别重要的特征，包括负保证条款和正保证条款两种类型。

负保证条款（消极约定）是一种“不应该”式的约定，以限制或禁止借款人的某些行为。如支付过多股利，将资产抵押给其他贷款人，未经债权人同意出售或租赁任何主要资产，与其他企业合并，发行额外的长期债务等。

正保证条款（积极约定）是一种“应该”式的约定，详细规定了发行人同意采取的行动或者必须遵守的条件。如营运资本保持在某一特定的最低水平或之上，质押品或担保品保持良好的状态，定期向债权人提供经审计的财务报表，及时偿付利息和本金等。

【提示】

● 一份特定的债券契约条款可能包括了许多不同的内容，目的是维护债权人利益。

● 公司债券与国债的显著性区别在于公司有违约选择权，这种期权是具有价值的。债券契约条款中包含限制性条款的目的是阻止公司有意识提升违约期权的价值。

2. 债券评级。

债券评级是通过对公司目前的财务状况、未来的经营前景以及担保债权的抵押品等进行的评判，评估债券发行公司的信誉。穆迪和标准普尔使用的信誉定义是公司违约的可能程度，以及违约后债权人受到的保护程度。常见的债券评级等级及相关信息如表2－7所示。

表2－7　　债券评级等级以及相关信息

项目	投资等级债券				低等级、投机性和垃圾债券					
	高等级		中等级		低等级			极低等级		
标准普尔	AAA	AA	A	BBB	BB	B	CCC	CC	C	D
穆迪	Aaa	Aa	A	Bbb	Bb	B	Ccc	Cc	C	D
AAA（Aaa）	质量最好，风险最低									
AA（Aa）	质量良好，更为常见的质量等级水平									
BBB（Bbb）	中间等级，有足够的能力支付，保护性条款充分，但环境变化有可能导致支付能力下降									

【提示】

● 债券评级只关心违约的可能性，并没有考虑利率风险。因此，评级很高的债券，其价格仍然可能非常不稳定。

● 债券发行方财务实力变化时，信用评级会进行调整。

3. 债券的提前偿还。

（1）偿债基金。

偿债基金是债券托管人为了偿还债券，每年把现金付给信托公司，以此来回购部分债务。偿债基金可以在债券发行 10 年后才开始，也可以在债券寿命期间内等额计提。

> **【提示】** 低质量的债券通常会有规模较大的偿债基金。

（2）赎回条款。

赎回条款允许发行方在一段特定期间内，以事先约定的价格回购部分或全部债券，为发行方的融资提供了灵活性。

当市场利率下降时，发行方可以选择赎回已发行债券，代之以较低利率的新债券，从而降低其融资成本。

附有赎回条款的债券，收益相对较高。赎回价格一般比债券的面值高。赎回价格和面值之间的差额，称为赎回溢价。赎回溢价通常随时间的推移越来越小。随着赎回日期越来越靠近到期日，赎回溢价逐渐递减至零。

> **【提示】** 当债券市场价值低于赎回价格时，公司绝不赎回债券。

4. 债券收益率。

（1）当期收益率。

当期收益率是债券的年利息除以债券当前价格。当期收益率只考虑收益中利息的部分。其公式为：

$$当期收益率=\frac{利息}{当前价格}$$

（2）到期收益率。

到期收益率类似于内部回报率，是衡量债券收益的重要指标，也是固定收益类证券会计处理的依据。用 *YTM* 表示，可用以下公式得出：

$$P=\sum_t \frac{CF_t}{(1+YTM)^t},\ t=1,\ 2,\ \cdots,\ T$$

其中，P：债券价格；CF_t：债券各期的现金流；T：债券剩余期限。

【例题 2-14】 一张 6 年期、票面利率为 8%、面值 1 000 美元的债券，经纪公司公布的价格为 955.14 美元，计算债券的到期收益率。

债券的价格是其年金（利息）与面值现值的加总。

955.14 美元 = 80 美元 ×（P/A，r，6）+1 000 美元（P/F，r，6）

式中，r 是未知的贴现率，即到期收益率。（P/A，r，6）表示期数为 6，利率为 r 的年金现值系数。（P/F，r，6）表示期数为 6，利率为 r 的复利现值系数。

由于债券折价发行，折现利率应当高于8%，可以选取8%和10%进行逐步测试。

逐步测试1：债券价值＝80×（P/A，10%，6）＋1 000（P/F，10%，6）＝912.89（美元）。

逐步测试2：债券价值＝80×（P/A，8%，6）＋1 000（P/F，8%，6）＝988.63（美元）。

10%的利率计算的价值低于实际价格，因此10%利率过高了，真实收益率应该介于8%～10%之间，运用插值法找出正确答案。

到期收益率＝8%＋(988.63－955.14)÷(988.65－912.89)×(10%－8%)≈8.88%。

5. 债券估值。

（1）债券估值公式。

债券的价值是其现金流量折现之和。所采用的贴现率为市场利率，该市场利率也称为有效利率、收益率或必要报酬率。确定债券价值的步骤：

第一，以市场利率作贴现率，计算利息支付的现值。

第二，以市场利率作贴现率，计算面值的现值。

第三，将两个现值加总。

分期付息到期还本债券估值公式：

$$P_0 = \frac{I}{(1+k_d)^1} + \frac{I}{(1+k_d)^2} + \cdots + \frac{I}{(1+k_d)^n} + \frac{MV}{(1+k_d)^n}$$

$$= \sum_{t=1}^{n} \frac{I}{(1+k_d)^n} + \frac{MV}{(1+k_d)^n}$$

$$= I \times (PVIFA_{k_d,n}) + MV \times (PVIF_{k_d,n})$$

其中，P_0：债券价值；I：每期的利息；MV：债券的本金；$PVIFA_{k_d,n}$：贴现率k_d、期数n的年金现值系数；$PVIF_{k_d,n}$：贴现率k_d、期数n的复利现值系数。

【提示】

● 零息债券估值：$P_0 = MV \times (PVIF_{k_d,n})$

不支付任何利息的债券为零息债券，其价格必定比面值低很多，也称为深折扣债券。

● 出于纳税目的，零息债券即使实际没有支付任何利息，仍然会确认利息。

（2）债券价格与面值的关系。

债券的发行价格是否与面值一致，取决于票面利率和市场利率（到期收益率）的一致程度。市场利率与发行价格反向依存关系。

到期收益率（市场利率）＞票面利率，折价发行

到期收益率（市场利率）＜票面利率，溢价发行

到期收益率（市场利率）= 票面利率，平价发行

【提示】 随着到期日的临近，债券价格将逐渐接近（直至等于）面值，债券价格逐渐回归本金（面值）的过程称作收敛。

（三）债券的利率风险

1. 债券的利率风险及其决定因素。

市场利率波动所引起的债券价格波动的风险称为债券的利率风险。债券利率风险的大小取决于该债券的价格对利率变动的敏感性。直接受两个因素的影响：到期期限和票面利率。

（1）其他条件相同，距到期日的时间越长，利率风险就越大。

（2）其他条件相同，票面利率越低，利率风险就越大。

图 2 - 4 显示了在不同到期收益率（市场利率）水平下，票面利率为 10% 、到期时间为 30 年和 1 年的债券价值变化情况。到期时间 30 年的债券价格曲线比到期时间 1 年的债券价格曲线更陡峭，即 1 年期债券的价格对利率的变动敏感性更低。

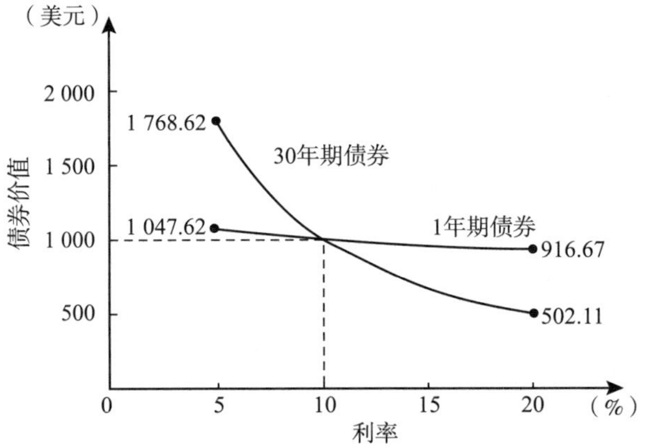

图 2 - 4　不同利率和到期期限下，票面利率为 10% 的债券价值

【提示】

● 利率风险增长的速度是递减的。10 年期和 1 年期债券的利率风险差异较大，20 年期和 30 年期的债券利率风险差异不大。

● 票面利率越低的债券，其利率风险就越大。原因是票面利率越低的债券，其价值越依赖于到期日收到的面值。因此，利率变动时，其价值变动的幅度会比较大。

● 凸性曲线利率上升引起的价格变化小于利率下降所引起的价格变化，具体如图 2 - 5 所示。

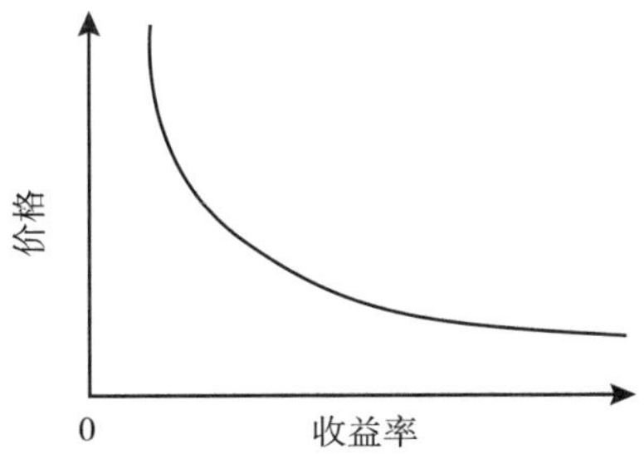

图 2－5　债券价格与收益率曲线

2. 债券利率风险的度量指标。

（1）久期。

久期以债券现金流现值占总现值的比重为权重，对债券存续的时间进行加权平均。有效久期给出了债券价值对到期收益变动的大致敏感度，即到期收益率每变化 1%，债券价格变化的大致百分比。债券的久期越长，到期收益率每发生 1% 的波动时，其价格的波动越大。因此，债券分析师利用久期来度量债券的利率风险。

度量利率风险的实际意义在于确保持有资产的久期与承担债务的久期一致，以规避利率波动产生的风险，称之为期限匹配或套期保值。

（2）影响久期因素。

影响债券久期的因素包括债券的期限、票面利率和市场利率三个因素。

- 债券期限与久期同方向变化，期限越长久期越长，债券利率风险越高；
- 票面利率和市场利率与久期反方向变化，票面利率和市场利率越高，久期越短，债券利率风险越低。

【例题 2－15】 在收益率曲线横轴上测量的是哪个变量？

A. 债券的到期年份　　B. 债券收益率

C. 债券持续期间　　D. 债券的面值

【答案】 A

【解析】 选项 A 正确。收益率曲线横坐标为到期期限，纵坐标为名义利率或收益率。

选项 B 不正确。收益率曲线纵坐标为名义利率或收益率。

选项 C 不正确。债券持续期间指的是债券久期，度量债券的利率风险。

选项 D 不正确。债券面值与收益率曲线无关。

【例题 2－16】 如果利率期限结构呈下坡形，从左上到右下倾斜，这意味着长期利率与短期利率有何关系？

A. 长期利率低于短期利率

B. 长期利率等于短期利率

C. 中期利率低于国库券利率

D. 银行借款利率将上升

【答案】 A

【解析】 横坐标表示期限，纵坐标表示利率，如果利率期限结构呈倒坡形，随着期限的增加，利率降低，也就是长期利率低于短期利率。所以选项 A 正确。

选项 B 不正确。如果长期利率等于短期利率，利率期限结构图为一条横直线。

选项 C 不正确。国库券利率相当于长期利率。如果中期利率低于长期利率，那么利率期限结构图形为上坡形状，从左下到右上倾斜。

选项 D 不正确。需要明确银行借款利率的期限，才能做出判断。

【例题 2－17】 多西制造公司计划根据某一契约发行抵押债券。以下各项规定或要求中，哪一项可能包含在该契约中？

Ⅰ. 出售财产之前必须得到托管人的允许

Ⅱ. 保证财产处于良好的可运行状态

Ⅲ. 确保厂房和设备处于某一最低水平

Ⅳ. 包含负面的质押条款

A. 只有Ⅰ和Ⅳ　　B. 只有Ⅱ和Ⅲ

C. 只有Ⅰ、Ⅲ和Ⅳ　　D. Ⅰ、Ⅳ、Ⅱ、Ⅲ

【答案】 D

【解析】 选项 A 不正确。没有涵盖所有保护债权人利益的条款。

选项 B 不正确。没有涵盖所有保护债权人利益的条款。

选项 C 不正确。没有涵盖所有保护债权人利益的条款。

选项 D 正确。涵盖了所有保护债权人利益的条款。Ⅰ条款有助于确保现有财产对债权人的物质保障。Ⅱ条款有助于保持债务人的运营水平，以维护债权人利益。Ⅲ条款也有助于确保现有财产对债权人的物质保障。Ⅳ条款禁止债权人将资产质押给其他债权人，以维护现有债权人利益。因此，上述四个条款都可以作为保护性条款写入债务契约。

【例题 2－18】 某分析师正在比较两种债券，两种债券均在两年后到期且票面金额均为 100 000 美元。尽管这两种债券的到期收益率均为 7.0%，但 A 债券的息票利率为 6%，B 债券的息票利率为 8%。假设这两种债券均支付年息，那么 A 债券和 B 债券的价格最接近于：

A. A 债券＝97 817 美元，B 债券＝101 310 美元

B. A 债券＝98 184 美元，B 债券＝101 800 美元

C. A 债券＝104 673 美元，B 债券＝108 411 美元

D. A 债券＝110 848 美元，B 债券＝114 464 美元

【答案】 B

【解析】 选项 B 正确。

A 债券价格：100 000 美元 ×6%（P/A，7%，2）+100 000 美元（P/F，7%，2）=98 184 美元。

B 债券价格：100 000 美元 ×8%（P/A，7%，2）+100 000 美元（P/F，7%，2）=101 800 美元。

【例题 2－19】 以下各选项中，哪一项是对公司债券利率风险的最佳计量？

A. 久期　　B. 到期收益率

C. 债券等级　　D. 到期日

【答案】 A

【解析】 选项 A 正确。久期用来描述每期支付发生的平均时间，度量债券的利率风险。市场利率波动所引起的债券价格的波动风险称为债券的利率风险。债券价格有较大的波动率，也具有较长的久期。

选项 B 不正确。到期收益率是市场利率或债券持有人持有债券至到期应获得的预期收益率。

选项 C 不正确。债券等级衡量债券的违约风险。

选项 D 不正确。到期日是债券发行时约定的到期期限。

（四）债券的再融资

债券的票面利率是参照发行当时的市场利率和公司的信用评级来确定的。如果此后的市场利率降低或公司的信用评级改进，公司一般会考虑采用借新债还旧债的方式进行债券再融资，以减轻利息负担。

二、普通股

（一）普通股的定义及其权利

1. 普通股定义。

股票是一种权益投资工具，代表公司的权益所有权，包括对公司资产和利润的剩余索取权和剩余控制权。普通股股东的获益权在所有债务持有人和优先股持有人之后，称为剩余权益。普通股没有到期日，在二级市场上出售股票来清算投资。普通股股东分享公司的剩余财富，同时也需分担公司的损失。

普通股的每股市值是股票的现行交易价格。股东的收益包括资本利得和股利收入两部分。

2. 普通股的权利。

（1）投票权。

普通股对下列重要事项具有投票权：选举公司董事会成员、制定公司政策以及变更公司规章制度、批准股票期权计划、并购、指定审计师等。

其中，选举董事投票方式可以采用传统投票制和累积投票制。传统投票制（也称多数投票、多数原则投票或法定投票）适用一股一票制度，有利于阻止少数股东选举自己的候选人，维护大股东利益。累积投票制度允许股东给不同候选人投不同数量的票，提高了少数股东选举代表少数股东利益董事的概率，从而使少数股东在公司治理中有更多的发言权。

委托代理权是股东授权他人代理其行使投票表决权的一项法定权利。大型股份公司的表决权通常采用委托代理的方式。

（2）优先购股权。

大多数普通股均有优先购股权，即公司额外发行股票时，允许当前的股东在他人之前优先认购，以维持当前的权益所有权水平。优先认股权价值如下公式表示：

$$R_0=\frac{P_0-S}{N+1}$$

其中，R_0："带权股票"中交易一个认股权的市场价值；P_0："带权股票"的市价；S：新股的认购价格；N：认购一股新股所需认股权的数量。

（3）收益分享权和剩余财产索取权。

（二）普通股估值

1. 股利折现模型。

（1）零成长股利模型。

假定每期股利不变，则有 $D_1=D_2=D_3=\cdots=D_n$（D_n 表示第 n 期股利）。股票价格由下式给出：

$$P_0=\frac{D}{(1+R)}+\frac{D}{(1+R)^2}+\frac{D}{(1+R)^3}+\frac{D}{(1+R)^4}+\frac{D}{(1+R)^5}+\cdots$$

其中，P_0：普通股的价值；D：每股支付的股利；R：投资者的期望回报率。

因为股利永远是等值的，股票可以被视为是每期现金流量等于 D 的永续年金。因此，每股价值为：

$$P_0=\frac{D}{R}$$

其中，P_0：普通股的价值；D：每股支付的股利；R：投资者的期望回报率。

（2）固定股利增长率模型（戈登模型）。

假定股利以一个固定的比率增长，将预测无限期未来股利的问题转化为单一增长率的问题，股价可以写为：

$$\begin{aligned}P_0&=\frac{D_1}{(1+R)}+\frac{D_2}{(1+R)^2}+\frac{D_3}{(1+R)^3}+\cdots\\&=\frac{D_0(1+g)}{(1+R)}+\frac{D_0(1+g)^2}{(1+R)^2}+\frac{D_0(1+g)^3}{(1+R)^3}+\cdots\end{aligned}$$

只要增长率 g 小于贴现率 R，这一系列现金流量的现值可以表达为：

$$P_0=\frac{D_0\times(1+g)}{R-g}=\frac{D_1}{R-g}$$

其中，P_0：普通股的价值；D_0：每股当前的股息；D_1：预期下一期股息；R：投资者的期望回报率。

> **【提示】**
> - R 确定方法可以选择资本资产定价模型。
> - 戈登模型的关键要点：R 与 g 之间的差异增大，股票价值下降；R 与 g 之间的差异缩小，股票价值上升；R 与 g 之间的差异有小幅变化，股票价值会发生较大的变化。

（3）变动股利增长率模型。

股利在某一阶段内快速增长是可能的，但高速增长不可能长期持续。变动股利增长率模型将股利的增长速度划分为两个或者更多的阶段，每个阶段的股利增长率不同，并在此基础上估算股票的价值。

2. 相对价值估值。

（1）市盈率法：市盈率是三个因素的函数，增长机会、风险以及会计方法。股票价值 = 每股盈余 × 行业平均市盈率。

市盈率反映未来的增长机会，具有强劲增长机会的公司，具有高市盈率。低风险的公司具有高市盈率。采用保守会计方法的公司具有高市盈率。

市盈率法估值最常见，可以选择历史市盈率或预期市盈率。

（2）市净率法：股票价值 = 每股净资产 × 行业平均市净率。

（3）市销率法：股票价值 = 每股销售收入 × 行业平均市销率。

> **【提示】**基于市场和可比企业的估值方法确定的股票价格较高。

【例题 2－20】福拉斯尔产品公司以每年 10% 的速率增长，并且预期这种增长将持续，在下一年产生每股盈余 4.00 美元。该公司的股利支付比率为 35%，β 值为 1.25。如果无风险利率为 7%，市场收益率为 15%，那么福拉斯尔公司普通股预期的当前市场价值是：

A. 14.00 美元　B. 16.00 美元　C. 20.00 美元　D. 28.00 美元

【答案】C

【解析】选项 C 正确。首先利用资本资产定价模型计算普通股的必要报酬率。

$R = 7\% + 1.25(15\% - 7\%) = 17\%$

其次，利用固定成长股利模型计算普通股的价格。

$P = 4 \times 35\% / (17\% - 10\%) = 20$（美元）

【例题 2－21】车恩有限公司是一家上市的化学品制造商，其首席财务官正在评估该公司与股东价值有关的股利政策。过去 10 年，车恩公司的每股股利一直保持在 2.30 美元的水平。该首席财务官希望从下一年开始，在车恩实行年股利增长5%的政策。该首席财务官已经确定车恩股票在市场上的预期最低报酬率为13%。如果该首席财务官的股利增长政策得以采用，那么预计车恩股票5年后的价值将是多少？

A. 38.53美元　　B. 36.69美元　　C. 30.19美元　　D. 23.71美元

【答案】 A

【解析】 选项A正确。方法一：计算确定股票目前的价值 = [2.3×(1+5%)]÷(13%−5%) = 30.1875（美元）；计算确定5年后的价值 = 30.1875(F/P，5%，5) = 30.1875×1.2763 = 38.53（美元）。

方法二：计算确定第6年的每股股利 = $2.3\times(1+5\%)^6$ = 2.3×(F/P，5%，6) = 2.3×1.3401 = 3.08223（美元）；依据固定成长股利模型计算股票价值 = 3.08223÷(13%−5%) = 38.53（美元）。

【例题2-22】 某财务分析师正在使用股利增长的两阶段模型对一家公司进行估值，该公司上年支付的年度股利为每股4美元。假设未来三年的年度股利按每年10%的速度增长，三年后再按每年5%的速度增长。假定需要报酬率是12%。以下哪一项变化会使股票价值更高？

A. 需要报酬率从12%更改为14%

B. 股利增长率从5%更改为4%

C. 三年期假设更改为五年

D. 10%的增长率更改为8%

【答案】 C

【解析】 选项A不正确。股利折现模型中，变动成长股利模型影响股票价格的因素包括未来股利产生的现金流量与股票价格正相关；折现利率水平与股票价格负相关；股利增长率与股票价格正相关；报酬率提高到14%会引起股票价格下降。

选项B不正确。股利增长率由5%下降到4%，使得因股利获得的现金流减少，引起股票价格下降。

选项C正确。高速增长的假设期由3年延长至5年，会使得高速增长阶段获取的现金股利数额持续增加，未来现金流量增加，促使股票价格上升。

选项D不正确。股利增长率由10%降低至8%，使得因股利获得的现金流减少，也会引起股票价格下降。

【例题2-23】 某投资银行正在与克拉克公司管理层一起工作，以帮助公司IPO上市。克拉克公司的一些财务信息如下：

单位：美元

长期负债（利率8%）	10 000 000
普通股：面值（每股1美元）	3 000 000
附加实缴资本	24 000 000

续表

留存收益	6 000 000
资产总额	55 000 000
净利润	3 750 000
普通股股利（年度）	1 500 000

如果克拉克同行业的上市公司股票按 12 倍市盈率进行交易，那么克拉克的预计每股价值是多少？

A. 9.00 美元　B. 12.00 美元　C. 15.00 美元　D. 24.00 美元

【答案】 C

【解析】 选项 C 正确。

市盈率 = 每股市价 ÷ 每股盈余 = 12

每股盈余 =（净利润 − 优先股股利）÷ 流通在外的普通股股数 = 3 750 000 ÷ 3 000 000 = 1.25（美元）

股价 = 市盈率 × 每股盈余 = 12 × 1.25 = 15（美元）

【例题 2－24】 某企业股票 A 目前的市场交易价格为每股 50 美元。某财务分析师收集了该股票的以下历史数据和当前数据。

年度	本年度已派付股利
20×1	2.00 美元
20×2	2.20 美元
20×3	2.42 美元

该股票的权益资本成本为 15%，并计划保持 100% 的派息率，同时保持未来的股利趋势也是如此。使用持续增长股利折现估值模型，分析股票 A 在 20×3 年的价值将是：

A. 40.00 美元　B. 44.00 美元　C. 48.40 美元　D. 53.24 美元

【答案】 D

【解析】 根据题目提供信息，该公司的股利增长率 =（2.2 − 2）÷ 2 =（2.42 − 2.2）÷ 2.2 = 10%。

下一年股利 = 2.42 ×（1 + 10%）= 2.662（美元）

所以，该普通股的股票价值 = 预期下一期股息 ÷（投资者的期望回报率 − 股利增长率）= 2.662 ÷（15% − 10%）= 53.24（美元）。所以选项 D 正确。

三、优先股

（一）优先股的特点

（1）代表对公司的部分所有权。

第二章

（2）兼具债务和权益特征的证券混合体。
（3）在派发股利以及清算过程中具有优先权。
（4）通常不具有投票权。
（5）拥有一个设定的清算价值，通常是每股100美元。
（6）从法律和纳税的观点来看，是权益的一种形式。
（7）股息有累积股利和非累积股利两种形式。非累积需要明示。
（8）具有可赎回和可转换特征。
（9）股息收益具有可变性，如拍卖利率优先股。

（二）优先股估值

由于优先股股息每期固定，与零成长股利具有相同的未来现金流模式。因此，估值方法与零成长股票一致。

【提示】

● 优先股的提前赎回条款是发行人选择权，赎回价格发行时确认，高于原始发行价格，逐期递减。可转换特征是持有人选择权，发行时附带，具有固定转换率。强制性偿债基金意味着优先股最终会获得清偿。

● 优先股的退出路径包括以下三种：一是提前赎回条款，赎回选择权在发行方；二是建立强制偿债基金；三是可转换条款，转为公司普通股，转换选择权在投资方。

● 从财务的观点来看，债务和权益的主要差别有以下几点：

● 债务并不代表公司所有权的一部分。债权人通常不具有投票权；而权益代表公司的所有权，普通股股东具有对公司事务的投票权。

● 公司对债务支付的利息属于经营成本，全部在所得税前列支；派发给股东的股利必须税后列支，不能抵减所得税。

● 未清偿的债务是公司的负债，债权人对公司的资产拥有合法的索取权。这种行为导致两种可能的破产：清算和重组。因此，发行债务的成本之一就是可能造成财务失败。如果发行权益，权益性证券的持有人在分享收益和剩余财产索取程序中均不具有优先权，同时也不会增加财务失败的可能性。

【例题2-25】以下各选项中除了哪一项以外，都是优先股的特征？
A. 当公司要求时可赎回
B. 可转换为普通股
C. 其股利对于发行者而言是可抵税的
D. 通常没有投票权
【答案】C

【解析】选项 A 不正确。公司可以发行可赎回优先股，需要在发行条款中事先写明。

选项 B 不正确。优先股可以转换为普通股，也需要在发行条款中事先列明。

选项 C 正确。优先股从法律和纳税的观点来看，是权益的一种形式。其股利税后支付，不具有抵税效应。

选项 D 不正确。优先股通常不具有投票权，除非涉及优先股利益。

四、金融衍生品

（一）金融衍生品的定义及作用

（1）金融衍生品的定义。金融衍生品是一种金融工具，其盈利与价值来源均衍生自另一个更基本的金融工具的标的价格或价值。原生资产（基本品）可以是债券、权益投资、商品或货币。常见的衍生金融工具包括：期权、远期合约、期货、互换等。

（2）金融衍生品的作用。金融衍生品是改变公司风险敞口的工具。利用金融衍生品减少风险敞口的行为被称为“套期保值”，重点是规避资产价格波动产生的风险。金融衍生品也可以用于改变或增加公司的风险敞口，称之为“投机”。

（二）远期合约

远期合约是最早的金融衍生工具，合约双方承诺在未来某一天按特定价格买进或卖出一定数量的标的。

- 远期合约包括远期商品合约和远期金融合约。
- 在合约有效期内，合约的价值随相关资产市场价格的波动而变化。
- 合约到期可以交割实物也可以现金结清。
- 合约损益的确定。

市场价格 > 执行价格，远期合约卖方产生损失，损失金额为买卖价差。

市场价格 < 执行价格，远期合约买方产生损失，损失金额为买卖价差。

- 由于收益或损失无限大，合约双方均存在违约风险。
- 目前主要远期合约是远期外汇市场、远期利率市场。

（三）期货合约

期货合约是标准化的远期合约，具有价值发现功能。由期货交易所统一制定，规定在未来某一特定的时间和地点交割一定数量和质量的标的物。期货交易是双向交易，允许以对冲的方式免除履约责任，以增加流动性。期货合约的保证金制度使其交易杠杆效应明显。同时由交易所保障履约，降低了交易双方的违约风险。期货合约与远期合约的差异如表 2－8 所示。

表 2-8 远期合约与期货合约的差异

项目	远期	期货
合约形式	非标准化合约（量身定制的期货合约）	标准化合约（标准化的远期合约）
定价方式	双方协商定价	公开竞价
结算方式	到期一次性结算	逐日盯市，按日结算，调整保证金
交割方式	实物交割或现金结算	对冲平仓
交易方式	场外交易（OTC）	交易所内完成
违约风险	违约风险高	极低的违约率

（四）套期保值

（1）空头套期：通过售出期货合约减少风险。具体指：预期未来现货市场卖出，目前在期货市场售出期货合约（建仓）；未来在现货市场卖出，期货市场买进期货合约（平仓），对冲风险。

（2）多头套期：通过购进期货合约减少风险。具体指：预期未来现货市场买进，目前在期货市场买进期货合约（建仓）；未来在现货市场买进，期货市场卖出期货合约（平仓），对冲风险。

> **【提示】**套期保值是在现货市场和期货市场同时操作，以实现两个市场损益的对冲，保持资产价格的稳定性。

（五）期权

1. 期权定义。

期权是一种赋予持有人在某给定日期（欧式期权）或该日期之前的任何时间（美式期权）以固定价格购进或售出一种资产权利的合约。

以下是有关期权的一些重要定义。

（1）执行期权。通过期权合约购进或售出标的资产的行为。

（2）敲定价格或执行价格或行权价格。持有人据以购进或售出标的资产的期权合约之固定价格。

（3）到期日。期权到期的那一天，之后期权失效。

（4）美式期权和欧式期权。美式期权可以在到期日或到期日之前的任何时间执行。欧式期权只能在到期日执行。

（5）期权包括看涨期权和看跌期权两种。

2. 看涨期权。

（1）定义。看涨期权（call option）赋予持有人在一个特定时期以某一固定价格购进一种资产的权利，是最普通的一类期权。最常见的类型是股票和债券的期权，通常涉及的资产是普通股的股份。

【提示】一个看涨期权合约的示例：投资者持有普通股股票的看涨期权即表明，投资者可以在某一特定日期，如 2016 年 7 月 15 日或该日之前以 150 美元的执行价格购进公司流通在外 100 股股票。假如该公司普通股股票的价格在 2016 年 7 月 15 日或该日之前超过 150 美元，这种看涨期权是有价值的期权。

（2）看涨期权在到期日的价值。普通股股票的看涨期权合约在到期日的价值取决于标的股票在到期日的价值。

股票价格高于行权价格，看涨期权被称为实值期权，也称为价内期权，期权价值为股票市场价格与行权价格的差额。此时，看涨期权持有人会行使购买选择权，依据行权价格购入上市公司股票，并按照市场价格出售，以获取收益。

反之，普通股股票的价值也可能变得低于执行价格，看涨期权是虚值期权，也称为价外期权。此时，持有人不会执行期权，看涨期权的价值将是 0。

3. 看跌期权。

（1）定义。看跌期权（put option）可被视为看涨期权的对立面，看跌期权赋予持有人以固定的执行价格售出股票。

（2）看跌期权在到期日的价值。确定看跌期权价值的情形与看涨期权相反，因为看跌期权赋予持有人的是售出股份的权利。

若在到期时标的普通股股票的价格高于执行价格，看跌期权是虚值期权，即价外期权。反之，当普通股股票的价格低于执行价格时，看跌期权是实值的，即价内期权。投资者将付款按市场价格购进普通股股票，并利用期权以执行价格售出这些股份，以获取收益。

4. 售出期权（期权的非对称式偿付结构）。

个体投资者是普通股股票期权的原始购买者和销售者。看涨期权和看跌期权，以期权购买方为主体，称为期权投资者、期权持有人。期权持有者具有执行或不执行的选择权。看涨期权是买和不买的选择权，看跌期权是卖或不卖的选择权。

而期权的出售方是在资本市场中售出期权的主体，可以售出看涨期权，也可以售出看跌期权。期权售出方在看涨期权或看跌期权持有人提出要求时，依据期权合约，履约向其售出或从其买入标的股票的一方。这是期权售出者的义务。

因此，在期权合约中存在着非对称式的偿付结构，即期权持有人具有选择执行或不执行的权利，而期权出售方只承担履约的义务。

【提示】

- 若在到期日普通股的价格高于执行价格，持有人将执行看涨期权，而出售者必须按执行价格将股份卖给持有人。出售者将损失股票价格与执行价格之间的差价。相反，看跌期权持有人提出要求，出售普通股票看跌期权的投资者将同意购进普通股股票。如果股票价格跌至低于执行价格，而持有人又将这些股票卖给出售者，出售者在这笔交易上将蒙受损失。

● 期权售出方愿意承担风险的原因是期权购买者获取期权需要向期权出售方支付期权费。

● 计算确定期权净损益，计算方式如表2-9所示。

表2-9 期权净损益的相关计算

项目	看涨期权		看跌期权	
	购买方	售出方	购买方	售出方
期权行权净损益	资产市价-行权价格-期权费（净收益）	行权价格-资产市价+期权费（净损失）	行权价格-资产市价-期权费（净收益）	资产市价-行权价格+期权费（净损失）
期权放弃行权净损益	期权费（净损失）	期权费（净收益）	期权费（净损失）	期权费（净收益）
保本点资产价格	行权价格+期权费	—	行权价格-期权费	—

5. 期权组合。

购买看跌期权的同时购买标的股票称为保护性看跌期权，无论股票市场价格跌落多少，投资者可以随时以执行价格卖出，以避免遭受价格下跌的损失。购买看涨期权的同时购买与看涨期权同时到期的现值为行权价格的零息债券，无论股票市场价格上涨多少，投资者可以随时以执行价格买入，以避免丧失价格上涨产生的收益。

当行权价格、到期日均一致的情况下，投资者购买股票并购买看跌期权或购买看涨期权并购买零息债券，将获得相同的收益。如果两项投资能够为投资者带来相同的收益，也必有相同的投资成本，即买卖期权平价理论。买卖期权平价关系是指具有相同的到期日与执行价格的金融工具，其卖权与买权价格间所必然存在的基本关系。如果两者不相同，则存在套利的空间。

标的股票的价格+看跌期权价格=看涨期权价格+零息债券现值

买卖期权平价是最基础的期权关系之一，表明存在两种购买保护性看跌期权的途径。

6. 期权定价。

期权定价重点是解决期权到期日之前的价值。理论上，期权到期日之前的价值取决于执行价格与标的股票市场价格的差额。影响期权价值的因素包括：

（1）执行价格。其他条件相同时，看涨期权执行价格上升会降低股票价格与执行价格之间的差异，引起期权价值的下降；看跌期权执行价格上升会提高股票价格与执行价格之间的差异，引起看跌期权价值的上升。

（2）距到期日的时间。期限较长的期权，具有更长期间的选择权，其价值较高。

（3）标的资产的现行价格。其他条件相同时，标的股票的市场价格高于行权价格，看涨期权是实值的。随着股票市价的上涨，其与执行价格的差异扩大，期权价值升高。当股票市价低于执行价时，看跌期权是实值的。因此，看跌期权市场价值随着股票市价的增加而减少。

（4）标的资产的波动性。标的资产的价值波动性越大，期权价值越大，无论是看涨期权还是看跌期权。

【提示】持有标的资产的期权和持有标的资产有着根本的区别。

（5）无风险利率。看涨期权的价格也是利率水平的函数。看涨期权的购买者仅在执行期权时才支付执行价格。延迟支付在利率高时有较大价值，而在利率低时则价值较小，因而看涨期权的价值与利率正相关。高利率“反向”影响看跌期权的价值。若执行价格的现值被高利率所削减，则在未来某时以固定执行价格售出股票的能力比较无价值。

【提示】影响美式期权价值的因素如表 2－10 所示。“＋”表示同向变化，“－”表示反向变化。

表 2－10　　影响美式期权价值的因素

因素	看涨期权	看跌期权
标的资产的价值（股票价格）	+	−
执行价格	−	+
股票的变异性	+	+
利率	+	−
距到期日的时间	+	+

【例题 2－26】某金矿开采公司预计从今日起的 6 个月内将售出 10 000 盎司黄金。以下哪种举措可以对冲销售黄金方面的收入风险？

A. 在从今日起的 6 个月内在现货市场销售黄金

B. 在今日买入将在 6 个月后到期的 10 000 盎司黄金期货合约

C. 在今日售出将在 6 个月后到期的 10 000 盎司黄金期货合约

D. 在今日买入将在 6 个月后到期的 5 000 盎司黄金期货合约，并在今日售出将在 6 个月后到期的 5 000 盎司黄金期货合约

【答案】C

【解析】选项 A 不正确。在现货市场上销售黄金，只能接受市场售价，无法规避价格风险。

选项 B 不正确。买入期货合约的目的是锁定未来交易的买价，该公司属于未来销售黄金，应当锁定卖价以规避价格风险，在今日卖出 6 个月后到期的黄金期货合约。

选项C正确。公司需要规避未来6个月出售黄金卖价下跌的风险，处于空头头寸。为了对冲避险，应在今天出售6个月后10 000盎司黄金的期货合约，通过锁定未来卖价来规避风险。

选项D不正确。

【例题2-27】 某主要房屋建筑商明年将使用木材进行大规模房屋开发。如果该房屋建筑商计划明年才购买木材，公司怎样做才能对冲掉其未来成本？

A. 今天销售将于明年到期的木材期货合约

B. 今天购买将于明年到期的木材期货合约

C. 明年购买木材期货合约

D. 今天购买并销售将于明年到期的木材期货合约

【答案】 B

【解析】 选项A不正确。售出期货合约目的是锁定未来交易的卖价，处于空头头寸，目的是对冲未来交易中售价下跌的风险。

选项B正确。未来要购买，卖方担心价格上升，处于多头头寸。为了对冲避险，应在今天购入未来期货合约，通过锁定未来买价来对冲风险。

选项C不正确。明年购买期货合约已经无法对冲风险。

选项D不正确。购买并销售同时发生无法产生对冲未来交易风险的作用。

【例题2-28】 某投资者卖出了45美元的看涨期权并买入了50美元的看跌期权，两者的到期日相同。交易日的股票价格为45美元，看涨期权和看跌期权的价格分别为8美元和10美元。随后股票价格跌了10美元，并且此价格一直保持到期权到期日。忽略佣金和其他交易，截至到期日，期权组合仓位的总利润为：

A. 3美元　　B. 7美元　　C. 13美元　　D. 17美元

【答案】 C

【解析】 选项C正确。售出的看涨期权到期日股票市场价格35美元，低于行权价格45美元，购买期权一方会选择放弃行权。因此，售出看涨期权获取的净盈利为售出时收取的期权费，即售出看涨期权损益=8美元。看跌期权到期日股票市价35美元，低于行权价格50美元，购入期权一方会选择行使卖出权，按35美元市价购入，50美元价格售出，获利15美元，同时扣减购入过程中支付的期权费10美元，共获利5美元，即购入看跌期权损益=50-35-10=5（美元）；期权组合总损益13美元。

【例题2-29】 如果公司的股票价格波动加剧，则公司股票的看涨期权和看跌期权的价值会发生什么变化？

A. 看涨期权的价值将增加，看跌期权的价值将减少

B. 看涨期权的价值将减少，看跌期权的价值将增加

C. 看涨期权和看跌期权的价值都将减少

D. 看涨期权和看跌期权的价值都将增加

【答案】 D

【解析】 选项 A 不正确。影响期权价值的因素包括无风险利率、标的资产的行权价格、标的资产价格的波动性、距到期日期的长短。标的资产价格的波动性与期权价值正向相关。

选项 B 不正确。理由同 A。

选项 C 不正确。标的资产价格的波动性与期权价值正向相关。

选项 D 正确。标的资产的价值波动性越大，期权价值越大，无论是看涨期权还是看跌期权。

【例题 2－30】 某项看涨期权的持有人希望了解股票回报波动性降低和到期时间缩短分别对看涨期权的价格所产生的影响。以下哪一项是对看涨期权的价格分别产生的影响？

	股票回报波动性	到期时间
A.	降低	降低
B.	降低	增加
C.	增加	降低
D.	增加	增加

【答案】 A

【解析】 选项 A 正确。标的资产的价值波动性越大，期权价值越大，无论是看涨期权还是看跌期权；反之，标的资产的价值波动性越小，期权价值降低。期限较长的期权，具有更长期间的选择权，其价值较高；反之，随着到期时间的缩短，期权价值也会降低。

【例题 2－31】 某公司正在计划发行面值为 5 000 000 美元的 10 年期不可预付债券，利息率为 9%。该公司希望基于伦敦银行间同业拆借利率，将其固定利率利息支付转换为浮动利率利息支付。该公司应考虑下面哪一种合同？

A. 期权　　B. 远期　　C. 期货　　D. 互换

【答案】 D

【解析】 选项 A 不正确。期权合约是一种赋予持有人在某给定日期以固定价格购进或售出一种资产权利的合约。

选项 B 不正确。远期合约是合约双方承诺在未来某一天按特定价格买进或卖出一定数量的标的。

选项 C 不正确。期货合约是标准化的远期合约，是规定在未来某一特定的时间和地点交割一定数量和质量的标准化的标的物。

选项 D 正确。将其固定利率利息支付转换为浮动利率利息支付，属于互换中的利率互换。

五、资本成本

（一）资本成本的定义

1. 资本成本的定义。

资本成本是组成企业资本结构中的各种资金来源的成本组合。反映新投资所必须赚取的，使股东权益不会被稀释的最低回报率。公司的管理团队负责资产负债表中资产的效率性和盈利性，同时最小化资产负债表中负债及股东权益的平均成本。公司资本来源包括：

（1）债务资本。附息工具，如票据、债券、贷款。

（2）权益资本。股东的永久性投资，如实缴资本、留存盈余。

公司总的资本成本反映企业融资中各个组成部分相关成本的加权平均值。

2. 资本成本在财务管理中的意义。

（1）制定资本结构决策。企业的最优资本结构是加权平均资本成本最低时对应的资本结构。

（2）投资决策的衡量基准。作为折现率，评估净现值大小，以确定投资是否具有可行性。作为最低回报率，用于评估投资项目的内部收益率水平。资本成本水平的高低也体现了项目的风险水平。

（3）有效的管理营运资本。作为流动资产管理中的机会成本。

（4）用于绩效考核和评估。将资产的预期回报率与资本成本进行比较，判断管理层的经营业绩。

【提示】

● 项目的折现率应等同于同样风险水平的金融资产的期望收益率。

● 折现率、必要收益率、资本成本一般情况下不做区分，是同一事物在不同角度下的名称。

（二）各种资本类型的成本

1. 债务成本。

债务成本反映债务资本提供者所要求的回报率。税后债务成本的基本公式是：

税后债务成本 $= K_d(1-t)$

其中，K_d：税前债务成本；t：企业的所得税税率。

【提示】

● 税率越高，税后债务成本越低。

● 计算债务成本时，采用债务的重置成本（市价）。当涉及一种或更多种债务时，应使用到期收益率的加权平均值来计算债务成本。

2. 优先股成本。

优先股成本是向股东支付的股利和发行成本的函数。发行成本包括直接成本（如承销费、申报费、法律费用和税款）和间接成本（如用在新发行上的管理层工作时间）。应将发行成本从优先股售价中扣除，以计算发行优先股所筹集的净资本。

优先股成本的一般计算公式是：

$$K_p = \frac{D_p}{P_p - F}$$

其中，K_p：优先股的成本；D_p：优先股股利；P_p：每股现价（现时成本或预期成本）；F：以货币表示的发行成本。

> **【提示】**
> - 优先股股利税后支付，不能免税。优先股面值通常为 100 美元。
> - 美国所得税税法规定，一家公司从另一家公司所获优先股股息的 70% 可免交联邦所得税。对需求方而言，这一吸引力会导致优先股的收益略低于同一家公司所发行的债券。

3. 普通股权益成本。

权益主要由发行普通股的实缴资本和留存收益组成。权益成本是指企业普通股的预期回报率、必要报酬率或实际回报率，如果企业所赚得的回报率等于权益成本，股票市值将保持不变。普通股权益成本（或权益成本）是最难计算的资本类型，原因是普通股没有固定的合同支付金额。

> **【提示】**权益资本可以从内部通过留存收益筹集，也可以在外部通过发行普通股来筹资。两者的成本都可以被视为保持企业的普通股市价不变，公司必须为投资项目的权益融资部分赚取的最低报酬率。如果企业所投资项目的期望收益率低于这个要求的收益率，从长期来看，股票的市场价格将受到损失。

权益成本的主要估计方法有三种：

（1）历史回报率。

历史回报率是股东已赚得的历史回报率。该方法考虑到投资人过去购买股票、持有至今并以现行市价卖出所获得的回报率。

使用历史回报率法意味着：

- 企业业绩在未来不会有重大变化；
- 投资人对待风险的态度保持不变；
- 利率不会发生重大变化。

历史回报率法相对容易计算，但其局限性在于未来很少与过去完全一样。

（2）利用股利增长模型计算新权益或留存收益成本。

股利增长模型反映的是一种市值法，即股票市价等于预期未来现金流量的现值。当未来收益的现值等于市价时，贴现率等于权益资本成本。

● 依据固定股利增长模型计算内部权益资本成本的公式是：

$$K_s = \frac{D_1}{P_0} + g$$

其中，K_s：内部权益资本成本；D_1：时刻1的每股股利；P_0：时刻0的每股市价；g：预期的股利增长率。

● 依据固定成长股利模型确定新普通股成本，必须考虑发行成本和可能的发行抑价损失。新权益成本的计算公式是：

$$K_e = \frac{D_1}{P_0 - (F + U)} + g$$

其中，K_e：外部权益资本的成本；D_1：时刻1的每股股利；P_0：时刻0的每股市价；g：预期股利增长率；F：发行成本；U：发行抑价损失。

> **【提示】** 新权益成本与内部权益成本相比，两者之差是发行成本和承销损失。

（3）资本资产定价模型。

资本资产定价模型也可用于量度企业的权益资本成本。资本资产定价模型假设任何证券的回报率等于无风险利率加风险溢价。无风险利率通常根据美国长期国债或短期国库券的现行利率或预计利率决定。

● 资本资产定价模型估计权益资本成本的计算公式是：

$$K_s = R_f + \beta(k_m - R_f)$$

其中，K_s：内部权益资本成本；R_f：无风险利率（长期国债或30天短期国库券的利率）；β：股票系统风险的估计值（来自经纪商、投资咨询服务公司或企业自行计算）；K_m：整个市场或平均股票的估计回报率。

$(k_m - R_f)$ 项称为市场风险溢价，市场风险溢价的取值在5%～7%之间，具体大小取决于计算估计值的日期以及分析师使用的数据来源。一般将国债利率加上6%，测算整个市场的回报率。

资本资产定价模型遇到的挑战：

● 使用长期国债还是短期国债利率作为无风险利率；

● 估计投资人期望的未来的 β 值；

● 估计整个市场的期望回报率。

> **【提示】** 利用资本资产定价模型计算权益融资成本，并作为新投资项目的必要报酬率，有两个重要假设：
>
> ● 新项目的风险与企业风险相同。当新项目与企业风险不同时，必须采用与单个项目相关现金流量的风险相适应的折现率。
>
> ● 企业无债务融资。

以上利用历史数据法、股利增长模型以及资本资产定价模型估算权益成本均有各自的优势和局限性。为确定出一个合理的权益成本估计值，企业可以使用不止一种方法。合适方法的选择往往取决于给定情景下可获得的信息。估计资本成本，尤其是涉及权益成本时，估计结果并不准确。采用不同的输入数据以及不同的估计模型，均会导致估计结果出现重大差异。

4. 加权平均资本成本。

加权平均资本成本（weighted average cost of capital，WACC）是企业的总资本成本，它反映了企业平均项目或典型项目的相关风险。

通常使用三种加权方案来计算 WACC，账面价值加权、市场价值加权和目标价值加权。

（1）账面价值加权。根据企业资产负债表上显示的会计（账面）价值来计量每种资本的比例，相对稳定。但账面价值反映的是历史成本，与市场价值之间可能存在显著差异，会歪曲 WACC。

（2）市场价值加权。在现行市价下，企业资本结构中每种资本的现行比例。市场价值加权考虑到了不断变动的市场条件的影响以及每种证券的现行价格，被认为是计算 WACC 最准确的方法。但是基于实际市场资本结构进行加权还是基于目标市场资本结构进行加权存在争议。

（3）目标价值加权。基于企业最优（目标）资本结构的权重，代表企业未来如何筹资的最佳估计，如果企业正在不断接近目标资本结构，则采用目标权重。

> **【提示】**权重是按市场价值计算的。按市场价值计算的权重比账面价值更合适，因为证券市场价值更接近于证券出售能得到的现金。实际上，运用目标市场价值权重是有用的，它反映了企业或项目寿命期内占主导地位的权重。

5. 边际资本成本。

（1）边际资本成本。边际资本成本（margin cost of capital，MCC）是超过先前边际成本水平进行额外融资的增量成本。

> **【提示】**边际资本成本是加权平均资本成本。

（2）计算融资临界点。融资临界点是指企业在资本成本增加前所能筹集的总筹资。超过这一总筹资额，融资的资本成本会增加。临界点的计算方法为：按一定成本从特定资本类型中可获得的资金总量，除以该资本类型在资本结构中的权重。

> **【提示】**
>
> ● 边际资本成本确认融资需求增大时投资人对此的反应。市场会设定不同的融资限额水平。随着融资限额的提高，资本成本也会不断增大。

> ● 税收通过两种方式影响企业的资本结构，一是具有大额应税所得的企业可以通过更多的债务融资来减免税款，以增加分配给债务和权益持有人的总现金流；二是具有不稳定营运收益的企业经营风险较高，并且在收益较低的年份，企业通过借款实现税收减免的可能性较低，与其他经营风险较低的企业相比，这类企业的借款规模不会较大。
>
> ● 由于债务抵税效应的存在，使得扩大债务比例能够降低加权平均资本成本，从而实现企业价值最大。因此，理论上存在最优资本结构，即加权平均资本成本最低的资本结构为最优资本结构。

【例题 2－32】 托马斯公司的资本结构为 30% 的长期负债，25% 的优先股和 45% 的普通股权益。每个项目的资本成本如下：

长期负债	8%（税前成本）
优先股	11%
普通股权益	15%

如果托马斯公司的税率为 40%，那么公司的税后加权平均资本成本为多少？

A. 7.14%　　B. 9.84%　　C. 10.94%　　D. 11.90%

【答案】 C

【解析】 选项 C 正确。公司资本成本是公司各种筹资方式的个别资本以其各自的融资额在融资总额中的比重为权重，计算的加权平均值，即公司资本成本 $=30\% \times 8\% \times (1-40\%) + 25\% \times 11\% + 45\% \times 15\% = 10.94\%$。

【例题 2－33】 某公司按照每股 92 美元的发行价格卖出了面值为 100 美元的 1 000 股，利率为 8% 的优先股。发行成本是每股 5 美元。该公司按照 40% 的比率支付税金。该公司 8% 的优先股资本成本是多少？

A. 8.00%　　B. 8.25%　　C. 8.70%　　D. 9.20%

【答案】 D

【解析】 选项 D 正确。优先股资本成本是优先股的股息与优先股实际筹资到的可用资本的比率，优先股股息为面值乘以票面股息率，100 美元 $\times 8\% = 8$ 美元，优先股实际筹得的可用资金为发行价格 92 美元扣除发行费用 5 美元，共 87 美元。优先股的实际成本为 $8 \div 87 = 0.0919$，即 9.2%。

【例题 2－34】 F 公司的管理层正在回顾公司的财务安排。当前的筹资组合是：普通股 750 000 美元，优先股（面值 50 美元）200 000 美元，债务 300 0000 美元，F 现在为普通股每股支付现金股利 2 美元。而普通股出售价格为 38 美元，股利以每年 10% 的速率增长。投资者的债务到期收益率为 12%，优先股支付的股利为 9%，收益率为 11%。发行任何新证券的发行成本为 3%。F 公司有留存收益用来满足权益要求。公司的有效所得税率为40%。基于这些信息，留存收益的资本成本为：

A. 9.5%　　B. 14.2%　　C. 15.8%　　D. 16.0%

【答案】 C

【解析】 选项C正确。留存收益的资本成本等于普通股的资本成本，但不需要考虑发行成本。依据固定股利成长模型，计算留存收益成本需要下列数据：

普通股价格：38美元

普通股股息：2美元

股息增长率：10%

留存收益的资本成本 = 2 × (1 + 10%) ÷ 38 + 10% = 15.8%。

【例题2-35】 某公司股票的β值为0.50。如果当前无风险回报率为2%，市场风险溢价率为6%，根据资本资产定价模型，该公司股票的必要回报率是多少？

A. 3%　　B. 5%　　C. 6%　　D. 8%

【答案】 B

【解析】 根据资本资产定价模型，该公司股票的必要回报率 = 无风险回报率 + β值 × 市场风险溢价率 = 2% + 0.50 × 6% = 5%。所以选项B正确。

【例题2-36】 马克制衣公司在公开股票发行中计划发行额外的普通股股票。当前每股市场价格是38美元，去年的股利是每股2.25美元。一家著名的投资咨询公司预测股利增长率为8%，而投资银行家估计浮动成本是发行价的6%。马克公司在其资本成本计算中应使用什么权益成本？

A. 13.9%　　B. 14.0%　　C. 14.3%　　D. 14.8%

【答案】 D

【解析】 选项D正确。利用固定成长股利模型计算权益成本 K_s = 2.25 (1 + 8%) ÷ [38(1 - 6%)] + 8% = 14.8%。

第三节　筹集资本

一、中期资本来源

（一）定期贷款

定期贷款是指期限为1~10年的债务责任，最常用于为金额较小的设施和设备的添置提供融资。在面临以下条件时，采用定期贷款为流动资产的适度增加提供融资：

（1）股票或债券的发行成本过高。

（2）贷款将利用中期收益来偿还。

（3）流动营运资产的增加在时间维度上是中期而非永久性增加。大多数定期贷款都有担保。

> **【提示】**
>
> ● 定期贷款是由借款人和贷款人私下协商，因此定期贷款的成本比股票发行成本或债券发行成本低。
>
> ● 定期贷款一般要求在贷款期限内摊还（偿付）贷款本金，即分期还本并付息。分期偿付频率可以是每月、每季度、每半年或每年偿付一次。
>
> ● 大多数定期贷款都有担保。

【例题 2－37】 某公司以 9% 的利率借款 100 000 美元，该笔借款分 8 次等额分期偿付，每年偿付一次。第一次偿付发生在第一年年末。则每年的等额偿付额即为年金现值的逆运算，可计算如下：

R（年等额偿付）＝100 000 美元 ÷（P/A，9%，8）＝100 000 美元 ÷5.535＝18 067（美元）。（P/A，9%，8）表示 9% 利率水平下期限为 8 年的年金现值系数。

（二）租赁

租赁是承租人和出租人之间的一项契约性协议，协议规定承租人拥有使用租赁资产的权利，同时必须定期向资产所有者即出租人支付租金。出租人可以是资产的制造商，称为销售租赁，也可以是独立的租赁公司，称为直接租赁。

如果租赁是短期的，或在租赁期内承租人可以终止租赁，称为经营租赁。其他租赁期限则可能长达资产预计经济寿命期的大部分，且不可终止，或只有出租人的任何损失都得到补偿时才可终止，称为资本租赁、融资租赁或全偿式租赁。

> **【提示】**
>
> ● 租赁的合理动因。
>
> ● 短期租赁很便捷，如经营租赁。
>
> ● 租赁终止权有价值，促使看起来昂贵的租赁定价相当公平。
>
> ● 提供维修服务，如全面服务型租赁，但租赁费较高。
>
> ● 标准化降低管理成本和交易成本。
>
> ● 更好地利用税盾。出租人可以将出租资产折旧抵税，在保留资产所有权的条件下，适当降低租赁费，将部分折旧抵税利益让渡承租人。
>
> ● 租赁不可靠的理由。
>
> ● 绕开资本支出的控制。战略性业务部门可以避免公司资本支出严格

的审批流程约束。

• 保全了资本。租赁提供全额融资，不同于定期贷款需要一笔首付款。

• 租赁可以是资产负债表外的融资：在美国经营租赁产生表外负债，继而美化资产负债表和利润表。

1. 经营租赁。

经营性租赁具有以下几个重要特征：

（1）经营性租赁承租方不用摊销或折旧。

（2）经营性租赁的期限通常要短于资产的经济生命期限。

（3）租赁期内的租金支付不足以弥补出租人资产的全部成本。

（4）出租人必须对资产进行重新租赁或出售来补偿其剩余成本。

（5）经营租赁通常要求出租人来维护设备，对出租的资产进行保险。

（6）经营性租赁最有趣的特征在于给予承租人可以在到期日之前撤销租赁的权利。“撤销”条款的价值取决于未来技术水平或经济条件能否使资产的租赁价值降至租赁合同所规定的未来租金支付水平之下。

2. 融资租赁。

经营性租赁和融资性租赁的区别在于，承租人是否能对租赁资产实施有效的控制。具体的判断标准有五条，满足任何一条，就应该确认为融资租赁：

（1）所有权转移。租赁期满时租赁资产的所有权转移给承租人。

（2）优惠购买权。租赁合同中包含优惠购买的选择权，并且约定的购买价款远低于租赁期满时租赁资产的公允价值。

（3）占尚可使用年限的75%。租赁期占租赁资产尚可使用年限的75%或以上。

（4）公允价值的90%。最低租赁付款额的现值（PV）几乎相当于租赁开始时租赁资产的公允价值（FV），即占到公允价值的90%或以上。

（5）租赁资产具有专用属性。租赁期满后不会有其他用途。

除了以上五个标准之外，如果租赁合同不可撤销，该租赁将被自动视为融资性租赁。

【提示】

• 融资性租赁的两种特殊形式：售后回租和杠杆租赁。

• 美国公认会计原则规定，只要符合以下四条标准中的任何一条，就可以视作融资租赁。

• 在租赁之初，所需支付的租金现值至少在该资产公允市场价值的90%以上。

• 在租赁期末，被租用资产的所有权转移到承租人一方。

• 租赁期限为资产的可估计经济年限的75%或75%以上。

• 承租人可以在租赁期满后以低于市场公允价值的价格购买被租用资产。这也被称为优先议价购买权。

3. 购买或租赁决策。

由承租人实施的租赁评估是在租赁与借款购买决策之间进行权衡分析。租赁评估中需要计算租赁净利益。租赁净利益是比较资产租赁成本的现值与通过借款购买该项资产的成本的现值。借款购买该项资产的成本的现值高于租赁成本的现值，租赁净利益为正，应当进行资产租赁。

【例题 2-38】 某公司租赁了一项资产，租赁期为 6 年。该资产的添置成本为 50 000 美元，年度租赁支付（在每年年初支付）为 10 000 美元。假设该资产采用修正成本加速回收制度进行折旧，资产寿命为 5 年。如果公司借款购入设备每年发生税后营运成本 450 美元。另外假设该公司的适用税率为 40%，税后债务成本为 6%，税后目标回报率为 15%，资产的残值（税前）为 20 000 美元。计算确定租赁净利益，并做出购买还是租赁的决策。

（1）租赁成本的现值。

租赁现金流为每期期初租金税后现金流 = 10 000 ×（1 - 40%）= 6 000 美元。

租赁成本现值 = 6 000 美元（P/A，6%，5）+ 6 000 美元 = 6 000 × 4.2124 + 6 000 = 31 272 美元。

（P/A，6%，5）为利率 6%、期限 5 年的年金现值系数。

（2）借款购买成本的现值。

购买设备初始投资现金流出 50 000 美元。

每期经营现金净流量 = 折旧抵税 - 税后经营成本（以税后债务成本 6% 为折现率）

第一年经营现金净流量 = 50 000 × 20% × 40% - 450
= 4 000 - 450 = 3 550（美元）

第二年经营现金净流量 = 50 000 × 32% × 40% - 450
= 6 400 - 450 = 5 950（美元）

第三年经营现金净流量 = 50 000 × 19.2% × 40% - 450
= 3 840 - 450 = 3 390（美元）

第四年经营现金净流量 = 50 000 × 11.52% × 40% - 450
= 2 304 - 450 = 1 854（美元）

第五年经营现金净流量 = 50 000 × 11.52% × 40% - 450
= 2 304 - 450 = 1 854（美元）

第六年经营现金净流量 = 50 000 × 5.76% × 40% - 450
= 1 152 - 450 = 702（美元）

第六年回收固定资产残值现金净流量 = 20 000 ×（1 - 40%） = 12 000 美元（回收残值产生的现金流量以投资回报率 15% 为折现率）。

借款购买成本现值 = 50 000 美元 - [3 550 美元 ×（P/F，6%，1）+ 5 950 美元 ×（P/F，6%，2）+ 3 390 美元 ×（P/F，6%，3）+ 1 854 美元 ×（P/F，6%，4）+ 1 854 美元 ×（P/F，6%，5）+ 702 美元 ×（P/F，6%，6）+ 12 000

美元×(P/F，15%，6)]=50 000 美元-20 024 美元=29 976 美元。

(P/F，6%，n) 为利率6%，期限1，2，…，6 的复利现值系数。

租赁净利益=20 024-31 272=-11 248（美元）

应当借款购买设备，放弃租赁。

【提示】 在1986年的美国《税收改革法案》里，美国国会制定了《修正的加速成本回收制度》：方案的目标是通过加快资产摊销速度，刺激资本投资，促使企业更快更一致地对这些新资本投资进行摊销。其各种资产类别的折旧率如表2-11所示。

表2-11　美国国税局公布的各类资产的修正加速成本回收制度下的折旧率

回收年份	3年期200%余额递减法	5年期200%余额递减法	7年期200%余额递减法	10年期200%余额递减法	15年期150%余额递减法	20年期150%余额递减法
1	33.33	20.00	14.29	10.00	5.00	3.750
2	44.45	32.00	24.49	18.00	9.50	7.219
3	14.81*	19.20	17.49	14.40	8.55	6.677
4	7.41	11.52*	12.49	11.52	7.70	6.177
5		11.52	8.93*	9.22	6.93	5.713
6		5.76	8.92	7.37	6.23	5.285
7			8.93	6.55*	5.90*	4.888
8			4.46	6.55	5.90	4.522
9				6.55	5.91	4.462*
10				6.55	5.90	4.461
11				3.28	5.91	4.462
12					5.90	4.461
13					5.91	4.462
14					5.90	4.461
15					5.91	4.462
16					2.95	4.461
17						4.462
18						4.461
19						4.462
20						4.461
21						2.231

注：*在剩余年限内转用直线法折旧。

（三）可转换债券

1. 可转换债券的相关术语。

(1) 可转换债券定义。可转换债券允许其持有人可以在债券到期日之前的任一时间（包括到期日）里将可转换债券转换为一定数目的股票。可转换债券是债券与认股权证的合成，是一种看涨期权。

（2）转换比率。每一份债券在到期前的任一时间可以转成股票的份数称为转换比率。

（3）转换价格。转换价格是债券的票面价值除以转换比率计算得来。

（4）转换溢价。可转换债券转换价格比普通股每股现行市价高出部分的比例称为转换溢价。

【提示】转换价格和转换溢价包含了一个假设，债券以面值出售。如果以其他价格出售，这两个术语则是无意义的。与之相反，无论债券价格是多少，转换比率总能有一个合理的解释。

2. 可转换债券价值评估。

（1）纯粹债券价值。可转换债券仅作债券持有，在市场上能销售的价值；取决于利率的一般水平和违约风险程度。

（2）转换价值。可转换债券能以当前市价立即转换为普通股所取得的价值，即转股份数 × 股票当前市价。

【例题 2－39】摩尔公司需要增加一台将在未来五年内使用的机器，五年后这台机器将被淘汰，届时其残值将为零。摩尔公司有两个可供选择的方案：以 300 000 美元的标价用现金购置此资产；或者以每年付 68 000 美元租金的方式租赁此资产五年，首笔租金需立即支付。租金款中包含 6% 的利息。如不考虑折旧，则最佳的可选方案是：

A. 购置此资产，这比租赁方案要优惠 40 000 美元

B. 购置此资产，这比租赁方案要优惠 3 627 美元

C. 租赁此资产，这比购置方案要优惠 45 918 美元

D. 租赁此资产，这比购置方案要优惠 13 557 美元

【答案】B

【解析】选项 A 不正确。分期付租金每期支付 68 000 美元，共支付 5 期共 340 000 美元，现金购买虽然比租赁方案要优惠 40 000 美元，但是这种计算比较方式没有考虑长期支付产生的货币时间价值因素，得到的结论不正确。

选项 B 正确。决策需要比较一次性付款购买机器现值与分期付款现值，在两者中选择较低的现值。一次性付款 30 000 美元，分期支付租赁费现值 = 68 000 美元(P/A，6%，4) + 68 000 美元 = 303 627 美元，分期付款现值大于一次性付款现值 3 627 美元，因此选项一次性付款。（P/A，6%，4）为利率 6%，期限 4 期的年金现值系数。

【例题 2－40】威德公司发行可换股债券，每股面值为 1 000 美元。该公司的股票每股售价为 38 美元，可换股债券的当前市场价格是 1 050 美元。如果转换比率是 25，转换价格将是多少？

A. 27.63 美元　　B. 38.00 美元　　C. 40.00 美元　　D. 42.00 美元

【答案】 C

【解析】 选项 C 正确。转换价格 = 可转债面值 ÷ 转换比率 = 1 000 美元 ÷ 25 = 40 美元。

二、资本市场

（一）一级市场和二级市场

一级市场是证券初始发行的市场；二级市场是投资者之间交易证券的市场。首次公开发行（IPO）是在一级市场上进行的；发行之后的交易在二级市场进行。

（二）证券发行

1. 公开发行。

（1）证券发行与交易相关的法律。

美国证券交易管理委员会负责执行 1933 年《证券法》和 1934 年《证券交易法》。《证券法》规范一级市场发行，《证券交易法》规范二级市场交易。

（2）证券发行方式。

发行新证券既可以公开发行也可以私下发行，公开发行需要在 SEC 登记注册，发行给少于 35 个投资者的证券可以私下发行，称为私募。

公开发行可以采用普通现金发行和配股发行两种方式。配股是向原有的股东配售。几乎所有债券都是通过现金发行的，股票可以现金发行也可以配股发行。

（3）首次公开发行程序。

- 取得董事会同意。
- 向证券交易管理委员会提出注册申请。
- 证券交易管理委员会审阅注册登记书。其间公司会发布《招股说明书草案》，称为“红鲱鱼”。草案中的信息比注册登记书更丰富。公司静默期内不得出售任何证券。
- 注册登记书生效日确定发行价格。
- 在静默期及以后期间使用墓碑式广告。

> **【提示】** 所有的首次公开发行都是现金发行。

（4）公开发行证券基本方法。

- 包销承销（firm commitment underwriting）。最普遍的承销方式，所有销售风险都转移给承销商，是“购买再转卖”的安排，承销商所收取的费用是价差。对于再次权益（配股发行）发行，承销商通过观察市场价格来决定新发行的价格。

• 尽最大努力分销（best efforts underwriting）。承销商依法尽“最大努力”采用约定的发行价格去销售证券，不保证给予发行公司任何特定金额，发行失败风险由发行方自行承担。

• 荷兰式拍卖（Dutch auction underwriting）。证券价格由拍卖决定，目标是保证证券发行成功。在首次公开发行市场上没有被广泛运用，但是它在债券市场上非常普遍。荷兰式拍卖是美国财政部向公众销售票据、债券和国库券的唯一程序。

【提示】上架发行（暂搁注册或储架制度）。允许发行人为未来两年内发售的股票进行合理预期并注册登记。注册时提交一份总的注册登记书。两年内，公司无论何时要发行股票，只需分发一份简短格式的注册登记书即可被允许出售股票，目的是简化发行程序。以下是主要的资格条件：

• 具有投资价值的评估等级；
• 过去 12 个月里没有债务违约；
• 发行在外的股票市值必须超过 7 500 万美元；
• 过去 12 个月不曾违反 1934 年《证券交易法》。

（5）再次权益发行（配股）。

对现有股东发行普通股称配股或认股权发行（rights offering），或优先认股。向一般公众发售新股时，现有股东的所有权比率会降低。包含有优先认股权（preemptive right）条款，表明任何新发行的普通股都必须优先出售给现有股东。

【提示】配股对股东的影响：上市公司总市值不变，股东价值不变。除权日后股票价格下降。

2. 私募发行。

（1）私募特征。私募避开公开发行代价高昂的注册登记。私募资本的投资是由机构投资者，如共同基金和退休基金等职业的私募资本管理者来进行运作的。有限合伙公司是占主导地位的组织形式，其中机构投资者扮演有限合伙人，职业管理者则充当一般合伙人。

（2）私募资本市场。私募资本市场可以分为风险资本市场和非风险资本市场。非风险资本市场由陷入财务困境的公司所组成，他们无法利用传统的负债形式，而最好的选择就是在私募资本市场上寻找投资公司。

（3）风险资本提供者。风险资本是私募资本市场的一个重要组成部分。至少存在四种类型的风险资本的供给者：

• 为创业服务的家族式风险资本。
• 以投资基金为目的私人合伙公司和股份公司。
• 大型工业或金融公司下属的风险资本机构。
• 非正式市场的“天使”投资人。

【提示】发行新证券的方式比较如表2－12所示。

表2－12　　发行新证券方式的比较

方式		种类	定义
公开发行	传统议价现金发行	包销现金发行	公司和投资银行议定一个承销和发行新股票的协议。承销商购买一定数量的股份，并以较高价格出售
		代销现金发行	公司让投资银行以约定价格尽可能销售新股，投资银行并不保证可以为公司筹集到多少资金
	优先认购	直接认股权发行	公司直接向它的现有股东发行新股票
		余股包销认股权发行	与直接认股权发行相似，它包括现有股东的优先认购的安排。承销商对净销售所得提供保证
	非传统现金发行	搁置现金发行	对符合条件的公司预期将在2年内销售的所有股份进行授权，公司可以在需要时销售
		现金竞价发行	公司可以通过公开竞标的方式取代协商，来决定承销协议
	私下募集	直接募集	证券直接卖给购买者，购买者通常至少在2年内不可以转卖证券

【提示】公开发行和私募的差异比较如表2－13所示。

表2－13　　公开发行和私募的差异比较

公开发行	私募
包含一般的条款和条件以便销售给大众投资者，中介机构参与	由借款人直接与贷款人进行协商，中介机构可能参与，促成符合彼此特殊条款及条件的要求（契约）
交易时间漫长	迅速成交
注册过程可能会非常耗时和昂贵	私募不涉及证券交易委员会注册
发行人出现财务困难时，几乎没有协商余地	发行人出现财务困难时，与少数投资者单独协商比与很多投资人协商容易
向公众出售，二级市场发达，便于交易流通	不能向公众出售，二级市场有限，流动性风险高
牵涉承销、证券交易委员会注册、会计及其他相关费用，成本较高	私募一般提供较高的利率，但发行成本低

（三）有效市场假说（市场效率）

1. 有效市场假说的意义。

（1）有效市场概念。有效资本市场是指资产的现有市场价格能够充分反映所有有关、可用信息的资本市场。

（2）有效市场假说对投资者和公司的意义。

- 因为价格及时地反映新的信息，投资者只能期望获得正常的收益率。
- 公司应该期望从它发行销售的证券中获得公允的价值。

“公允”是指公司发行证券所收到的价值正好等于预期收益的净现值。因此，在有效资本市场上，通过愚弄或欺诈投资以获得有价值的融资机会是不存在的。

图 2－6 展示了股价可能的三种调整方向。实线表示股票价格在有效市场采用的路线。点线和虚线表示在无效市场上股票价格可能出现的运动趋势。

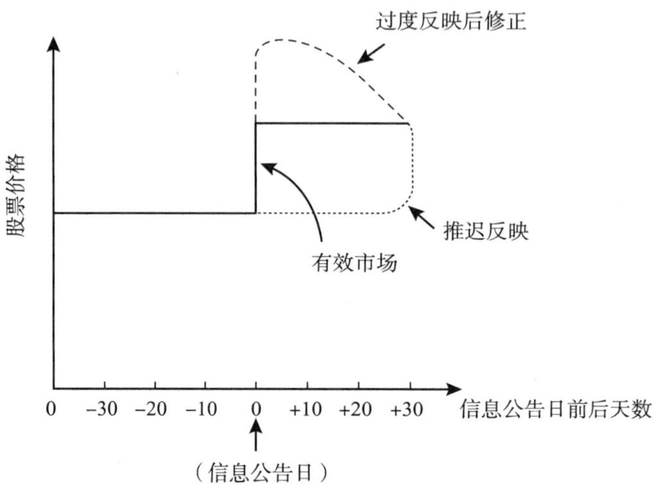

图 2－6　信息公告日前后股票价格可能的调整方向

2. 有效市场的类型。

（1）弱有效市场。金融资产当前的价格包含了买卖双方能获得的这些资产过去交易的所有信息，包括历史价格和过去的交易量。信息免费获取，没有投资者会基于这些信息获得超额回报，研究和挖掘信息规律的过程导致这些规律迅速消失，股价随机游走，过去的股价与未来没关系。

> **【提示】** 弱型效率意味着股票价格过去的变动和未来的变动不相关。

（2）半强有效市场。金融资产当前的价格反映了所有与该资产价值相关的公开可获得信息，包括历史价格和过去的交易量、发行者的财务状况和信用等级、任何公开的预测、经济形势信息等所有相关信息。遵循理性交易者假定，没有投资者会基于公开获得的信息取得超额回报。同时，在半强有效市场需要使用更加复杂的信息和推理，付出昂贵的费用，要求信息使用者具有足够的技术和能力。因此，成功者极少。

> **【提示】**
> - 半强有效假说意味着股票价格应该反映了所有公开可用信息；
> - 实证分析表明美国资本市场属于半强有效市场。

（3）强有效市场。金融资产当前的价格包含了所有有关金融工具价值的信息，无论公开信息还是内幕信息。强有效市场中即使获得真实且有价值的内幕信息的人也不能利用这些信息成功地获利。实证研究证据基本上都否定强有效市场的假设。

> 【提示】
> - 基于弱有效和半强有效，预测资产价格没有明显差异；
> - 获取超额利润需要内幕信息。

（四）内幕交易

内幕消息是指公司的董事或高管利用内幕信息买卖本公司的证券，以谋求没有内幕消息的一般投资者所无法获得的超额收益。

美国 1984 年的《内幕交易法》、1988 年的《内幕交易和证券欺诈实施法案》的主要内容都是为了防范内幕交易并对内幕交易进行相关处罚。

【例题 2－41】 关于首次公开发行，以下陈述中哪一项不正确？

A. 在尽力代销发行中，承销商没有义务购买未售出的股票

B. 在承销发行中，承销商有义务购买所有未售出的股票

C. 尽力代销发行能更好地保证公司所有发行的股票都将售出

D. 风险较大的股票发行通过承销发行这种方式来进行

【答案】 C

【解析】 选项 A 不正确。尽力代销发行中，承销商不承担发行失败的风险，因此，没有义务购买未售出的股票。

选项 B 不正确。承销发行中，承销商是批发商，赚取价差收益，承担发行失败风险，有义务购买所有未售出的股票。

选项 C 正确。尽力代销发行承销商不对公司所有发行成功的股票承担风险。

选项 D 不正确。发行风险较大的股票为了避免发行失败应当采用承销发行，即包销，由承销商购买所有尚未发售的股票。

【例题 2－42】 以下哪个选项最贴切地描述了因有基准价格而存在较小价格不确定性的公开募股？

A. 暂搁注册　　　　B. 再次募股或二次发行

C. 非正式招股注册　　　　D. 首次公开募股

【答案】 B

【解析】 选项 A 不正确。反映基于简化发行程序设计的上架制度。

选项 B 正确。对于再次权益（配股发行）发行或二次发行，承销商通过观察市场价格来决定新发行的价格。

选项 C 不正确。描述的是证券发行的私募方式。

选项 D 不正确。首次公开募股没有可供参考的基准价格。

【例题 2－43】 ABC 证券公司的一名分析师正在审核上市玩具制造商 YoYo 公司的以下信息：

- 过去 20 年的股价
- 过去 5 年的 10－Q 申请
- 过去 15 年的 10－K 申请
- YoYo 公司的网站

以上收集的数据是以下哪一项的示例？

A. 有效市场理论的半强式形式

B. 有效市场理论的强式形式

C. 资本资产定价理论的半弱式形式

D. 资本资产定价理论的弱式形式

【答案】 A

【解析】 选项 A 正确。半强式市场中资产价格是所有公开信息的反映，收集数据既包括历史数据，也包括网站上所有公开数据。

选项 B 不正确。强有效市场资产价格是所有信息的反映，包括内部信息。实证结果显示并不存在强有效市场。

选项 C 不正确。不存在半弱市场。

选项 D 不正确。弱有效市场资产价格是所有历史信息的反映。

【例题 2－44】 市场有效理论告诉我们，在半强式效率市场中：

A. 投资者使用历史价格来预测市场的表现

B. 证券价格反映所有公共信息

C. 证券价格反映内幕信息

D. 投资者在支付股利的股票上赚得更多

【答案】 B

【解析】 选项 A 不正确。在强式有效市场中，历史价格才能来预测市场表现。

选项 B 正确。在半强式效率市场中，证券价格反映所有公共信息。

选项 C 不正确。在强式效率市场中，资产价格能反映所有相关信息，无法依靠消息来盈利。价格已经反映了内幕信息等。

选项 D 不正确。股利支付属于公开信息，如果是半强式有效市场，价格已经反映了股利这类公开信息。

三、股利政策

股利政策是指给定资本预算和负债政策前提下，在未分配利润与发放现金红利和增发新股之间权衡的公司决策。

（一）股利支付形式

（1）现金股利。现金股利是最常见的股利支付形式，通常每年 4 次。支付现金股利减少了资产负债表现金资产及留存收益。

（2）股票股利。股票股利没有现金流出，会增加流通在外的股票数量，降低每股价值。

【提示】

● 股票拆分与股票股利相同，会引起流通在外的股票数量增加、拆分后每股代表的现金流量相应减少、股票价格降低。除非股票分拆比例很大，否则与股票股利相似。

● 股票股利与股票分拆的不同财务影响分析见表 2－14。

表 2－14　股票股利与股票分拆的不同财务影响

股票股利		股票分拆
流通股数增加，每股收益下降		流通股数增加，每股收益下降
每股面值不变，面值总额增加		每股面值下降，面值总额不变
每股市价下跌		每股市价下跌
不改变股东财富，不改变公司整体价值		不改变股东财富，不改变公司整体价值
小比例股票股利 20%～25%以下	按市价冲减留存收益，按面值增加股本，超面值的部分增加资本溢价	资产负债表股东权益项目增加流通在外股份数量，直接降低每股面值
大比例股票股利 20%～25%以上	按面值冲减留存收益，同时增加股本，视同股票拆分	

（3）股票回购。利用多余的现金去回购本公司的股票而代替发放现金股利。股票回购是公司向股东分配利润的一种重要形式。当避税很重要时，股票回购可能是股利政策有效的替代品，股东可以获得资本利得税收优惠。或作为现金股利的补充。选择股票回购作为现金股利的替代品通常有以下理由：

● 弹性。公司通常将股利视为对股东的承诺，轻易不愿削减现金股利。股票回购不会被看作类似的承诺。因此当现金流长期稳定增长时，公司会提高股利。但现金流增长只是暂时的，公司会进行股票回购以减少现金股利的发放。

● 管理层激励。与发放现金股利相比，回购股票后股价较高，管理层的期权价值更高。

● 对冲稀释。股票期权行权后会增加流通在外的股票数量，稀释股价。回购股票可以对冲稀释效果。

● 发现价值低估。管理层认为股价暂时低估时尤其可能发生回购。

● 税收利益。回购股票税收比现金股利对股东更有利。

（二）股利政策的影响因素

（1）法律约束。包括禁止资本侵蚀、保持偿债能力约束、超额积累约束等。

（2）股东因素。对股东控制权的影响、对股东稳定收入影响、股东的风险偏好（即现金股利还是公司成长），以及股东收益税收利益。

（3）企业自身约束。如企业未来的成长机会、收益的稳定性、举债能力、流动性风险以及偿付能力等。

（4）债务合同限制性约束及通货膨胀。

（三）股利政策类型

上市公司采用的股利分配政策通常包括剩余股利政策、固定或稳定增长的股利政策、固定股利支付率政策以及低正常加额外股利政策。表2－15列示了四种股利分配政策的典型特征。

表2－15　各种股利分配政策的典型特征

股利政策	含义	优点	缺点	适用
剩余股利政策	净收益满足公司投资的权益资金需求后有剩余，用于派发股利	留存收益优先保证再投资的需要，从而有助于降低再投资的资金成本，保持最佳的资本结构，实现企业价值的长期最大化	股利发放额会每年随投资机会和盈利水平的波动而波动，不利于投资者安排收入与支出及公司树立良好的形象和稳定公司股票价格	公司初创阶段或成长阶段
固定或稳定增长股利政策	每年派发的股利额固定在某一特定水平或是在此基础上维持某一固定比率逐年稳定增长。只有在确信公司未来的盈利增长不会发生逆转时，才会宣布实施固定或稳定增长的股利政策	有利于公司在资本市场上树立良好的形象、增强投资者信心进而有利于稳定公司股价，安排各种经常性的消费和其他支出	每期固定的股利支付给公司的财务运作带来很大压力	经营比较稳定或正处于成长期的企业，很难被长期采用
固定股利支付率政策	每年净收益的某一固定百分比作为股利分派给股东，股利支付率一经确定，一般不得随意变更	股利与公司盈余紧密地配合，从企业支付能力的角度看，这是一种稳定的股利政策	盈余不稳定导致的股利波动传递的信息容易成为公司的不利因素，影响股票价格的稳定性。固定股利支付率的确定难度大	经营业绩稳定的大型成熟公司

续表

股利政策	含义	优点	缺点	适用
低正常股利加额外股利政策	设定一个较低的正常股利额，盈利情况较好、资金较为充裕的年度向股东发放高于每年度正常股利的额外股利	赋予公司一定的灵活性和较大的财务弹性，有助于稳定股价，增强投资者信心	给投资者以公司收益不稳定的感觉，较长时期持续发放额外股利后，可能会被股东误认为是"正常股利"，取消困难	盈利水平随着经济周期而波动较大的公司或行业

（四）股利支付程序

（1）股利宣告日。董事会通过派发股利决议日期，宣告派发股利。

（2）除息日。股权登记日前第4个营业日为除息日，确定股利派发到正确的人手中。除息日以前，卖方保留对股利的要求权，股票被"带息"交易，价格较高。除息日以后，股票就是被"除息"交易，价格下降。

（3）股权登记日。认定股东名单即登记持有人，宣告的股利分配给在这个特定日期所记录的股票持有人。

（4）股利派发日。股利支票邮寄给登记股东的日期。

图2－7显示了上述4个日期的先后顺序。

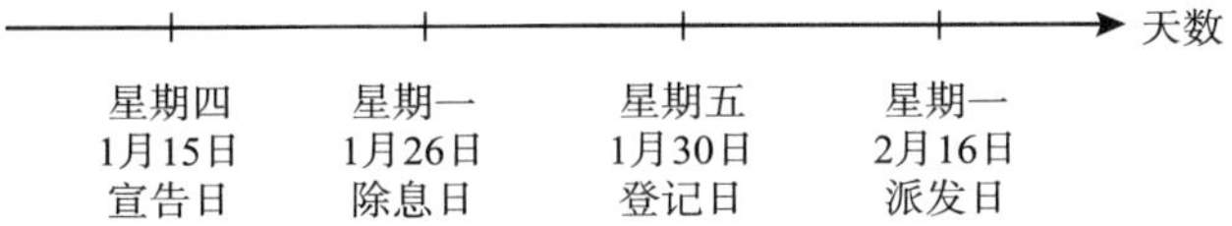

图2－7　股利支付的程序

> **【提示】** 股利政策基本结论：
> - 现金股利和回购主要集中在数量相对较少的规模大的成熟公司；
> - 管理层极度不愿意削减股利；
> - 管理层会平滑股利，使他们随盈利的增长缓慢增长；
> - 股价只对未预期的股利有所反应；
> - 股票回购的规模会随着临时盈利的变动而波动。

【例题2－45】 宣布派发5%的股票股利后，将对一家公司的资本公积和留存收益产生何种影响？

	资本公积	留存收益
A.	不变	增加
B.	不变	降低
C.	增加	增加
D.	增加	降低

【答案】D

【解析】选项 D 正确。5% 股票股利属于小额股票股利，会计准则规定按市价冲减保留盈余。按面值增加股本，超面值部分增加股票溢价，计入资本公积。

【例题 2-46】在决定公告分红的数量时，最重要的考虑因素是：

A. 股东的预期

B. 对于留存收益的未来使用安排

C. 通货膨胀对重置成本的影响

D. 对现金的未来使用安排

【答案】D

【解析】选项 D 正确。股东的预期、留存收益的使用、通货膨胀对重置成本的影响都是公告分红时重要的考虑因素。但最为重要的因素是对未来现金使用的安排，因为股利支付需要大量现金。

【例题 2-47】某股票年初的股票价格为每股 60 美元。在年中，该公司进行了 3 比 2 的股票分割。年末股票每股价格为 50 美元。本年没有派付股利。投资者本年度在这只股票上获得的总收益是多少？

A. -20%　　B. 15%　　C. 25%　　D. 30%

【答案】C

【解析】选项 C 正确。3 比 2 的股票分割即 2 股拆分为 3 股。股票投资收益率 = 资本利得收益率 + 股息收益率。资本利得收益率为股票的价差与初始投资的比率。总收益率 $= \frac{(3 \times 50\text{ 美元} - 2 \times 60\text{ 美元}) \div 2}{60\text{ 美元}} \times 100\% = 25\%$。

第四节　营运资本管理

一、营运资本的期限匹配

（一）营运资本的分类

营运资本依据时间长短划分为永久性营运资本和临时性营运资本两类。

永久性营运资本（permanent working capital）是指满足企业长期最低需求的那部分营运资产。增长型企业所需要的永久性营运资本水平会随着时间推移而增加。

临时性营运资本（temporary working capital）是指随季节性需求而变化的营运资产。

（二）营运资本期限匹配的类型

1. 配合型策略。

配合型策略（套期保值，对冲）是指每项资产都有一种与它的到期日大致相同的融资工具相对应的融资方式。如短期性或季节性的流动资产通过短期负债融资，永久性的流动资产和所有的固定资产通过长期负债或权益资本融资，如图 2－8 所示。

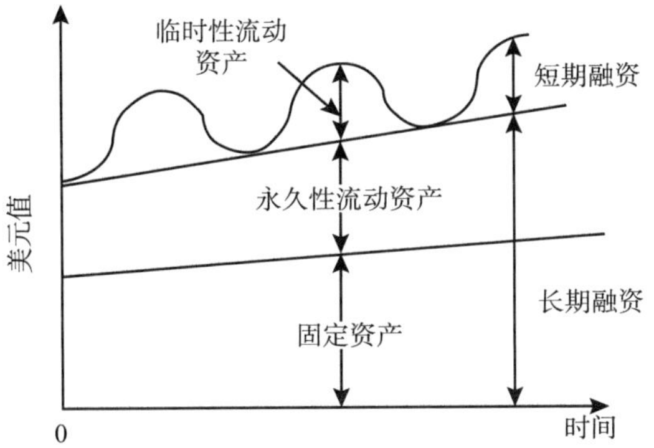

图 2－8　配合型营运资金融资策略

2. 保守型策略。

保守型策略是指企业对于预期季节性经营需要的部分短期资产采用长期融资方式。因此，在季节性低谷期间将为多余的债务支付利息。长期融资曲线的位置较高，企业的融资政策保守，融资成本也越高。如图 2－9 所示。

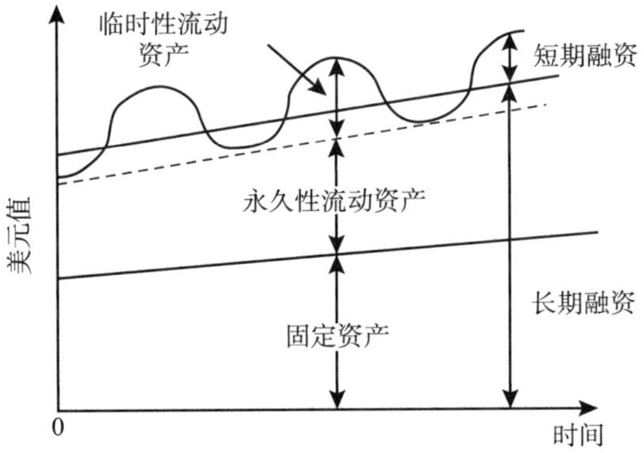

图 2－9　保守型营运资金融资策略

3. 激进型策略。

激进型策略是指企业用短期负债为部分永久性流动资产融资，这需要频繁在短期债务到期时进行再融资。一旦短期负债融资出现问题企业将面临较大的支付风险，但短期负债融资比重高可以降低企业的融资成本，提高收益水平。

如图2－10所示。

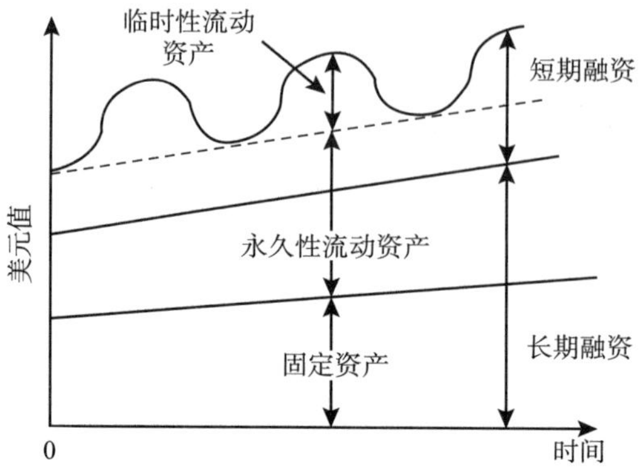

图2－10 激进型营运资金融资策略

【例题2－48】 斯密斯玻璃有限公司的首席财务官遵守资产到期与融资到期日匹配的政策，该政策不包括下述哪一项？

A. 通过应付款和银行债务等短期债务为现金、应收账款和存货的季节性扩张融资

B. 业务中要求保留的现金、应收账款和存货的最低水平是保持不变的，可以使用长期债务或者权益融资

C. 现金、应收账款和存货可以使用长期债务或者权益融资

D. 工厂和设备等长期资产应该使用长期债务或者权益融资

【答案】 C

【解析】 选项A不正确。通过短期负债为流动资产融资属于配合型政策。

选项B不正确。用长期资本来源为永久性流动资产提供资金，属于配合型政策。

选项C正确。现金、应收账款和存货使用长期债券或者权益融资属于保守型融资策略。

选项D不正确。工厂和设备等长期资产采用长期资本来源属于配合型政策。

二、现金及有价证券管理

（一）持有现金的动机

企业持有现金的动机包括以下三类：

（1）交易动机。旨在解决现金流的非同步性，以满足日常业务运作中的财务支付需要（比如小额采购、员工薪酬、税收和股利）。

（2）预防动机是为非预期的现金需求提供一个缓冲。

（3）投机动机。涉及对多余流动性储备的使用，以利用短期投资或其他

可能发生的暂时赚钱机会。

此外，企业可能会基于补偿性余额的要求持有现金。补偿性余额是公司的资金中被银行保留在低息或无息账户上作为信用额度或其他借款协定的部分。通常是借款金额的2%～5%。补偿性余额会提高银行信用的实际利率。

（二）影响现金水平的因素

（1）流动性要求。流动性是指在不招致损失的情况下，将资产迅速转换成现金的能力。流动性的提高能增强企业的获利能力并降低偿付能力不足的风险。

（2）获利能力及风险政策。获利能力与流动性反向变化。企业必须确定流动资产的最优投资水平以及为支持流动性要求所必需的长短期融资的恰当组合。这些投资必须考虑到获利能力与流动性间的相互关系以及二者间的权衡。

（三）加速现金回款的方法

1. 收款系统。

收款系统是用于处理客户回款和汇集流入现金的一系列银行安排和处理程序。企业一般通过减少收款浮差来加速现金收款。收款浮差是从付款人邮寄支票到收款企业收讫这笔资金之间的时间间隔。由邮寄浮差（支票寄出与收款人或处理地点收到支票之间的时间间隔）、处理浮差（收款人或处理地点收到支票与将支票存入金融机构之间的时间间隔）和取款浮差（支票存入金融机构与收款资金记入企业存款账户贷方之间的时间间隔）组成。如图2－11所示。

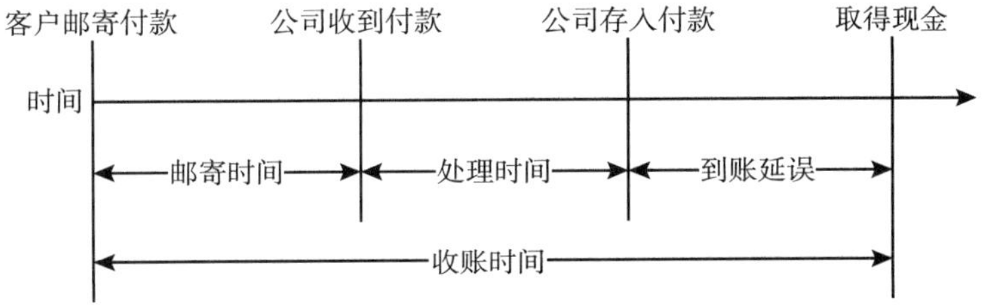

图2－11　收款系统

2. 锁箱系统。

锁箱系统是企业和银行机构之间的一种安排。采用锁箱系统，所有存款都直接由银行接收，并立即存入企业账户。

锁箱系统确保存款在收到的当天得到处理，减小了处理浮差。邮寄浮差和取款浮差也可以得到缩短，这取决于锁箱地点。

锁箱系统的主要缺点是存在额外的银行服务成本，包括固定和变动两种成本。在决定是否使用锁箱系统时，企业需要比较该系统的额外成本与从系统中所能获得的潜在收益，即缩短企业收款浮差产生的利益。锁箱系统净收益计算如下：

锁箱系统的净收益 = 浮差机会成本的减少 + 内部处理成本的减少 − 锁箱处理成本

> **【提示】** 浮差机会成本的减少（年减少额）= 日均现金处理量 × 锁箱系统节约的收款天数 × 有价证券年利率。

（四）减慢现金支付的方法

1. 支付系统。

支付系统是向员工、卖方、供应商、税收机构和其他收款人（如股东和/或债券持有人）支付资金的一系列银行安排、付款机制和处理程序。付款浮差是付款人寄出支票与资金从付款人账户中扣除之间的时间间隔，由邮寄浮差、处理浮差和清算浮差组成。清算浮差是指收款人存入支票与银行将支票记入付款企业账户借方之间的时间间隔。提高支付浮差是减慢现金支付的有效手段。

2. 减慢支付的其他方法。

现金管理中普遍使用的减慢支付的方法包括零余额账户、集中支付、汇票支付等。表 2 − 16 汇总了各种减慢支付方法的典型特征。

表 2 − 16　　减慢支付的方法及其特征

方法	特征
零余额账户	余额保持为零仍可签发支票的支付账户
	可以控制账户余额，消除在附属账户中闲置的过剩余额
	准确地将主账户余额投资到证券上
	保持总部资金控制权，实现若干经营场所的企业分散支付款项
	确保主账户有足够储备以保证相关的零余额账户的支付
集中支付	通过一个单一账户（总部或集中处理中心）进行支付
	过剩现金可以用作贷款偿还或投资
	改善对现金头寸信息的访问
	需要仔细地监控，以确保延迟付款不会导致现金折扣损失或不致损害与收款人之间的关系
汇票支付	延迟了企业必须有可用资金的时间，从而允许企业维持较小的银行余额
	银行一般征收较高的服务费

> **【提示】**
>
> ● 现金流入管理目标是加速现金回收，缩小收款浮差，节约现金占用。现金流出管理目标是延长付款周期，扩大付款浮差，节约现金占用。

● 浮差＝银行存款对账单余额－日记账账面余额。浮差的大小取决于绝对金额和延误时间。

●《21世纪支票清算法案》将支票支付时间缩短到1天，甚至可以在当天完成，显著减少浮差。

（五）闲置现金的投资

1. 暂时性剩余资金。

暂时性现金剩余最重要的两个原因是支持企业的季节性和周期性活动的筹资、支持企业的财务计划支出以及为企业不可预期的偶然事故提供应急资金。

（1）具有季节性和周期性活动特征的企业，可以在有剩余现金流量时购买有价证券，在出现赤字时，抛售有价证券以获得流动性。

（2）未来有计划性支出的企业，通常会在有价证券上积累暂时性的投资，以提供工厂建造项目、股利派发或者其他大笔支出所需的现金。

（3）企业也可能会积累现金剩余，以应对重大诉讼失败等类似的突发事件。

2. 短期有价证券基本特征。

（1）到期期限。利率的期限结构特征表明投资于长期证券比投资于短期证券具有更高的利率风险。企业通常会投资于到期期限短于90天的有价证券，以利用暂时性闲置的现金，同时避免因利率变动而产生的价值损失。

（2）违约风险。违约风险是指到期不能支付约定利息和本金的可能性。穆迪和标准普尔对公开发行证券的评级都与违约风险相关。出于闲置现金的投资目的，企业都避免投资于高违约风险的有价证券。

（3）可交易性。可交易性也称为流动性，是资产转换成现金的容易程度。货币市场工具的可交易性比较高，高居榜首的是美国国库券。

（4）税收。美国财政部的债务，比如国库券，可免除州税，但是其他政府债券则不能。市政债券可免除联邦税，但却必须缴纳州税。

【提示】对于短期有价证券投资，安全性是主导原则或最基本测试标准。

3. 货币市场各种有价证券的特征。

货币市场证券一般都具有很高的可交易性，而且是短期的。它们的违约风险一般很低。货币市场证券是由美国政府（例如，国库券）、国内外银行（例如，定期存单）和公司（例如，商业本票）所发行的，种类繁多。表2－17列示了货币市场各种有价证券的典型特征。

表2－17　货币市场各种有价证券的典型特征

有价证券	特征
美国政府短期国库券	联邦政府发行，4星期、3个月、6个月，极其活跃的二级市场，折价，周拍卖

续表

有价证券	特征
联邦机构贴现票据	美国“两房”发行，没有政府完全信用支持，3～6个月，非常活跃的二级市场，折价，利率略高于国库券，中间商出售
免税市政票据	市政机构、州府、学校社区发行，免联邦所得税，3～12个月，活跃的二级市场，风险比国库券略高，到期付息
定期存单	大型商业银行发行，可转让或不可转让，1～3个月或更长，清淡的二级市场，到期付息
商业票据	工业公司、财务公司、银行控股公司、市政机构发行，最长270天，一般60天，折价，信用评级，信用票据，中间商或直接发行
中期票据	大型财务公司、银行及工业公司发行，最少270天，小于10年，交易商回购，付息，固定利率，无担保，中间商发行
银行承兑汇票	商业银行发行，1～6个月，相当清淡的二级市场，折价
回购协议	美国政府债券的交易商，隔夜到3个月，没有二级市场，中间商买卖政府债券时包含了回购协议
浮动利率优先股	股息率拍卖设定，公司间发放的股利收益70%～80%免税，比普通优先股价格波动小

4. 最佳现金余额。

最佳现金余额又称为最佳现金持有量，是指现金满足生产经营的需要，且使用效率和效益最高时的最低持有量。

（1）成本分析模式。

运用成本分析模式确定最佳现金持有量，只考虑因持有一定量的现金而产生的机会成本及短缺成本，而不予考虑管理费用和转换成本。在这种模式下，最佳现金持有量，是持有现金而产生的机会成本与短缺成本之和最小时的现金持有量。

（2）存货模式（鲍尔默现金模型）。

存货模式是将存货经济订货批量模型原理用于确定目标现金持有量，其着眼点也是现金相关成本之和最低。相关成本仅涉及持有现金机会成本与转换成本，最佳现金余额应使两者之和保持最低。现金最佳持有量的存货模式如图2－12所示。

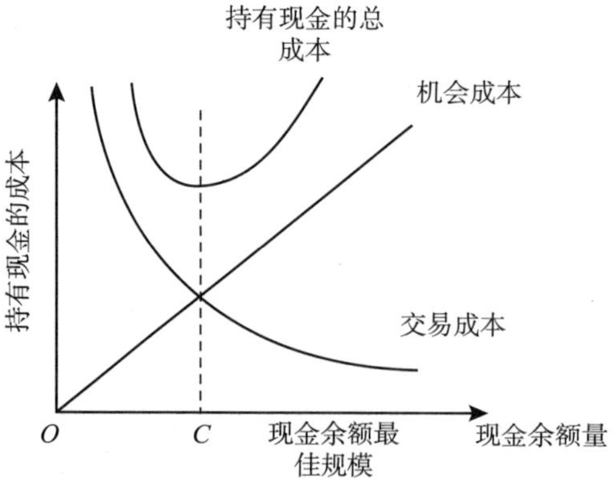

图2－12 最佳现金持有量的存货模式

最佳现金余额（C）$=\sqrt{\dfrac{2\times F\times T}{K}}$

其中，F：持有现金而出售有价证券的固定成本；T：在相关计划时间段内，用于交易的总现金需求量；K：持有现金的机会成本，即有价证券的利率。

运用存货模式确定最佳现金持有量时，以下列假设为前提：

- 企业所需要的现金可通过证券变现取得，且证券变现的不确定性很小。
- 企业预算期内现金需要总量可以预测。
- 现金的支出过程比较稳定，波动较小，且每当现金余额降至零时，均通过部分证券变现得以补足。
- 证券的利率或报酬率以及每次固定性交易费用可以获悉。

（3）现金周转模式。

现金周转期是指现金从投入生产经营开始，到最终转化为现金的过程。

现金周转期 = 存货周转期 + 应收账款周转期 − 应付账款周转期

最佳现金余额 =（年现金需求总额 ÷ 360）× 现金周转期

（4）随机模式（米勒 − 奥尔模型）。

随机模式是在现金需求难以预知的情况下进行现金持有量确定的方法。企业可以根据历史经验和需求，预算现金持有量的控制范围，制定现金持有量的上限和下限，将企业现金持有量控制在这个范围之内。如图 2 − 13 所示。随机模式适用于企业未来现金流量呈不规则波动、无法准确预测的情况。随机模型需要估计日净现金流量的标准差、转换有价证券的交易成本及确定利率水平。

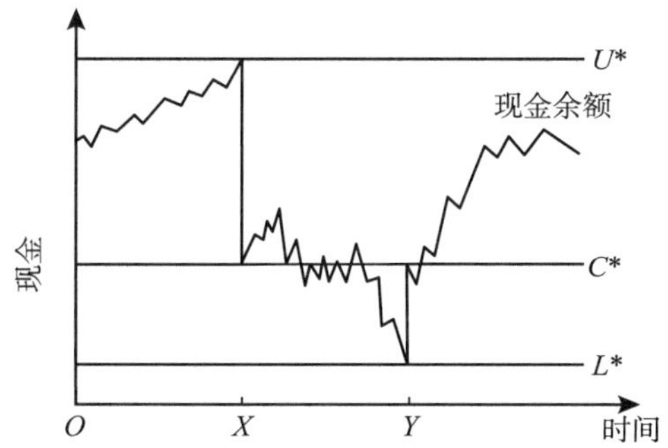

图 2 − 13　随机模式

注：U^* 是控制上限，L^* 是控制下限。目标现金余额是 C^*。如果现金介于 L^* 和 U^* 之间，就不需要进行任何交易。

【例题 2 − 49】 以下选项除了哪一项之外都是持有现金的原因？

A. 预防性动机　　　　B. 交易动机

C. 赚取利润的动机　　　　D. 满足未来需求的动机

【答案】 C

【解析】 选项 C 正确。持有现金的动机包括交易性动机、预防性动机以及投机动机。此外，也可能因为银行贷款合约的要求维持一定数额的补偿性余额。赚取利润不是持有现金的目的，现金资产收益率水平最低。

【例题2-50】波威集团会与全国的客户进行交易，并且试图更有效地回收应收账款。一家较大的银行负责为波威开发和运行一套保险箱收款系统，每年花费大概是90 000美元。波威每天平均收到300张收据，每张平均为2 500美元。短期的利率成本为每年8%。如果按一年360天计算，那么平均回款时间降低多少才能保证使用保险箱收款系统的成本最低？

A. 0.67天　　B. 1.20天　　C. 1.25天　　D. 1.50天

【答案】D

【解析】选项D正确。日均现金处理量=300×2 500美元。设平均回款时间缩短X天。

收现期缩短X天引起的现金节约额=300×2 500美元×X

年均节约利息=300×2 500美元×X×8%

300×2 500美元×X×8%=90 000美元

X=1.5天

【例题2-51】加奈尔公司正在考虑新的应付账款和现金支付流程，进而在没有对供应商关系产生负面影响的条件下，推迟3天的支付时间。每日平均现金流出约为1 500 000美元。加奈尔在本年度的8个月内都有短期负债，在4个月内可能面临投资机会。以一年为基础，银行的贷款利率平均约为7%，有价证券的收益率为4%，那么，加奈尔的新流程所花费的年度最大支出为多少才能使得公司仍然收支平衡？

A. 90 000美元　　B. 180 000美元　　C. 270 000美元　　D. 315 000美元

【答案】C

【解析】选项C正确。最大年度费用应该等于项目预期收益。预期收益是释放资金4个月的投资收益，加上8个月的负债利息。

三天延缓支付的累计金额=150 000×3=4 500 000（美元）

日投资收益=4 500 000×4%÷360=500（美元），年收益=500×360×4÷12=60 000（美元）

日贷款利息=4 500 000×7%÷360=875（美元），年利息=875×360×8÷12=210 000（美元）

预期收益=60 000+210 000=270 000（美元）

【例题2-52】以下选项中，哪一项是对美国国库券（T-bill）的最好表述？

A. 无票面利率，无利率风险，且按面值发行

B. 具有活跃的二级市场，1～24个月的到期时间，且每月支付利息

C. 具有活跃的二级市场，且收到的利息将从联邦所得税中扣除，且无利

率风险

D. 无票面利率，无违约风险，应得利息受联邦所得税影响

【答案】 D

【解析】 选项 D 正确。短期国库券（T－bill）：无票面利率，期限最长 6 个月，折价出售，面值赎回，利息不免联邦所得税，免州所得税。中期国债（T－note）：按半年计息，1～10 年。长期国债（T－bonds）：类似中期国债，期限长于 10 年。

三、信用和应收账款管理

（一）信用政策要素

1. 销售条件。销售条件会规定信用期限、现金折扣和折扣期限及信用工具。

2. 信用分析。公司利用特定方法和程序来确定客户违约的概率，以确定信用标准。

3. 收账政策。公司必须制定收账政策，确定不同程度的授信采用的收款流程和方法。

【提示】 销售方在以下几种情形下，更愿意提供商业信用：

- 销售方与其他借款人相比有成本优势。
- 销售方能进行价格歧视。
- 销售方能获得较少的税款支出。
- 销售方的优质产品或优质服务还未树立良好声誉。

（二）信用期限及其影响因素

1. 信用期限是授予信用的基本时间长度。不同产业差别较大，但几乎介于 30～120 天之间。

2. 开票日是信用期限的起点。

3. 买方经营周期的长短是合理信用期限的上限。

4. 销售（信用）条款的基本形式，2/10、n/60，表明信用期限 60 天，10 天之内付款 2% 的折扣，10～60 天付款不享受折扣。

5. 影响信用期限的因素如表 2－18 所示。

表 2－18　影响信用期限的因素

短信用期	易腐程度高，抵押价值低
	成本高、盈利性差和标准化产品
	买方信用风险高
	小规模交易

续表

长信用期	顾客需求低，如新产品、滞销产品、销售淡季
	卖方竞争激烈
长短不一	客户类型不同

6. 放宽信用应具备的条件。其他条件相同的情况下，拥有过剩产能、较低的可变经营成本以及再次购买的顾客等条件的企业放宽信用要易于其他公司。

（三）信用标准

信用授予的5C系统评价，基于定性分析的信用评分。评估依次包括以下内容：

1. 品质（character）：客户履行信用责任的意愿。
2. 能力（capacity）：客户用经营现金流量来偿还债务的能力。
3. 资本（capital）：客户的财务储备。
4. 担保品（collateral）：违约情况下的抵押的资产。
5. 条件（conditions）：客户所处产业的一般经济状况。

【提示】

● 信用评价体系中首要被评价的是客户的品质，即客户偿还债务的信誉。

● 评价客户信用过程中信息资料的来源可以采用以下途径：

- 客户的财务报表，依据财务报表计算各种反映客户偿债能力的指标；
- 购买者与其他公司之间信用交往的历史报告，即过去的信用记录；
- 客户的商业银行；
- 购买者与公司之间的交往历史。

（四）评估信用政策需要考虑的因素

1. 收入效应。通过授信，提高价格或销售数量以增加收入。但客户延后付款，引起现金流迟延。
2. 成本效应。授予客户信用导致收入延迟，但相关成本立即发生。
3. 债务成本。为应收账款融资的短期借款成本是授信决策的重要因素。
4. 违约风险。客户发生的违约风险产生坏账损失。
5. 现金折扣。信用期限内客户提前付款，会加速现金回流，降低应收账款投资。但鼓励客户提前付款，会使企业产生现金折扣损失。

（五）最优信用政策

1. 最优信用政策决策的基本原则。

最优信用政策应当能使从信用政策和收款政策中所获得的收益超过信用政

策和收款政策的相关成本，即边际收益大于边际成本或者遵循信用成本最小化原理。

与应收账款信用政策决策有关的成本称为信用成本，具体包括应收账款机会成本、坏账损失、收账费用以及现金折扣成本。

【提示】

● 最优信用政策是使信用成本后收益最大的方案或信用成本之和最小的方案。信用成本后收益是企业在扣除机会成本、坏账损失、收账费用以及现金折扣等信用成本之后的收益。

● 信用期限是否延长的决策准则应当是由此所产生的增量边际贡献要超过由此所带来的机会成本、坏账损失和收账费用的上升。

● 当存在现金折扣时，客户提前付款引起应收账款平均余额减少，从而降低应收账款占用产生的机会成本、坏账损失和收账费用，但也会造成折扣损失。因此，现金折扣决策应当在机会成本、坏账损失以及收账费用的节约与折扣损失的增加两者之间进行权衡。

2. 应收账款信用决策的量化分析。

应收账款信用决策通常按照以下流程来完成：

（1）计算新旧信用政策的边际贡献。

边际贡献 = 销售收入 − 变动成本

（2）计算新旧信用政策应收账款的机会成本。

应收账款机会成本 = 应收账款平均余额 × 资金成本率（机会成本率）

其中：应收账款平均余额 = 日销售额 × 平均收现期

【提示】平均收现期是指多个信用期限时，每一信用期限以其销售额占年度总销售额的比例为权重，计算的加权平均值。

（3）计算新旧信用政策的存货机会成本。

存货机会成本 = 存货平均余额 × 资金成本率（机会成本率）

【提示】信用期限的延长不仅增加应收账款占用，也会引起存货增加。

（4）计算新旧信用政策收账费用和坏账损失。

坏账损失 = 信用政策的赊销额 × 估计的坏账损失率

【提示】

● 收账费用的发生具有主观性，实践中会根据历史经验合理估计；

● 坏账损失依据年度预测赊销总额计算，不以应收账款余额为基础计算。

（5）计算新旧信用政策现金折扣成本。

现金折扣成本 = 赊销水平 × 平均折扣率

平均折扣率 = 每一折扣率发生的概率 × 折扣率

> **【提示】**平均折扣率 = 享受现金折扣的顾客比例 × 现金折扣率

（6）计算新旧信用政策的经济利润。

经济利润 = 边际贡献 − 信用成本

= (边际贡献 − 坏账损失 − 收账费用 − 现金折扣)

× (1 − 税率) − 应收账款税后机会成本 − 存货税后机会成本

> **【提示】**信用政策决策原则。选择经济利润最大的方案。或能够使边际贡献大于边际成本的方案。

（六）收账政策

1. 监控应收账款。

（1）追踪平均收账期。

（2）编制账龄分析表。销售有季节性特征的公司账龄分析表中不同账龄的应收账款占比会随着高峰和低谷而变动。

2. 收账行动。

对于账款逾期的客户，公司通常要经过下列步骤：

（1）寄发拖欠信函，告知客户账款处于逾期状态。

（2）打电话给客户。

（3）雇用收账机构。

（4）采取法律行动对付客户。

【例题 2 − 53】某公司将其信贷条款从 *n*/30（30 天内付款）更改为 2/10，*n*/30（10 天内付款折扣 2%，到期日为 30 天）。这种改变的最不可能产生的影响是：

A. 销售增加　　　　B. 现金转换周期缩短

C. 短期借款增加　　D. 坏账损失减少

【答案】C

【解析】选项 A 不正确。改变信用条件，提供现金折扣，部分客户可能基于获得现金折扣利益转移供应商，增加销售额。

选项 B 不正确。提供现金折扣会使部分客户为了获得现金折扣选择提前付款，加速企业现金回流，缩短现金周转期，这是提供现金折扣很有可能发生的财务结果。

选项 C 正确。提供现金折扣会促使客户提前付款，降低应收账款余额，缩短应收账款回收期，继而缩短企业营业周期，在其他因素不变的情况下，现金周转期缩短，流动性增强，不会增加短期借款。

选项 D 不正确。现金折扣促使部分客户提前付款，使企业应收账款回收周期缩短，占用在应收账款上的资金减少，降低平均收账期、机会成本、坏账损失、收账费用。

【例题 2－54】考虑以下影响公司交易信用政策的因素：

Ⅰ. 满生产负荷运行

Ⅱ. 借款成本低

Ⅲ. 重复销售的机会

Ⅳ. 单位毛利低

以上的哪些因素预示着公司会放宽其信用政策？

A. 只有Ⅰ和Ⅱ　　B. 只有Ⅰ、Ⅱ和Ⅲ

C. 只有Ⅱ和Ⅲ　　D. 只有Ⅲ和Ⅳ

【答案】C

【解析】选项 C 正确。

Ⅰ. 满负荷运行表明企业产能已经得到饱和利用，现有条件下不具备继续降低信用标准，放宽信用政策，增加销售额的可能性。

Ⅱ. 放宽信用政策会增加销售额，导致企业在应收账款上占用的资金加大，需要企业获取借款资金为应收账款上积压的资金提供来源，借款成本低有助于实现这一目标。因此企业可以在此情况下放宽信用政策以增加销售。

Ⅲ. 有重复销售的机会，即有再次购买的顾客，可以进一步扩大销售额，增加利润。

Ⅳ. 企业放宽信用政策会导致应收账款占用资金增加，产生增量的机会成本、坏账损失、收账费用等，如果单位毛利率低，扩大销售增加的利润不足以弥补由此带来的成本上升，最终会引起企业利润下滑。

【例题 2－55】S 公司是一家保龄球手套制造商，现在在调查其信用政策实行的可能性。当前公司使用的是货到付款的支付策略。在新的政策下，销售会增加 80 000 美元。公司的毛利率为 40%，估计新增销售部分的坏账损失率为 6%。忽略资金成本，新销售策略下的税前销售收益率为多少？

A. 34.0%　　B. 36.2%　　C. 40.0%　　D. 42.5%

【答案】A

【解析】选项 A 正确。

计算毛利（即增加的边际利润）和坏账损失：

毛利 = 80 000 × 40% = 32 000（美元）

坏账损失 = 80 000 × 6% = 4 800（美元）

税前收益 = 32 000 − 4 800 = 27 200（美元）

税前收益率 = 27 200 ÷ 80 000 = 34%

【例题2－56】福斯特产品公司正在重新评估小型零售商的授信政策。现在有4个方案，评价结果如下（单位：美元）：

	方案年收入	坏账	收款成本	应收账款	存货
A.	200 000	1 000	1 000	20 000	40 000
B.	250 000	3 000	2 000	40 000	50 000
C.	300 000	6 000	5 000	60 000	60 000
D.	350 000	12 000	8 000	80 000	70 000

这些信息显示坏账和回款成本是如何随着销售的变化而变化的，不同的年度费用都是不相同的。应收账款和存货的平均余额也可以预期。福斯特的产品成本是售价的80%，税后资本成本为15%，福斯特的有效所得税税率为30%。那么福斯特的最优计划是：

A. A方案　　B. B方案　　C. C方案　　D. D方案

【答案】B

【解析】选项B正确。计算不同信用政策的经济利润，选择经济利润最大的方案。

A方案：[200 000×(1－80%)－1 000－1 000]×(1－30%)－(20 000＋40 000)×15%＝17 600(美元)

B方案：[250 000×(1－80%)－3 000－2 000]×(1－30%)－(40 000＋50 000)×15%＝18 000(美元)

C方案：[300 000×(1－80%)－6 000－5 000]×(1－30%)－(60 000＋60 000)×15%＝16 300(美元)

D方案：[350 000×(1－80%)－12 000－8 000]×(1－30%)－(80 000＋70 000)×15%＝12 500(美元)

四、存货管理

（一）持有存货目的

企业在报表中持有存货通常基于以下目的：

(1) 为供求提供缓冲。

(2) 覆盖供给率与需求率之间的不匹配。

(3) 为超过预期或在非预期时点的客户需求提供充分服务。

(4) 弥补延迟的或不充足的供货。

(5) 大宗订单的价格折扣。

(6) 批量生产降低生产成本。

(7) 均衡生产水平。

(8) 覆盖紧急事件。

（二）持有存货成本相关

（1）持有成本（carrying cost）。持有成本代表持有存货的直接成本和机会成本，包括：①仓储成本和追踪成本；②保险费和税；③废弃、毁损或盗窃产生的损失；④存货占用资本的机会成本。

（2）短缺成本（shortage cost）。短缺成本是因存货不足产生的成本。包括再订货成本以及与安全存量相关的成本。订购成本是向供应商下达订单的成本，或是开始生产的准备成本。与安全存量相关的成本是机会损失，如销售损失以及由于存货不足而丧失的对客户的信誉。

> **【提示】** 随着存货水平的增加，持有成本不断上升，短缺成本不断下降。存货管理的基本目标是在持有成本和短缺成本之间进行基本权衡，使这两个成本之和最小。

（三）ABC 分类管理技术

ABC 分类管理技术是存货管理的一种简单方法，它把存货分成 3 组（或更多）。A 组只占存货的 10%，价值超过存货价值的一半，应密切监控，并保持相当低的存货水平。C 组虽然重要但不昂贵，因此应该大批订购并持有。B 组则介于 A 组和 C 组之间。ABC 分类管理技术如图 2 – 14 所示。

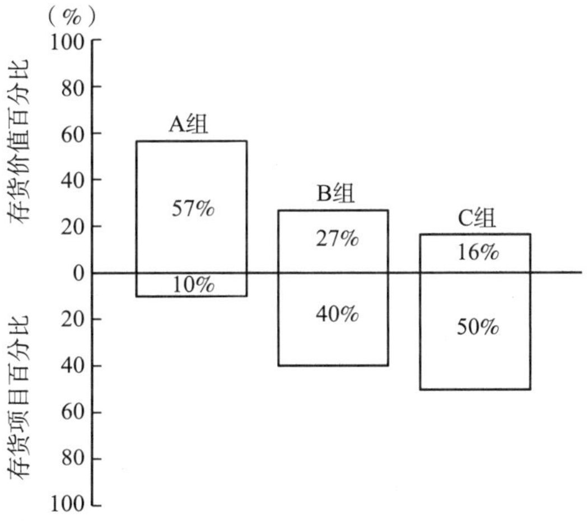

图 2 – 14　ABC 分类管理技术

（四）经济订购批量模型

1. 经济订购批量（economic order quantity，EOQ）基本模型。

（1）基本模型。

经济订购批量模型是准确建立最优存货水平的一种方法。与经济订购批量基本模型相关的存货成本仅包括存货的持有成本和存货的再订购成本。图

2－15 是经济订购批量模型中，存货持有成本与再订购成本构成的相关总成本图。由图 2－15 可以看出，图中显示当存货订购规模增加时，持有成本上升，订购次数减少，再订购成本下降。反之，存货订购规模减少时，持有成本下降，订购次数增加，再订购成本增加。总成本是持有成本和再订购成本之和。经济订货批量是能够使存货相关总成本最低的订货数量。

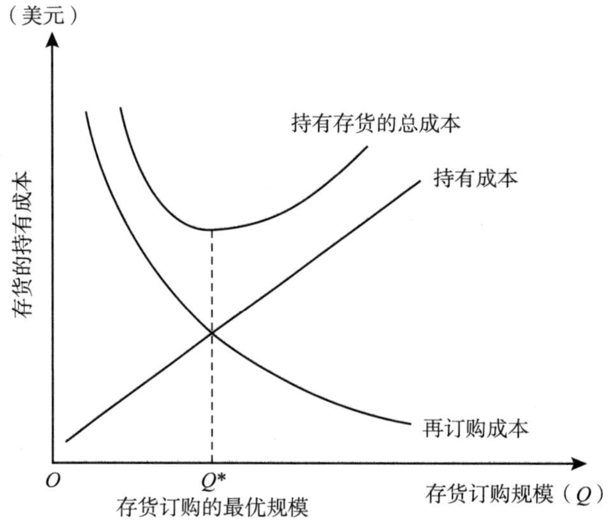

图 2－15　经济订货批量基本模型相关总成本曲线

经济订购批量模型的基本计算公式如下：

$$Q^{*}=\sqrt{\frac{2T\times F}{CC}}$$

其中，Q^{*}：经济订购批量；T：年度存货需求总量；F：每次订货订单成本；CC：单位存货年持有成本。

> **【提示】** 存货经济订货批量模型的目标是求出总成本最小时的 Q，即再订购数量或经济订货批量。

（2）经济订购量（EOQ）基本模型的假设条件。

建立经济订购批量基本模型需要建立如下假设条件：

- 企业能及时补充库存，即需要订货时便可立即取得库存。
- 能集中到货，而不是陆续到货。
- 不允许缺货，即缺货成本为零。
- 需求量稳定，并且能预测。
- 存货单价不变，不考虑现金折扣。
- 企业现金充足，不会因为短缺现金而影响进货。
- 所需存货市场供应充足，不会因买不到需要的存货而影响其他。

2. 经济订货批量基本模型修正。

（1）再订购点修正。再订购点是存货订单下达时所允许的库存的最小量，目的是解决存货运送时间内企业对存货的合理需求。

再订购点存货需要量 = 订货提前期 × 日需求量 + 安全存货

（2）存在价格折扣时的模型修正。当批量采购存货时，不同的采购批量会产生不同的价格折扣，使得存货的采购价格发生变动。因此，确定最优采购批量过程中需要考虑价格折扣对采购批量的影响。

价格折扣下模型相关成本 = $(Q/2) \times CC + (T/Q) \times F + T \times P(1 - \text{折扣率})$

其中，P 表示单位存货的采购价格。

【提示】

● 安全库存。安全库存是指必须保持的最低存货水平。只要存货水平降低到安全库存水平，需要再订购。保持安全库存的原因之一，是为了应对不确定的运送时间和预测不准确的日消耗量。

● 安全库存范围内存货平均持有量即为安全库存量。

（五）引致需求存货管理

引致需求存货是指对某些存货的需求来自或依赖于对其他存货的需要。例如，汽车制造商对产成品的需求依赖于消费者的需求、营销计划以及其他与预测销售量有关的因素，而对于轮胎、前灯、电池以及其他零部件的需求则来自汽车的销售计划。物料需求计划和准时制是管理引致需求存货的两个方法。

（1）物料需求计划（materials requiremants planning，MRP）。MRP 的基本观念是，一旦确定了产成品的存货水平，必须确定在产品存货数量以满足产成品的需求，继而计算必须拥有的原材料数量。这种从产成品存货倒推的方法来源于产成品存货和原材料存货之间的相互依存性。对于需要很多不同的零部件才能完成的复杂产品，MRP 尤其重要。

（2）准时制（just-in-time，JIT）。JIT 系统是在存货被需要时到达的一种管理体系，目标是使存货最小化，存货周转率最大化。但存货需要多次反复小批量再订购，因此，该系统有效运转并避免存货短缺的重要因素是与供应商的高度合作。

【提示】

●"看板"是 JIT 存货系统中非常重要的部分，因此，JIT 系统也被称为看板系统。看板具有"卡片"或"标志"的含义，对供应商意味着发送更多存货的信号。

● JIT 系统的好处。

● 减少原料、设备、操作人员等投入，满足现时生产目标，最小化生产运营中的浪费；

> • 减少必需的生产和储存空间；
> • 减少财产投资和间接费用；
> • 降低存货投资等。

【例题 2－57】 以下选项中，除了哪一项以外都是存货的持有成本？

A. 仓储成本　B. 保险　C. 运输成本　D. 机会成本

【答案】 C

【解析】 选项 A 不正确。仓储成本是在储存存货过程中发生的成本。

选项 B 不正确。存货储存过程中需要为其购买保险，是存货储存成本中的重要组成部分。

选项 C 正确。运输成本会通过采购费用计入存货历史成本，体现为资产负债表中存货占用的资金，乘以机会成本率，透过机会成本反映为存货的持有成本，而运输成本本身不是持有成本。

选项 D 不正确。机会成本是因储存存货占用的资金产生的丧失收益，是存货储存成本中最重要的组成部分。

【例题 2－58】 森达公司的存货盘点表明娱乐中心的成本数据如下：

发票价格（每单位）	400 美元
运输及其保险（每单位）	20 美元
存货保险（每单位）	15 美元
卸货（每单）	140 美元
订货成本（每单）	10 美元
资本成本	25%

对于每个娱乐中心而言，总的存货持有成本为多少？

A. 105 美元　B. 115 美元　C. 120 美元　D. 420 美元

【答案】 C

【解析】 选项 C 正确。存货的持有成本包括：存货的储存费用、存货的保险费用、搬运与处理费用和存货资金积压产生的机会成本。存货的买价、运输过程中的保险及运费构成外购存货的历史成本，列入资产负债表，表明企业在存货上投入的资金或占用的资金，继而会产生机会成本。

存货占用的资金（包括买价和采购费用）＝400＋20＝420（美元）

存货的机会成本＝420×25%＝105（美元）

单位持有成本＝存货保险＋存货的机会成本＝15＋105＝120（美元）

【例题 2－59】 基本经济订货量（EOQ）模型包括以下哪些假设？

Ⅰ. 每个订购点订购相同的固定数量

Ⅱ. 采购成本不受订购数量的影响

Ⅲ. 采购订单交付期已确定

Ⅳ. 始终维持充足的库存以避免缺货

A. 仅Ⅰ和Ⅳ　　B. 仅Ⅱ和Ⅲ

C. 仅Ⅰ、Ⅱ和Ⅳ　　D. Ⅰ、Ⅱ、Ⅲ和Ⅳ

【答案】D

【解析】选项D正确。Ⅰ表明每次订单数量相同，即经济订货批量相同。Ⅱ表明存货单位采购成本稳定，不因采购数量的变化而发生价格折扣。Ⅲ表明订单存在稳定的交付期，交付过程不存在不确定性。Ⅳ表明假定不允许缺货。上述四项都是建立存货经济批量模型的基本假设。

【例题2-60】 卡纳斯集团使用经济订购批量数学模型作为其存货控制程序的一个部分。以下哪一个变量的增加会导致EOQ的增加？

A. 持有成本比率　　B. 每单位的采购成本

C. 订货成本　　D. 安全库存水平

【答案】C

【解析】选项A不正确。持有成本比率是经济订货模型中的分母，也可以表示为每单位储存成本，其提高会导致经济订货批量减少。

选项B不正确。每单位采购成本是指存货的买价，经济订货批量模型假定买价稳定。因此，该项目与经济批量无关。

选项C正确。订货成本是模型中分子的一项，与经济订货批量同方向变动。

选项D不正确。经济订货批量模型假设不允许缺货，因此，安全库存与订货量无关。

【例题2-61】 威利公司每年使用某种稀缺元素400磅，每磅的成本是500美元，但供应商提供一个批量折扣：如果订单规模在30～79磅之间可以享受2%的折扣，订单为80磅及以上可以享受6%的折扣。下达订单的成本是200美元，持有成本为每磅原材料100美元，并且不受折扣的影响。如果采购经理下达8个50磅的订单，那么下达订单和持有成本（含折扣损失）为：

A. 1 600美元　　B. 4 100美元　　C. 6 600美元　　D. 12 100美元

【答案】D

【解析】选项D正确。计算存货的总成本，包括订货和持有成本。

订货成本 = 200 × 8 = 1 600（美元）

平均存货量 = 50 ÷ 2 = 25（美元）

持有成本 = 25 × 100 = 2 500（美元）

总折扣1 = 400 × 500 × 2% = 4 000（美元）

总折扣2 = 400 × 500 × 6% = 12 000（美元）

总折扣损失 = 8 000（美元）

计算的存货成本合计值 = 1 600 + 2 500 + 8 000 = 12 100（美元）

【例题2－62】潘特公司每年会使用48 000加仑的油漆，每加仑价格12美元。存货持有成本为购买价格的20%。公司按照一个固定比率使用存货，从下订单到交货的时间（lead time）为3天，潘特公司拥有2 400加仑的油漆作为安全储备。如果公司每张订单都是2 000加仑的油漆，那么存货持有成本为多少？

A. 2 400美元　　B. 5 280美元　　C. 5 760美元　　D. 8 160美元

【答案】D

【解析】选项D正确。存货的持有成本不仅包括经济批量的持有成本，也包括安全存量的持有成本。经济批量平均持有存货为经济批量的一半，基于的假设是存货陆续消耗到零，下一批次一次性入库。因此年度存货量最低为零，最高为经济批量。安全库存始终维持一个固有的水平。每单位持有成本为买价的20%，即12美元×20%。存货平均成本为年度平均库存量乘以每单位持有成本。

平均存货的持有成本 =（2 000 ÷ 2 + 2 400）× 12 × 20% = 8 160（美元）

五、短期融资

（一）短期融资方式

常用的短期融资安排包括应计费用、商业信用、无担保短期银行贷款（信用额度和循环信贷）、担保短期贷款（以应收账款和存货作为抵押品）、商业票据、银行承兑汇票等。

应计费用是企业尚未支付的工资、税收、利息、股利等。最常见的应计费用是工资和税收。应计费用是天然的无息融资来源。但企业利用应计费用融资时间要求严格，只能利用其资金到支付期为止。

> **【提示】**应计费用融资弹性较小。

（二）商业信用

商业信用产生于供应商为客户购买提供的信用条件，是小企业最大的短期信用来源。商业信用包括免费信用、有代价信用和展期信用三种形式。

（1）免费信用。免费信用是指企业用商业信用提供的资金来源不付任何代价。通常情况下免费信用的表达形式为 $n/30$，即30天内付款，不享受折扣。如果供应商在30天内付款，则支付全部应付账款。

（2）有代价信用。有代价信用是指供应商对于支付款项提供了现金折扣，而付款方放弃现金折扣，由此导致的折扣利益损失，本质上是一种机会成本。

有代价信用的基本表达形式为 2/10，n/30，即信用期 30 天，10 天之内付款享受 2% 的现金折扣。

$$EID=\frac{DR}{1-DR}\times\frac{365}{n-DP}$$

其中，EID：放弃商业信用折扣的机会成本（即接受现金折扣的实际年收益率）；DR：折扣率；n：净付款天数（信用期）；DP：折扣天数（折扣期）。

【提示】

● 放弃现金折扣意味着供应商需要在信用期满完成支付，即利用供应商资金来源，在企业资产负债表中应付账款信用期满付款，也称为利用应付账款融资。如果应付账款信用条件为无折扣，则利用应付账款为免费的、无代价信用。

● 企业需要计算放弃现金折扣的成本，即利用应付账款融资的成本，当企业需要短期资金来源时需要在利用应付账款融资还是利用银行信用融资之间进行权衡。此时权衡的重要基础是比较短期银行信用融资的成本和应付账款融资的成本，需要计算短期借款实际利率以及放弃现金折扣成本，比较其大小，以确定短期融资的方式。融资决策的标准是短期信用成本最小化。

（3）展期信用。展期信用是指超过约定的信用期逾期还款。存在现金折扣的条件下，展期会降低商业信用的成本。

【提示】

● 放弃现金折扣成本与折扣率、折扣期同方向变化。折扣率提高表明借款利息提高，折扣期延长表明借款时间缩短，借款时间为信用期与折扣期的差。因此，折扣率和折扣期提高都会引起放弃现金折扣成本上升，应付账款融资成本上升。而信用期延长，其他条件不变的情况下表明借款期限延长，会引起放弃现金折扣成本下降，降低融资成本。

● 企业通常也会将放弃现金折扣成本与有价证券投资利率比较，以确定当企业现金可以满足利用折扣条件时，是否在折扣期内付款获得折扣利益。如果短期有价证券收益率高于放弃现金折扣成本，企业应当放弃现金折扣，将现金用于有价证券投资，以获取更高收益，待信用期满抛售有价证券获取现金后偿还供应商。

（三）银行信用

1. 无担保短期银行贷款。

无担保短期银行贷款没有特定抵押品或资产担保，以借款人的财务健全性和信用度为基础。通常自助式偿还，即公司用该贷款购买的资产或持有的流动资产产生的充足现金流来偿还贷款，是对应收账款或存货提供季节性融资的常用工具，为企业提供快速、稳定的短期融资来源。信用额度和循环信贷是两种类型的无担保贷款。

（1）信用额度。一般约定期限一年，可续约。通常用于大额信用。利用一系列专门的短期票据实现，期限多样，隔夜至90天。银行的非法定义务。

（2）循环信贷。一定额度内循环借款，期限可能是短期，也可能更长（2~5年），银行的法定义务。

> **【提示】**
>
> ● 短期无担保贷款的实际年利率会与合同约定利率有巨大差异。银行对无担保短期贷款除了收取合同约定利息外，还会针对未使用的部分征收贷款承诺费，也可能会要求企业在银行保留补偿性存款余额。
>
> ● 中小型企业被要求在银行以低息或无息账户持有存款金额作为补偿性余额。承诺费和补偿性余额有效地降低了借款人能够使用的资金量，同时也提高了贷款的实际年利率。实际年利率的计算公式是：
>
> $$EI=\left(\frac{PR+CF}{1-CB}\right)\left(\frac{365}{M}\right)$$
>
> 其中，EI：实际利率；PR：本金利息费（%）；CF：承诺费（%）；CB：补偿性余额（%）；M：贷款天数。

【例题2-63】假设一家企业能够以12%的利率借款100万美元，但在该协议下必须维持贷款金额10%的补偿性余额。此外，对于正式信用额度中未使用的部分必须支付0.5%的承诺费。如果该企业在该协议下整年的贷款金额为40万美元，并在到期日还款，如果没有此项贷款协议，该企业不会在这家银行中持有现金存款，那么贷款的有效利率为多少？

【答案】14.17%

【解析】借款的实际利率＝(40×12%＋60×0.5%)÷(40－40×10%)＝14.17%。

> **【提示】**
>
> ● 补偿性余额可以以贷款金额为基础设定，也可以以信用额度为基础设定。
>
> ● 银行可以约定到期日还本付息，也可以约定贴现法付息。贴现法付息是指银行以合同约定本金计算贷款利息，预先从本金中扣除，并将扣除利息之后的现金划转给借款人。贴现法付息会导致企业实际可利用现金减少，引起实际利率上升。
>
> ● 本例中补偿性余额4万美元，如果在企业现有存款余额3万美元的账户中建立，则只需要额外增加存款1万美元即可满足银行补偿性余额的需要。

2. 担保短期贷款。

资产抵押贷款、季节性融资以应收账款和存货抵押最常用。存货作抵押的贷款率会明显低于应收账款作抵押的贷款率。

存货抵押可以区分为以下四种情况：

（1）浮动留置权。不具体指定抵押存货。

（2）动产抵押。指定特定的动产作为抵押品。

（3）信托收据。借款方以接受贷款方信托的名义持有存货，载明贷款的文件称为信托收据，贷款人作为存货的名义所有权人，存货出售收入立即送交贷款人。

（4）仓单抵押。公共仓库仓单，公共仓库监管存货。

（四）商业票据

商业票据是公司签发的无担保期票，折价出售，到期日按面值赎回。主要信用评级机构通常会为特定签发人的商业票据评级。一般面值为 100 000 美元。公开发行的票据期限从隔夜到 270 天不等。私募票据期限可能长于 270 天。

（五）应收账款转让

应收账款转让是指企业将应收账款出售或转让给第三方（保理商）。应收账款保理商是专门从事应收账款融资和管理的公司。

1. 应收账款转让的理由。

（1）耐用品销售领域基于商业竞争为客户提供融资销售。

（2）应收账款持有方资金紧张而且无法取得信贷或贷款成本很高。

（3）为了避免违反贷款协议而选择销售应收款而不是再借款。

（4）专业金融公司回收应收账款效率高成本低。

（5）银行突破借款法定限制。

2. 应收账款转让的方式。

除了将应收账款作为银行短期借贷的抵押之外，应收账款还可以采用保理和证券化的形式实现转让，并且可以采用附追索权或不附追索权（最常见）两种方式。表 2－19 汇总了应收账款保理与应收账款证券化的主要区别。

表 2－19　应收账款保理与应收账款证券化的区别

转让形式	投资者特征	收款责任	应收账款特征	融资额
应收账款保理	单一投资者	出售方放弃收款权	质量差	融资额小成本高
应收账款证券化	多个投资者	出售方保留收款权	质量好	融资额大成本低

对于无追索权的应收账款销售，保理商承担了应收款可收回性的风险以及信贷损失。应收账款卖方在形式和实质上转让了应收账款的控制权，应当冲减应收账款账面价值，并确认转让损益。

对于有追索权的应收账款销售，卖方承诺当债务人无法付款时承担付款责任。因为卖方被继续牵涉其中，销售方只确认其在出售后能够控制的资产与负债。

> **【提示】**
>
> ● 附追索权的应收账款保理或证券化会产生表外负债。
>
> ● 应收账款保理卖方放弃了收款权利，保理商负责管理应收账款，企业可以裁撤信用部门，以降低信用管理成本，并为此付出代价，即保理商管理企业应收账款收取的佣金。因此企业需要在利用保理商实施信用管理节约的成本与向保理商支付的代价之间权衡。
>
> ● 保理商负责管理企业的信用政策可能会使企业丧失销售机会以维持保理商的信用风险。

【例题 2－64】 一家公司所接受的支付条款为 3/10，*n*/90（10 天内付款折扣 3%，到期日为 90 天）。公司放弃了折扣，并且在到期日才付款。如果一年 360 天，复利影响忽略不计，那么有效的年利率成本为多少？

A. 12.0%　　B. 12.4%

C. 13.5%　　D. 13.9%

【答案】 D

【解析】 选项 D 正确。直接利用放弃现金折扣成本计算公式确定。放弃现金折扣的成本 = [3% ÷ (1 − 3%)] × [360 ÷ (90 − 10)] = 13.9%。

【例题 2－65】 格洛勃制造公司的借款成本为 12%。公司的一个供应商刚刚给出了新的采购条款。以前的条款规定使用货到付款，而新的条款为 2/10，*n*/45（10 天内付款折扣 2%，到期日为 45 天）。格洛勃公司应该在前 10 天内付款吗？

A. 应该，因为不接受商业折扣的成本高于借款成本

B. 不应该，因为交易信贷的成本超过了借款成本

C. 不应该，因为负债的使用应该尽量避免

D. 答案取决于公司现在是否要借款

【答案】 A

【解析】 选项 A 正确。决策需要比较商业银行的融资成本与放弃现金折扣成本，放弃现金折扣意味着利用供应商信用。放弃现金折扣成本 = [2% ÷ (1 − 2%)] × [360 ÷ (45 − 10)] = 21.25%。

银行借款利率 12%，放弃现金折扣成本为 21.25%，即利用供应商资金融资成本 21.25%，比银行借款融资成本高，因此，企业应该选择向银行借款在 10 天内付款给供应商，以获得折扣利益。

【例题 2-66】一个具有季节性销售周期的制造商最有可能从商业银行中得到以下哪一种类型的贷款以便在旺季时拥有一笔固定的额外资金？

A. 交易性贷款

B. 保险公司的定期贷款

C. 分期贷款

D. 无保证的短期定期贷款

【答案】D

【解析】选项 A 不正确。交易贷款是指由银行提供的可用于任何目的的贷款方式。保险公司定期贷款是指到期日从 1 年到 15 年的直接商业贷款。分期偿还借款是指定期等额偿还的贷款方式。

选项 B 不正确。定期贷款是指 1～10 年债务，最常用金额较小的设备和设施，可以担保也可以不担保，一般分期等额偿还。

选项 C 不正确。分期贷款是商业银行提供的定期贷款的一种方式，期限 1～10 年，可以担保也可以不担保。

选项 D 正确。短期无担保贷款是解决企业季节性经营资金来源最主要的融资方式。具有季节性销售特点的厂商，在销售旺季需要的营运资本属于临时性的流动资产，因此，应用短期的贷款方式融资。

【例题 2-67】如果 100 000 美元一年期的贷款的固定利率为 7%，并且需要 20% 补偿性存款额，那么有效年利率为：

A. 7.0%　　B. 8.4%　　C. 8.75%　　D. 13.0%

【答案】C

【解析】选项 C 正确。补偿性余额导致企业实际可利用的现金减少，引起实际利率上升。在实际利率计算公式中分子反映企业融资实际付出的代价，分母反映企业实际可利用的资金额。本例重点考察补偿性余额引起的实际可用资金的减少导致的利率水平上升。

实际借款利率 = 7% ÷ (1 - 20%) = 8.75%。

第五节　公司重组

一、收购的基本形式

（一）吸收合并和新设合并

(1) 吸收合并（兼并）。吸收合并（兼并）是指一家企业被另一家企业吸收，兼并方企业保持其名称和身份，收购被兼并企业的全部资产和负债，被兼并企业（目标企业）不再作为一个独立经营实体存在，即 A + B = A。

（2）新设合并（合并）。新设合并是指收购方和被收购方企业终止各自的法人形式，共同组织一家新的企业，即 A + B = C。

> **【提示】**
> - 吸收合并与新设合并可以统称为兼并或合并。
> - 兼并或合并法律上有明确规定，兼并成本比其他方式的收购成本低，需要得到每一方企业股东的 2/3 以上股权的赞成票。

（二）收购股票和收购资产

（1）收购股票。收购股票是指用现金、股票和其他证券购买目标企业具有表决权的股票。收购可以是私下向管理层发出要约，也可以公开向公司股东发出要约。

> **【提示】**收购股票的典型特征：
> - 收购股票无需召开股东大会，也无需股东投票。目标企业股东拒绝收购，可以选择拒绝出售股票。
> - 向股东发出的公开收购要约可以绕过公司管理层的反收购策略。
> - 收购股票通常是非善意的，而目标公司管理层的反收购策略会增加收购的成本。
> - 在收购要约中，部分小股东会坚持不出让股权，目标企业无法被完全吸收。
> - 收购股票最终可能以兼并告终。

（2）收购资产。收购资产是指一家企业通过购买另一家企业全部资产实现收购目标。出售方企业股东必须经过正式的投票表决。

> **【提示】**以下不作区分的使用兼并、收购、合并的概念，统指两个以上企业的合并。

二、收购的动因

（一）收入上升

收购的一个重要原因来自联合企业会比两家单一的企业产生更多的收入，增加的收入可能来自营销利得、战略收益和市场力量。

（1）营销利得。改进以下营销策略会增加收入：

- 减少无效的媒体和广告投入；
- 增强薄弱的分销网络；

- 平衡的产品结构。

（2）战略收益。战略收益更像是一种选择权。如缝纫机公司并购计算机公司可以制造出电脑驱动的缝纫机技术。

（3）市场和垄断力量。这种收购目标是减少竞争，由此获得垄断利润。旨在减少竞争的兼并于社会发展无益，会受到反垄断部门的质询。

（二）成本下降

（1）规模经济。产量升高的同时产品平均成本降低，称为规模经济，它出现在企业慢慢成长到最佳规模点的过程，横向兼并可以获得规模经济效益。分摊制造费用这一术语经常与规模经济效益相联系，即分摊公司总部、最高管理层公司核心部门的费用。

（2）纵向一体化的经济效益。纵向兼并的主要目的在于使联系密切的经营活动协作更容易。

（3）技术转让。通过并购实现对另一家公司新技术的拥有权，并以此为基础改善企业现有业务的核心竞争力。

（4）资源互补。两家公司为了获得自己不具备的某些要素，会采取兼并的手段，以降低自己获取的成本，使得公司合并比独立更具有价值，同时能够更好地利用企业现有的资源。

（5）淘汰无效率的管理层。管理层热衷于在职消费和面子工程就会使得企业被接管。公司兼并后，收购方通过控制权手段淘汰了无效率的管理层，目标公司的管理确实发生了显著的变化。因此，并购也被视为是职业经理人市场的一部分。

（三）税收利得

（1）经营净损失。企业同时拥有一个盈利的部门和一个亏损的部门，可以降低税收支付。

（2）提高举债能力。举债可以带来利息税前扣除的减税利益。当兼并中目标公司负债水平较低或无负债时，兼并完成后可以提高公司的债务水平，以获得减税利益。除此之外，依据现代投资组合理论，两个不同行业风险相同的股票其投资组合的风险会低于任意单一的股票，降低风险。因此，合并后的企业可以举借更多债务，提高负债的抵税效应。

（3）剩余资金。成熟行业公司拥有大量的自由现金流，但可能并不具备较好的投资机会。理论上，这类公司可以利用剩余现金向股东派发现金股利或回购股票，但现金股利或股票回购都会产生股东的税负。此时，可以利用兼并收购避免向股东直接发放股利或回购股票产生的纳税支付，以降低股东的税负水平。

【提示】自由现金流是指在支付了所有税金并满足所有净现值为正的投资项目所需资金后的剩余现金流量。

第二章

（四）降低资本成本

公司通过兼并可以更大规模、更少次数的发行证券，以降低发行成本。同时合并后的公司可以以更低的借款利率获得资金，并且在收购股权方式下，合并后的两家公司可以保持独立的法人主体地位，在融资过程中实现相互担保，降低债务风险，以获得债权人较低的利率水平。此外，公司兼并可以实现规模经济，降低资产占用，以降低资本成本。

（五）多元化

多元化经常被列为兼并的好处之一。非系统性风险可以通过多元化消除，但是多元化无法消除系统性风险。事实上股东可通过购买不同上市公司的股票实现多元化目标，以分散风险。

（六）提高每股收益

通过收购低市盈率的低成长性的公司，短期能实现较高的每股收益，不会引发市盈率的下滑。但盈余的增长不通过资本投资、产品提升或者经营效率的提高，长此以往则市盈率也将继续走向低迷。

【提示】关于企业收购：

● 促进收入上升、成本下降以及获得税收利得是兼并的合理动因。提高每股收益、降低资本成本以及多元化是兼并的伪理由。

● 收购的其他分类：

● 横向收购。横向收购是指两个具有相似业务范围的公司之间合并，动机之一是达到规模经济效应或减少竞争对手达到市场垄断。

● 纵向收购。纵向并购是居于同一产业链的不同阶段的公司之间合并，可以降低调研成本、契约成本、应收款回收成本、广告费用、产品的交换和协调成本以及提高市场竞争力。

● 混合收购。混合收购是指两个生产领域不相关的公司之间的合并，目的是通过多元化来降低风险、降低成本和提高经济效益。

【例题 2－68】下列哪项是最不可能通过并购增加价值？

A. 两个具有不同信息系统的实体

B. 新的所有者能够更有效地使用获得的资产

C. 两个实体可以实现规模经济

D. 合并后，公司可以通过相同的渠道销售得更多

【答案】A

【解析】选项 A 正确。两个不同实体的信息系统整合，并不能产生协同效应增加公司价值，反而带来的是问题和挑战，可能会降低并购价值。

选项 B 不正确。并购能够使企业资源得以有效整合，优势资源实现互补，更有效率地利用资源，是并购的协同效应之一。

选项 C 不正确。并购可以增加企业市场份额，增加产销量，实现规模经济效益，是并购的协同效应之一。

选项 D 不正确。并购后企业可以弥补薄弱的销售渠道，获得营销利得，是并购的协同效应之一。

三、反收购策略

收购可能是善意的，也可能是恶意的。在恶意收购中，目标公司通常会采取一系列不同的预防措施以尽力阻止被接管，这些措施称为反收购策略。

（一）防止成为目标公司的策略

1. 公司章程中的特殊约定。

（1）分类董事会。在分类董事会或者交错董事会中，每年只有一部分董事会成员需要改选。分类董事会延长了收购方入住董事会所必需的时间，使得收购方不能迅速更换管理层。

（2）绝对多数投票权。在公司章程中绝对多数投票权通常为2/3，这个数字可以更大。面对恶意收购绝对多数投票权可以增加收购难度。绝对多数条款也规定了所谓的隔离条款，即如果董事会同意收购，则绝对多数条款失效，因为这一条款主要是用来阻止恶意收购。

2. 金色降落伞。

金色降落伞是指收购方解雇管理层要提供丰厚的解聘补偿，以增大收购成本来阻止接管。但权威人士认为阻止效果并不明显，因为解聘补偿仅仅是收购成本中的一小部分。甚至有人认为金色降落伞事实上促进了收购的发生，原因是巨额的解聘补偿金缓和了接管对管理层的影响，反而降低了管理层对接管的阻止。银色降落伞通常是针对中层管理者的，锡色降落伞针对普通员工。

3. 毒丸计划。

企业的董事会在不需要经过股东大会同意的情况下，发行一种有特别权利的证券，这些权利一般只有企业在被别人要约收购并达到一定比例时才会发生作用，但这些权利一旦发生作用，就很有可能阻止收购者的收购企图或者让收购者付出重大代价，因此就像人或动物吞吃了毒丸后到期发作一样。毒丸计划包括：优先股措施、所有权翻正计划、后期权利计划、优先股表决权生效措施。

（二）阻止接管

1. 绿票欺诈和终止协议。

绿票欺诈又称为定向回购，是指目标企业不通过公开交易市场，而是通过私下协商的办法从某些大股东手中溢价购回大量股份的做法。一般情况下，回购的对象是特定的。

终止协议是由特定企业在某一特定期内限定所有权，协议的内容可能包括将很多董事会席位分配给份额较大的股东，同时股东可能同意与管理人员一同投票。这些协议至少可以暂时用来消除潜在收购者的反并购措施，但是股东可能会通过其在董事会的席位获得对企业资产的控制权。

2. 白衣骑士。

当遭到敌意并购时，目标企业会邀请一个友好企业，即所谓的“白衣骑士”作为另一个并购者，以更高的价格来对付敌意并购，从而使自己被“白衣骑士”并购。如果敌意并购者的并购出价不是很高，目标企业被“白衣骑士”拯救的可能性就较大。如果敌意并购者提出的并购出价很高，那么“白衣骑士”的成本也会相应提高，目标企业获得拯救的可能性会降低。

3. 资本结构调整。

改变目标企业的资本结构也可以作为反并购措施之一。具体的措施包括资本调整承担更多债务、发行更多股票、股票回购等。

4. 排他式自我收购。

排他式自我收购与定向回购相反。这种自我收购是指企业向目标股东之外的其他股东发起要约收购自己一定数量的股票，目的在于挫败收购方公司企图进行的接管，并且实际上将财富从收购方公司转移给其他股东。

5. 资产重组（焦土战略）。

焦土战略是指目标公司面临收购威胁时大量出售公司资产，或者破坏公司的特性，以挫败敌意收购人的收购意图，是公司的主动性反收购措施，也是一种两败俱伤的策略。采取类似“自残”的方式，降低收购者的收购收益或增加收购者的风险也能够达到击退恶意收购的目的。

常用的焦土战略有两种形式：一是剥离皇冠上的珍珠。即公司可能将引起收购者兴趣的“皇冠上的珍珠”（crown jewels），即将那些经营好的子公司或者资产出售，使得收购者的意图无法实现；或者增加大量资产，提高公司负债，最后迫使收购者放弃收购计划。二是虚胖战术。即公司购置大量与经营无关或盈利能力差的资产，使公司资产质量下降；或者是做一些长时间才能见效的投资，使公司在短时间内资产收益率大减。通过采用这些手段，使公司从精干变得臃肿，收购之后，买方将不堪重负。

6. 管理层收购（转为非上市或杠杆收购）。

管理层收购是指企业由公众持有的股票被一个由管理层构成的私人投资小集团购买，继而股票退出市场，通过转为非上市交易，公众持股企业的股东只得被迫出售股票而接受现金。这种方式下，购买股票所用的现金是举借巨款债务得到的，因此也称为杠杆收购。

杠杆收购方式具有创造价值的能力。第一，增加的负债会减少税负，增加企业的价值。但会导致美国财政部税收收入的减少而被议会持怀疑态度。第二，杠杆收购通常会使经理人员成为股东，从而提高他们努力工作的积极性。

7. 反垄断诉讼。

诉讼可能针对并购者的某些欺骗行为如反托拉斯法或者证券法规等行为而进行。法律诉讼的目的有两个：一是可以拖延并购时间，从而鼓励其他竞争者参与并购。二是可以通过法律诉讼使并购者提高其并购价格，或迫使收购方为了避免法律诉讼而放弃并购。

8. “帕克门”战略。

“帕克门”战略是指当敌意并购者提出并购时，目标企业针锋相对地对并购者发动进攻，也向并购企业提出并购。反并购实践表明，“帕克门”战略是一场非常残酷的并购，最后的胜利者往往是那些实力雄厚、融资渠道广泛的企业。如果并购战的双方实力相当，“帕克门”战略的结果很可能是两败俱伤。并购双方常常宣称要实行这一战略，但在实践中，它很少被使用。

四、剥离

剥离是指基于提高核心竞争力或重新定位核心业务或政府反垄断的要求而减少或消除某种资产类型以实现公司目标的行为。

（一）剥离的动因

（1）剥离公司的非核心业务，进而可以集中资源做公司最擅长的事情。

（2）获得必要的资金。

（3）与作为一个整体相比，剥离可以使公司实现更大的市场价值。

（4）稳定公司股价。由于一个或多个公司业务实体的波动而导致公司股价波动，因而剥离有利于稳定公司股价。

（5）剥离经营低效或经营失败的业务。即由于利润很少和/或现金流紧张，导致经营低效或经营亏损。

（6）来自监管机构和/或股东的压力。

（二）剥离方式

（1）出售资产。最基本的剥离形式是将企业的一个部门、一个经营单位、一个分部、一组资产出售给另一家企业。出售资产可以剥离不盈利或不利于企业整体战略价值的部门，以提高企业资产与核心主业的集中度，可以为流动性较差的公司增加现金。

（2）分立（分拆）。母公司将其在子公司中所拥有的股份，按比例分配给母公司的现有股东（不涉及现金流），主要原因和出售资产类似；同时，分立的部门会公开进行交易，投资者可以更方便地衡量母公司与子公司的价值。适用于小公司。

（3）分拆上市（股权切离或部分上市）。子公司的普通股直接面向公众出售（涉及现金流），而不是分配给母公司的股东，能够筹集相应的资金，同时母公司通常会保留对子公司的控股权（股权切离通常在分拆之后）。

（4）完全析产分股。将单一公司拆分成两家或更多家独立运行的公司。原公司股东持有的股票按比例换成每家新公司的股票。原公司被拆分成几家新公司之后，原公司不复存在。新公司的总股东价值超过原有公司的股东价值。析产分股可能源于战略上的需要，或源于政府防止垄断经营而下达的指令。

（5）追踪股票。追踪股票也称为“专门设计的股票”，是母公司发行的专门跟踪某一特定战略业务部门的经营业绩的普通股。追踪股票的股东对该战略业务部门的资产和母公司的资产均没有索取权。一旦发行，被跟踪战略业务部门的所有收入、费用和收益均与母公司独立，而与所发行的追踪股票相挂钩。

【例题 2－69】某公司是一家大型的企业集团，它旗下的一个分部开发出了一项前景广阔的新技术。某公司希望保持对该分部的控制，但还要筹措更多资本来支持此项技术的进一步开发。该公司还认识到，此项前景广阔的技术不同于其寻常的业务线，需要采用新的管理风格和激励计划来吸引并留住人才。通过采取以下哪项举措，该公司最有可能实现上述目标？

A. 剥离该分部　　B. 将该分部出售给其他公司

C. 由管理层收购该分部　　D. 对该分部进行股权分割

【答案】D

【解析】选项 A 不正确。剥离分部丧失了母公司对项目的控制权。

选项 B 不正确。出售该分部丧失了母公司的控制权。

选项 C 不正确。管理层收购尽管可以获得现金，但依然丧失了母公司对项目的控制权。

选项 D 正确。股权切离或部分上市或股权分割是将子公司的部分普通股直接面向公众出售，以获取现金流，而不是分配给母公司的现有股东。在获得现金的同时，母公司通常会保留对子公司的控股权。

五、并购估值

（一）常用的估值方法

（1）折现现金流量。现金流量折现法最为准确。该方法比较了从并购中获得的现金收益的现值与并购成本的现值。所采用的贴现率是并购公司的税后必要报酬率。并购的现金收益是目标公司的预期未来自由现金流，并购成本的现值通常是指初始购买成本。

（2）账面价值调整。账面价值调整法是指在确定并购业务中，用目标公司资产的市场价值减去目标公司负债的价值，进而确定目标公司价格的一种估价方法。实务中这种估价方法不常用。

（3）可比市盈率法。假设用购买公司的股票交换目标公司的股票，以得出预期的并购后市盈率。

（二）并购的支付方式

常见的并购支付手段包括现金支付和普通股置换两种。收购时是用现金购买还是交换股票是一项重要决策，通常需要考虑以下因素。

（1）股价被高估。如果兼并后企业的管理层认为其股价被高估了，那么股票交换方式要比现金购买方式负担较小的成本。

（2）税负。现金购买通常是应税交易，而股票交换则是免税的。

（3）分享利得。采用现金购买方式，出售方股东将获得金额固定不变的补偿。即使一项收购活动极其成功，股东也不可能获得其他利得。反之，收购并不成功，股东也无法分担损失，此时，兼并企业股东的处境比股票交换方式下更糟。

【例题 2－70】 ABC 公司正在考虑与 XYZ 公司的合并事宜。根据分析，两公司合并之后的税后现金流增量将是 3 500 000 美元，且这一状况预计将持续 20 年。假设收购公司要求的收益率为 12%，采用现金流量折现法，ABC 公司提供的购买 XYZ 公司的最高金额是多少？

A. 26 236 000 美元　　B. 26 757 500 美元

C. 33 761 000 美元　　D. 26 141 500 美元

【答案】 D

【解析】 选项 D 正确。使用现金流量折现法，目标公司的估值应该是该公司未来能够获取的税后现金流量的现值。依据题意，并购收益的现值等于 3 500 000 美元 的税后现金流量乘以利率 12%，期限 20 年的年金现值系数，系数值为 7.469，其结果为 26 141 500 美元，买方提供的价格应小于或等于 26 141 500 美元。

第六节　国际金融

一、相关概念

（一）基本专业术语

（1）美国存托证（american depository receipt，ADR）。它是在美国发行的一种代表外国股权的证券，它使得外国股票可在美国上市交易。外国公司运用以美元发行的 ADR，来扩大潜在美国投资者群体。通常有两种存托凭证，一是在某个交易所挂牌交易的 ADR，称为公司保荐形式。另一种是非保荐形式，这些 ADR 通常由投资银行持有并为其做市。这两种形式的 ADR 均可由个人投资和买卖，但报纸每天只报告保荐形式的存托证的交易情况。

（2）交叉汇率（cross exchange）。它是指两种外国货币（通常都不是美元）之间的汇率。美元作为确定交叉汇率的桥梁，例如，如果投资者想卖出日元买进瑞士法郎，他可能先卖出日元买入美元，随后又卖出美元买入瑞士法郎。所以，虽然该交易只涉及日元与瑞士法郎，但是美元汇率起到了基准作用。

（3）欧洲债券（Eurobonds）。以特定货币标价，同时在几个欧洲国家的债券市场发行。对许多跨国公司和政府而言，这已经成为筹集资本的一条重要途径。它的发行不受国内发行条款的限制，交易在有买卖双方存在的任何地方都会发生。

（4）欧洲货币（Eurocurrency）。它是存放在发行国之外的金融中心里的货币。例如，欧洲美元——最为广泛使用的欧洲货币，就是存放在美国之外的银行里的美元。

（5）外国债券（foreign bonds）。与欧洲债券不同，它是借款人在外国资本市场上发行的债券，通常以外国货币标价。例如扬基债券，就是外国政府、银行或公司在美国发行的债券。这些债券的发行所在国经常会把这些外国债券和国内企业发行的债券区别对待，包括适用不同的税法、对发行总量的限制或适用更加苛刻的披露条款。

外国债券通常以其发行所在国的绰号命名，如扬基债券（美国）、日本武士债券（日本）、牛头犬债券（英国）。

（6）伦敦银行同业拆借利率（london interbank offered rate，LIBOR）。它是指大多数跨国银行在伦敦市场上拆借欧洲美元的隔夜利率。LIBOR 是货币市场上的证券和由政府和公司借款人发行的短期债券定价的基准。信用稍差的发行者的借款利率通常较 LIBOR 高出一个百分点以上。

（7）互换交易（swaps）。有两种基本的互换交易，即利率互换和货币互换。利率互换是指交易双方通过互换将浮动利率换成固定利率，或者相反。货币互换是指不同货币的互换协议。对以不同货币计价的债务进行互换时，该项交易经常会同时包括以上两种互换。

（二）外汇市场与汇率

1. 外汇市场。

外汇市场是一种场外交易市场。交易者进行交易的地点并不固定，主要集中在大商业银行与大投资银行之中。

外汇市场的参与者包括以下几种类型：

（1）将本国货币兑换成外国货币的进口商；

（2）将外国货币兑换成本国货币的出口商；

（3）买卖外币股票和外币债券并进行投资组合的经理人员；

（4）执行外汇买卖指令的外汇经纪人；

（5）进入外汇市场的交易者。

2. 外汇汇率。

汇率（exchange rate）是指一国货币表示另一国货币的价格或两种货币之

间兑换的比率。

（1）直接标价法：应付标价法，1 单位外币的美元价格，1 英镑 = 1.76 美元。

（2）间接标价法：应收标价法，1 单位美元的外币价格，1 美元 = 1.6 法郎。

（3）美元标价法：1 美元 = 外国货币。对英镑采用直接标价法；对其他货币采用间接标价法，即美元标价法。

3. 汇率波动产生的影响。

（1）本币升值。如果本币升值，则本国对外国商品需求增加，进口增加。外国对本国商品需求减少，出口减少，贸易逆差。

（2）本币贬值。如果本币贬值，则本国对外国商品需求减少，进口减少。外国对本国商品需求增加，出口增加，贸易顺差。

4. 汇率制度。

（1）固定汇率制。固定汇率制是指汇率的制定，以货币的含金量（或者其他外币）为基础，形成汇率之间的固定比值。这种汇率制度下，政府或者中央银行可以采取各种措施抵销由货币供给和需求变化带来的币值波动。

【提示】固定汇率制度的优点包括可以提高货币供给的稳定性、防止投机以及减少不确定性三个方面。

（2）浮动汇率制。浮动汇率制是指一国货币的汇率并非固定，而是由自由市场的供求关系决定的制度。浮动汇率制按照国家是否干预外汇市场，可分为自由浮动汇率制（又称“清洁浮动汇率制”）和管理浮动汇率制（又称“肮脏浮动汇率制”）。

浮动汇率制度的优点包括可以自主制定货币政策以及贸易余额可以自动进行调整两个方面。

5. 影响汇率因素。

均衡汇率取决于供求力量，并在一段时间内随着供求的变换而波动。除了供求法则之外，影响汇率变化的因素还包括：

（1）相对通胀会影响到国际交易，进而影响到汇率，如果美国通胀率突然大幅度上升，而英国通胀率保持不变，这会促使美国人增加对英国商品的需求，从而需求更多的英镑。

此外，美国较高的通胀率也会降低英国人对美国商品的需求，减少英镑的供给，美元相对于英镑贬值。

【提示】通货膨胀率高的国家货币相对贬值，汇率与通货膨胀呈反向变动关系。

（2）相对利率。相对利率的变化会影响对于外国证券的投资，进而影响到汇率。

如果美国利率上升而英国利率维持不变，美国投资者将现金存入英国银行的意愿下降，从而减少对于英镑的需求。较高的美国利率对英国投资者更具有吸引力，英国投资者会抛售英镑购买美元，从而增加了英镑的供给，美元相对于英镑升值。

【提示】相对利率高的国家货币相对升值，汇率与相对利率水平呈正向变动关系。

（3）相对收入水平。收入影响对进口的需求，继而影响汇率。如果美国居民收入水平有大幅提升，而英国居民收入没有变化，则美国收入的增加导致其对英国商品需求的增加。在英镑的供给预期没有变化的情况下，英镑的均衡汇率预期会上升。因此，在美国的收入水平大于英国的收入水平的情况下，美元相对于英镑贬值。

【提示】相对收入高的国家货币相对贬值，汇率与相对收入水平呈反向变动关系。

（4）政府管制。政府管制包括：设置外汇壁垒，设置贸易壁垒，干预外汇市场，影响诸如通胀、利率和收入水平等宏观变量。

（5）市场对未来汇率的预期。外汇市场会对任何影响未来的信息做出反应。美国通胀可能飙升的传言会促使货币交易者出售美元，并趋于预期美元在未来走弱。

综上所述，影响汇率的因素可以用图 2－15 表示。

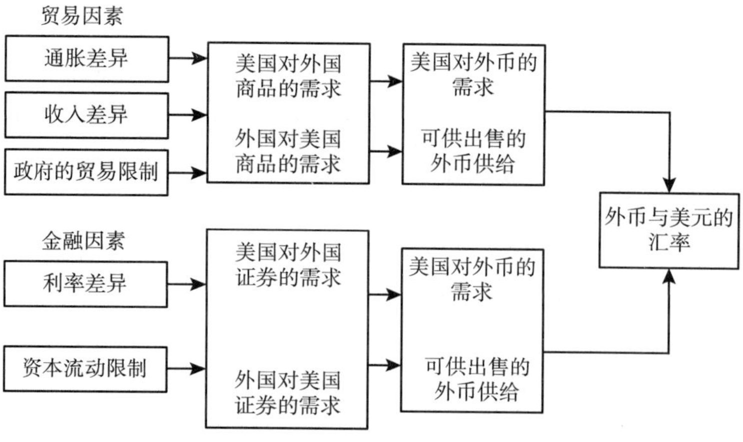

图 2－15 影响汇率的因素

6. 外汇交易。

（1）即期汇率与远期汇率。即期汇率（spot rate）是指当前的汇率。远期汇率（forward rate）是指银行愿意在未来约定的日期以一种货币兑换另一种货币的汇率。货币的远期市场能够使跨国企业锁定一个汇率（称为远期汇率），并以此在未来进行某一货币的买卖。

（2）远期合约（forward contract）。远期合约是指商业银行与客户之间就在未来某一时间点以指定的汇率进行货币兑换的协议。

（3）升水与贴水。远期升水（forward premium）是指远期汇率高于即期汇率的百分比。远期贴水（forward discount）是指远期汇率低于即期汇率的百分比。远期升水与贴水一般以年报价为基础。

（4）抛补套利交易。远期汇率与即期汇率差额抵销两国利率差价。利率套利是指对两个国家之间的利率差异进行套利。抛补是指规避汇率波动风险。抛补利率套利（covered interest arbitrage）是指对两国利息差进行套利的同时还能规避汇率风险的过程。

（5）交叉汇率与三角套利。交叉汇率（cross exchange rates）表示了与本币不一致的其他两国货币的关系。在美国，交叉汇率是指非美元货币的关系。如果标价的交叉汇率不同于适当的交叉汇率，那么就可对这种差异进行套利。具体地说，就是使用三角套利。该套利的货币交易在即期市场上进行，可以对不同货币之间交叉汇率的差异进行套利。

【例题 2 -71】 如果美元相对于英镑升值，其他条件不变，那么我们预期：

A. 英国对美国产品的需求会增加　　B. 美国对英国产品的需求会减少

C. 美国对英国产品的需求会增加　　D. 美国和英国的贸易会减少

【答案】 C

【解析】 选项 A 不正确。如果英镑相对美元升值，一定数量的英镑购买的美国商品数量增加，导致英国对美国的商品需求增加，进口增加。

选项 B 不正确。如果美元相对英镑贬值，一定数量的美元购买的英国商品减少，导致美国对英国商品需求减少。

选项 C 正确。如果美元相对英镑升值，一定数量的美元购买的英国商品会增加，导致美国对英国商品需求增加。

选项 D 不正确。两国的贸易减少可能受贸易保护的影响程度更大。

【例题 2 -72】 假设以瑞士法郎定价的瑞士腕表在美国消费者当中十分流行，而与此同时，英国则出现了比美国相对更高的通货膨胀。假设所有其他经济参数保持不变，那么以下哪一项陈述最为准确？

A. 相对于瑞士法郎和英镑，美元将升值

B. 相对于瑞士法郎和英镑，美元将贬值

C. 相对于瑞士法郎，美元将升值；相对于英镑，美元将贬值

D. 相对于瑞士法郎，美元将贬值；相对于英镑，美元将升值

【答案】 D

【解析】 选项 D 正确。美国消费者对瑞士法郎定价的腕表很感兴趣，需要

在外汇市场上抛售美元购买瑞士法郎，因此，美元会贬值。英国出现了比美国更高的通货膨胀，相对通胀高的国家货币贬值，因此英镑相对美元贬值，美元相对英镑升值。

二、外汇风险管理

（一）外汇风险的类型

1. 交易风险。

（1）短期外汇交易风险。

汇率的日常波动产生了跨国财务管理中的短期外汇交易风险。大多数公司达成了在未来以固定价格买入或卖出商品的协议。当该项交易涉及两种不同货币时就存在汇率风险。

> **【提示】**利用金融衍生品规避汇率波动产生的风险，如买入远期外汇，锁定汇率。

（2）长期外汇交易风险。

由于不可预测不同国家的相对经济状况变化，跨国经营的价值也存在波动。如在廉价劳动力国家拥有一个劳动密集型工厂，可以降低劳动力成本。但未来经济状况发生变化，有可能导致该国劳动力薪酬上升，从而使劳动力成本低的优势不复存在。这种汇率波动在实际中是真实存在的。

对冲长期外汇交易风险比对冲短期外汇交易风险更加难以操作。首先，远期市场上不存在如此长期的交易。因此，公司会采取将公司未来外币现金流入和现金流出相匹配的策略，如在外国销售匹配在该国购买劳动力、原材料。其次，企业可以通过在国外贷款来对冲长期外汇交易风险。

例如，美国从欧洲进口宝马汽车，宝马公司收入以美元标价并结算，成本以欧元标价并结算。如果美元贬值，宝马公司利润将会下降。若宝马在美国设厂，工厂年产 160 000 辆汽车，其中大约 100 000 辆出口欧洲，收入欧元标价并结算，成本美元标价并结算。美元贬值，则公司获利。两者可以实现有效的现金流量对冲，以规避长期汇率风险。

2. 折算风险。

折算风险是指用何种汇率转换会计报表项目以及会计报表如何处理货币转换带来的损益。

一个简单的处理方法是将汇率转换损益计入母公司利润表。但当汇率不断发生变化时，该损益将显著影响母公司每股盈余。目前流行的做法是所有的境外经营子公司的所有者权益和债务根据预设的汇率折算，并且将所有汇兑损益不计入利润表，而是计入资产负债表所有者权益的一个特殊项目，称为“未确定汇兑损益”，使得该汇兑损益或负债未偿还前并不影响利润。

（二）管理外汇风险

实践中公司通过金融衍生工具，如远期合约、外汇期货、外汇期权、货币互换等集中管理汇率风险。

1. 远期合约。

远期合约（forward contract）是指企业与商业银行在未来某日以指定的汇率（即远期汇率）兑换一定金额货币而签订的协议。

当跨国企业预期在未来会需要或收到外币时，它们就会签订远期合约来锁定它们购买或出售某一特定外币的汇率。最常见的远期合约有 30 天、60 天、90 天、180 天和 360 天。某一确定货币的远期汇率会随着远期合约期限的长短而变化。

2. 货币期货合同。

货币期货合同（currency future contracts）是指定标准数量的某种货币在某一确定交割日进行交易的合同。货币期货合同的购买者能锁定在未来某一时点购买某一外币的汇率，货币期货合同的出售者能锁定将外币兑换为本币的汇率。

3. 货币期权。

（1）货币看涨期权（currency call option）。货币看涨期权是指授权在某一指定时间内以指定的价格购买特定货币的合约。当企业希望在未来锁定一种货币的最高支付价格时，看涨期权才是适当的。

（2）货币看跌期权（currency put option）。货币看跌期权是指授权在某一指定时期内以指定价格（汇率）出售某一货币的合约。本质上，该期权使企业在一段时间内锁定将外币汇兑本币的最低汇率。

汇率风险管理的具体方法如表 2－20 所示。

表 2－20　　　　汇率风险管理的方法

套期保值	对应付账款的套期保值	对应收账款的套期保值
期货套期保值	购入外币的期货合同	出售外币的期货合同
远期套期保值	购入外币的远期合同	出售外币的远期合同
货币期权套期保值	购入外币的看涨期权	购入外币的看跌期权

【提示】对应付账款套期保值，即锁定外汇买入价。采取的方式为买入远期外汇；买入期货合约；买入外汇看涨期权。对应收账款套期保值，即锁定外汇卖出价。采取的方式为卖出远期外汇；卖出期货合约；买入外汇看跌期权。

【例题 2－73】一家美国公司有一笔应付账款必须在 6 个月后付给一家日本公司，同时还有一笔应收账款也要在 6 个月后由另外一家日本公司支付。这家美国公司在以下哪种情况下不会存在交易风险？

A. 这笔应付账款和这笔应收账款均以美元计价

B. 这笔应付账款和这笔应收账款均以日元计价，且这笔以日元计价的应收账款高于这笔以日元计价的应付账款

C. 这笔应付账款和这笔应收账款均以日元计价，且这笔以日元计价的应收账款低于这笔以日元计价的应付账款

D. 这笔应付账款以美元计价，这笔应收账款则以日元计价

【答案】A

【解析】选项 A 正确。美国公司交易产生的应收与应付均以美元标价并结算不会产生汇率风险。

选项 B 不正确。当公司达成了在未来以固定价格买入或卖出商品的协议时，如果该项交易涉及两种不同货币时就存在汇率波动产生的短期外汇交易风险。规避汇率风险可以采用套期保值的方法对冲风险，包括未来现金流入（应收账款）和未来现金流出（应付账款）在时间和金额上的匹配。当这两者存在不一致时，会产生外汇风险敞口。

选项 C 不正确。理由同选项 B。

选项 D 不正确。应收账款以美元计价，应收账款以日元计价，不能实现未来现金流时间和金额上的对冲，产生外汇风险敞口。

三、境外投资

（一）直接投资外国企业

直接对外投资是指在外国投资的不动产（如土地、房屋，甚至工厂）。

【提示】直接投资的优点如表 2－21 所示。

表 2－21　直接投资的优点

与收入相关的好处	获取直接投资利益的方式
吸引新的需求	在新市场中设立子公司或收购竞争者
引入有超额利润的市场	收购所在地市场的竞争者
获得规模经济	在新市场中设立子公司并出售产品，提高产量
有效应对贸易保护	在严格贸易保护的市场设立子公司
国际多元化	在商业周期不同的区域设立子公司
与成本相关的好处	获取直接投资利益的方式
利用国外生产要素，包括原材料、劳动力、技术等	在劳动力或材料成本相对较低的市场设立总公司
利用汇率优势	在预期汇率升值的新兴市场设立子公司

（二）国际多元化

依据投资组合理论，国际多元化能够降低整个企业的风险。其关键在于选择那些在一段时间内业绩相关性不高的海外项目，即投资项目之间预期收益相

关系数为负相关或相关性很低。

四、跨国公司财务管理的其他问题

（一）国际贸易支付手段和融资工具

（1）国际保理（factoring）。国际保理是指代理商购入出口商的应收账款并不保留对出口商的追溯权。

（2）信用证（letter of credit，L/C）。信用证是指银行在指定条件下代表指定一方支付款项的协议。对于受益人（beneficiary）（出口商）的支付是根据提供的与信用条款相一致的单据来进行的。

（3）银行承兑汇票（banker's acceptance）。银行承兑汇票是指由银行机构签发并承兑的汇票，一般用来向出口商担保在出口商向进口商发货后就会收到货款。

（4）福费廷（forfaiting）。福费廷是指对资本性商品国际贸易的融资方法。在福费廷交易中，进口商会签发一张以出口商为收款人的本票，以支付进口资本性商品的款项。期限通常为3～7年。出口商然后会向福费廷银行出售这些无追溯权的票据。

（5）对等贸易（countertrade）。对等贸易是指把货物销给某国，该国也会从本国购买或交换商品，属于易货贸易。

（二）跨国经营的政治风险

（1）投资接受国消费者的态度。政治风险的一种温和形式就是当地居民只购买当地制造的产品。即使出口商决定在外国设立子公司，上述偏好仍然会阻碍其成功。

（2）投资接受国政府的政策。投资接受国政府的各类政策会影响跨国企业的现金流。此外，投资接受国政府可以采取各种措施让跨国企业的经营符合其自身的利益。

（3）限制资金转移。跨国企业的子公司通常要把资金转移回母公司用于偿还贷款、购买原材料、支付管理费用、转移收益等其他目的，但子公司所在国可能会基于外汇短缺、平衡国际收支和维持本国汇率而限制子公司将利润汇回母公司。

（4）货币的不可兑换。政府可能不允许本币与外币兑换，因此，子公司所产生的收益无法通过货币的兑换转回母公司。

（5）战争。子公司所在国陷入争端或战乱，会影响跨国企业雇员的人身安全。

（6）官僚主义。政府的官僚作风使跨国企业的业务变得极为复杂。

（7）腐败。企业与企业之间或企业与政府之间发生的腐败行为会增加跨国公司经营业务的成本或降低其收入，对跨国企业的声誉造成负面的影响。

简答题出题方向分析

【出题方向1】题干中给出各种风险信息，要求判断哪些风险来自市场，哪些风险来自特定公司，在此基础上定义系统性风险和非系统性风险，指出两者在投资组合中的特性。

解题要点：来自市场的风险与企业所处的经济环境和政治环境有关，这种风险市场上所有公司都会受到影响，只是不同的公司所受的影响程度不同或敏感性程度不同，无法通过投资组合加以分散。来自特定公司的风险仅与某一家特定的公司有关，其他公司不受影响，可以通过证券投资组合加以分散。

【出题方向2】定义β系数值及其影响因素。

解题要点：β系数是个股系统性风险的度量指标，表达个股与预期收益的波动性受整个证券市场预期收益波动性的影响程度或敏感性。在资本资产定价模型中β系数用于衡量投资组合的系统性风险水平，量化个股预期收益与系统性风险的关系。

影响β系数的因素包括收入的周期性、企业的经营风险和财务风险。

【出题方向3】界定债券、普通股和优先股的区别和特征，结合案例分析债券、普通股及优先股的定价。

解题要点：①权利差异。②支付利息和股息的义务差异。③抵税利益存在与否。④筹资风险差异。⑤融资成本差异。

有价证券的定价以折现现金流模型为核心。债券现金流稳定，可预期。优先股股息固定，具有无限期特征。普通股现金流具有高度不确定性，因此建立零成长和固定成长股利模型。掌握相关定价计算公式。

【出题方向4】已知某企业需要追加融资，可以采用多种融资方式，要求计算每种融资方式的个别资本，并在此基础上确定追加融资选择哪一方案能使企业资本结构最优。

解题要点：掌握个别资本成本的计算，计算过程中注意债务成本要考虑所得税影响。长期资本在计算融资成本时一定要关注时间价值因素。债券、普通股、优先股融资成本计算时应当以有价证券的市场货币价格为基础，确定个别资本成本。选择的追加融资方式要能够使加权平均资本成本最低，才能实现企业价值最大的财务管理目标，计算加权平均资本成本时应当以市场价值作为权重。

【出题方向5】已知企业预扩张产能，要求进行融资租赁还是购买决策分析。

解题要点：估算两种方案的现金流量，选择合适的折现率，对现金净流出量进行折现，选择净成本最低的方案。解题中注意对税收的考虑。

【出题方向6】根据公司背景选择合适的股利分配政策，并分析大额股票股利、小额股票股利以及股票分割产生的财务影响。

解题要点：①说明股利分配政策制定需要考虑的因素。②说明股利分配政策的种类以及每种股利分配政策，在公司成长、现金流压力、对股票价格的影响等层面进行分析。③结合实际情况选择合适的股利分配政策。④定义大额股票股利、小额股票股利以及股票分割的含义。大额 20% ~25% 以上，小额 20% ~25% 以下。股票分割是拆分股票面值。⑤大额股票股利、小额股票股利以及股票分割对资产负债表的影响，重点在于对留存收益、股本和资本溢价处理上的差异。

【出题方向7】考察短期有价证券投资的形式以及每种短期投资有价证券的特征，并结合实际背景要求确定可以投资的有价证券种类。

解题要点：短期有价证券投资首先要关注安全性，其次才是流动性和收益性。货币市场短期投资的主要形式包括美国国债、大型公司发行的无担保信用票据、联邦政府派出机构发行债券、大额定期存单等，从流动性、适销性、期限、收益性、是否纳税等角度进一步阐述其特征。

【出题方向8】根据案例分析各种信用政策，确定最优信用政策。

解题要点：针对不同的信用政策计算扣除信用成本后的经济利润。信用成本包括应收账款及存货的机会成本、坏账损失、收账费用以及现金折扣成本。以边际贡献为基础扣除信用成本，选择收益最大方案。

【出题方向9】界定短期融资的方式，计算短期融资方式的实际利率。

解题要点：商业信用是小企业融资的重要方式。无担保信用贷款是针对应收账款和存货进行季节性融资的主要方式。无担保信用贷款实际利率需要考虑利息的支付方式，补偿性余额等因素对实际利率的影响。

历年经典试题回顾

一、单选题

【**经典试题 1**】某公司采用方差系数来比较项目的回报和风险。猫眼石项目和珍珠项目的预期回报和回报标准差如下所示：

	猫眼石	珍珠
预期回报率	10%	12%
标准差	40%	54%

该公司最有可能认定风险较高的项目为：

A. 珍珠项目，其变异系数为 0.22

B. 珍珠项目，其变异系数为 4.50

C. 猫眼石项目，其变异系数为 0.25

D. 猫眼石项目，其变异系数为 4.00

【**答案**】B

【**解析**】选项 B 正确。当项目预期回报率不同时，需要比较变异系数，变异系数越大项目风险越高。珍珠项目变异系数 =54% ÷12% =4.5；猫眼石项目变异系数 =40% ÷10% =4。因此，珍珠项目最有可能被认定为风险较高的项目。

【**经典试题 2**】一家英国公司目前只在国内开展业务，正计划在美国或者中国选择项目投资。公司根据国内和国际投资组合的风险和收益选择投资国家。在下述哪种情况下能使得国际投资组合（50% 的英国国内业务和 50% 的国外业务）的风险降低且收益最大：

A. 英国收益和美国收益存在正相关关系

B. 美国收益和中国收益存在负相关关系

C. 美国收益和中国收益存在正相关关系

D. 中国收益和英国收益存在负相关关系

【**答案**】D

【**解析**】选项 A 不正确。投资组合中两种投预期收益正相关表明分散风险效应不大。

选项 B 不正确。一家英国公司在判断投资组合中应该包含另一家美国公司还是中国公司，需要考虑英国公司与另一家公司预期收益的相关性，而不是考虑另外两家公司预期收益的相关性。

选项 C 不正确。理由同 B。

选项 D 正确。依据投资组合理论，两种投资构成投资组合中如果预期收益负相关则具有较大风险分散效应。

【经典试题 3】市场分析师预计 MH 公司的β系数为 1.4。该β值意味着该公司的：

A. 系统风险低于市场组合的系统风险

B. 系统风险高于市场组合的系统风险

C. 非系统风险高于市场组合的系统风险

D. 总风险高于市场组合的系统风险

【答案】B

【解析】选项 A 不正确。市场组合的系统性风险被认为是β值为 1。如果公司β值为 1.4 表明公司的系统性风险高于市场组合的系统性风险。

选项 B 正确。理由同 A。

选项 C 不正确。β系数并不是度量非系统性风险的指标，而是度量个股系统性风险的指标。

选项 D 不正确。如果将整个证券市场看作一个投资组合，即市场组合，则市场组合仅包含系统性风险，因为公司特有风险通过投资组合全部分散。β系数仅度量系统性风险，不度量公司的整体风险。

【经典试题 4】以下各选项中，哪一项关于债务工具的描述是正确的？

A. 未偿长期债券票面利率和收益率会随着经济因素的变化而变化

B. 票面利率为 9% 一年就到期的 25 年期债券，比同一家公司发行的票面利率为 9% 一年就到期的 10 年期债券利率风险更大

C. 对于长期债券而言，在给定利率变化条件下，债券到期时间越长，价格波动性越大

D. 还有一年就到期的债券比还有 15 年到期的债券有更高的利率风险

【答案】C

【解析】选项 A 不正确。债券的票面利率一般情况下在债券存续期内保持不变，而债券的到期收益率会随着经济因素的变化而变化。

选项 B 不正确。债券的久期是度量债券的利率风险工具。影响久期的因素包括票面利率以及距到期期限的长短。债券的票面利率与久期存在变动关系，即票面利率越高，久期越低，利率风险越低；距到期日的长短与债券久期同方向变动，即距到期时间越长久期越长，债券利率风险越高。一年就到期的 25 年期债券与一年就到期的 10 年期债券，具有相同的到期时间和票面利率。因此，利率风险一致。

选项 C 正确。债券的利率风险是指市场利率每波动 1%，债券价格波动的幅度，通常用债券久期来度量。当给定利率条件下，期限与久期同方向变化，即债券到期时间越长，久期越长，利率风险越高，债券价格波动性越大。

选项 D 不正确。一年到期的债券比 15 年到期的债券具有更低的利率风险。

【经典试题5】 对于被视为风险适中的投资项目来说，以下哪一项是最合适的折现率?

A. 美国财政部所发行债务的收益率

B. 投资级债券的收益率

C. 标普500股票的预期回报率

D. 全球股票的预期回报率

【答案】 B

【解析】 选项A不正确。美国财政部所发行债务以政府信用背书，没有违约风险，因此属于低风险等级的有价证券，其收益率水平较低，不适合做风险适中项目的折现率。

选项B正确。投资级债券风险水平适中，可以作为最合适的折现率。

选项C不正确。标普500股票的预期回报率代表的是美国大型公司股票的预期收益率，股票投资的风险水平普遍较高，不适合作为风险适中项目的折现率。

选项D不正确。理由同C。

【经典试题6】 如果新发行债券的利率由于预期的通货膨胀而增加，以下哪一项最有可能发生?

A. 普通股的价格将下降

B. 优先股的价格可能会上升

C. 现有债券的价格可能会上升

D. 普通股的必要回报率将下降

【答案】 A

【解析】 选项A正确。利率的决定因素包括实际利率、通货膨胀、风险溢价。债券利率由于预期的膨胀而增加将引起资本市场利率水平上升。资本市场中有价证券的理论价值由该证券的折现现金流决定，折现值取决于三个因素：现金流时间、现金流量规模以及折现利率。折现利率与现值反向变动。因此，市场利率作为折现率，其上升会引起资本市场有价证券价格下降。

选项B、C不正确。优先股的价格和现有债券的价格将下降。

选项D不正确。普通股的必要报酬率会因市场利率水平的上升而提高。资本市场中股东的风险比债权人风险高，因此，其预期收益率也会高于债权人的预期收益率。如果债券利率水平提高，必然引起股东权益必要报酬率提高。

【经典试题7】 华莱士公司刚刚为每普通股支付了2.00美元的股利。历史数据表明，华莱士的股利以每年5%的速度稳步增长。投资这只股票的预期收益率为18%。华莱士普通股每股的当前价值为：

A. 16.15美元　B. 15.38美元　C. 11.67美元　D. 11.11美元

【答案】 A

【解析】 选项 A 正确。依据股利成长模型，股票价格 $P=D_0\times(1+g)\div(k_s-g)$，其中，目前每股股利 =2，股利增长率 =5%，普通股必要报酬率 =18%，则 $P=2\times(1+5\%)\div(18\%-5\%)=16.15$（美元）。

【经典试题 8】 10 年前，艾里森集团以票面价值 50 美元和年股息率 6% 发行了永久优先股。现在，该公司没有拖欠股息。自发行日起，利率已提高，股票现在的售价为 38 美元。市场对这些股票的当前所需收益率为：

A. 4.56%　　B. 6.00%　　C. 7.89%　　D. 15.79%

【答案】 C

【解析】 选项 C 正确。优先股的票面股息率不是真实收益率。优先股票面股息率不变，优先股的实际收益率也是优先股的融资成本。依据股利折现模型，优先股的市场价格为优先股未来现金流量的现值，即优先股价格 $P=D/ke$。反之计算优先股的收益率或资本成本即 $ke=D/P$。未来现金流量为每股股利即 50 美元 ×6% =3 美元，优先股价格为 38 美元，优先股收益率或资本成本 =3 美元 ÷38 美元 =7.89%。

【经典试题 9】 BLM 公司是一家季节性企业，决定使用短期债券为流动动产中的季节性变动融资，同时使用长期债券或股票为永久性流动资产和所有固定资产融资。以下哪一项最准确地描述了这种类型的融资？

A. 自发融资　　B. 套期保值　　C. 资本分配　　D. 杠杆融资

【答案】 B

【解析】 选项 A 不正确。自发性融资是指正常交易过程中自然产生的负债，比如存货采购过程中发生的应付账款，确认工作和福利产生应付工资等。

选项 B 正确。期限匹配（或套期保值）是指通过匹配公司资产与负债的期限来对冲风险的管理方法。实务中，期限匹配尽量用短期融资为短期项目提供资金，用长期资产为长期项目提供资金。期限匹配的一个例子是，公司为一个历时 5 年的项目购买设备，同时用期限为 5 年的债务为该项目融资。

选项 C 不正确。资本分配是指对企业的投资项目有某种约束的情形，该约束限制了企业在给定财务期限（一般为 i 年）内所能做出的资本支出总额。不能超过预算上限通常要求资本分配合理化。

选项 D 不正确。杠杆融资是指企业在融资过程中利用资产抵押向银行借贷以获取资金的方式，这种融资方式会增加企业的资产负债率。

【经典例题 10】 某盈利公司正在审核备选方案以筹集更多资金。预计该公司能以 6% 的收益率发行债券，或者也能以 7% 的收益率发行优先股。如果该公司的边际所得税税率为 37%，则每种备选方案的融资成本将是多少？

A. 债券：6.00%；优先股：7.00%

B. 债券：3.78%；优先股：7.00%

C. 债券：3.78%；优先股：4.41%

D. 债券：6.00%；优先股：4.41%

【答案】B

【解析】选项A不正确。债券的收益率不能直接作为资本成本，原因是债券利息所得税前支付，具有减税效应，实际融资成本会低于市场收益率。

选项B正确。债券资本成本需要计算税后实际成本，即债券的融资成本 = 6% ×（1 - 37%）= 3.78%。优先股股息所得税后支付，不具有减税效应，其7%的收益率即为其资本成本。

选项C不正确。债券和优先股都计算税后成本是不正确的。

选项D不正确。优先股成本不具有减税效应。

【经典试题11】加权平均资本成本等于：

A. 资产收益率，包括使用资金产生的相关成本

B. 公司资产收入的平均收益率

C. 公司对高风险项目必须获得的最低收益率

D. 公司的股权资本成本，其中公司的市场价值保持不变

【答案】A

【解析】选项A正确。资本成本是企业使用资金所付出的代价，包括利息和股息等，以及有价证券发行过程中的手续费。资本成本一般用相对数表示，即资本成本率，是企业实际筹资付出的代价与实际可利用资金的比率。超过一年的资本计算资本成本时需要考虑货币时间价值的影响。加权平均资本成本是企业使用各种不同来源的个别资本成本的加权平均值，其权重为单个融资方式的融资额占总资本的比重。

同时加权平均资本成本也是企业资产负债表中资产收益率的底线，即投资所应获得的必要收益率。

选项B不正确。公司资产的平均收益率是企业利用资产赚取收益的能力。一般情况下公司平均资产收益率应高于加权平均资本成本，以使企业在补偿资本成本后有额外的净增值。

选项C不正确。高风险的项目一般具有较高的预期收益率。投资项目的最低收益率通常是资本成本，并考虑项目的风险水平对资本成本进行风险调整。当公司的风险与项目风险一致时，加权平均资本成本可以是该项目中的最低收益率。如果项目风险高于公司风险，应当在加权平均资本成本的基础上对风险进行调整。

选项D不正确。股权资本成本是个别资本成本，不是加权平均资本成本。

【经典试题12】财务主管正在确定她是否应将其公司的一部分养老金计划资产投资于公开交易的特普公司。财务主管收集了有关特普公司的以下信息：

- 本年度股利 = 1.50美元
- 每年股利增长 = 5%

- 投资者预期收益 = 10%
- 目前股价 = 25.00 美元

根据上述提供的信息，财务主管可以得出以下哪一结论？

A. 如果假设成立，则对特普公司的投资将不盈利

B. 如果假设成立，则对特普公司的投资将盈利

C. 因为股利率相对较低，对特普公司的投资有较大风险

D. 对特普公司的投资将产生良好的现金流，是一项保守投资

【答案】 B

【解析】 选项 A 不正确。$P = 1.5 \times (1 + 5\%) \div (10\% - 5\%) = 31.5$（美元），即该股票理论价值 31.5 美元，而其目前市场价格仅为 25 美元。因此，目前投资该股票，投资将盈利。

选项 B 正确。同 A。

选项 C 不正确。股息率较低，也可能是通过更多的留存收益的积累提升股票价格，以获得资本利得。目前信息无法判断风险。

选项 D 不正确。目前信息无法判断现金流风险。

【经典试题 13】 一名银行代表联系了某大型厨房用具零售商的现金管理经理，想要为该零售商建立一个锁箱收款系统。该公司的收入分析表明，这一系统可以将收款时间平均缩短两天。该公司每天大约收到 2 500 张支票，每张支票的平均价值为 600 美元。银行将对每张支票收取 0.28 美元用于运营该系统。该公司目前正在以平均 7% 的利率投资短期基金。如果该公司采用锁箱协议，每年将会获益或损失多少？

A. 损失 150 500 美元　　B. 损失 45 500 美元

C. 获益 4 550 美元　　D. 获益 210 000 美元

【答案】 B

【解析】 选项 B 正确。依据锁箱系统净收益的计算公式，锁箱系统年净收益 = 机会成本年节约额 + 处理成本年节约额 − 支付的锁箱年成本。年机会成本节约额 = 收款时间的节约天数 × 日均现金处理量 × 机会成本率 = $2 \times 2\,500 \times 600 \times 7\% = 210\,000$（美元）。锁箱年成本 = $2\,500 \times 0.28 \times 365 = 255\,500$（美元）。锁箱系统年净收益 = $210\,000 - 255\,500 = -45\,500$（美元）。

【经典试题 14】 供应商为公司提供 1/10，*n*/30 的信用期，如果不享用信用折扣政策，那么公司的名义年成本率最接近选项中哪一项，假设一年 360 天。

A. 16%　　B. 18%　　C. 20%　　D. 22%

【答案】 B

【解析】 选项 B 正确。计算放弃现金折扣的成本。放弃现金折扣成本 = [折扣率/(1 − 折扣率)] × [360/(信用期 − 折扣期)] = $[1\%/(1-1\%)] \times [360/(30-10)] = 18.18\%$。

【经典试题 15】费拉德尔菲亚公司的会计师菲利斯－布朗告知该公司，达到以下四种销量时所分别对应的应收账款付款方式和坏账如下，具体取决于该公司的赊销政策（以千美元为单位）。

	销量	30 天	60 天	90 天	120 天	坏账
Ⅰ	520	300	100	100	0	20
Ⅱ	630	200	200	100	100	30
Ⅲ	770	200	100	200	200	70
Ⅳ	900	100	200	200	300	100

假定该公司的资本成本为 20%，且所有款项均在到期月份的第一个可能的日期支付，那么达到哪种销量时利润最大？

A. Ⅰ　　B. Ⅱ　　C. Ⅲ　　D. Ⅳ

【答案】D

【解析】选项 D 正确。题中所有款项均在到期月份的第一个可能的日期支付，表明所有方案产生的应收账款均在到期日付款。确定哪个方案利润最多，需要计算四个方案扣除信用成本后的经济利润，选择经济利润最大方案。

扣除信用成本后经济利润 = 边际贡献 - 信用成本 = 销售收入 - 变动成本 - 坏账损失 - 收账费用 - 应收账款机会成本。依据题中的已知条件，仅需要考虑销售收入、应收账款机会成本以及坏账损失即可。

应收账款机会成本 = 应收账款平均余额 × 机会成本率

应收账款平均余额 = 每一账期销售额 ×（平均收账期/365）

项目	销售收入（美元）	应收账款机会成本 = 应收账款平均余额 × 机会成本率			坏账损失（美元）	净利润 = 销售收入 - 机会成本 - 坏账损失（美元）
		应收账款平均余额	机会成本率（%）	机会成本（美元）		
方案一	520	300 ×（30/365）+ 100 ×（60/365）+ 100 ×（90/365）= 65.75（美元）	20	13.15	20	486.85
方案二	630	200 ×（30/365）+ 200 ×（60/365）+ 100 ×（90/365）+ 100（120/365）= 106.85（美元）	20	21.37	30	578.63
方案三	770	200 ×（30/365）+ 100 ×（60/365）+ 200 ×（90/365）+ 200（120/365）= 147.94（美元）	20	29.59	70	670.41
方案四	900	100 ×（30/365）+ 200 ×（60/365）+ 200 ×（90/365）+ 300（120/365）= 189（美元）	20	37.8	100	762.20

二、简答题

内部持股公司维斯塔正在努力确定其权益成本的基准。行业内可以参照公司的市盈率为11，平均β值为1.05，股利分发率为收益的40%，预计增长率为10%。在刚刚结束的财年中，维斯塔的每股收益为3.00美元，并有望在来年达到行业平均增长率。经济指标显示无风险回报率为5%，市场回报率为15%。

问题：

1. 使用股利成长模型计算维斯塔的权益成本。请列出您的计算过程。

2. 使用资本资产定价模型计算维斯塔的权益成本。请列出您的计算过程。

3. 通过分别阐明股利成长模型和资本资产定价模型的三个特征来对二者进行比较。

4. a. 指出并讨论影响公司权益成本的三个内部因素。

b. 指出并讨论影响公司权益成本的三个外部因素。

【解析】

1. 使用股利成长模型计算维斯塔的权益成本。请列出您的计算过程。

$k = D_1/P_0 + g$

市盈率 $= P/3 = 11$，$P = 33$ 美元

当期股利 $= 3.00 \times 40\% = 1.20$（美元）

$D_1 =$ 下期股利 $= 1.20 \times (1 + 10\%) = 1.32$（美元）

$k = 1.32/33 + 10\% = 14\%$

2. 使用资本资产定价模型计算维斯塔的权益成本。请列出您的计算过程。

$k = R_f + \beta \times (R_m - R_f)$

$= 5\% + 1.05 \times (15\% - 5\%) = 15.5\%$

3. 通过分别阐明股利成长模型和资本资产定价模型的三个特征来对二者进行比较。

（1）股利成长模型（以下列了四个特征）：

①假设股利以固定增长率来增长，这与现实不太相符。

②高估了目前高增长率公司的成本，因为这样的高增长率很难永远维持。

③对于不分发股利的公司很难直接适用该模型。

④对于不上市交易的公司，其价值很难估计。

（2）资本资产定价模型：

①假设所有投资者对证券收益率概率分布的看法一致。

②对于不上市交易的公司，β系数较难估计。

③需要解决如何确定无风险利率的问题，是以短期国债利率为基础还是以长期国债利率为基础。股票估值应该以长期国债利率作为无风险收益率。

④需要解决如何确定预期市场回报率的问题。美国资本市场通常以标准普尔 500 指数收益率作为市场回报率。

4. a. 指出并讨论影响公司权益成本的三个内部因素。

（1）增长率。

（2）公司的财务杠杆。

（3）公司的经营杠杆。

b. 指出并讨论影响公司权益成本的三个外部因素。

（1）整个行业的风险。

（2）市场风险回报。

（3）市场利率。

同步测试题

一、单选题

1. 某股票月初的股票价格为每股 50 美元，本月派发的股利是每股 2 美元，月末每股的价格为 52 美元。投资者本月在该股票上获得的总收益率是多少？

A. 0　　B. 4.00%　　C. 7.69%　　D. 8.00%

2. 百尔科公司正在研究以下两个项目：

	预期最低报酬率（%）	持有期（年）
投资项目 A	5.75	4
投资项目 B	6.25	4

根据上述有限的信息，以下哪一项是最为合理的结论？

A. 投资项目 A 对百尔科公司而言是更好的选择

B. 投资项目 B 对百尔科公司而言是更好的选择

C. 投资项目 A 的风险高于投资项目 B

D. 投资项目 B 的风险高于投资项目 A

3. 某公司收到 1 000 000 美元的法律结算费用。该公司可以将这 1 000 000 美元用于自有房产的按揭，并节省 4% 的利息。根据一段时间内对市场的历史分析，首席财务官认为，如果他们将该资金用于投资，可能会获得大约 8% 的收益，这比 4% 的收益更高一些。业主选择将此款项应用于按揭，而不是投资。根据此情形中所描述的决定，合理的结论是该公司将有：

A. 高风险承受能力并且确定的约当值大于预期值

B. 低风险承受能力并且确定的约当值小于预期值

C. 低风险承受能力并且确定的约当值大于预期值

D. 高风险承受能力并且确定的约当值小于预期值

4. 使用资本资产定价模型（CAPM）计算的某只股票的预期收益率为 16%。如果预期市场收益率为 12%，且无风险收益率为 4%，则此股票的 β 系数是多少？

A. 0.75　　B. 1.50　　C. 2.00　　D. 3.00

5. 晨根有限公司是一家上市的化学品制造商，其首席财务官正在评估该公司与股东价值有关的股利政策。过去 10 年，晨根公司的每股股利一直保持在 2.30 美元的水平。该首席财务官希望从下一年开始，在晨根实行年股利增长 5% 的政策。该首席财务官已经确定晨根股票在市场上的预期最低报酬率为 13%。如果该首席财务官的股利增长政策得以实行，那么预计晨根股票 5 年后的价值将是多少？

A. 38.53 美元　B. 36.69 美元　C. 30.19 美元　D. 23.71 美元

6. 凯弗有限公司最近报告其每股收益为 3.00 美元。某安全分析机构最近发布报告称凯弗公司的收益预计在 5 年后将增长到每股 4.41 美元。那么预测的每股收益年复合增长率是多少（舍入到最接近的百分点）？

A. 6%　B. 8%　C. 9%　D. 47%

7. 贝克公司发行了 100 000 美元的 15 年期债券，票面利率为 8%。利息按年支付给债券持有人。贝克的有效所得税税率为 35%。贝克使用募集到的资金收购了某供应商，此供应商的有效所得税税率为 20%。税后债务成本是多少？

A. 8%　B. 6.4%　C. 5.2%　D. 3.6%

8. 打印机制造商培森公司正设法确定用于资本成本的普通股成本。标准普尔对培森的长期债务评级为 AA。培森的普通股在纳斯达克市场进行交易，当前市价为每股 26.87 美元。培森最近每年向普通股股东支付的普通股股利为 1.04 美元。关注培森普通股的证券分析师一致预测，该股的长期收益增长率平均为 12.5%。培森的边际所得税税率为 40%。使用股利贴现模型，培森用于资本成本的普通股成本是多少？

A. 9.82%　B. 10.11%　C. 16.37%　D. 16.85%

9. 某公司的加权平均资本成本率为 12.8%。如果税后负债成本率为 8%，负债权重为 20%，则该公司的股权成本是多少？假设公司没有优先股。

A. 11.2%　B. 14.0%　C. 18.0%　D. 26.0%

10. 某珠宝分销商的财务经理正在分析在其赊销政策中增加现金折扣的成本。目前，公司的销售付款条件为净 60 天，几乎所有客户都会在 60 天结束时付款。该经理估计，如果公司提供 10 天内付款即享受 2% 折扣，净 60 天，其每年 5 000 000 美元的赊销平均收款时间将缩短至 1 个月，其中有 60% 的客户会利用折扣。该分销商目前正在采用利率为 12% 的循环贷款协议筹集周转资金。请计算该公司在其赊销付款条件中增加现金折扣的净成本。

A. 822 美元　B. 10 685 美元　C. 49 315 美元　D. 60 000 美元

11. 托普卡有限公司需借款 500 000 美元来满足其下一年营运资本需要。商业银行向该公司提供了一笔利息为 9.5% 的单利贷款，这笔贷款要求补偿性余额须达到 16%。请确定这笔贷款的实际利率。

A. 11.02%　　B. 11.31%　　C. 12.75%　　D. 19.00%

12. 在 CAPM 模型中，以下哪个选项的相应变动不会导致预期收益率水平上升？

A. 无风险利率上升

B. 风险溢价上升

C. 股票的 β 系数上升

D. 市场投资组合的预期收益率下降

13. 公司将应用经济订购批量（EOQ）数学模型作为其存货管理的一个部分。以下哪一个变量的减少将导致 EOQ 的增加？

A. 年销售量　　B. 每个订单成本

C. 安全库存水平　　D. 单位持有成本

14. 下列选项中，除了哪一项外，都是融资租赁的优点？

A. 防止设备过时　　B. 具有税盾收益

C. 具有较强的灵活性　　D. 付出的利息较贷款低

15. 资本市场中存在几种可供投资的有价证券，其到期期限、面值、票面利率均一样，但要求的回报率不同，如下，请问哪一个证券目前的市场价格最低？

	要求回报率
证券 1	5%
证券 2	10%
证券 3	15%
证券 4	20%

A. 证券 1　　B. 证券 2　　C. 证券 3　　D. 证券 4

16. 资本市场进行一个理性的证券投资组合能够有效降低下列哪个风险？

A. 非系统风险　　B. 利率风险

C. 市场风险　　D. 系统风险

17. 使用资本资产定价模型（CAPM），公司 Z 股票的 β 系数为 2.0，预期回报率为 16%。公司 X 股票的 β 系数等于 0.80。无风险利率为 4%。公司 X 的预期回报率为：

A. 6.4%　　B. 8.0%　　C. 8.8%　　D. 9.6%

18. 某主板上市公司计划发行新债券。债券的下列哪一种特征会导致它有较高的票面利率？

A. 赎回条款　　B. 转换特征

C. 附认股权证　　D. 更严格的债务契约

19. 一个进口英国服装的美国进口商签订合同要从现在开始的 3 个月支付固定的英镑。如果进口商担心美元对英镑可能会暂时大幅贬值，建议其：

A. 在远期汇率市场购买英镑　　B. 在远期汇率市场出售英镑

C. 在远期市场购买美元　　D. 在远期市场出售美元

20. 假设日元和美元的当前汇率是 100 日元 =1 美元。某财务分析师预测明年的汇率将是 94 日元 =1 美元。如果分析师采用购买力平价作为预测的基础，则分析师预计日元将：

A. 升值，因为美元比日元通胀高

B. 升值，因为美元比日元通胀低

C. 贬值，因为美元比日元通胀高

D. 贬值，因为美元比日元通胀低

二、简答题

DPI 公司扩大生产规模，需购置一项资产，该资产需支付 50 000 000 美元，而企业现金仅能支付 18 000 000 美元，其他资金需要额外筹措。公司目前的资本结构为：

	融资成本（美元）	
长期债券	5 700 000	税后 4%
优先股	2 850 000 面值	股息率 10%
所有者权益	10 450 000	12%
合计	19 000 000	

公司适用边际所得税税率为 35%。

假定上述资本结构为公司目标最优资本结构。

公司以每股 25 美元发行股票，筹集资金。

问题：

1. 请定义普通股、优先股。
2. 普通股和优先股股利在支付顺序上有何区别？
3. 普通股和优先股有何区别；普通股和长期债券有何区别？
4. 公司购置资产的预计报酬率是 10%，是否应购置该项资产？
5. 公司应分别通过发行债券、优先股和普通股筹集多少资金？

同步测试题答案及解析

一、单选题

1. 【答案】 D

【解析】 选项 D 正确。收益率包括股利收益率和资本利得收益率两部分，其中股利收益率 =2 ÷50 =4%，资本利得收益率 =（52 －50）÷50 =4%，股票收益率 =4% +4% =8%。

2. 【答案】 D

【解析】 选项 D 正确。投资项目的预期最低回报率需要在风险评估的基础上进行。如果项目风险过高，需要按照风险等级调整投资项目的预期最低回报率。投资项目 A 和项目 B 具有相同的年限，但项目 B 具有比项目 A 更高的最低报酬率，因此项目 B 的风险会较项目 A 高。

3. 【答案】 B

【解析】 选项 A 不正确。预期收益率高的项目通常具有高风险，投资者乐于投资 8% 收益的项目表明其具有一定的风险偏好。在确定约当值即确定性等值时，风险偏好的投资人确定性等值大于预期值。但业主选择了按揭，表明该业主不具有风险偏好特征。

选项 B 正确。业主选择按揭投资获得预期 4% 的较低回报率，表明其属于风险厌恶者，可以接受风险较低，同时预期收益率也较低的项目。风险厌恶者的确定性等值小于预期值。

4. 【答案】 B

【解析】 选项 B 正确。依据资本资产定价模型，股票预期报酬率 = 无风险收益率 +β ×（市场收益率 －无风险收益率），即 16% =4% +β ×（12% －4%），β =1.5。

5. 【答案】 A

【解析】 选项 A 正确。①利用货币时间价值规则计算预期第六期股利，即现值 =2.3 美元（目前每股股利），增长率 5%，期限 6 年，其终值 = D6 =2.3 美元 ×（1 +5%）^{6} =2.3 美元 ×（F/P，5%，6）=2.3 美元 ×1.34 =3.082 美元。其中（F/P，5%，6）为利率 5%，期数 6 的复利终值系数。

②利用股利增长模型计算第五年年末股票价值，即 P5 = D6/（k_s －g）= 3.082 美元 ÷（13% －5%）=38.525 美元≈38.53 美元。

6.【答案】 B

【解析】 选项 B 正确。最近报告期的每股收益为现值，五年后增长到 4.41 美元为未来的终值，需要计算利率水平，$F=P$(F/P，i，5）具体计算 4.41 美元 =3×(F/P，i，5)，查复利终值系数表得 $i=8\%$。

7.【答案】 C

【解析】 选项 A 不正确。债券的票面利率是固定不变的，不能以此确定债券的税后成本。

选项 B 不正确。计算发行方税后债务成本不能以供应商的税率为基础。

选项 C 正确。债券的税后债务成本是票面利率乘以发行公司的税率，因为债务具有减税效应，即税盾利益。8%×(1-35%)=5.2%。

8.【答案】 D

【解析】 选项 D 正确。依据固定成长股利模型 $K_s=[D_0\times(1+g)\div P]+g$。其中，$D_0=1.04$，股利增长率 $g=12.5\%$，股票市价 $P=26.87$ 美元。

$K_s=[1.04\times(1+12.5\%)\div 26.87$ 美元$]+12.5\%=16.85\%$

9.【答案】 B

【解析】 选项 B 正确。加权平均资本成本是指每种融资方式的个别资本成本，以其融资额在总资本额中的比重为权数计算的加权平均值。负债权重为 20%，则股权权重为 80%。设股权成本为 X，因此，$12.8\%=8\%\times 20\%+X\times 80\%$。$X=14\%$。

10.【答案】 B

【解析】 选项 B 正确。折扣损失 = 赊销收入 × 平均折扣率。平均折扣率 = 60%×2%=1.2%。

折扣损失 =5 000 000×1.2% =60 000（美元）

提供折扣导致回款周期缩短 1 个月，即 30 天。由此带来应收账款余额下降，机会成本节约。机会成本的节约来自平均收现期的缩短。

节约的机会成本 = 赊销收入 ÷365×(原账期 - 新账期)× 机会成本率 = 应收账款 5 000 000÷365×(60-30)×12% =49 315（美元）

现金折扣净成本 =60 000-49 315=10 685（美元）

11.【答案】 B

【解析】 选项 B 正确。短期银行信用贷款的实际利率会由于补偿性余额、贴现法收息等条款而高于合同约定利率。由于补偿性余额条款使企业实际可利用资金减少，因此提高贷款的实际利率。

实际利率 =500 000×9.5% ÷[500 000×(1-16%)]

=9.5% ÷(1-16%)=11.31%

12.【答案】 D

【解析】 选项 D 正确。利用资本资产定价模型，度量风险和回报之间的关系：股票的预期收益率 = 无风险收益率 + β 系数 ×（市场收益率 - 无风险收益率）。市场收益率与无风险收益率的差为市场风险溢价。其中无风险收益率、β 系数以及市场风险溢价提高都会引起股票预期收益率水平上升。

市场投资组合的收益率下降会引起市场风险溢价降低，继而降低股票的预期收益率。

13.【答案】 D

【解析】 经济订货批量基本模型：

$$Q^* = \sqrt{\frac{2T \times F}{CC}}$$

选项 A 不正确。经济订货批量模型中假定年度存货销售量可预测，且保持稳定。在公式中用 T 表示。T 减少会导致经济订货量减少。

选项 B 不正确。经济订货批量基本模型中，每个订单成本与经济订货量同方向变动。在公式中用 F 表示，订单成本减少将导致经济批量减少。

选项 C 不正确。经济订货批量基本模型中，假设不允许缺货，短缺成本为零。即使在经济订货批量修正模型中，安全库存水平不影响经济订货批量。

选项 D 正确。单位持有成本与经济订货批量反方向变动。在公式中用 CC 表示，单位持有成本下降，经济订货批量增加。

14.【答案】 D

【解析】 选项 A 不正确。融资租赁期满资产可以退回出租方，以规避资产过时风险。

选项 B 不正确。美国税务局允许融资租赁设备加速折旧的，因此具有税盾利益。

选项 C 不正确。融资租赁所获得的资金使用灵活。出租方限制条款少。

选项 D 正确。融资租赁支付租金的方式类似于分期还本并付息，融资成本一般比贷款成本高。

15.【答案】 D

【解析】 选项 D 正确。要求的回报率也称最低回报率，在计算确定证券市场价格时用于作为折现率。折现利率水平越高，证券价格越低。证券 4 折现率最高达到 20%，因此其市场价格最低。

16.【答案】 A

【解析】 选项 A 正确。证券投资组合能有效分散公司特有风险，也称非系统性风险。

选项 B 不正确。利率风险是系统性风险，不能通过证券投资组合加以分散。

选项 C 不正确。市场风险也即系统性风险，通过理性的投资组合是无法分散的。

选项 D 不正确。理由同 C。

17.【答案】 C

【解析】 公司 Z 预期回报率 16% = 无风险利率 4% + β 系数 2.0 ×（市场投资组合回报率 – 无风险利率 4%），市场投资组合回报率 = 10%

公司 X 预期回报率 = 无风险利率 4% + β 系数 0.8 ×（市场投资组合回报率 10% – 无风险利率 4%）= 8.8%。所以选项 C 正确。

18.【答案】 A

【解析】 选项 A 正确。有赎回条款债券，为了弥补提前赎回而导致债权人收益降低，一般会有较高的票面利率。

选项 B 不正确。附加了转换特征的债券，票面利率一般会低于市场利率。

选项 C 不正确。附加认股权证的股票，相当于赠送了一项权力，票面利率会偏低。

选项 D 不正确。更严格的债务契约，也就是有更加严格的偿还或保障条款，同等条件下增强了债务的到期偿还，债务人的权利更有保障。所以票面利率会偏低一些。

19.【答案】 A

【解析】 选项 A 正确。进口商未来需要支付英镑，为了避免英镑价格上涨产生的汇率风险，需要锁定未来英镑的买价。而买入远期有助于锁定英镑的未来购买价格。如果在随后的 90 天内外汇市场美元对英镑贬值，英镑升值，买入远期汇率合同收益可以抵销为履行债务而支付更多美元造成的损失。

选项 B 不正确。出售英镑的远期合约目的是锁定英镑的卖出价格。

选项 C 不正确。远期外汇市场进行的是远期合约交易，而不是买卖现货美元。

选项 D 不正确。理由同 C。

20.【答案】 A

【解析】 选项 A 正确。购买力平价理论，当前 1 美元 = 100 日元，即 1 美元的购买力与 100 日元的购买力相同。如果分析师预期未来的汇率为 94 日元 = 1 美元，即 1 美元的购买力仅与 94 日元的购买力相同，说明相对于美元日元升值。同时通胀水平与汇率反向变动，通常通胀率相对较高的国家汇率相对贬值。

二、简答题

【解析】

1. 请定义普通股、优先股。

普通股指的是在公司的经营管理和盈利及财产的分配上享有普通权利的股份，代表满足所有债权偿付要求及优先股东的收益权与求偿权要求后对企业盈利和剩余财产的索取权。

优先股是相对于普通股而言的。主要指在利润分红及剩余财产分配的权利方面，优先于普通股。

2. 普通股和优先股股利在支付顺序上有何区别？

优先股先于普通股发放股利，同时优先股股息固定支付。普通股股息是否支付取决于股东大会的决议。股东大会决议时要考虑公司未来的成长性、控股股东的控制权、股东的风险偏好以及减税需求等因素。

3. 普通股和优先股有何区别？

普通股和优先股的区别：

（1）股息。优先股相对于普通股可优先获得股息。如果企业年度内没有足够现金派发优先股股息，普通股是不能分发股息的。股息数量由公司董事会决定，但当企业获得优厚利润时，优先股不会获得超额收益。

（2）剩余资产优先分配权。当股份公司因破产或解散进行清算时，在对公司剩余财产的分配上，优先股股东排在债权人之后，但排在普通股股东之前。

（3）投票权。优先股股东没有参与企业决策投票权，但在企业长期无法派发股息时，优先股股东有权派代表加入董事会，以协助改善企业财务状况。

（4）优先购股权。普通股股东在企业发行新股时，可获优先购买与持股量相当的新股，以防止持股比例被稀释，但优先股股东无权获得优先发售。

普通股和长期债券有何区别？

普通股和长期债券的区别：

（1）权利不同，股票是所有权凭证，债券是债权凭证。

（2）发行目的不同，债券募集资金属于公司的负债，股票募集资金属于公司的资本。

（3）期限不同，债券是有期证券，股票是无期证券。

（4）收益不同，债券的收益是固定的，股票的收益不固定。

（5）风险不同，债券风险小，股票风险大。

4. 公司购置资产的预计报酬率是10%，是否应购置该项资产？

加权平均资本成本（WACC）$=5\ 700\ 000 \div 19\ 000\ 000 \times 4\% + 2\ 850\ 000 \div$

19 000 000 × 10% + 10 450 000 ÷ 19 000 000 × 12% = 9.3%，购置资产的预计报酬率 10% 大于资本成本，应该购置该项资产。

5. 公司应分别通过发行债券、优先股和普通股筹集多少资金？

上述资本结构为最优资本结构，即：

长期债券比重 = 5 700 000 ÷ 19 000 000 = 0.3

优先股比重 = 2 850 000 ÷ 19 000 000 = 0.15

普通股比重 = 10 450 000 ÷ 19 000 000 = 0.55

项目需要的总资金为 50 000 000（美元）

其中，

发行债券筹资 = 50 000 000 × 0.3 = 15 000 000（美元）

发行优先股筹资 = 50 000 000 × 0.15 = 7 500 000（美元）

权益筹资 = 50 000 000 × 0.55 = 27 500 000（美元）

权益筹资中，18 000 000 美元为公司的现金（留存收益）；

需要对外发行股票融资 = 27 500 000 − 18 000 000 = 9 500 000（美元）

发行普通股股数 = 9 500 000 ÷ 25 = 380 000 股

第三章

决策分析

决策分析是企业为实现预定目标、在科学分析的基础上结合内外部条件进行的定量和定性相结合的分析。管理会计师利用本量利分析，分析实现盈亏平衡、目标利润所要实现的销售额和销售量，从而深入分析收入、成本变化对盈利水平的影响；通过识别和分析相关收入与相关成本，并结合销售维度、生产维度等定性方面的数据，对引入新产品、特殊订单、外购与自制、是否进一步加工和增加减少分部等决策进行分析；价格是企业战略决策的重要内容，管理会计通过对成本、市场以及竞争对手等各方面信息的掌握，采用成本基础定价法、市场基础定价法、目标定价法等方法进行定价，并通过供需关系、产品寿命周期和价格需求弹性分析价格变化对收入的影响，从而为企业整体决策提供财务维度、客户维度、生产维度等方面的信息。

本章考情分析

本章主要内容：有关数据概念；本量利分析；边际分析；自制或外购决策；所得税对经营决策分析的影响；定价方法，包括市场可比数据，以成本为基础和以价值为基础的定价法。

本章考试占比25%。在2020年版考试大纲中，考试比重有所上升。

本章近年来的主要考点：①决策分析相关的基本概念，包括变动成本、固定成本等成本性态分析；②进行单一产品和多产品生产情况下，销售量和销售额两种盈亏平衡点表达方式的计算；③计算并解释安全边际和安全边际率；④进行边际分析，包括特殊订单、自制还是外购、销售还是再加工、增加还是减少分部、最大化限制因素的单位贡献等情况的分析；⑤定价的各种基本概念和基本类型，包括基于需求定价法、竞争定价法等方法、价格需求弹性的计算；⑥目标成本法的相关概念和步骤等。

本章结构框架图

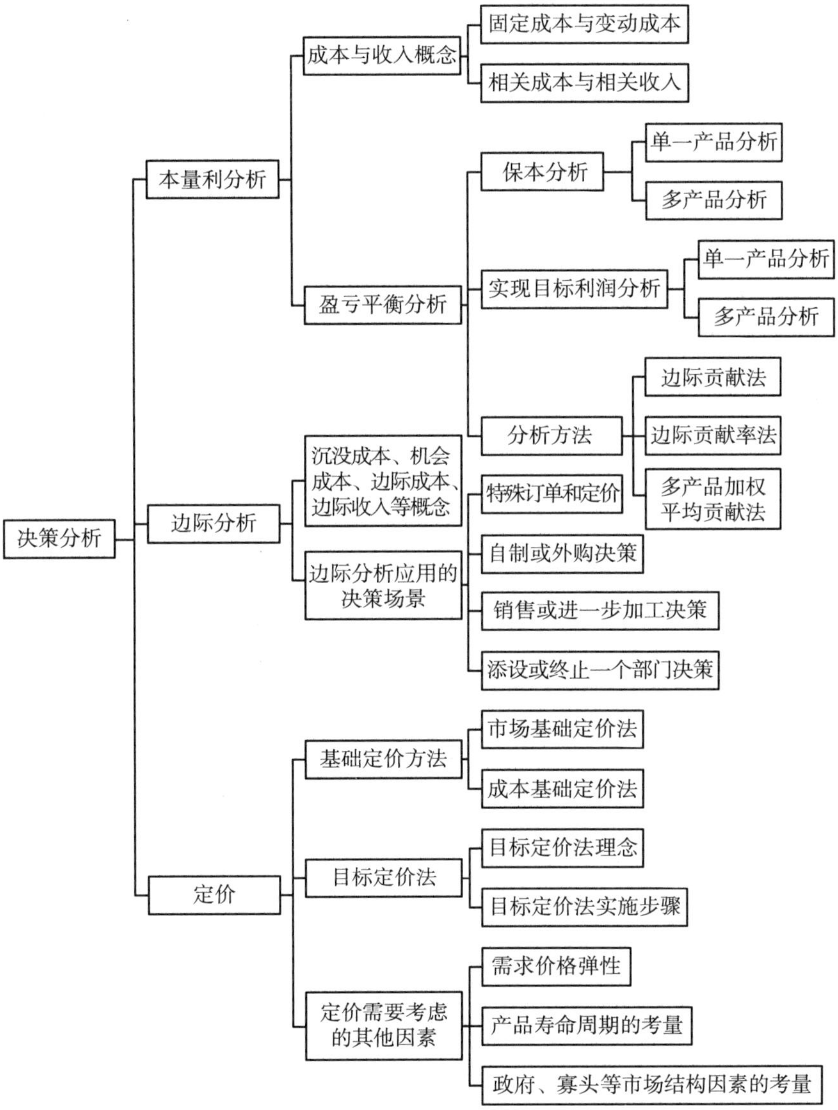
决策分析
本量利分析
成本与收入概念
固定成本与变动成本
相关成本与相关收入
盈亏平衡分析
保本分析
单一产品分析
多产品分析
实现目标利润分析
单一产品分析
多产品分析
分析方法
边际贡献法
边际贡献率法
多产品加权平均贡献法
边际分析
沉没成本、机会成本、边际成本、边际收入等概念
边际分析应用的决策场景
特殊订单和定价
自制或外购决策
销售或进一步加工决策
添设或终止一个部门决策
定价
基础定价方法
市场基础定价法
成本基础定价法
目标定价法
目标定价法理念
目标定价法实施步骤
定价需要考虑的其他因素
需求价格弹性
产品寿命周期的考量
政府、寡头等市场结构因素的考量

本章重难点精讲

第一节　本量利分析

一、本量利术语及假设

（一）本量利相关概念

本量利分析（cost volume profit analysis，CVP）相关概念如下：

（1）成本：为达到特定目标而耗费的资源。

（2）成本动因：影响成本的因素，例如产量。

（3）成本对象：归集成本数据的对象，例如产品、产品线、客户、工作和组织的业务部门。

（4）固定成本（fixed cost，FC）：相关范围内，无论作业量大小，始终保持不变的成本。固定成本既包括既定的前期设备设施成本，例如租金和折旧；也包括酌定的管理或预算的成本，例如年度广告费、间接人工或销售管理人员的薪水。

（5）变动成本（variable cost，VC）：相关范围内，随着作业量成正比例变动的成本。包括直接材料、直接人工、变动间接费用（如公用事业费用和低值易耗品）、变动销售成本（如装运成本和销售佣金），以及变动管理成本（如支付的特许使用费等）。

（6）总成本（total cost，TC）：全部成本的总和。

（7）相关范围（relevant range）：变动成本和固定成本函数成立的产出范围。

（8）收入：销售而得到的资产流入。

（9）收入动因：影响收入的因素，例如广告、促销、单位售价、销售量等。

（10）营业利润（operating income，OI）：营运中获得的总收入减去营运中发生的总成本，注意：营业利润是税前概念，不减去所得税。

（11）净营业利润（net operating income，NOI）：某一期间的税后营业利润。

（12）产出量：指某一期间生产的件数或者销售的件数。根据不同行业，会有不同的产出量指标的计量单位。

（二）固定成本和变动成本的成本性态

成本性态（cost behavior），又称成本习性，是指成本的变动与企业产出量

（产量或销售量）之间的依存关系。成本性态分析就是对成本与企业产出量之间的依存关系进行分析，对企业降低成本、进行最优管理决策具有重要意义。随着企业产出量的变化，既定成本可能增加、减少或者保持不变。

本量利分析中，成本类型主要包括固定成本和变动成本，二者从总成本的角度和单位成本的角度看，有不同的表现，如表3-1所示。

表3-1　　成本构成

成本类型	总成本的成本性态	单位成本的成本性态
固定成本	不受产出量变化的影响 通过管理决策的变化，可以改变固定成本	与产出量变化呈反向增减
变动成本	与产出量变化成正比例增减	保持不变

常见的固定成本：保险费、租金费、财产税、薪金、广告费等。

常见的变动成本：在制造业环境下，变动成本包括直接材料、直接人工、变动间接费用、销售佣金、装运成本、特许使用费等。在零售业环境中，变动成本包括产品销售成本、销售佣金和一些开单成本。在服务业中如医院，变动成本包括处方药费、医院低值易耗品、病人伙食费等。

受时间范围长短影响，固定成本和变动成本可能重新归类。一般原则是：

- 时间范围越短，总成本中可视为固定成本的比例就越高。
- 时间范围越长，变动成本的比例就越高。

成本是固定成本还是变动成本，主要受相关范围、时间框架、给定的决策情景三大因素的影响。在相关产能范围内，固定成本是一定的，单位产品的材料成本和人工成本均保持不变。但是若销售量足够大，例如需要新增生产线、新增大的生产车间，那么固定成本就会发生变化，单位成本也会大额梯形递增。

（三）本量利分析的四个假设

（1）线性假设。本量利分析假设收入与成本函数是线性的，注意是在相关范围内。

（2）确定性假设。本量利分析假设价格、单位变动成本、固定成本等各个参数均已知或能被合理估计。

（3）单一产品或明确界定的产品组合。本量利分析假设产品均为单一产品或明确界定的产品组合，明确界定的产品组合使得分析人员能够考察假设的加权平均成本。

（4）产量等于销量假设。该假设是指产成品库存账户没有变化。如果使用变动成本法和边际贡献法计算营业利润，该假设的必要性大大降低。

（四）相关恒等式

总成本 = 总固定成本 + 总变动成本 = 总固定成本 +（单位变动成本 × 产出量）

营业利润 = 从营运中获得的总收入 - 营运中发生的总成本

净营业利润 = 营业利润 ×（1 - 所得税税率）

【例题 3 - 1】 成本性态是考察成本的关键，变动成本与固定成本的差别是：

A. 单位变动成本是浮动的，单位固定成本是保持不变的

B. 单位变动成本在短期内是固定的，而单位固定成本是变动的

C. 变动总成本在短期内是变动的而在长期是固定的，而固定成本从来不变

D. 单位变动成本在不同增量中变化，而单位固定成本等量递增变化

【答案】 B

【解析】 选项 A 不正确。单位变动成本固定保持不变，而单位固定成本会随着产量的变动而变动。

选项 B 正确。固定成本在一定时间内保持不变，当作业量变动的时候，单位固定成本随着作业量的变动而变动。因此，固定成本的总额是固定的，但是单位固定成本会发生变动。单位变动成本是固定的，但是变动成本总额直接随着作业量变动而变动，所以总额是变动的。

选项 C 不正确，长期来看，所有成本都是变动的。

选项 D 不正确，单位变动成本短期内是固定的。

【例题 3 - 2】 相关范围是决策分析中的重要概念。关于相关范围，下列哪项表述是正确的？

A. 总变动成本保持不变

B. 总固定成本保持不变

C. 超过相关范围实际固定成本通常降低

D. 相关范围确立后就不能改变

【答案】 B

【解析】 选项 A 不正确。虽然变动成本总额发生变动，但单位变动成本是常量。

选项 B 正确。相关范围是作业范围，在该范围内单位变动成本和总固定成本保持不变。增加一个产品的增量成本等于变动成本。

选项 C 不正确。超过相关范围实际固定成本通常升高。

选项 D 不正确。当生产作业发生变化，相关范围也会产生变化；相关范围仅仅是一个用于决策的假设。

【例题 3 - 3】 以下选项中，除了哪一项以外都是关于本量利分析的假设？

A. 总固定成本并不随着产量的改变而改变

B. 收入随着产量变化而相应发生变化

C. 单位变动成本随着产量变化而相应发生变化

D. 多种产品情况下，销售组合不随着产量的改变而发生变化

【答案】 C

【解析】 选项 A、B、D 不正确。三个选项均为其假设，依据本量利分析

的线性假设、确定性假设、单一产品或明确界定的产品组合假设、生产量等于销量假设，价格、单位变动成本和总固定成本已知并且保持不变，有多种商品销售时，各种产品的销售比例保持不变。

选项 C 正确。单位变动成本不会随着产量变化而变化。

二、盈亏平衡分析

（一）盈亏平衡分析：销售量与销售额

盈亏平衡分析是本量利（CVP）分析的重要部分。盈亏平衡点，是指总收入等于总成本时的产出水平，此时收入恰好覆盖成本，利润为零。销售量高于盈亏平衡点，则产生营业利润。销售量低于盈亏平衡点，则发生营业亏损。盈亏平衡点有盈亏平衡点销售量和盈亏平衡点销售额两种表述。一般地：

$$盈亏平衡点销售量=\frac{固定成本}{单位销售收入-单位变动成本}=\frac{固定成本}{单位边际贡献}$$

$$盈亏平衡点销售额=\frac{固定成本}{(1-单位变动成本/单位销售收入)}=\frac{固定成本}{1-单位变动成本率}=\frac{固定成本}{单位边际贡献率}$$

计算盈亏平衡点，主要有公式法、边际贡献法与边际贡献率法和图表法等几种。

1\. 公式法。

计算盈亏平衡点的常用公式是：

收入 - 变动成本 - 固定成本 = 营业利润

或者：

（单位售价 × 销量）-（单位变动成本 × 销量）- 固定成本 = 营业利润

当盈亏平衡时，即营业利润 =0，代入公式计算即可。

2\. 边际贡献法与边际贡献率法。

（1）边际贡献法，其实质是对公式法的代数改编。

边际贡献（contribution margin，CM）表示销售收入减去变动成本后剩余的金额。根据边际贡献法，可编制边际贡献式利润表，即按照成本性态模式分项说明其边际贡献。

常用公式有：

- 边际贡献 = 销售收入 - 变动成本
- 单位边际贡献（unit contribution margin，UCM）= 单位销售收入 - 单位变动成本

- 盈亏平衡点销售量 = $\frac{\text{固定成本}}{\text{单位边际贡献（UCM）}}$

（2）边际贡献率法。

边际贡献率法（marginal contribution rate，CMR），也称边际贡献百分比。边际贡献率是指边际贡献通过百分比而不是单位产品贡献金额来表示。

常用公式有：

- 边际贡献率（CMR）= $\frac{\text{单位边际贡献(UCM)}}{\text{销售价格}} \times 100\%$

- 边际贡献率 + 变动成本率 = 1

边际贡献率提供了每单位货币收入的边际贡献；变动成本率（变动成本百分比）则是边际贡献率（边际贡献百分比）的补数。

- 边际贡献率 = $\frac{\text{边际贡献}}{\text{销售收入}} = \frac{[(\text{单价} - \text{单位变动成本}) \times \text{销量}]}{(\text{单价} \times \text{销量})}$ = 1 − 变动成本率

- 盈亏平衡点销售额 = 固定成本 ÷ 单位边际贡献率（CMR）

（3）在产品销售过程中，一定量产品的边际贡献首先是用来弥补企业生产经营活动所发生的固定成本总额，在弥补了企业所发生的所有固定成本后，如有多余，才能构成企业的利润。

有可能出现以下三种情况：

- 当提供产品的边际贡献累计刚好等于所发生的固定成本总额时，企业只能保本，即做到不盈不亏。

- 当提供产品的边际贡献累计小于所发生的固定成本总额时，企业就要发生亏损。

- 当提供产品的边际贡献累计大于所发生的固定成本总额时，企业将会盈利。

因此，边际贡献的实质所反映的就是每单位产品为企业盈利所能作出的贡献大小，只有当产品销售达到一定的数量后，所得的边际贡献才有可能弥补所发生的固定成本总额，为企业盈利作贡献。

3. 图表法。

盈亏平衡图（CVP 图）（如图 3－1 所示）展示了成本、收入、数量和利润之间的相互关系。

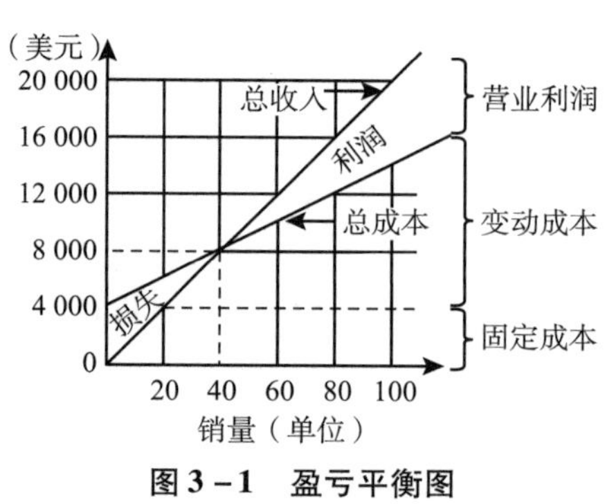

图 3－1 盈亏平衡图

横轴（*X* 轴）：表示销量。

纵轴（Y轴）：表示金额。

总收入与总成本皆为产量的函数，依据 CVP 假设，均为直线，两条直线的交叉点即为盈亏平衡点。

（二）安全边际

安全边际（margin of safety，MOS），又称安全幅度，有销售量和销售额两种表达方式。安全边际销售量是指盈亏临界点以上的销售量，也就是现有销售量超过盈亏临界点销售量的差额。安全边际销售量表明从现有销售量或预计可达到的销售量与盈亏临界点之间有多大的差距，此差距说明现有或预计可达到的销售量或销售额再降低多少，企业才会发生损失。差距越大，则企业发生亏损的可能性就越小，企业的经营就越安全。

常用公式有：

- 安全边际销售量＝现有（或预计）累计销售量－盈亏平衡点的销售量
- 安全边际率（安全边际百分比）$=\left[\dfrac{\text{安全边际销售量}}{\text{现有(或预计)销售量}}\right]\times 100\%$
- 安全边际销售额＝现有（或预计）累计销售额－盈亏平衡点的销售额
- 安全边际率（安全边际百分比）$=\left[\dfrac{\text{安全边际销售额}}{\text{现有(或预计)销售额}}\right]\times 100\%$

（三）实现目标利润分析

盈亏平衡分析的方法和公式，可以用于实现目标利润水平的计算。可以采用公式法、边际贡献法、图表法来计算相关的销售数量和销售金额。

（1）公式法：

收入－变动成本－固定成本＝目标营业利润

（单位售价×目标销量）－（单位变动成本×目标销量）－固定成本＝总目标利润

（2）采用边际贡献法计算要实现目标利润所需的销量，遵循如下公式：

目标销量＝（固定成本＋目标营业利润）/单位边际贡献

（3）采用图表法计算目标利润，即需计算收入线与成本线之间的区域面积，如图 3－2 所示。

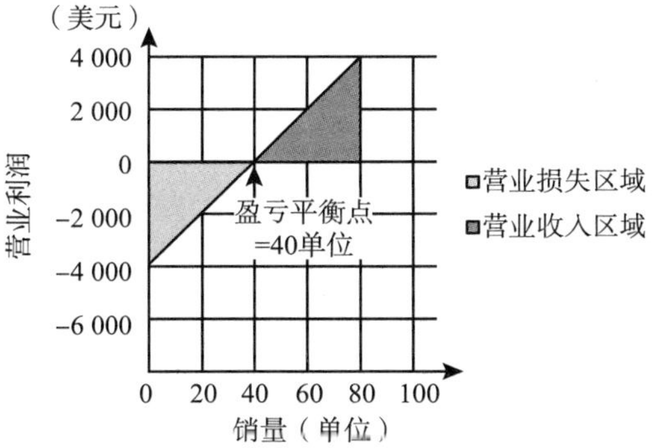

图 3－2　图表法计算目标利润

【例题3-4】 A公司开发了一个新项目，准备在下一财务年度推向市场。营销部预测单位售价为36美元，销售数量35 000个，A公司管理层给新产品分配了年产25 000个产品的产能。新产品的年固定成本预算是450 000美元，其中包括新生产设备的折旧60 000美元。单位产品的相关数据如下。已知A公司的所得税税率为40%。

单位：美元

项目	变动成本
直接材料	7.00
直接人工	3.50
制造费用	4.00
变动制造成本总计	14.50
销售费用	1.50
单位变动成本总计	16.00

在下一财务年度A公司必须销售多少数量的新产品才能达到盈亏平衡?

A. 20 930个　　B. 18 140个　　C. 22 500个　　D. 25 500个

【答案】 C

【解析】 选项C正确。本题考查的是盈亏平衡点的概念。假设盈亏平衡点数量为Q，代入公式:

(单位售价×Q)-(单位变动成本×Q)-固定成本=营业利润=0

即 $(36\times Q)-(16\times Q)-450\ 000=0$

得出$Q=22\ 500$。即该公司下一财年达到盈亏平衡点的销售数量为22 500个。

【例题3-5】 本量利分析法在许多决策中都是关键因素，包括产品线的选择、产品定价、市场策略及设施产能的使用。在本量利分析法中使用的一种计算方法叫盈亏平衡点法，那么根据盈亏平衡点，一旦到达盈亏平衡点后，每多卖一个部件，企业的经营利润会增加多少?

A. 每多卖一个部件的单位毛利

B. 每多卖一个部件的单位边际贡献

C. 每多卖一个部件的单位固定成本

D. 每多卖一个部件的单位变动成本

【答案】 B

【解析】 选项A不正确，毛利等于销售收入减去产品产品销售成本，包括固定成本。

选项B正确。在盈亏平衡点上，总收入等于固定成本加上变动成本。超过盈亏平衡点后，每增加一件销售产品带来的经营利润将增加单位边际贡献（销售单价-单位变动成本），因为固定成本总额保持不变，不受多卖产品数量的影响。

选项C不正确，超过盈亏平衡点后，每多卖一个部件，经营利润增加额为单位边际贡献，而不是单位固定成本。

选项 D 不正确，超过盈亏平衡点后，每多卖一个部件，经营利润增加额为单位边际贡献，而不是单位变动成本。

【例题 3-6】 安全边际是本量利分析法中的一个重要概念。安全边际是：

A. 边际贡献率

B. 预算的边际贡献与盈亏平衡边际贡献之间的差额

C. 预算的销售额超过盈亏平衡点销售额之间的部分

D. 盈亏平衡点销售额与现金流量平衡点之间的差异

【答案】 C

【解析】 选项 A 不正确。边际贡献率是用边际贡献除以销售额计算得出，边际贡献等于销售额减总变动成本。安全边际是预算销售额与盈亏平衡点销售额之间的差额。

选项 B 不正确。安全边际是预算销售额与盈亏平衡点销售额之间的差额，而不是预算边际贡献与盈亏平衡边际贡献之间的差额。

选项 C 正确。安全边际衡量预算或者实际的销售超过盈亏平衡点的部分，可以用销售量或销售额表述。

选项 D 不正确。现金流量平衡点与盈亏平衡点的销售额不相关。

三、多产品盈亏平衡分析

对于生产单一产品的企业来说，盈亏平衡分析比较简单，然而对于多品种、多产品，盈亏平衡分析就比较复杂。

（一）销售组合

销售组合，或收入组合，是指出售的产品和服务的相对比例关系。

（1）本量利分析的前提假设中就包含：单一产品或明确界定的组合产品。当组合确定不变时，产品组合收入、成本、边际贡献都是确定的，盈亏平衡的条件也是确定的。当销售组合不变时，可以采用以下公式计算多产品下的盈亏平衡点：

收入 - 变动成本 - 固定成本 = 营业利润

（2）如果组合是变化的，由于不同产品的盈利性不同，在满足盈亏平衡的条件时，则可能存在有多种销售组合。此外，当销售量一定时，如果产品组合中边际贡献高的项目占比大，则组合的利润也会比较高。

目前进行多品种、多产品盈亏平衡分析时多采用边际贡献法。

（二）加权平均边际贡献法

1. 加权平均边际贡献法，是边际贡献法在产品组合 CVP 分析应用中的拓展方法。

为了组合地计算盈亏平衡点，根据销售组合中的每种产品销量权重来计算单位加权平均边际贡献，针对产品 A 和产品 B 的产品组合：

$$\text{加权平均单位边际贡献} = \frac{(\text{产品 A 的单位边际贡献} \times \text{产品 A 销量}) + (\text{产品 B 的单位边际贡献} \times \text{产品 B 销量})}{\text{产品 A 销量} + \text{产品 B 销量}}$$

这种加权平均是简单加权平均。盈亏平衡点销售量计算公式：

$$\text{盈亏平衡点销售量} = \frac{\text{固定成本}}{\text{加权平均单位边际贡献}}$$

【提示】 销售组合变化会对营业利润产生多大的影响，取决于高边际贡献项目和低边际贡献项目在组合中的比例如何变化。一般适用如下规则：

- 若减少高边际贡献产品比例，增加低边际贡献产品比例，可能会导致营业利润降低，即使总销售收入可能会增加。
- 如果提高高边际贡献产品比例而降低低边际贡献产品比例，可能会导致营业利润增加，即使总销售收入可能会减少。
- 企业往往通过调整销售组合实现收入最大化。但是在有的情况下，最好的决策不是生产具有最高单位边际贡献的项目。因为边际贡献很高的一种产品，公司不一定有能力卖到盈亏平衡的数量。

企业管理者应该关注每一种产品的边际贡献，根据具体条件进行决策。

第三章

2. 加权平均边际贡献率法，同样可以用于计算产品组合的盈亏平衡点。

加权平均边际贡献率 = $\sum$（每种产品的边际贡献率 × 该产品的销售收入占全部收入的比重）

盈亏平衡点销售额 = 固定成本 ÷ 加权平均单位边际贡献率

【例题 3 - 7】 某公司为应对市场变化，计划在明年生产两种产品，产品 A 和产品 B。产品资料如下：

	产品 A	产品 B
单位销售价格	10 美元	15 美元
单位变动成本	8 美元	10 美元
预计销售量	20 000 件	5 000 件

公司的总固定成本预计为 30 000 美元。假设在盈亏平衡点上产品组合与预计的销量水平的产品组合一致。请问在盈亏平衡点上预计要销售多少件的产品 A？

A. 2 308 件　　B. 9 231 件　　C. 11 538 件　　D. 15 000 件

【答案】 B

【解析】 选项 B 正确。计算如下：

$$\frac{30\ 000}{(10-8)\times\frac{20\ 000}{25\ 000}+(15-10)\times\frac{5\ 000}{25\ 000}}=11\ 538\text{（件）}$$

实现盈亏平衡点预计 A 产品销量 = 11 538 × (20 000/25 000) = 9 231（件）

【例题 3-8】 俄罗斯大列巴面包公司生产 2 种面包，一种 2 磅的圆形面包和一种 3 磅的心形面包。公司的总固定成本为 94 000 美元。两种面包的变动成本和销售数据如下：

	2 磅圆形面包	3 磅心形面包
单位售价	12 美元	20 美元
单位变动成本	8 美元	15 美元
目前销售量（按单位计）	10 000	15 000

如果销售组合是每 1 个圆形面包与 3 个心形面包，那么，这两种面包的盈亏平衡点销售量分别为：

A. 8 174 个圆形面包，12 261 个心形面包

B. 12 261 个圆形面包，8 174 个心形面包

C. 4 947 个圆形面包，14 842 个心形面包

D. 15 326 个圆形面包，8 109 个心形面包

【答案】 C

【解析】 选项 C 正确。加权平均边际贡献 $=(12-8)\times\frac{1}{4}+(20-15)\times\frac{3}{4}=4.75$。

盈亏临界点销售量 = 94 000 美元 ÷ 4.75 = 19 789（个）

圆形面包销售量 $=19\ 789\times\frac{1}{4}=4\ 947$（个）

心形面包销售量 $=19\ 789\times\frac{3}{4}=14\ 842$（个）

四、所得税与本量利分析

净营业利润通常表示为营业利润减去所得税的差。

相关恒等式为：

目标净营业利润 = 营业利润 × (1 - 所得税税率)

即：

$$\text{营业利润}=\frac{\text{目标净营业利润}}{1-\text{所得税税率}}$$

在考虑所得税的情况下，本量利分析中的收入利润恒等式为：

$$收入-变动成本-固定成本=\frac{目标净营业利润}{1-所得税税率}$$

> 【提示】所得税的存在并不会影响公司的盈亏平衡点，因为税前利润为零，等于税后利润为零。

五、敏感性分析与本量利分析

敏感性分析（sensitivity analysis method）是研究当一个系统的周围条件发生变化时，这个系统的状态发生了怎样的变化，是敏感还是不敏感。

本量利（CVP）分析中的敏感性分析，即针对数量（Q）、价格（P）、单位变动成本（UVC）、固定成本（FC）等因素的变化，而提出一系列“假设”，“如果……则会发生……变化”。公式为：

$$盈亏平衡点数量=\frac{固定成本}{单位售价-单位变动成本}$$

> 【提示】敏感性分析与本量利分析的结合，主要关注两方面的问题：
> - 相关因素发生多大变化时会使企业由盈利转为亏损，即有关因素临界值的确定；
> - 相关因素变化对利润的影响程度。

敏感性分析对企业利润等各项预测、经营发展决策、投资者衡量投资效益和制定投资决策都具有十分重要的意义。

【例题 3-9】某电子整装企业，租用某厂房进行组装生产。每一套电子产品，单位价格为 200 美元，单位变动成本为 120 美元。预计销售 40 套；假设厂房业主给出三种租金方案选择：

方案 1：2 000 美元的固定费用；

方案 2：800 美元固定费用加所得收入的 15%；

方案 3：所得收入的 25%，无固定费用。请分析三种方案的安全边际。

【解析】方案 1：盈亏平衡点销售量 = 2 000 ÷ (200 − 120) = 25（套）；安全边际 = 40 − 25 = 15（套）。

方案 2：盈亏平衡点销售量 = 800 ÷ (200 − 120 − 200 × 15%) = 16（套）；安全边际 = 40 − 16 = 24（套）。

方案 3：盈亏平衡点销售量 = 0 ÷ (200 − 120 − 200 × 25%) = 0（套）；安全边际 = 40 − 0 = 40（套）。

第二节　边际分析

一、边际分析及相关概念

边际分析，也称增量分析或者差量分析，是一种分析短期决策的方法。在经济学中，边际即“额外的”“追加的”意思，指处在边缘上的“已经追加上的最后一个单位”，或者“可能追加的下一个单位”，自变量发生微量变动时，在边际上因变量的变化，边际值表现为两个微增量的比。因此，边际分析方法就是研究经济运行中微增量的变化，用以分析各经济变量之间的相互关系及变化过程的一种方法。相关概念有：

（1）增量成本：在现有或者计划产量的基础上获得额外产量而发生的额外成本。

（2）增量收入：执行一项备选行动过程中产生的额外收入。

（3）相关成本：对企业经营管理有影响或者在经营管理决策分析时，必须加以考虑的各种形式的成本。相关成本是尚未发生的（未来成本）且在替代方案中有差异的成本。决策是面向未来的，与之相关的成本也只能是未来将要发生的成本。

（4）相关收入：指与特定决策方案相联系、能对决策产生重大影响、在项目投资决策中必须予以充分考虑的收入。

（5）机会成本：当选择某一种经济活动，而放弃的可以从事其他经济活动可获得的最大潜在利益。

（6）沉没成本：发生在过去并且不能够改变的成本；沉没成本与未来的决策无关，在决策分析时应忽略。

（7）可避免成本：采用一种方案替代另一种方案时可以全部或者部分免除的成本；应该注意的是，可避免成本不是指可降低成本。可避免成本仅指其他方案的某一项支出，对于本方案来说是可以避免发生的。可避免成本常常是与决策相关的成本。

（8）不可避免成本：无论采取哪一种方案的决策或者行动，都存在的成本。不可避免成本通常是与决策不相关。

（9）边际成本：每新增生产一单位产品带来的总成本的增加量。

（10）边际收入：每增加一单位产品的销售所增加的收益，即最后一单位产品的售出所取得的收益。

（11）显性成本：指的是会计记录的成本，主要包括：直接人工、直接材料、间接费用、销管费用等。会计利润只包括显性成本。

（12）隐性成本：指的是公司所有者提供给公司的资本的机会成本。经济利润既包括显性成本也包括隐性成本。

【提示】

● 边际分析在管理会计中，着重分析增量成本和增量收入的增减情况，而不再是着眼于总成本和总收益。

● 在边际分析中，任何在产品批量之间没有区别的成本，包括已分摊成本，均应忽略。

● 边际分析根据企业过程，通常用于以下决策模型：

- 特别订单及其定价；
- 自制还是外购决策；
- 销售还是进一步加工决策；
- 增加还是减少一个分部决策；
- 将限制性因素的单位贡献最大化。

二、特殊订单及其定价

特殊订单即指企业有一次性和短暂机会来决定接受还是拒绝特定数量产品或者服务的订单。如果相关收入大于相关成本（包括机会成本），则该订单盈利，可以接受此订单。

特殊订单的决策首先需要考虑的是企业产能的问题。

（一）剩余生产能力

企业现有剩余生产能力，可以在完成既定的生产任务后利用剩余生产能力接受外单位的额外产品生产要求或是可以以剩余生产力接受外单位的额外产品生产的大部分要求。

企业在利用剩余生产能力进行追加特殊产品的生产时，主要是评价特殊订单是否存在边际贡献。

决策标准：外单位特殊订单的产品价格高于该产品的变动成本即可接受追加订货。如果存在专属固定成本，则要求追加的产品价格高于该产品的变动成本，并在能补偿专属固定成本的条件下接受。若剩余生产能力另有他用或是特殊订单需要挤占正常生产量时，还应考虑机会成本。是否接受特殊订单应考虑以下具体情况：

（1）在剩余生产能力无其他用途的情况下，如果接受特殊订单不需要追加专属成本，那么只要该特殊订单的出价大于产品单位变动成本，也就是在该特殊订单能提供边际贡献时，就可以接受该订单。

（2）在剩余生产能力无其他用途的情况下，如果接受特殊订单需要追加专属成本，那么接受此特殊订单的条件是，该订单的边际贡献应大于专属成本，也就是特殊订单的相关损益大于零。

（二）接近或者达到满负荷

如果企业以满负荷进行运营，最低可接受价格就是正常销售价格。在满负荷运营时，企业还需考虑接受订单是否会失去获利更高的销售。并且还应评估因失去具有更高边际贡献的销售项目而导致的机会成本。

> **【提示】** 特殊订单是非预期的且不常见的短期订单。对于短期特殊订单，在可以增加总贡献的情况下会被接受，但是如果定期（长期）的基础上接受特殊订单，企业的定价体系会受到侵蚀。

【例题 3-10】 失去一个重要的顾客使 B 机器公司暂时有一些剩余制造产能。B 公司在考虑接受特殊订单，该订单包括了 B 公司最畅销的产品。考虑以下各类成本：

Ⅰ. 产品的变动成本

Ⅱ. 产品的固定成本

Ⅲ. 与订单相关的直接固定成本

Ⅳ. 暂时闲置产能的机会成本

在是否接受该特殊订单的决策中，应该考虑以下哪一种成本类型组合？

A. Ⅰ和Ⅱ　B. Ⅰ和Ⅳ　C. Ⅱ和Ⅲ　D. Ⅰ、Ⅲ和Ⅳ

【答案】 D

【解析】 选项 D 正确。在判断一次性订单时，需要考虑与订单相关的成本，包含变动成本、订单相关直接固定成本、产能闲置的机会成本等，即包含Ⅰ、Ⅲ、Ⅳ三项。

【例题 3-11】 根据下述信息回答问题，D 公司是一个工业产品制造商。用于自动化生产子部件的产品是 DB-96。该产品单位财务构成如下：

单位：美元

销售价格	150
直接材料	20
直接人工	15
变动生产费用	12
固定生产费用	30
运费及处置费	3
固定销售及管理费用	10
总成本	90

D公司收到一个特殊的一次性订单生产1 000个DB－96零部件。假设D公司满负荷进行生产，该特殊订单的产量将占用已有产量的边际贡献为10 000美元。使用最初数据，该一次性特别订单可接受的最低价格是超过：

A. 60美元　　B. 70美元　　C. 87美元　　D. 100美元

【答案】 A

【解析】 选项A正确。假定没有剩余产能，价格必须覆盖增加的成本。DB－96增加的成本等于50美元（20美元直接材料＋15美元直接人工＋12美元变动制造费用＋3美元运费）。机会成本是指使用稀缺资源投入最优方案能够获得的利益。因为接受特殊订单会使公司放弃边际贡献10 000美元，该金额必须在价格中有所体现。因此，最小单价是60美元［50美元单位增加成本＋（10 000美元损失的边际贡献÷1 000件）］。

选项B不正确。该金额包括固定销售和管理成本。固定销售和管理成本是不相关成本。

选项C不正确。该金额包括固定制造费用，但是遗漏了运费相关成本。

选项D不正确。该金额是以完全成本法为基础计算得出的。其中固定销售和管理成本、固定生产费用是不相关成本。

三、自制或者外购

（一）自制或者外购相关成本分析

自制或外购分析的是短期外购行为决策，即企业决定是从外部供应商处购买产品或者服务，还是自己生产的决策。“短期”意味着该企业拥有生产该批量产品的能力。

要决定外购还是自制，需要对比内部制造的相关成本和外部购买成本。

【提示】 某些情况下，机会成本和定性因素需要加以考虑。相关成本和不相关成本可以参见表3－2。

表3－2　相关成本与不相关成本

	含义	影响
相关成本	代表自己生产的短期成本，既然是短期的，也就是只分析增量或者差异成本，包括： （1）与制造该产品相关的变动成本 （2）与制造该产品相关的任何可避免的固定成本 （3）因制造该产品而导致的收益的减少	可以通过外部购买来避免或者消除
不相关成本	不随着外购而改变。一般来说，不相关成本是固定的间接成本和任何折旧成本	无论企业决定内部制造还是外部购买，这些成本不会改变且不可避免

> 在自制或者外购决策中，应考虑可避免固定成本和其他机会成本，尤其是固定间接费用。例如：可以减少一个固定工作人员；可减少一块固定空间的租用等。如果内部生产的空间可以他用，那么就需要考虑其中的机会成本。

（二）自制或外购决策标准

由于无论是产品/服务自制还是外购，并不影响产品的销售收入，因此只需考虑两个方案的成本，哪一个方案的成本低就选择哪一个方案。具体分三种情况讨论：

（1）产品/服务自制不需增加固定成本且自制能力无法转移。在企业已经具备自制能力无法转移的情况下，原有的固定成本属于沉没成本，不会因产品/服务的自制或外购而发生变动。因此，在这项决策分析中，只需将自制方案的变动成本与外购成本进行比较。如果自制变动成本高于外购成本，应外购；如果自制变动成本低于外购成本，应自制。

（2）产品/服务自制不需增加固定成本且自制能力可以转移。在自制能力可以转移的情况下，自制方案的相关成本除了包括按产品/服务全年需用量计算的变动生产成本外，还包括与自制能力转移有关的机会成本，将自制方案的相关成本与外购成本进行比较。

（3）产品/服务自制但需要增加固定成本。当自制产品/服务时，如果企业没有多余的生产能力或多余生产能力不足，就需要增加固定成本以购置必要的机器设备。在这种情况下，自制产品/服务的成本就不仅包括变动成本，而且还包括增加的固定成本。由于单位固定成本是随产量成反比例变动的，因此对于不同的需要量，决策分析的结论就可能不同。

（三）自制或外购决策需要考虑定性因素

在自制或者外购决策中，除了成本抉择之外，企业还需要评估同外部供应商打交道的定性因素。包括需要利用外部供应商的独特知识、难得的技术人员、获取稀有材料的途径等。现代商业社会中，越来越多的买方和卖方形成各种伙伴关系，从而联合起来改善产品/服务。买方公司经常调整自制或者外购决策，以与供应商达到互利关系。供应商的产品可靠性和在质量方面的信誉，也就是承担外包的能力是至关重要的，包括：

（1）保证按时交货以及零部件和材料的顺畅流通；

（2）保持可接受的质量控制；

（3）对于核心竞争力的控制策略，有些内部能力不宜外包；

（4）对知识产权的滥用风险。

对于外购的优点和缺点可以参见表3－3。

表 3-3 外购的优缺点

外购的优点	集中核心竞争力；改善效率和效果；获取新技术；在不发生间接费用时获得能力；改善质量和及时性等
外购的局限	寻找外部的专业知识成本可能更高，内部专业知识和能力的荒废；降低过程和质量的控制；灵活性下降；缺少个性化服务；私人和机密的问题；知识泄密；员工道德和忠诚度问题等

【例题 3-12】 若需要 1 000 000 件产品，自制单位成本 18 美元，其中直接材料 9 美元，直接人工 2.4 美元，变动制造费用 1.6 美元，混合成本 2 美元（1.5 美元变动和 0.5 美元固定），固定成本 3 美元。外购每件 16 美元；外购则机器设备闲置，固定成本依然发生，混合成本中固定成本不必支付。

若闲置设备可用于生产其他产品 500 000 件，单价 16 美元，直接材料 6.8 美元，直接人工 2 美元，变动制造费用 1.2 美元，材料处理和安装调试费 1 美元。请问自制还是外购？

【解析】 外购成本 =1 000 000 ×16 =16 000 000（美元）

自制成本 =1 000 000 ×(9 +2.4 +1.6 +1.5) +1 000 000 ×0.5

=15 000 000（美元）

闲置设备利用收益 =(16 -6.8 -2 -1.2 -1) ×500 000 =2 500 000（美元）

自制成本 =15 000 000 +2 500 000 =17 500 000（美元）

自制净损失 =17 500 000 -16 000 000 =1 500 000（美元）

所以决策结果为外购。

【例题 3-13】 A 公司生产自行车需要橡胶轮胎作为生产的配件。若自己生产，则生产此轮胎配件的成本信息为：直接材料成本是 6 美元/个，直接人工成本为 10 美元/个，专属固定制造费用为 6 美元/个。生产此轮胎配件，还需要橡胶资源，1 个轮胎需要 1 个单位的橡胶资源，1 个单位橡胶资源的成本是 2 美元。从企业外部购买此轮胎配件的价格是 25 美元/个。问：

如果公司有闲置产能，自制还是外购？

【解析】 自行车轮胎的相关成本 = 该产品的变动成本 + 可避免的固定成本 =6 美元/个 +10 美元/个 +6 美元/个 +2 美元/个 =24 美元/个。轮胎产品的外购价格为 25 美元/个，大于相关成本 24 美元/个。所以公司应当选择自制该产品。

四、销售或进一步加工

（一）销售或进一步加工决策

销售还是进一步加工决策，或联产品是否进一步加工决策，涉及直接将产品或者服务销售出去，还是继续进一步加工再出售，常见的销售还是进一步加工决策包括：

(1) 在产品上添加新特性以提升产品功能。

(2) 提高服务的灵活性或者质量。

(3) 修复有缺陷的产品，采用常规方式销售，或者按残次品折价销售。

(二) 联产品与联合成本

联产品或者联服务，即由单一的共同投入生产出两种或者多种产品或服务。如石油化工厂对原油裂化加工分馏出来的汽油、柴油、重油等产品都属于联产品。有些联产品在分离点可直接出售，也可以进一步加工。如汽油就可进一步加工成各种标号的油品。

分离点，指在生产过程中联产品可被识别为不同产品的时间点。

联合成本（joint cost），指分离点前发生的全部成本。由于联合成本在分离点之前发生（无法直接归属到任何中间产品或服务或最终产品上），对于分离点之后的行动决策属于沉没成本，是决策不相关成本。

(三) 销售或进一步决策步骤

销售还是进一步加工决策的步骤是：

(1) 确定产品或者服务的售价，或确定在联合生产过程中分离点处，每件产品或者服务的售价。

(2) 如果对产品或者服务进行进一步加工，确定每件产品或者服务的最终售价。

(3) 计算进一步加工所增加的收入，即进一步加工销售收入减去不继续加工的销售收入。

(4) 计算增量成本。

(5) 比较增量收入和增量成本。

【提示】销售或进一步决策的相关成本只包括与进一步加工有关的可分离成本；相关收入则包括直接出售的有关收入和加工后出售的有关收入。

【例题 3－14】W 公司生产用于清洁行业的化工产品。上个月，W 公司发生了 300 000 美元的联合成本用于生产 60 000 个一号清洁产品和 40 000 个二号清洁产品。W 公司使用产量法来分配联合成本。目前一号清洁产品在分离点的单位售价为 3.50 美元。F 公司与 W 公司联系要求购买所有经过深加工的一号清洁产品。W 公司的深加工成本为 90 000 美元。在联合生产成本和分析中，确定销售产品获得利润最大化的点时，下述哪项成本是相关的？

A. 分离点后的可分离成本

B. 分离点的联合成本

C. 产品在生产期间的销售人员工资薪酬

D. 联产品需要的材料采购成本

【答案】 A

【解析】 选项A正确。联产品是指用同一种原料，经过同一个生产过程，生产出两种或两种以上的不同性质和用途的产品。联产品分离时的分离点是最关键的，它是联合生产过程的结束。在分离点就必须采用可行的分配办法，将联合成本分配于各联产品。分离后，不需进一步加工即可销售或结转的联产品，其成本就是分配的联产品成本。分离后如需进一步加工的，继续加工费用为直接费用的可直接计入，为间接费用的应在相关的产品之间分配计入。联合成本加上继续加工成本为该产品的销售成本。分离点后各自发生的成本是相关的。如果增量收入超过各自的可分离成本，应进一步加工，而不是在分离点销售。

选项B不正确。分离点的联合成本（共同成本）对何时销售产品的决策无影响，属于不相关成本。

选项C不正确。在生产期间内，销售人员的工资不影响决策。

选项D不正确。采购成本是分离点前联合成本，属于不相关成本。

【例题3-15】 J公司制造A、B、C三种产品。5月份J公司的生产、成本和销售的数据如下：

	产品			
	A	B	C	合计
产量	30 000	20 000	70 000	120 000
分割点的联合成本				480 000 美元
进一步加工成本	0 美元	60 000 美元	140 000 美元	
售价				
分割点处	3.75 美元	5.50 美元	10.25 美元	
加工后		8.00 美元	12.50 美元	

基于以上信息，应该给予J公司的管理层以下哪一项建议？

A. 在分离点处卖出B产品和C产品

B. 在分离点处进一步加工B产品，而卖出C产品

C. 在分离点处进一步加工C产品，而卖出B产品

D. 进一步加工B产品和C产品

【答案】 C

【解析】 选项C正确。判断再加工产品的定价：

	A	B	C
加工前售价	3.75 美元	5.50 美元	10.25 美元
加工成本	0 美元	60 000 美元	140 000 美元

续表

	A	B	C
产量	30 000	20 000	70 000
单位加工成本	0.00 美元	3.00 美元	2.00 美元
加工后预计售价	3.75 美元	8.00 美元	12.50 美元
额外增加收入	0.00 美元	(0.50) 美元	0.25 美元
		不加工	加工

或：

B 深加工增加利润 = (8 − 5.5) × 20 000 − 60 000 = −10 000（美元）

C 深加工增加利润 = (12.5 − 10.25) × 70 000 − 140 000 = 17 500（美元）

因此，C 深加工后出售，B 产品直接卖出。

五、增加还是减少分部

增加还是减少分部，抑或增加还是减少服务产品，主要考查、分析和对比相关成本与相关净营业利润的影响。需要注意的是，在边际分析中，只有可避免成本才是需要考虑的相关成本，而共同固定成本是不可避免成本，与决策无关。增加还是减少某个分部，决策方法如下：

（1）如果节省的可避免固定成本 < 将要损失的边际贡献，则应该保留该分部。

（2）如果节省的可避免固定成本 > 将要损失的边际贡献，则应剔除该分部，因为这样能提高总的净营业利润。

一般考虑保留或裁撤的部门，多为面临亏损的部门，这是企业发展转型中常见的决策分析。如果销售该亏损产品能产生边际贡献，则可以弥补一部分固定成本，这时就不应该停产。

> **【提示】** 若存在其他机会成本，例如可能生产其他产品能获得的收益，或者不进行生产而进行空间租赁获得的收入，则在进行增加或者减少分部的决策过程中，应将这些机会成本与可避免固定成本相加，从而综合考量。

【例题 3 − 16】 T 公司最近审核了各个业务部门的盈利能力。该公司的西部区业务部预计在今后一段时期会亏损，因此被关闭。在以下哪一种情形下，T 公司的总利润在关闭西部区业务部后会减少？

A. 西部区业务部的预计亏损少于其分摊的总部成本

B. 西部区业务部的预计边际贡献为负数

C. 西部区业务部的存货被转移到其他分部

D. 西部区业务部的预计固定成本被除掉

【答案】 A

【解析】选项A正确。西部区业务部的预计亏损少于其分摊的总部成本，如果关闭西部区业务部，将导致西部区业务部的收入为0，但是其分摊的总部成本将由其他部门分摊，从而总体上减少总利润。

选项B不正确。如果西部区业务部的预计边际贡献为负数，则关闭西部业务部不会导致总利润在关闭西部区业务部后减少。

选项C不正确。西部区业务部的存货被转移到其他分部对总利润没有影响。

选项D不正确。西部区业务部的预计固定成本被除掉，会增加会计利润。

【例题3-17】某大型连锁公司拥有购物、娱乐、餐饮三大业务部门，现在业务部门的运作情况如下：

单位：美元

	购物	娱乐	餐饮	总计
销售	500 000	400 000	100 000	1 000 000
变动成本	300 000	200 000	70 000	570 000
固定成本	100 000	100 000	50 000	250 000
经营利润（损失）	100 000	100 000	（20 000）	180 000

管理层正在考虑关闭餐饮部门，因为它“效益非常差”。关闭该部门会减少30 000美元的固定成本，但购物和娱乐两个部门的销售将从当前水平下降5%。在考虑这项决策时，该大型公司的总监建议公司应该注意的一个财务方面是边际收益。请问是否应当关闭餐饮部门？

【解析】对购物、娱乐、餐饮三个部门进行本量利计算，如下：

	购物	娱乐	餐饮
销售额	500 000 美元	400 000 美元	100 000 美元
变动成本	300 000 美元	200 000 美元	70 000 美元
边际贡献	200 000 美元	200 000 美元	30 000 美元
边际贡献比率	40%	50%	30%

餐饮部门的边际贡献为30 000美元，等于关闭该部门的可避免固定成本30 000美元，但是若加上购物和娱乐部门连带的损失，那么关闭餐饮部门会带来更大的损失。所以不应当关闭餐饮部门。

六、最大化限制性因素决策分析

限制性资源，即约束性资源，就是瓶颈，阻碍特定事物发展的关键性因素，是最稀缺的。如果某项决定性的因素，制约了企业满足客户需求的能力，那么企业发展的目标就成为最大化每单位产能即限制性因素的边际贡献。

在现实经济生活中，企业的生产常常会受到某一种有限（或稀缺）资源的限制。当某一种有限资源限制了企业满足外部需求的某种产能力时，说明企业产品生产和销售量受到了约束。当产品生产量受到某一种有限资源约束时，通常不能以产品的单位边际贡献大小作为决策的标准，其原因在于，尽管产品单位边际贡献就是反映产品盈利能力的重要指标，但在企业资源有限的情况下，单位边际贡献大的产量不一定大，因而其边际贡献总额就不一定最大，这样就不能为企业带来最大的经济利益。所以，在企业生产受到某一有限资源约束的情况下进行生产决策，必须以各种产品提供的边际贡献总额的大小来判断方案的优劣。在这种情况下，通常选择产品的单位资源（制约因素）边际贡献指标作为评价依据。

【例题 3－18】某上市企业有洗洁精与洗衣粉两种产品，洗洁精产品的价格是 20 美元/个，直接变动成本是 12 美元/个，固定成本是 4 美元/个，其中即使不生产洗洁精产品也有 2 美元/个的成本发生，每个洗洁精产品需要 2 个人工工时。洗衣粉产品的价格是 16 美元/个，直接变动成本是 8 美元/个，每个洗衣粉产品需要 4 个人工工时。请问当工厂总人工工时有 200 个小时，该生产哪一种产品？

【解析】洗洁精产品的单位限制因素的边际贡献 =（20 美元 －12 美元 －2 美元）÷2 美元人工工时 =3 美元/人工工时。洗衣粉产品的单位限制因素的边际贡献 =（16 美元 －8 美元）÷4 美元人工工时 =2 美元/人工工时。因为 3 美元/人工工时大于 2 美元/人工工时。所以优先生产洗洁精产品。

七、所得税与边际分析

相关成本是决策过程的首要分析对象。一般来说：①大部分变动成本都是相关成本，变动成本因为产量或者备选方案的不同而不同。②大多数固定成本为不相关成本，因为不同产量或者备选方案固定成本通常是不变的。须特殊考虑固定成本中的可避免固定成本，属于相关成本。

设施或者设备的折旧费是既定成本的一部分，购置成本在资产寿命周期内分摊，所以将折旧费归为相关成本是错误的。折旧费属于沉没成本，通常与决策分析无关。

在一个没有税收抵扣的简单税收世界中，所得税也是边际分析的不相关因素。因为当税前营业利润最大化时，税后营业利润也将最大。

边际成本的经济学定义是下一个产出的成本。在进行边际分析时，管理会计师使用单位变动成本（UVC）代替边际成本；用单位售价（USP）代替边际收入。

总成本（TC）是变动成本（VC）和固定成本（FC）的总和。用“Q”代表产量，则平均变动成本 $AVC = VC/Q$；平均固定成本 $AFC = FC/Q$；平均总成本 $ATC = AVC + AFC$。

第三节　定价

一、定价相关概念

定价决策，指公司为其产品和服务确定价格而做出的群体决策。定价太高，可能会降低销量；定价太低，可能收不回成本。无论以市场价格水平为基础进行定价，还是以企业自身产品成本为基础进行定价，在大部分实际市场领域中，均围绕市场供求的均衡价格而上下波动。

产品或者服务的供求状况、时间范围，都会影响定价决策的制定。

（一）供求状况

依据供求状况不同，有不同适用的定价方法，如表 3－4 所示。

表 3－4　以供给或需求为基础的定价法

	特点	具体方法
以供给为基础的定价法	优势：简便，保证获取足够的利润 不足：无法促进成本管理。并且不断提高价格，会导致产品和服务的定价脱离市场。做了没有竞争对手和供不应求的理想假设	成本加成定价法
以需求为基础的定价法	根据客户的需求和客户对产品的预期价格，作为主要定价基础	包括撇脂定价法、渗透定价法、效益管理定价法、价格点法、心理定价法、捆绑定价法、价值基础定价法、溢价定价法等

（二）时间范围与长短期定价法

定价决策通常根据时间长短分为短期定价决策和长期定价决策两种（如表 3－5 所示）。

表 3－5　短期与长期定价决策

	期限	适用情况
短期定价决策	1 年及以内，通常 6 个月及以内	适用于一次性的和短期的特别产品采购订单，或者用于对竞争性市场条件作出反应。市场竞争情况要求更加及时地调整产品线和产出量
长期定价决策	1 年以上	一般关注主要市场上的某一产品或者服务

在给定长期时间范围的情况下，稳定且可预测的成本更有利于定价决策。

稳定的长期成本，带来价格的长期稳定，有助于长期稳定的价格决策，促成更加牢固的长期买卖关系。

二、市场基础定价法

市场基础定价法，即以市场需求或市场竞争对手定价情况为基础而进行定价的方法，适用于产品和服务基本相同的情况下。两种主要的市场基础定价法如下：

1. 基于需求的定价。特点是如果市场对产品的需求很大，那么就可以制定较高的价格；如果市场对产品的需求很小，并且市场上存在大量该种产品的替代品，那么应该制定较低的价格。市场基础定价法适合高度竞争的市场和大宗商品市场，例如航空、石油、天然气、矿石和多种农产品。这些产品相对比较标准化、可替代。

2. 基于竞争的定价。特点是根据竞争对手同质产品和可替代产品的价格水平来确立产品价格。

在市场基础定价情境下：

- 市场力量对产品或者服务的价格设定具有极大的影响。
- 客户愿意支付的价格水平不高于市场现行价格。
- 公司的价格制定一般与现行市价持平。
- 需要考虑客户期望和想要什么，以及客户看重什么。
- 需要确定竞争的激烈程度。
- 需要估计客户和竞争对手会对公司的定价做何反应。

> **【提示】**在采用市场基础定价法时，公司务必进行成本效益分析。如果该产品的生产和销售成本过高，公司会退出该产品的市场。

市场基础定价法的优点：着眼于市场，考虑了市场的供求和竞争因素的影响，能够较好地适应市场，有利于企业参与竞争。

市场基础定价法的缺点：这种定价方法与企业成本费用脱节，不一定能保证企业要求的利润。

三、成本基础定价法

成本基础定价法，即成本加成定价法，是以产品和服务的开发、生产、销售的成本为依据，设定能够覆盖这些成本并赚取到一定利润的价格。相对于市场基础定价法的价格受制于市场价格水平，成本基础定价法拥有适度的自主性。

实施成本基础定价法，企业应当确定的事项包括：

（1）确定在特定产量即销量水平下，与生产和销售产品相关的成本。如何确定采用哪些成本、如何计量这些成本是成本基础定价法的重要环节。

（2）确认合理的回报即加成，通常根据市场平均收益水平、经济增长率、银行利率、风险水平等，设定一个利润加成比例。

（3）在成本基础上进行加成。根据市场实际调研情况，制定出不同渠道的价格体系。

（4）根据市场力量变化，在必要时对加成比例进行相应的调整。

在成本基础定价法中，为了确定定价中采用什么成本以及最终加成多少，在确定价格体系时，通常有三种成本加成方法，如表 3－6 所示。

表 3－6　成本加成方法

加成方法	价格公式
变动成本加成法	单位售价＝单位平均固定成本＋单位变动成本×（1＋加成比例）
产品成本加成法	单位售价＝（单位平均固定成本＋单位变动成本）×（1＋加成比例）
总成本加成法	单位售价＝（单位平均固定成本＋单位变动成本＋其他摊销成本）×（1＋加成比例）

成本加成定价法的优点：产品价格能保证企业的制造成本和期间费用得到补偿后还有一定利润，产品价格水平在一定时期内较为稳定，定价方法简便易行。

成本加成定价法的缺点：忽视了市场供求和竞争因素的影响，忽略了产品寿命周期的变化，缺乏适应市场变化的灵活性，不利于企业参与竞争，容易掩盖企业经营中非正常费用的支出，不利于企业提高经济效益。

【例题 3－19】典型的定制化生产的工业设备公司使用以下哪一种定价方法？

A. 成本基础定价法　　B. 市价基础定价法

C. 材料基础定价法　　D. 价格歧视

【答案】A

【解析】选项 A 正确。成本基础定价法应用的基本原则：市场缺乏竞争、替代品少、定制产品、新产品。典型的定制化生产的工业设备公司符合成本基础定价法应用的基本原则。

四、目标成本法

目标成本法与传统定价方法相比，有完全不同的视角和理念。传统定价法，假设产品或者服务已经开发出来，成本已经得到确认或者可以得到确定，然后根据成本确定价格。而目标成本法，是根据目标利润控制成本。二者比较如表 3－7 所示。

表 3-7　传统定价法与目标成本法

定价法	表达式	视角和理念	适用产业
传统定价法	价格 = 单位成本 + 单位利润	产品已开发生产出来	原材料产品；成本难以拆分的产品等
目标成本法	单位成本 = 竞争性价格 - 单位利润	根据目标成本再构建商品	市场价格驱动的行业；有较好的成本规划和成本管理

（一）目标成本法的实施过程

管理会计公告中的“实施目标成本法”给出了较为通用的实施目标成本法的实务步骤：

（1）在考虑市场需求和竞争状况的基础上确定目标价格。

（2）确定目标边际利润。

（3）确定必须实现的可允许成本。

（4）计算当前产品和流程的可能成本，归入不同的产品类型系列。

（5）确定控制成本，即必须被减掉的成本额。

（6）建立一个交叉职能团队，使他们从最初的设计阶段就参与目标成本法的实施过程。

（7）在设计过程中使用一些工具，如并行工程法、价值工程法和质量功能配置法。

（8）一旦生产开始进行，就实行成本缩减，例如采用生命周期成本法。

（二）目标成本法的实施基础

目标成本法的基石是确定市场基础成本和价格基础成本。实施目标成本法过程中，必然涉及设计、工程、生产、营销和会计等职能领域的跨部门参与，以确保产品或者服务项目是可行的，也就是能够在未来的销售中获得想要的边际利润。

目标成本法的实施，应由跨职能部门的团队来负责，综合各部门、各环节的成本和市场信息，使得最终设计和开发的产品或者服务不超过预先设定的目标成本。所以，管理会计公告“实施目标成本法”中，目标成本法具有如下共同特征：

• 竞争性的市场环境。

• 市场价格驱动成本和投资决策。

• 在产品或者服务设计和开发阶段的早期，即着手实施成本规划、成本管理和成本降低措施。

• 交叉职能团队的参与，包括管理会计师的参与。

（三）目标价格

在目标成本法中，目标价格代表产品或者服务可收取的最高价格。目标价格必须能够被客户和组织共同接受。

客户通过对产品和服务、质量、及时性、价格等多方面需要和预期进行“价值感知”，企业对客户愿意支付的价格进行估算。

（四）利用目标成本法设计提议的新产品或者服务

企业在设计提议的新产品或者新服务并确定目标价格和目标利润时，可采用一些基本技术，列举如表3－8所示。

表3－8　目标成本法基本技术过程

过程技术	技术描述	特点
市场评估工具	包括若干方法，用于评估市场和客户对计划推出的产品或者服务的需要，具体手段包括调查、焦点小组、访谈，以及面向现有客户、潜在客户或者先前客户的客户评论卡片	行业和竞争分析与市场评估以及逆向工程数据相结合，有助于促进设定目标价格
逆向工程（拆解分析）	获取并拆解竞争对手的产品，以了解竞争对手产品的设计特征，所采用的材料，可能的制造过程、属性、质量和成本	
行业和竞争分析	这类分析技术可用于了解竞争对手，以及用于明确如何最好地定位公司及其产品和服务，以获取竞争优势。其中包含各种综合性行业与竞争战略分析，例如迈克尔·波特的竞争优势战略分析模型	
财务规划与分析	具体的财务规划和报表分析，以检验过程、数量和收入之间的关系。该方法同时也从整体、特定分部以及具体产品或者服务的角度审视成本和投资。该方法允许将实际结果与计划的产品和服务进行比较	
内部成本分析	确定产品和服务成本以及与现行产品和服务相关的投资，以估计在现存的和计划的产品—服务特征以及处理特征下，计划的新产品或者服务的成本。内部成本分析法，通常采用作业管理法（ABM）和作业成本法（ABC）来确认与专门的成本发生活动的成本	内部成本分析和成本图表，有助于可允许成本的比较以及目标成本的确定
成本图表	维护和使用详细的成本信息数据库，这些数据库以各种制造变量为基础构建；促成对计划的新产品或者服务的成本规划工作，规划中假设新产品或者服务需要采用不同的设计、材料、制造流程，并需要具备不同的终端用户功能。该技术能帮助管理层事先确定备选方案的效果	

（五）并行工程

并行工程（concurrent engineering）是对产品及其相关过程（包括制造过程和支持过程）进行并行、集成化处理的系统方法和综合技术。企业在目标成本法的实施过程初期，就利用来自所有业务部门和职能的信息输入及评价设计产品或者服务，从而能预见到相关问题并平衡所有相关方的需要。并行工程强调客户要求和上游预防而非下游修正。

（六）价值工程

价值工程（value engineering，VE），也称价值分析（value analysis，VA），是指以产品或者作业的功能分析为核心，以提高产品或者作业的价值为目的，力求以最低寿命周期成本实现产品或者作业使用所要求的必要功能的一项有组织的创造性活动，有些人也称其为功能成本分析。价值工程涉及价值、功能和寿命周期成本三个基本要素。价值工程是一门工程技术理论，其基本思想是以最少的费用换取所需要的功能。这门学科以提高工业企业的经济效益为主要目标，以促进老产品的改进和新产品的开发为核心内容。

价值工程需要区分价值增值成本和非价值增值成本，如表3－9所示。

表3－9　价值增值成本和非价值增值成本

	描述	举例
价值增值成本	是指将资源转化为与客户要求相一致的产品或者服务的成本	与设计、组装、工具和机器相关的成本
非价值增值成本	非价值增值成本对客户偏好来说并不重要	包括快递费、返工成本或者过时存货的成本

（七）质量功能配置

质量功能配置（quality function deployment，QFD）是一种在设计阶段应用的系统方法，它采用一定的方法保证将来自顾客或者市场的需求精确无误地转移到产品寿命周期每个阶段的有关技术和措施中去。

质量功能配置是一种结构化方法，该方法将客户对产品或者服务的要求转化成开发和生产过程中的每一阶段的适当技术要求。质量功能配置（QFD）过程通常被称为“倾听顾客心声”。

（八）产品生命周期法和生命周期成本法

产品生命周期（product life cycle，PLC）是指产品的市场寿命。一种产品进入市场后，它的销售量和利润都会随时间推移而改变，呈现一个由少到多或由多到少的过程，这就是产品的生命周期现象。所谓产品生命周期，是指产品从进入市场开始，直到最终退出市场为止所经历的市场生命循环过程。产品只有经过研究开发、试销，然后进入市场，它的市场生命周期才算开始。产品退出市场，则标志着生命周期的结束。

产品生命周期概念假设：

- 产品具有有限的生命；
- 产品会经历各个存在阶段，每一个阶段都具有不同的销售机会和威胁；
- 在产品生命周期的每一个阶段，需要采取不同的营销策略。

产品或者服务的生命周期会经历四个阶段，如表3－10所示。

表 3 - 10　　产品生命周期

阶段	特点
1. 市场引入阶段	高成本，销售进展缓慢，竞争压力较小，需要创造需求，利润比较微薄
2. 成长阶段	由于规模经济效应，成本逐渐下降；销售量上升；竞争力增大，获利能力增强，但有时需要以下调价格为代价
3. 成熟阶段	成本进一步下降，销售达到了最大峰值，竞争激烈，价格趋向下降，以及为了维持市场份额，必须追求差异化
4. 市场饱和与衰退阶段	销售量下滑，利润减少，价格下跌

目标成本法用于降低产品或者服务整个生命周期中的总成本。在应用目标成本法原则时，企业必须定期重新设计产品和服务以便在降低价格的同时提升价值。

生命周期成本法，追踪并积累与产品或者服务整个生命周期相关的所有真实成本。捕捉所有成本，为各种旨在最小化总体成本的规划决策提供了重要信息。

（九）成本加目标回报率定价法

成本加目标回报率定价法，是以目标投资回报率为基础确定加价的一种方法。目标投资回报率，即企业必须明确目标营业利润与投入资本的比率。

企业一般会根据市场利率、行业利率、资金来源情况和企业自身情况，设定一个适宜的目标投资回报率。

【例题 3 - 20】 监管部门要求电力公司按成本为基础定价，电力公司预计明年相关信息如下：

营业成本：100 000 000 美元

折旧费用：30 000 000 美元

投资净额：100 000 000 美元

目标投资回报率为 20%

明年预计电力销售量为 1 000 000 000 千瓦时，则明年每千瓦时电力应定价为：

A. 0.14 美元　　B. 0.15 美元　　C. 0.16 美元　　D. 0.2 美元

【答案】 B

【解析】 选项 B 正确。需要实现的回报 = 100 000 000 × 0.2 = 20 000 000（美元）。

总收入 = 100 000 000 + 30 000 000 + 20 000 000 = 150 000 000（美元）

每千瓦时电力定价 = 150 000 000/1 000 000 000 = 0.15（美元）

（十）高峰负荷定价

高峰负荷定价（peak load pricing）是基于需求和实际产能极限，而对产品或者服务多收费或少收费的一种定价方法。

采用高峰负荷定价的规律是，当市场需求接近产能极限时，价格可能上升；当存在较多闲置产能或者过剩产能时，价格下降。主要应用行业包括航空、饭店、汽车租赁、电业和通信等行业。每年的“春运”期间，铁路、公路、民航提高票价也属于一个典型的高峰负荷定价问题。

高峰负荷定价最适合于供应缺乏弹性的产品。此时，供应商完全能预测需求的增长，因而能够进行系统化的价格上调。如在电力生产中，超产或者储存产出是不可能的或者代价极高的。解决的方法包括：在不同时期收取不同的价格。在高峰期与非高峰期收取不同的价格对垄断者是有利的。实行高峰负荷定价也可以改进整个社会资源配置的效率，因为高峰负荷定价使价格接近于边际成本，这将使消费者剩余与生产者剩余的总额最大。

【提示】

- 高峰负荷定价法，不同于以上各种以成本为依据的定价方法，高峰负荷定价更多的是考虑非成本因素。
- 采用高峰负荷定价，即使实际支出成本没有显著差异，各个细分市场的价格也会有较大不同。

【例题 3－21】系统地评价产品性能和产品成本之间的平衡关系，且仍能满足客户需要的是：

A. 作业管理法的定义　　B. 约束理论的定义

C. 全面质量管理的定义　　D. 价值工程的定义

【答案】D

【解析】选项 A 不正确。作业管理法是与产品成本和持续改进相联系的。

选项 B 不正确。约束理论是提高效率考虑问题的系统。实施约束理论的基本承诺是将流程改进到最好，而不仅是在流程的每一环节最大限度地提高效率，也要关注被称为约束的最低效率的生产环节。

选项 C 不正确。管理层使用全面质量管理来提高整个价值链的经营，向客户提供满足其期望的产品和服务。

选项 D 正确。系统地评价产品性能和产品成本之间的平衡关系同时仍能够满足客户需求是价值工程的定义。

【例题 3－22】以下哪项陈述最准确地描述了产品生命周期中的增长阶段的特征？

A. 存在有限的竞争且价格很高

B. 竞争加剧，价格呈下降态势

C. 竞争加剧，价格很高

D. 存在有限的竞争且价格呈下降态势

【答案】B

【解析】

特征	导入期	增长期	成熟期	衰退期
销售	销量低	销量剧增	销量最大	销量下降
成本	人均顾客成本高	人均顾客成本一般	人均顾客成本低	人均顾客成本低
利润	亏本	利润增长	利润高	利润下降
顾客	创新者	早期接受者	中间主要群体	滞后者
竞争对手	极少	增多	数量稳定，开始下降	数量下降

选项 A 不正确。因为在增长阶段，竞争是加剧的。

选项 C 不正确。因为在增长阶段，随着竞争价格降低。

选项 D 不正确。因为在增长阶段竞争是加剧的。

【例题 3－23】 目标成本法下，当发现目标成本和实际成本有差异时，以下方法可以用来消除差异，除了哪一项？

A. 并行工程法　　B. 价值工程法

C. 高低点法　　D. 生命周期成本法

【答案】 C

【解析】 选项 C 正确。选项 A、B、D 都可用于消除差异。当发现目标成本和实际成本有差异时，消除差异的方法有：并行工程法、价值工程法、质量功能配置法和生命周期法。

选项 C 无法消除差异，高低点法是计算固定成本和变动成本的方法。

【例题 3－24】 某大型工业公司计划引进一个新产品来应对金融危机带来的市场冲击，并预期能够出售 10 000 单位，单位的完全产品成本为 300 美元。该产品的投入资本为 20 000 000 美元。该大型公司的目标投资回报率为 20%。如果经营利润表示为完全产品成本百分比，那么该产品加成的幅度应该为：

A. 42.9%　　B. 57.1%　　C. 133.3%　　D. 233.7%

【答案】 C

【解析】 选项 C 正确。计算加成率。加成率 = 加成金额 ÷ 成本 = (20 000 000 × 20%) ÷ (300 × 10 000) = 133.3%。

五、供求法则与均衡价格

定价决策都必须考虑供给和需求之间的关系。需求（需求量）曲线总体上与价格呈负向关系，供给（供给量）曲线与价格呈正相关关系。在实务中，需求方和供给方的对接是需要空间场所、电子信息接洽等条件的。

（一）需求数量变化的影响因素

需求数量随着价格变化而变化是有规律的，可能引起需求数量变化的几个因素如表 3－11 所示。

表 3－11 引起需求数量变化的因素

引起需求量变化的因素	描述
边际效用递减法则	只有在价格下降时消费者才会购买更多的商品
收入效应	如果价格下降，消费者的收入就相对较高，因此消费者就能够购买更多的商品
替代效应	当本产品或者其他产品价格下降时，消费者就可以购买较多的数量，因此就会用价格下降的产品来替代之前购买的其他产品

（二）需求（需求曲线）的影响因素

需求变化不同于需求数量的变化，需求变化是指整体需求曲线的整体位移，即整条需求曲线的左右移动。需求（需求曲线）变化受以下几个因素的影响，如表 3－12 所示。

表 3－12 需求影响因素

需求影响因素	解释
个人偏好	不同消费者喜欢不同的商品，并且这些偏好会随着时间而发生变化。当然在存在大量消费者的竞争性市场，需求（需求曲线）随着消费者总体的增加或者减少而发生变化。消费者（买方）大量涌入或者离开某个特定市场，将会增加或者减少需求
家庭收入	消费者对大多数优质商品和服务的实际购买量，与家庭收入正相关。同理，对大多数劣质商品和服务的实际购买量，与家庭收入负相关 **【提示】** *正常商品和劣质商品的概念与消费者的收入相关，而与商品质量或者消费者对商品质量的感知无关*
相关商品的价格	包括替代品和互补品两大方面。如果某种商品的价格上升，替代品的需求量就会上升。如果某种商品的价格上升，此商品的互补品的需求量就会下降，荣损与共
买方的预期	分宏观和微观两个层面。从宏观上，消费者（买方）可能预期整体经济走强或者走弱，并因此增加或减少支出。在微观上，消费者（买方）可能预期此类产品价格将会上升，从保值的角度考虑，因此会在价格实际上升之前购买较多的商品

（三）供给（供给曲线）的影响因素

供给数量通常随着价格的上升而增加，随着价格的下降而减少，与价格呈正相关关系，供给曲线向上倾斜。供给曲线上一点到另一点的移动即为供给数量的变化。

供给（供给曲线）的变化表示为整条供给曲线的移动。供给的变化受以下几个因素的影响，如表 3－13 所示。

表 3－13 供给影响因素

供给影响因素	解释
资源的价格	资源的价格影响成本，因此影响企业在给定价格下愿意供给的数量
科学技术	技术进步或者技术含量的增加可以降低生产成本，因此将增加在给定价格下的供给
税收和补贴	税收的增减，政府产业政策补贴的高低，会影响企业在各种价格下愿意供给的数量
相似商品的价格	包含相似商品、替代品、互补品三个方面，三个方面的价格均可能影响企业愿意供给的数量
预期	分为宏观和微观两个层面。对宏观经济和行业的良好预期，会提升企业对该产品的供给。微观上对具体影响因素的预期，会影响该具体产品的供给
卖方的数目	随着产业发展阶段的不同，更多的厂商（卖方）进入市场，供给将会增加，产能扩张，如果总需求增速不大于供给增速，那么就会出现供给过剩，导致价格下降

（四）市场均衡以及均衡的变化

均衡是指在某种商品价格下，使得商品供给数量等于需求数量的状况。市场均衡随着市场竞争程度的不同而变化。在垄断市场、寡头垄断市场、完全竞争市场等不同市场类型中，均衡有不同的规律和表现。

均衡价格又称市场出清价格，均衡体现价格的配置功能，即供给曲线和需求曲线的交点。均衡数量是指市场均衡时的市场出清数量。

非均衡状态指供给数量和需求数量不相等时的价格。价格高于均衡价格，常常导致过度供给；价格低于均衡价格，常常导致供给不足。非均衡状态在现实世界中是比较常见的，但是从长期看，非均衡价格常常是围绕均衡价格上下波动的。

供给与需求变化对均衡的影响如表 3－14 所示。

表 3－14 供给与需求变化对均衡的影响

变化	需求增加	需求下降
供给增加	对均衡价格的影响不能确定，均衡数量增加	均衡价格下降，对均衡数量的影响不能确定
供给下降	均衡价格上升，对均衡数量的影响不能确定	对均衡价格的影响不能确定，均衡数量下降

【例题 3－25】 下列哪项会使面包圈的需求曲线向左移动？

A. 松饼的成本下降　　B. 人口增加

C. 面包圈的价格下降　　D. 面包圈的供给增加

【答案】A

【解析】选项 A 正确。面包圈需求曲线向左移动表示面包需求减少。松饼和面包圈是替代品；如果松饼的成本下降，松饼的价格就有可能相应地下降，这就会导致面包圈的需求曲线向左移动。

选项 B 不正确。人口增加会使得需求增加，需求曲线右移。

选项 C 不正确。面包价格下降，需求曲线不动。

选项 D 不正确。面包供给增加，供给曲线向右移动，需求曲线不动。

【例题 3－26】一位市场研究分析员为一种商品确定如下的市场数据：

价格（美元）	供给数量	需求数量
25	250	750
50	500	500
75	750	250
100	1 000	0

根据上述信息，下列哪项说法是正确的？

A. 价格为 30 美元时，需求会过剩

B. 无法确定市场价格

C. 价格为 80 美元时，供给不足

D. 50 美元的市场价格无法长久维持

【答案】A

【解析】选项 A 正确。当供给和需求相等时，所对应的量为均衡/出清量（500），所对应的价格为均衡/出清价格（50 美元）。当价格大于 50 美元，供大于求；当价格小于 50 美元，求大于供。

选项 B 不正确。可以确定市场价格。

选项 C 不正确。价格为 80 美元时，供给会过剩。

选项 D 不正确。50 美元为均衡价格，可以长久维持。

【例题 3－27】对于一家垄断公司与一家面对完全竞争市场的公司，假设两者都是不受约束的利润最大化追求者，那么以下哪一项是它们之间最为重要的区别？

A. 该竞争公司在设定价格时会以最大限度增加总收入为准则，而该垄断公司则会最大限度提高价格

B. 该垄断公司的边际收益低于其价格，而该竞争公司的边际收益则等于其价格

C. 该垄断公司将以使边际成本等于平均成本为准则来设定产出量

D. 该垄断公司的均衡价格是整个社会的最优价格

【答案】B

【解析】选项A不正确。完全竞争公司以最大化增加利润为准则。

选项B正确。所有市场结构的企业都是以利润最大化为目标的，在均衡状态时，垄断企业的边际收益小于价格，这是因为垄断企业可以通过降低价格来增加销量，说明其有定价权；竞争企业因为没有定价权，所以单个企业的需求曲线为水平线，致使其价格、边际收益和平均收益三者相等。

选项C不正确。所有市场结构的企业都是以边际收入等于边际成本来确定其产量的，竞争企业的均衡价格才是社会最优价格。

选项D不正确。垄断公司的均衡价格一般高于社会最优价格。

六、需求与定价

需求价格弹性，简称为价格弹性或者需求弹性，是指需求量对价格变动的反应程度，等于需求量变化的百分比除以价格变化的百分比。用数学公式表示就是：

$$需求价格弹性=\frac{需求量变化的百分比}{价格变化的百分比}$$

需求的价格弹性实际上是负数；也就是说，由于需求规律的作用，价格和需求量是呈相反方向变化。价格下跌，需求量增加；价格上升，需求量减少。因此，需求量和价格的相对变化量符号相反，所以需求价格弹性系数总是负数。为了简单起见，习惯上只考虑需求价格弹性的绝对值。

需求价格弹性有三种类型如表3－15所示。

表3－15　需求价格弹性类型

弹性系数	类型	解释
当需求的价格弹性系数大于1时	需求富有弹性（或者高弹性）	需求量变动百分数大于价格变动百分数。可认为，价格的变化将导致需求数量变化更大的比例
当需求的价格弹性系数等于1时	单位弹性（或者需求单一弹性）	需求量变动百分数等于价格变动百分数。在单位弹性的价格范围内，价格变化的一定比例会导致需求数量变化相等的比例
当需求的价格弹性系数小于1时	需求缺乏弹性（或者低弹性）	需求量变动百分数小于价格变动百分数。可认为，价格的变化将导致需求数量变化更小的比例

【例题3－28】需求价格弹性最恰当的定义是：

A. 价格变化与需求量的关系　　B. 价格的弹性反映与需求的关系

C. 需求变化与价格变化的关系　　D. 需求量变化与价格变化的关系

【答案】D

【解析】选项D正确。需求的价格弹性是指需求量对价格变动的反应程度，是需求量变化的百分比除以价格变化的百分比。用数学公式表示就是：需求弹性＝需求量变化的百分比÷价格变化的百分比。

【例题 3-29】由于某特定产品价格的变化，产品需求量按照下述计划改变：

总需求量	单位售价（美元）
100	50
150	45
200	40
225	35
230	30
232	25

使用圆弧法，当价格从 50 美元降低到 45 美元时，产品需求价格弹性是：

A. 0.20　　B. 10.00　　C. 0.10　　D. 3.80

【答案】D

【解析】选项 A 不正确。价格降低 10% 除以需求量 50% 变化等于 0.2。

选项 B 不正确。它没有计算超过该范围端点的总和变化。

选项 C 不正确。价格变化百分比为 0.1。

选项 D 正确。产品需求价格弹性是用需求量变动百分比除以价格变动百分比来测量的。当价格从 50 美元降到 45 美元时，系数具体计算如下：

$$E_d = [(150-100)\div(150+100)\div2]\div[(50-45)\div(50+45)\div2]$$
$$=(50\div250\div2)\div(5\div95\div2)=20\%\div5.26\%=3.80$$

七、政府对市场的干预

世界各经济主体的政府都会对市场进行干预，干预政策的目标包括确保市场稳定、确保宏观经济稳定、确保就业稳定等，有时政府直接干预市场进程。

政府在制定经济政策和贸易政策时，也会运用供求分析和弹性指标。政府对市场的干预涉及多个方面，政府的干预可以让价格运行在非均衡状态，政府也可能通过立法，对某些商品和产业的定价问题进行专门规制，以维持市场的竞争性。

【例题 3-30】请从下面选择政府干预电力批发市场的正当原因：

A. 价格提高高于预期

B. 电力是一种必要资源，出售市场是非竞争性的

C. 电力销售公司是赔钱的

D. 外国电站同当地政府高价签订了合同

【答案】B

【解析】选项 A 不正确。政府可能为了经济稳定目标进行市场干预，从而调高或调低价格。

选项 B 正确。电力企业属于自然垄断行业，所以必须受到政府监管。

选项 C 不正确。无论电力公司盈利与否都是为了整体电力市场服务的。

选项 D 不正确。外国电站合同只是外需问题，不是政府干预电力市场的出发点。

八、卡特尔对定价的影响

卡特尔是垄断组织形式之一，即生产或者销售某一同类商品的企业，为垄断市场，获取高额利润，通过在商品价格、产量和销售等方面订立协定而形成的同盟。参加这一同盟的成员在生产、商业和法律上仍然保持独立性。

卡特尔是竞争对手之间达成的一份协议，意图统一价格、统一市场营销和生产活动。卡特尔一般出现在市场上只有少数寡头销售商并且生产同质产品的行业中。公开卡特尔有政府或政府机构的参与，一般是合法的。而秘密卡特尔在大多数国家都受到反垄断法的管制，一般禁止存在。卡特尔的存在，会导致市场竞争下降，致使价格上升。

【例题 3－31】 寡头垄断市场的特征是：

A. 没有相近替代品的同类产品的单一卖家

B. 没有相近替代品的不同产品的单一卖家

C. 在行业中缺少进入和退出壁垒

D. 公司间的定价和产量决策有相互依存关系

【答案】 D

【解析】 选项 A、B 不正确。寡头包含几家公司，单一买家是垄断的特征。

选项 C 不正确。寡头有进入壁垒；这是行业只有几家公司的原因。

选项 D 正确。寡头模式不像其他市场结构那么具体，但是在行业中没有几家公司。因此，竞争对手公司的决策不会被忽略。产品可以差异化，也可以标准化。由于公司之间的内部依赖性，价格往往是刚性的（不动的）。由于自然条件或人为创造的进入壁垒，进入是非常困难的。在寡头行业中，价格主导是主要特点。价格主导下，由主要的公司首先宣布价格变化。一旦行业龙头发出声音，行业中的其他公司会执行龙头企业收取的价格。公司间相互依靠对价格和产量决策有影响。

简答题出题方向分析

【出题方向1】给定目标利润或目标净利润，计算实现盈亏平衡的销售量、销售额和实现目标利润或目标净利润的销售量和销售额。

解题思路：

常用恒等式为：收入－变动成本－固定成本＝营业利润，

或者：（单位售价×销量）－（单位变动成本×销量）－固定成本＝营业利润。

$$实现目标利润销售量=\frac{固定成本+目标利润额}{单位产品销售收入-单位产品变动成本}$$

$$实现目标利润销售额=\frac{固定成本+目标利润额}{(1-变动成本/销售收入)}=\frac{固定成本+目标利润额}{边际贡献率}$$

当盈亏平衡时，即营业利润＝0，代入公式计算即可。

【出题方向2】给定多产品销售组合或销售组合百分比，计算多产品盈亏平衡销售量、销售额和实现目标利润的销售量和销售额。

解题思路：多产品组合的保本点及保利点，根据产品销售量比例计算加权平均边际贡献，根据产品销售收入比例计算加权平均边际贡献率。针对产品A和产品B产品组合：

$$加权平均单位边际贡献=\frac{(A的单位边际贡献\times销量)+(B的单位边际贡献\times销量)}{A销量+B销量}$$

盈亏平衡点销售量＝固定成本÷加权平均单位边际贡献

计算多产品的盈亏平衡收入可以用加权平均边际贡献百分比。

加权平均边际贡献百分比（%）＝总边际贡献÷总收入

所以：盈亏平衡点的总收入＝固定成本÷加权平均边际贡献百分比。

实现目标利润销售量＝（固定成本＋目标利润）÷加权平均边际贡献

$$实现目标利润销售额=\frac{固定成本+目标利润}{加权平均边际贡献率}$$

【出题方向3】给定情景条件，计算单一产品安全边际和安全边际率。

解题思路：安全边际即当前的销售水平超过盈亏平衡点的程度。

安全边际销售量＝正常（或预计）销售量－盈亏平衡点销售量

安全边际销售额＝正常（或预计）销售额－盈亏平衡点销售额

【出题方向4】给定相关成本和收入条件，分析是否接受特殊订单。

解题思路：对于特殊订单分析，一方面考虑盈利性，一方面考虑产能，主要是分析与订单相关的变动成本和额外固定成本。

如果产能过剩，当订单价格 > 变动成本 + 专属固定成本，则接受特殊订单。定性方面注意产能闲置时接受特殊订单会影响长期订单。

如果产能饱和，当订单价格 > 变动成本 + 专属固定成本 + 机会成本，则接受订单。可接受订单价格为正常销售价格。

【出题方向 5】给定相关成本与收益条件，分析自制还是外购。

解题思路：公司在制定自制或外购决策时考虑最多的是质量、对供应商的依赖性、成本。进行定量考虑，则关注短期成本。对比可选决策的成本：

自制相关成本 = 变动成本 + 可追溯固定成本 + 机会成本

外购相关成本 = 外购买价

具体可分两种情况分析：①产品服务自制不需增加固定成本且自制产能无法转移，只需将自制方案的变动成本与外购成本进行比较。如果自制变动成本高于外购成本，应外购；如果自制变动成本低于外购成本，应自制。②产品服务自制但需要增加固定成本。当自制中间产品服务时，如果企业没有多余的生产能力或多余生产能力不足，就需要增加固定成本以购置必要的机器设备。在这种情况下，自制产品服务的成本，就不仅包括变动成本，而且还包括增加的固定成本。

定性因素即战略分析方面，可进行价值链分析，即企业价值链上的某项作业由外部企业承担是否更有利可图。

【出题方向 6】产品直接销售还是继续再加工分析。

解题思路：销售还是再加工类题目，决策判断准则为：当再加工带来的增量收入大于再加工的增量成本，则选择再加工后出售。注意联合成本、沉没成本、固定成本是与决策无关的。

【出题方向 7】给定相关部门信息，维持还是减少分部决策分析。

解题思路：维持或减少分部的决策，判断准则为：①如果节省的可避免固定成本 < 将要损失的边际贡献，则应该保留该分部。②如果节省的可避免固定成本 > 将要损失的边际贡献，则应剔除该分部，因为这样能提高总的净营业利润。注意决策无关成本，包括已分配的共同性成本、折旧等约束性固定成本、租金等不可撤销成本。

【出题方向 8】给定相关情景，进行短期定价决策。

解题思路：①由于在短期内，企业的固定成本是不变的，所以固定成本在短期定价决策中是不相关的。②在该决策中，企业只需考虑与企业相关的增量成本。短期价格只要大于相关的增量成本即可；若企业产能饱和，则企业还需要考虑相关的机会成本。

【**出题方向 9**】给定相关情景，进行长期定价决策。

解题思路：由于在长期，企业所有的成本都是变动的，而且企业必须获得合理的投资回报，那么所有成本都是相关的。可以采用目标成本定价法、成本定价法和产品生命周期法。

（1）在竞争激烈的市场中，企业应该选择市场定价法。该方法要求企业着眼于消费者的需求和竞争对手的策略。

（2）在竞争较低的市场中，企业可以选择成本定价法。该方法通过在目标成本上加上一个加成额来确定期望价格。

（3）在产品生命周期定价法中，企业将考虑产品生命周期中所有的成本，包括研发成本、生产成本和营销与客服成本。该定价法能够帮助企业在生命周期中预测产品不同价格的盈利能力。

【**出题方向 10**】给定相关情景，解析目标成本定价法题目。

解题思路：目标价格即产品或服务可收取的最高价格。对潜在客户愿意支付的价格的估计，以其价值感知为依据。

目标成本（可允许成本）= 目标价格（市场力量）- 目标利润（管理层设定）

目标成本定价法的实施过程：根据市场需求和竞争情况，确立目标价格；确立目标利润；确定可允许成本；计算当前产品和流程的可能成本；确立目标成本，即必须被减掉的成本额；建立交叉职能团队，最初设计阶段参与；控制成本工具包括并行工程法、价值工程法和质量功能配置法。

历年经典试题回顾

一、单选题

【经典试题1】 某公司设法通过以每件3 000美元的价格销售某款商品来实现2 400 000美元的年税后营业利润。生产该商品时需耗费15 000 000美元的固定成本和2 000美元的单位变动成本。假设平均所得税税率为40%，要实现此目标利润额，公司需要完成的销售数量（以件数计）是：

A. 15 000　　B. 16 440　　C. 19 000　　D. 21 000

【答案】 C

【解析】 选项C正确。根据定义可知：税后利润 =（营业收入 − 营业成本）×（1 − 所得税税率）=［（销售单价 − 单位变动成本）× 销售数量 − 固定成本］×（1 − 所得税税率）。

本题中：

$$\text{税后利润} = [(3\ 000 - 2\ 000) \times Q - 15\ 000\ 000] \times (1 - 40\%) = 2\ 400\ 000\ (\text{美元})$$

$$Q = \frac{(2\ 400\ 000 \div 0.6) + 15\ 000\ 000}{3\ 000 - 2\ 000} = 19\ 000\ (\text{美元})$$

【经典试题2】 B公司正在考虑如果某产品线无法达到15%以上的安全边际，则准备停止此产品线。该产品线保本销售额为76 800美元，安全边际为13 200美元。根据以上信息，财务经理建议B公司管理层保留此产品线。这位财务经理作出的决定是否妥当?

A. 不妥当，因为安全边际率17.2%和15%差不多

B. 妥当，因为安全边际率17.2%比15%好

C. 不妥当，因为安全边际率14.7%和15%差不多

D. 妥当，因为安全边际率14.7%比15%好

【答案】 C

【解析】 选项A、B不正确。数值不正确。

选项C正确。安全边际是指盈亏临界点以上的销售量，也就是现有销售量超过盈亏临界点销售量的差额。安全边际标志着现有销售量或预计可达到的销售量，与盈亏临界点销售量之间有多大的差距。此差距说明现有或预计可达到的销售量再降低多少，企业才会发生损失。差距越大，则企业发生亏损的可能性就越小，企业的经营就越安全。安全边际计算公式为：

安全边际额 = 现有（或预计）销售额 − 盈亏平衡点销售额

安全边际率（安全边际百分比）=（安全边际额/现有（或预计）销售额）×100%

本题中，安全边际收入 = 现有（或预计）销售额 − 保本销售额。

销售额 = 保本销售额 + 安全边际收入 = 76 800 + 13 200 = 90 000（美元）

安全边际百分比 $=\frac{安全边际收入}{销售额}\times 100\% = \frac{13\ 200}{90\ 000}\times 100\% = 14.67\%$，所以该财务经理做出的决定是欠妥当的。

选项 D 不正确。判断不正确。

【经典试题 3】 C 公司生产并销售两款主要产品，每件产品的边际贡献如下：

产品 A：每件产品 10.00 美元

产品 B：每件产品 8.00 美元

该年度的固定成本预算为 264 480 美元，C 公司计算出其保本点为 28 500 件。那么，产品 A 的销量所占的百分比预计为多少？

A. 36%　　B. 44%　　C. 56%　　D. 64%

【答案】 D

【解析】 选项 D 正确。

$$盈亏平衡点销量 = \frac{固定成本}{单位产品销售收入 - 单位产品变动成本}$$

本题中：假设产品 A 的销量所占百分比为 X，产品 B 的销量所占百分比则为（$1-X$），

$$\frac{264\ 480}{10X + 8(1-X)} = 28\ 500（件）$$

解得：$X = 64\%$。

【经典试题 4】 S 公司在精细化工、医药化工等领域建立了较强的竞争优势，为了进一步强化资源、技术、市场等关键环节的控制力，巩固行业领先地位，准备在原材料供应量有限的情况下优化产品生产模式，目前原材料 Z 的供应量仅有 1 200 磅，这些原材料可以用来生产产品 X 或产品 Y，下面提供了这两款产品的详细生产信息：

	产品 X	产品 Y
每件售价	200 美元	250 美元
每件变动成本	176 美元	200 美元
每件耗用的原材料	8 磅	10 磅

为了最大限度地提高边际贡献，S 公司应按以下哪种方案进行生产？

A. 150 件产品 X　　B. 120 件产品 Y

C. 100 件产品 X 和 40 件产品 Y　　D. 100 件产品 X 和 80 件产品 Y

【答案】B

【解析】选项 B 正确。本题通过列表的方式计算出产品 X 和产品 Y 的边际贡献，进而计算出产品 X 和产品 Y 的边际贡献/磅，如下：

	产品 X	产品 Y
每件售价	200 美元	250 美元
每件变动成本	176 美元	200 美元
边际贡献	24 美元	50 美元
每件耗用的原材料	8 磅	10 磅
边际贡献/磅	3 美元	5 美元

应将原材料先分配给 Y 产品，生产 120 个，这样可以产生最高的边际贡献。

【经典试题 5】N 公司是一家以研究、开发、生产和销售自有品牌的计算机系统及其相关产品为主，在信息产业领域内多元化发展的大型企业，其下属某部门主要生产计算机的集成部件。按 300 000 件的销量计算，其单位成本结构如下。

单位：美元

	变动成本	固定成本	总成本
直接材料	3.50		3.50
直接人工	9.00		9.00
包装	2.00		2.00
制造间接费用	3.00	6.50	9.50
营销费用	2.50	8.00	10.50
管理费用	4.00	4.50	8.50
总成本	24.00	19.00	43.00

某外国公司最近向 N 公司提出希望下一个订单以 35 美元的单价订购 50 000件专门设计的部件。此订单将需要耗费 150 000 美元的专业采购费用，并且仅需要与管理方面相关的变动成本的一半。在其他方面，成本习性将保持不变。该公司有足够的产能可以满足此要求。那么，N 公司在作出关于此提议的决定时需要考虑的相关单位成本是多少？

A. 43.00 美元　　B. 25.00 美元　　C. 24.00 美元　　D. 22.00 美元

【答案】B

【解析】选项 B 正确。在产能过剩的情况下，正确的决策分析是比较相关成本与特殊订单价格。相关成本包括生产单位产品的变动成本、特殊材料的单位价格。在过剩产能情况下，单位固定成本均保持不变，因此单位固定成本与决策无关。在评估特殊订单决策时，一个常见的错误是关注单位总成本，如果因为单位总成本大于订单价格就拒绝该特殊订单，则是错误决策。本题中该一次性订单的相关单位成本 =3.5 +9 +2 +3 +2.5 +2 +150 000 ÷50 000 =25（美元）。

【经典试题6】 R有限公司使用一种联合流程来生产X和Y两款产品。每款产品可以在分离点销售，也可进一步加工。所有其他的加工成本都是变动成本且都可以追踪到每款产品。联合生产成本为35 000美元。其他的销售和成本数据如下。

单位：美元

	产品X	产品Y
在分离点的销售价值	60 000	35 000
进一步加工后的最终销售价值	80 000	50 000
超过分离点之后的其他成本	14 000	18 000

管理层希望知道是要在分离点销售每款产品还是要进一步加工这些产品。应向R公司的管理层推荐以下哪种可选方案？

A. 将这两款产品都在分离点销售出去

B. 在分离点销售产品X，进一步加工产品Y

C. 进一步加工产品X，在分离点销售产品Y

D. 对这两款产品都进行进一步加工

【答案】 C

【解析】 选项C正确。以列表方式计算比较：

单位：美元

	产品X	产品Y
在分离点的销售价值	60 000	35 000
进一步加工后的最终销售价值	80 000	50 000
超过分离点之后的其他成本	14 000	18 000
增量收入	20 000	15 000
增量收入 - 增量成本	6 000 >0	(3 000) <0
决策	加工后销售	现在销售

所以产品X适合继续加工，产品Y适合在分离点销售。

【经典试题7】 杰森拥有并经营一辆冰激凌车，他开着这辆车穿梭于邻近的居民区内，向这里的儿童销售五款不同的冰激凌。每年有120天天气非常热，足以使平均每天每款冰激凌的销量达到100个。其中四款产品都可以盈利，一款名为CD的产品则亏损，具体如下：

单位：美元

每个冰激凌的售价	1.75
每款冰激凌的成本	0.80
每个冰激凌的冰激凌车营运成本	0.37
杰森每售出一个冰激凌所得到的工资	0.60
每个冰激凌的管理成本	0.08
每个冰激凌带来的损失	(0.10)

如果杰森公司无法提高售价，他应：

A. 停止销售CD，这样可以使他的利润增加1 200美元

B. 停止销售CD，这样可以使他的利润增加240美元

C. 继续销售CD，这样利润就不会减少6 960美元了

D. 继续销售CD，这样利润就不会减少11 400美元了

【答案】 D

【解析】 边际贡献表示销售收入减去变动费用后剩余的金额。常用公式为：单位边际贡献（UCM）=单位售价（USP）－单位变动成本（UVC）。车的费用和管理费用都是分配的，所以是不相关的，故不用考虑。同时，这里的工资应该也是根据一年销售12 000个（100×120）核算的结果，而不是一般意义的计件工资，所以也不应考虑。公司只需要考虑冰激凌的售价和成本。每卖出一个冰激凌的边际贡献为1.75－0.8＝0.95（美元）。

停止销售以后，公司就会减少0.95美元的边际贡献，一共销量为12 000个，所以会有11 400美元的损失。

所以应当继续销售，选项D正确。选项A、B判断不正确，选项C数值不正确。

【经典试题8】 某经济研究公司对大屏幕电视（LST）市场展开了广泛的调查。部分调查结果如下所示：

家庭收入（美元）	LST的售价（美元）	LST销量（台）
50 000	1 000	100 000
60 000	900	115 000
72 000	810	132 250

那么，LST需求的价格弹性为：

A. 0.67　　B. 1.15　　C. 1.33　　D. 2.00

【答案】 C

【解析】 选项C正确。需求价格弹性（price elasticity of demand），简称为价格弹性或者需求弹性，是指需求量对价格变动的反应程度，是需求量变化的百分比除以价格变化的百分比。用数学公式表示就是：需求弹性＝需求量变化

的百分比÷价格变化的百分比。本题中：

LST价格（美元）	变化幅度（%）	LST销量（件数）	变化幅度（%）
1 000		100 000	
900	-10.53	115 000	13.95
810	-10.53	132 250	13.95

$\frac{900-1\ 000}{(900+1\ 000)/2}=-10.53\%$，$\frac{115\ 000-100\ 000}{(115\ 000+100\ 000)/2}=13.95\%$，需求价格弹性 $=\frac{13.95\%}{-10.53\%}=1.33$。

第三章

【经典试题9】 E公司是全世界最大的日用消费品公司之一，在全球80多个国家和地区设有工厂及分公司，所经营的300多个品牌的产品畅销160多个国家和地区，其中包括织物及家居护理、美发美容、婴儿及家庭护理、健康护理、食品及饮料等。E公司刚刚研发了一种新型婴儿及家庭护理产品，制造成本为30美元。E公司的市场总监为这种新产品设计了下列3种营销方案。

X方案：销售价格为36美元，在没有广告的情况下，给予销售人员10%的佣金，预测年度销售10 000单位。

Y方案：销售价格为38美元，给予销售人员10%的佣金，但有30 000美元的广告费用。预测年度销售12 000单位。

Z方案：依赖批发商销售产品。E将该新产品以每单位32美元的价格卖给批发商，无销售费用。预测年度销售14 000单位。

将这些方案按照利润排序，从高到低为：

A. X，Y，Z　　B. Y，Z，X　　C. Z，X，Y　　D. Z，Y，X

【答案】 C

【解析】 选项C正确。

方案的利润=营业收入-营业成本

=营业收入-变动成本-固定成本

=（销售单价-单位变动成本）×销售数量-固定成本

本题中，三种方案的利润分别为：

X方案的利润=（36-30-36×10%）×10 000=24 000（美元）

Y方案的利润=（38-30-38×10%）×12 000-30 000=20 400（美元）

Z方案的利润=（32-30）×14 000=28 000（美元）

根据上述计算，利润从高到低的顺序依次是Z、X、Y。

【经典试题10】 关于目标成本法说法正确的是：

A. 虽然具有确定的目标成本，但是变动性大

B. 目标成本定价首先在盈利目标的基础上确定了产品的特性和目标价格

C. 市场考量和目标价格会集中并激励管理者实施价值工程，设计出能够达到目标成本的产品

D. 增加了在期望成本加成价格、顾客反映和设计修改之间反复权衡的必要性

【答案】 C

【解析】 选项 A 不正确，变动性是可以锁定的。

选项 B 不正确，目标定价首先从竞争的基础上确定目标价格。

选项 C 正确。市场考量和目标价格会集中并激励管理者实施价值工程，设计出能够达到目标成本的产品。目标定价首先在顾客偏好和竞争对手反应的基础上确定了产品的特性和目标价格。市场考量和目标价格会集中并激励管理者实施价值工程，设计出能够达到目标成本的产品。

选项 D 不正确，是成本加成法的描述。

【经典试题 11】 M 公司按合同提供簿记服务。M 公司年固定成本为 100 000 美元，变动成本为每小时 6 美元。今年公司预算的簿记服务为 50 000 小时。M 公司基于完全成本为提供的服务定价，并且使用成本加成法。公司现在的发票价格为每小时 9 美元。那么，公司加成的幅度应该为：

A. 12.5%　　B. 33.3%　　C. 50.0%　　D. 66.6%

【答案】 A

【解析】 选项 A 正确。计算产品成本加成率：

单位变动成本	6 美元
单位固定成本	2 美元（100 000 ÷ 50 000）
成本合计	8 美元
价格	9 美元
加成额	1 美元
加成率	1/8 = 12.50%

【经典试题 12】 以下哪一项陈述最准确地反映了制定目标价格的步骤顺序？

A. 使用价值工程和改善成本法降低成本并确定所需的价格

B. 使用改善成本法降低成本、确定所需的涨价并设定市场价格

C. 确定市场价格、计算目标成本并使用价值工程降低成本

D. 使用价值工程降低成本、计算目标成本并设定所需的价格

【答案】 C

【解析】 选项 A、B、D 描述步骤不正确。选项 C 描述步骤正确。目标成本法的步骤：确定目标价格；确定目标利润；确定目标成本（目标价格 - 目标利润）。通过价值工程来实现目标成本。

【经典试题 13】 某公司生产并销售瓷器。该公司旗下有 5 家零售商店，分

别位于不同的城市。每家商店各有一个不同的定价表，以便在各自的城市保持最低价。这是以下何种定价方法的示例?

A. 以市场为基础得到定价法　　B. 成本加成定价法

C. 保本定价法　　D. 价格欺骗

【答案】 A

【解析】 选项A正确，在各个定价方法中，市场定价法能确保价格在当地最低。选项B、C、D不正确，这些方法无法保证价格最低这一点。

【经典试题14】 R公司生产两种产品，这两种产品被认为是联合产品。共同费用是350 000美元，使用实物计量法分摊，产品A的产量是15 000件，产品B的产量是20 000件。产品B产生50 000美元的直接成本，单位售价是15美元。R公司可以选择进一步加工产品B。进一步加工将增加产品的直接成本35 000美元，并将单位售价提高到17美元。如果R公司进一步加工产品B，则其利润将:

A. 减少45 000美元　　B. 增加5 000美元

C. 增加55 000美元　　D. 增加105 000美元

【答案】 B

【解析】 选项B正确。进一步加工利润＝增量收入－增量成本＝(17－15)×20 000－35 000＝5 000（美元）。

【经典试题15】 A公司已经为其制造活动编制了如下所示的每日成本信息:

产出（个）	固定成本（美元）	变动成本（美元）
0	2 000	0
1	2 000	200
2	2 000	380
3	2 000	550
4	2 000	700
5	2 000	860
6	2 000	1 040
7	2 000	1 250
8	2 000	1 500

当产出水平为3个单位时，A公司的平均总成本为:

A. 667美元　　B. 850美元　　C. 1 217美元　　D. 2 550美元

【答案】 B

【解析】 选项B正确。根据表中信息，当产出水平为3时，平均成本＝(2 000＋550)÷3＝850（美元）。

二、简答题

A 公司只生产一种产品。每月按最高产能生产和销售 10 000 件产品的单位成本如下所示：

单位：美元

直接材料成本	4.00
直接人工成本	1.30
变动间接费用	2.50
固定间接费用	3.40
销售佣金	0.90
合计	12.10

通过常规渠道销售的每件产品需交付 0.90 美元的销售佣金。当前的市场需求可以使 A 公司保持最高的产能，而且该公司发现以 16.50 美元的市场价格可以保持销售量和生产量持平。

目前，A 公司正在考虑独立的两项提议：

（1）D 公司提出以 14.35 美元的单价购买 1 000 件产品。这一特殊订单的单位销售佣金为 0.35 美元。

（2）G 公司提出以 14.50 美元的单价生产 1 000 件产品，此价格为 A 公司的交货成本。

问题：

1. 以下各项措施对 A 公司的运营收入有何影响？

a. 接受 D 公司的提议，拒绝 G 公司的提议。

b. 接受 G 公司的提议，拒绝 D 公司的提议。

c. 同时接受两项提议。

2. 假设 D 公司提出第二套提议：以 16.50 美元的市场价购买 2 000 件产品，但要求对产品进行调整。这样，每件产品的直接材料成本将增加 0.30 美元，直接人工成本和可变间接费用将增加 15%。每件产品的销售佣金为 0.35 美元。

a. A 公司是否应接受此订单？进一步阐述您的建议。

b. 如果公司产能过剩，您的建议是否有变？进一步阐述您的答案。

3. 找出并描述除收入影响外，A 公司在决定是否接受方案前还应考虑的两个因素。

【解析】

1. 以下各项措施对 A 公司的运营收入有何影响？

a. 接受 D 公司的提议，拒绝 G 公司的提议。

b. 接受 G 公司的提议，拒绝 D 公司的提议。

c. 同时接受两项提议。

产品的生产成本是无关紧要的，因为A公司可以市场价格16.50美元出售它所有生产的产品。每单位产品可实现净值收入是15.60美元（16.50 - 0.90）。

a. 第一个措施将减少净收入1 600美元。售给D公司的单位可实现净值是14.00美元（14.35 - 0.35）。而为了供应D公司，A公司必须转移部分常规销售。A公司常规销售的可实现净值是15.60美元。每单位产品可变现净值收入减少1.60美元，1 000件产品则导致净收入减少1 600美元。

另一种方法：每单位产品的正常利润是4.40美元（16.50 - 12.10）。出售给D公司的单位利润是2.80美元（14.35 - 11.55）。D公司的成本是11.55美元（4.00 + 1.30 + 2.50 + 3.40 + 0.35）。每单位产品可实现净值相差1.60美元（4.40 - 2.80），1 000件产品将减少净收入1 600美元。

b. 第二个措施将增加净收入1 100美元。额外的产品可以在常规市场出售，可实现净值是15.60美元。成本是14.50美元。因此，每单位利润可以增加1.10美元，共1 100美元。

另一种方法：产品售价16.50美元 - 从G公司的购买费用14.50美元 - 销售佣金0.90美元 = 单位利润1.10美元。净收入增加1.10美元 × 1 000件产品 = 1 100美元。

c. 第三个措施将减少收入500美元。常规业务不受影响。如上所述，1 000件产品成本是14.50美元，可实现净值是14.00美元。每单位的净差额是0.50。

另一种方法：综合第一个选项收入减少1 600美元和第二个选项净收入增加1 100美元 = 净收入减少500美元。

2. 假设D公司提出第二套提议：以16.50美元的市场价购买2 000件产品，但要求对产品进行调整。这样，每件产品的直接材料成本将增加0.30美元，直接人工成本和变动间接费用将增加15%。每件产品的销售佣金为0.35美元。

a. A公司是否应接受此订单？进一步阐述您的建议。

b. 如果公司产能过剩，您的建议是否有变？进一步阐述您的答案。

a. 直接材料 = 4.00 + 0.30 = 4.30（美元）。

直接人工 = 1.30 × 1.15 = 1.495（美元）。

变动间接费用 = 2.50 × 1.15 = 2.875（美元）。

成本12.42美元（4.30 + 1.495 + 2.875 + 3.40 + 0.35）。

单位产品盈利4.08美元（16.5 - 12.42）。

市场盈利4.40美元（16.50 - 12.10）。

净收入减少（4.08 - 4.40）= - 0.32 × 2 000 = 共减少640（美元）。所以不接受此建议。

b. 如果产能过剩，则接受此建议。因为收入将有助于支付固定费用。

3. 找出并描述除收入影响外，A 公司在决定是否接受方案前还应考虑的两个因素。

A 公司在决定是否接受方案前还应考虑的因素有：市场价格或竞争，销售佣金，G 公司产品的质量，以及对 G 公司业务后续的影响。对员工的影响；客户的反应；G 公司成为将来供应商的潜在可能。

同步测试题

一、单选题

1. P 公司主要提供教学软件。期望产量为 150 000 单位的条件下，其现行单位成本如下：

单位：美元

售价	150
变动成本	60
边际收益	90
固定成本	60
营业利润	30

下一年的销售预测为 175 000 单位，在 P 公司成本结构的相关范围内。成本管理的动力在于希望降低变动成本 20%，降低固定成本 750 000 美元。P 公司下一年的成本结构将包括：

A. 单位边际收益为 72 美元，单位固定成本为 55 美元

B. 总边际收益为 15 300 000 美元，总固定成本为 8 250 000 美元

C. 变动成本率为 32%，营业利润为 9 600 000 美元

D. 边际收益率为 68%，营业利润为 7 050 000 美元

2. S 公司剧院将在北俄亥俄的剧场上演许多适合夏天观赏的音乐剧。在即将到来的季节，S 公司的初始计划才刚刚开始实施，而 S 公司估算的数据如下表：

剧目	演出场次（场）	每场平均观众（人）	票价（美元）	变动成本①（美元）	固定成本②（美元）
M 剧目	12	3 500	18	3	165 000
T 剧目	20	3 000	15	1	249 000
A 剧目	12	4 000	20	0	316 000

注：①表示付给演出公司的金额，基于售票情况而定；②直接与每场演出相关的服装、设施和演员的成本。

S 在整个季节中也将付出 565 000 美元的一般性固定营业费用（包括管理费用、设备成本和广告费用），还要承担 30% 的所得税。如果管理层希望 M 剧目对公司今年的总营业收入产生的税后收益为 210 000 美元，那么该剧目需要

的观众数量为：

A. 20 800 人　　B. 25 000 人　　C. 25 833 人　　D. 31 000 人

3. B 出版社正在考虑出版一本新教材。出版商搜集了印刷批量为 6 000 本（最低批量）的成本数据。B 出版商将以每本 45 美元出售这些教材。那么，如果 B 出版社想要获得 20% 的经营利润（EBIT）率，需要卖出多少本教材？

估算的成本：

单位：美元

开发（评审、课堂测试、编辑）	35 000
排版	18 500
设备折旧	9 320
管理费用	7 500
其他固定成本	4 400
打印和装订	30 000
销售人员佣金（销售价格的 2%）	5 400
书店佣金（销售价格的 25%）	67 500
作者版税（销售价格的 10%）	27 000
6 000 本教材的总成本	204 620

A. 2 076 本　　B. 5 207 本　　C. 5 412 本　　D. 6 199 本

4. 威拉公司正在对以下两个方案进行选择。两个方案都将在明年 1 月 1 日开始实行。

方案 1：购买一台新的抛磨机。该机器的成本为 1 000 000 美元，有效使用时间为 5 年。在未来 5 年，每年来自劳动力成本节省得到的净税前现金流将达到 100 000 美元。由于融资和纳税，折旧费使用直线法进行计算。购买机器的另一动机在于：威拉公司将从已提完折旧的机器以旧换新中获得 50 000 美元的补偿。

方案 2：将正在完成的任务外包。威拉公司可以把这项任务外包给 LM 公司，并在未来 5 年内每年支付 200 000 美元。如果他们选择外包，威拉公司可以将已提完折旧的机器扔掉。威拉公司的有效所得税税率为 40%。加权平均资本成本为 10%。

比较这两个方案，该 50 000 美元的以旧换新补偿应该被看作：

A. 不相关，因为它并不影响税金

B. 相关的，因为它会导致现金流出减少

C. 不相关，因为它并没有影响现金

D. 相关的，因为它会导致现金流出增加

5. G 公司现阶段正在满负荷使用其 25 000 机时来制造产品 XR－2000。LJ

公司向 G 公司下达订单，需要订购 1 000 单位 GT－6500 产品。LJ 公司在通常情况下会制造这一部件。但是由于工厂失火，LJ 公司需要购买这些数量的部件以继续生产其他的产品。这是一次性的特别订单。以下是单位成本数据和售价：

单位：美元

	GT－6500	XR－2000
原材料	27	24
直接人工	12	10
变动间接费用	6	5
固定间接费用	48	40
变动销售和管理费用	5	4
固定销售和管理费用	12	10
一般售价	125	105
需要的机时	3	4

那么，LJ 公司为了制造 1 000 单位 GT－6500，G 公司应定的最低单价应该是多少？

A. 93.00 美元　B. 96.50 美元　C. 110.00 美元　D. 125.00 美元

6. 以下是 P 公司两个部门的运营状况：

单位：美元

	A 部门	B 部门	总计
销售	10 000	15 000	25 000
变动产品销售成本	4 000	8 500	12 500
固定产品销售成本	1 500	2 500	4 000
毛利	4 500	4 000	8 500
变动销售和管理费用	2 000	3 000	5 000
固定销售和管理费用	1 500	1 500	3 000
营业利润（亏损）	1 000	(500)	500

变动产品销售成本与运营部门直接相关。固定产品销售成本将基于员工的数量进行分配。固定销售和管理费用将平均分配。如果取消 B 部门，那么固定产品销售成本将减少 1 500 美元。假设 B 部门关闭，那么对于营业利润的影响是：

A. 增加 500 美元　B. 增加 2 000 美元

C. 减少 2 000 美元　D. 减少 2 500 美元

7. R 公司制造几种不同的产品，包括在气候又热又干燥地区畅销的精良的草地肥料和除草剂。R 公司现在并没有按照最大产能进行运营，因为草地肥料市场已经饱和。R公司40磅一袋的草地肥料的销售和成本的数据如下表：

单位：美元

销售价格	18.50
生产成本	
原材料和人工	12.25
变动制造费用	3.75
分配的固定制造费用	4.00
总计	20.00
每包利润（损失）	(1.50)

基于以上信息，如果向R公司管理层建议，在以下选项中应该选择哪一项？

A. 选择不同的成本动因来分配间接费用

B. 从生产线中停产该产品

C. 继续生产该产品并采取适当的营销手段

D. 增加产出，在更大产量基础上摊销固定制造费用

8. F公司现在使用成本基础定价法，并且基于以下信息决定新产品的售价：

年产量	25 000单位
固定成本	700 000美元每年
变动成本	200美元每单位
厂房投资	3 000 000美元
运营资本	1 000 000美元
有效税率	40%

如果F公司希望税后的投资收益率（ROI）为15%，那么公司为新产品所设定的目标价格应该为：

A. 228美元　　B. 238美元　　C. 258美元　　D. 268美元

9. 在联产品制造过程中，决定在分离点之后是否继续生产该产品时，该决策之前所发生的联产品成本称为：

A. 沉没成本　　B. 相关成本　　C. 标准成本　　D. 差异成本

10. 根据需求的交叉弹性，如果一种产品的需求数量直接随另一种产品价格的改变而改变，那么这两种产品是：

A. 替代品　　B. 互补品　　C. 独立商品　　D. 正常商品

11. H公司注意到其业务流失到其他公司，鉴于此，公司决定改变它所提供的各种电话服务的月收费，如下所述：

	以前费率（美元）	新费率（美元）
呼叫等待	8	4
来电显示	6	4
国际电话	3	1
网络接入	15	13
	以前需求量	新需求量
呼叫等待	100	150
来电显示	50	70
国际电话	30	40
网络接入	150	160

哪一项需求的价格弹性最高？

A. 呼叫等待　　B. 来电显示　　C. 国际电话　　D. 网络接入

12. G公司销售三种化工产品：汽油、赛普汀、曲马朵。汽油是公司最盈利的产品；曲马朵是最不盈利的产品。下述哪个事件肯定会降低公司下一会计年度的整体盈亏平衡点？

A. 安装计算机控制的机器，随后解雇组装线上的工人

B. 降低曲马朵的售价

C. 增加赛普汀的整体市场投入

D. 相对于赛普汀和曲马朵的销售增加汽油的预期销售

13. 下述哪项会导致盈亏平衡点提升？

A. 单位变动成本降低　　B. 单位变动成本增加

C. 单位边际贡献增加　　D. 所得税税率降低

14. A公司企业所得税税率40%，期末经营数据如下表：

单位：美元

销售单价	60
单位变动成本	22
固定成本	504 000

管理层计划通过：①用价值5.50美元的更高级别的零部件代替价值3.50美元的零件；②购买价值180 000美元的包装机器来提高其唯一产品的质量。A公司对设备使用10年无残值的直线法计提折旧。如果公司在下一期间想要获得税后利润172 800美元，必须售出：

A. 19 300个　　B. 21 316个　　C. 22 500个　　D. 23 800个

15. 为了避免相关成本分析的缺陷，管理层应该重点关注：

A. 使各方案不相同的变动成本项目

B. 每个方案的长期固定成本

C. 所有方案期望固定成本和变动成本

D. 使各方案都不相同的期望收入和成本

16. S公司现在正在考虑购买一台新机器，价格为800 000美元。这台机器在其使用年限内能够制造160万单位产品。制造商的工程技术指标为：与机器相关的单位产品制造成本为0.50美元，S公司预期，在该机器的使用年限内，预期总需求为120万单位。原材料和人工平均单位成本为0.40美元。在考虑是否购买该机器时，你是否建议S公司使用制造商的与机器相关的单位产品制造成本等工程技术指标？

A. 不会，因为与机器相关的单位产品制造成本为2.00美元

B. 不会，因为与机器相关的单位产品制造成本为0.67美元

C. 不会，因为与机器相关的单位产品制造成本为0.90美元

D. 会，因为与机器相关的单位产品制造成本为0.50美元

17. J公司制造各式各样的鞋子，最近从一个批发商处收到一张一次性特别订单。J公司有足够的剩余产能来接受这张特别订单，即制造15 000双运动鞋，每双售价7.50美元。J公司通常的售价是每双运动鞋11.50美元。变动制造成本为每双5.00美元，固定制造成本为每双3.00美元。J公司普通的运动鞋变动销售费用为每双1.00美元。如果J公司接受这张特殊的订单，那么会对公司的营业利润产生何种影响？

A. 减少60 000美元　　B. 减少22 500美元

C. 增加37 500美元　　D. 增加52 500美元

18. A产品公司已经为其制造活动编制了如下表所示的每日成本信息：

产出（个）	固定成本（美元）	变动成本（美元）
0	2 000	0
1	2 000	200
2	2 000	380
3	2 000	550
4	2 000	700
5	2 000	860
6	2 000	1 040
7	2 000	1 250
8	2 000	1 500

A公司第7个单位的边际成本为：

A. 179 美元　　B. 210 美元　　C. 286 美元　　D. 464 美元

19. C 公司决定停止一种产品的生产，生产该产品的机器是 4 年前购买的，成本为 70 000 美元。该机器现在的账面价值为 30 000 美元。由于现阶段市场上的技术进步，这台机器现在没有残值。公司在对一种新产品生产进行评估。工程师建议，该机器可以用来生产新产品。包含在新产品生产中的其他成本为：原材料 20 000 美元，人工成本 5 000 美元。如果所得税忽略不计，生产该产品的相关成本为：

A. 25 000 美元　　B. 30 000 美元　　C. 55 000 美元　　D. 95 000 美元

20. 以下情形中，哪一情形最可能使用以成本为基础的定价法？

A. 造纸商正在与一家新的大宗办公用品销售商就复印纸的价格进行协商

B. 工业设备制造商正在与一主要的钢材制造商就一种标准模型的价格进行协商

C. 电脑部件制造商正在和一条新的分销渠道客户就价格条款进行磋商

D. 电脑部件制造商正在与新客户就定制化和应用最新技术的产品进行协商

21. 某制造业公司具有闲置产能。在 4 月份，一家新客户联系该公司提交了一份特殊订单，要求提供 100 000 件产品，价格低于其正常销售价格的 25%。如果接受，该订单将在 4 月份完成并交付。该订单与将在 5 月份生产的已承诺订单完全相同。下面哪一项成本与公司是否接受特殊订单的决策相关？

A. 将用于生产这些产品的机械保险

B. 为已取消的生产订单所购买的直接材料

C. 订单的机器安装成本

D. 4 月份为生产产品运转机械的电力

22. 某国际大型洗涤剂公司销售用于贮存工业洗涤剂的大型容器，每件容器的销售价格为 12 美元。每件容器需要 4.50 美元的直接材料，2.50 美元的直接人工和 1.00 美元的变动间接费用。该公司的总固定成本为 2 000 000 美元，所得税税率为 40%。管理层设定的目标是实现税后净利润 2 400 000 美元。请问该公司的销售额必须达到多少才能实现这一目标？

A. 14 400 000 美元　　B. 18 000 000 美元

C. 22 000 000 美元　　D. 24 000 000 美元

23. 某公司在刚刚结束的一年中销售的两种产品的结果如下。

	产品 1	产品 2
销售额	12 000 000 美元	3 000 000 美元
变动成本	4 800 000 美元	1 500 000 美元
固定成本	5 400 000 美元	400 000 美元

假设产品组合和销售组合保持不变，该公司达到盈亏平衡点的销售收入为：

A. 9 800 000 美元　　B. 10 000 000 美元

C. 12 100 000 美元　　D. 13 810 000 美元

24. 某软件开发公司正在对新的图形设计应用程序实施目标成本法。该公司的高层领导决定了新图形设计应用程序的市场价格和预期利润。随后，财务主管计算出目标成本。如果估计的生产成本大于目标成本，则该软件开发公司下一个最合适的措施是什么？

A. 应用价值工程　　B. 查看竞争对手的数据

C. 使用经营控制　　D. 确定客户需求

25. 某公司收到了一份特殊订单，要求生产 10 000 件产品，单位售价为 30 美元。以下信息与该产品的生产有关。

单位直接材料成本　8.00 美元

单位直接人工成本　3.00 美元

单位变动间接费用　2.00 美元

单位固定间接费用　1.50 美元

假设该公司有空闲的工厂产能接受这个特殊订单，且不会影响现有的销售，如果接受特殊订单，该公司的收益额将增加多少？

A. 155 000 美元　B. 170 000 美元　C. 190 000 美元　D. 300 000 美元

二、简答题

A 公司拥有并经营着一家美国社区游泳池。游泳池每年夏季 6 ~ 8 月开放 90 天。按日收取费用。按照法律规定，所有休闲与运动设施必须将 10% 的收入上交作为美国州旅游业推广基金。泳池经理制定了一个目标，即泳池的门票收入，在扣除州立旅游基金和可变成本后，必须能够抵补固定成本。设可变成本为总营业收入的 15%。3 个月的固定成本总计 33 000 美元。游泳池当年预算情况如下：

单位：美元

成人票：30 人/天 ×90 天 ×5.00 美元	13 500
学生票：120 人/天 ×90 天 ×2.50 美元	27 000
总营业收入	40 500
州立旅游基金	4 050
净营业收入	36 450
可变成本	6 075
固定成本	33 000
预计赤字	(2 625)

泳池经理希望确定如何收取门票才能达到收支平衡，以及应采取哪些措施消除赤字。

问题：

1. 在当前成人和学生票价组合下，泳池本季要接待多少人次才能达到收支平衡？

2. 不考虑成人和学生票价组合，按最高票价计算，泳池本季最少要接待多少人次才能达到收支平衡？

3. 不考虑成人和学生票价组合，按最低票价计算，泳池本季最少要接待多少人次才能达到收支平衡？

4. 泳池经理正在考虑多种提高票价的定价战略。定义以下定价战略，并讨论各战略如何帮助消除赤字。

a. 产品组合定价

b. 批量折扣定价

c. 渗透定价

d. 非高峰期定价

同步测试题答案及解析

一、单选题

1. 【答案】 C

【解析】 选项 C 正确。下一年单位边际贡献 = 150 − 60 × (1 − 20%) = 102（美元），总边际贡献 = 102 × 175 000 = 17 850 000（美元）。

下一年固定成本 = 60 × 150 000 − 750 000 = 8 250 000（美元）

营业利润 = 17 850 000 − 8 250 000 = 9 600 000（美元）

边际贡献率 = 102 ÷ 150 = 68%，变动成本率 = 100% − 68% = 32%。

2. 【答案】 D

【解析】 [Q × (18 − 3) − 165 000] × (1 − 30%) = 210 000（美元）

Q = 31 000。所以选项 D 正确。

3. 【答案】 B

【解析】 选项 B 正确。

单位：美元

变动成本	
打印和装订	30 000
销售佣金	5 400
销售商佣金	67 500
作者版税	27 000
合计	129 900
单位变动成本 129 900 美元 ÷ 6 000 美元	21.65
单位边际贡献 45 - 21.65 美元	23.35
固定成本	
开发费用	35 000
排版	18 500
折旧	9 320
管理费用	7 500
其他固定成本	4 400
合计	74 720

本题中：设销量 = X，有以下等式：

X = (74 720 + 20% × 45 × X) ÷ 23.35

X = 5 207。

4. 【答案】 B

【解析】 选项 A 不正确。50 000 美元通过对年折旧额的影响进而影响税金。

选项 C 不正确。50 000 美元会导致现金流入，所以影响现金。

选项 D 不正确，因为 50 000 美元会导致现金流入，而不是现金流出的增加。

5. 【答案】 B

【解析】 选项 B 正确。

单位：美元

	XR - 2000
价格	105
原材料	24
直接人工	10
变动间接费用	5
变动销售和管理费用	4
变动成本合计	43
单位边际贡献	62

因为 G 公司已是满负荷运作，公司若接了订单，就意味着必须降低 XR - 2000 的产量。生产 1 000 个 GT - 6500 的总耗时为 1 000 × 3 = 3 000 机时，而

XR－2000 必须减产 3 000 ÷4 =750（个）。

减产的 XR－2000 的边际贡献必须由 GT－6500 来弥补，即每一单位的 GT－6500 必须承担（750 ×62）÷1 000 =46.5（美元）的边际贡献。

生产 GT－6500 的相关成本 =27 +12 +6 +5 =50（美元），因此，产品的价格 =50 +46.5 =96.5（美元）。所以选项 B 正确。

6.【答案】 C

【解析】 选项 C 正确。增加或者减少分部，与增加或者减少服务产品相类似，主要考察、分析和对比相关成本与相关净营业利润的影响。需要注意的是，在边际分析中，只有可避免成本才是需要考虑的相关成本。而共同固定成本是不可避免成本，与决策无关。关闭 B 部门后，销售收入减少（15 000 美元），变动产品销售成本省下 8 500 美元，固定产品销售成本省下 1 500 美元，变动销售与管理费用省下 3 000 美元。

因此，关闭 B 部门后，营运收益变化 =8 500 +1 500 +3 000 －15 000 = －2 000（美元）。

7.【答案】 C

【解析】 选项 A 不正确。决策的目的是为了增加盈利，而不是分摊费用。

选项 B 不正确。因为边际贡献是 2.5 美元(18.5 －12.25 －3.75)大于 0，因此不该停产该产品。

选项 C 正确。

计算相关成本，40 磅一袋草地肥料的变动成本 =12.25 +3.75 =16（美元）。

变动成本小于售价 18.5 美元，因此持续生产并进行良好的营销活动会使得该产品盈利。

选项 D 不正确。选项 D 中只是提及增加产生，并没有提到营销活动。因为题干中已经提到，因为市场不好所以生产没有达到极限。如果只是一味增加产量而不考虑营销问题，产品还是无法打开销路，也就无法谈及盈利。

8.【答案】 D

【解析】 选项 D 正确。成本基础定价法，即成本加成定价法，是以产品和服务的开发生产销售的成本为依据，来设定能够覆盖这些成本并赚取到一定利润的价格。本题中：设目标价格 =P，有以下等式：

[(P －200 美元) ×25 000 美元 －700 000 美元] ×(1 －40%) =(3 000 000 美元 +1 000 000 美元) ×15%

P =268 美元。

9.【答案】 A

【解析】 选项 A 正确。联合成本是沉没成本。沉没成本是指，无论采取什么措施，它们都不可能避免的，而且也无法改变的成本。无论在分离点之后做出怎样的决策，都无法避免或改变在分离点之前所发生的成本。

选项 B 不正确。联产品成本不是相关成本，而是不相关成本。

选项 C 不正确。在决策是否继续加工上，联产品成本是实际发生的成本，而不是标准成本。

选项 D 不正确。联产品成本不是差异成本，而是联合生产发生的总成本。

10. 【答案】 A

【解析】 选项 A 正确。交叉弹性同方向变化，如果某种商品的价格上升，替代品的需求量就会上升，题干中所谓的直接变化就是同方向变化。

11. 【答案】 B

【解析】 选项 B 正确。需求价格弹性，是指需求量对价格变动的反应程度，是需求量变化的百分比除以价格变化的百分比。用数学公式表示就是：需求弹性 = 需求量变化的百分比 ÷ 价格变化的百分比。

各种电话服务的价格弹性计算如下：

	A	B	(A+B)÷2=C	D=|A−B|	E=D÷C	
	以前费率（美元）	新费率（美元）	平均数（美元）	变动（美元）	变化率	
呼叫等待	8	4	6	4	0.67	
来电显示	6	4	5	2	0.40	
国际电话	3	1	2	2	1.00	
网络接入	15	13	14	2	0.14	
	以前需求量	新需求量	平均数	变动	变动率	弹性
呼叫等待	100	150	125	50	0.40	0.4÷0.67=0.60
来电显示	50	70	60	20	0.33	0.33÷0.4=0.83
国际电话	30	40	35	10	0.29	0.29÷1=0.29
网络接入	150	160	155	10	0.06	0.06÷0.14=0.45

从数据可以看出，来电显示的需求价格弹性最高。

12. 【答案】 D

【解析】 选项 A 不正确。购买新机器的结果是更大的固定成本，盈亏平衡点可能会更高。

选项 B 不正确。降低销售价格会减少单位边际贡献，从而会提高盈亏平衡点。

选项 C 不正确。增加赛普汀的整体市场投入带来固定销售费用的增加，从而提高盈亏平衡点。

选项 D 正确。由于汽油是公司最盈利的产品，因此它比赛普汀、曲马朵的单位边际贡献更高，汽油销售相对于其他产品的销售增加会造成较高的加权平均单位边际贡献和较低的盈亏平衡点（固定成本/加权平均单位边际贡献）。

13.【答案】B

【解析】选项 A 不正确。如果其他因素不变，单位变动成本降低会增加边际贡献，并降低盈亏平衡点。

选项 B 正确。如果变动成本增加，单位边际贡献会降低，盈亏平衡点会提升。

选项 C 不正确。边际贡献增加会降低盈亏平衡点。

选项 D 不正确。所得税税率变化对盈亏平衡点没有影响。

14.【答案】C

【解析】考察假定变动成本和固定成本增加，为了获得目标税后利润需要出售的件数。出售件数等于固定成本加上期望的税前利润后除以单位边际贡献。在以前年度，单位边际贡献是 38 美元（60 美元价格 - 22 美元单位变动成本）。来年由于使用高规格零件单位边际贡献降低 2 美元后为 36 美元。由于新机器折旧，固定成本从 504 000 美元增加到 522 000 美元。期望的税后利润 172 800美元除以 60%（扣除税率后剩余）得出期望的税前利润 288 000 美元。因此，实际目标利润的销量为（522 000 + 288 000）÷ 36 = 22 500（美元）。因此，选项 C 正确。

15.【答案】D

【解析】选项 A 不正确。为了避免相关成本分析的缺陷，管理层不仅要关注所有相关成本（变动成本仅是相关成本一部分），还要关注相关收入。

选项 B 不正确。每个方案的长期固定成本通常是不相关的历史成本，决策分析不关注。

选项 C 不正确。所有方案期望的固定成本可能是相关成本，也可能是不相关成本。

选项 D 正确。为了避免相关成本分析的缺陷，管理层应关注使各方案都不相同的期望收入和成本，即相关收入和相关成本。

16.【答案】B

【解析】本量利计算。采购金额 = 800 000 美元。

按机器设备标示的产能计算的单位产能成本为理想标准成本，而 S 公司预期总需求仅为 1 200 000 单位。

设备的固定成本 = 0.5 × 1 600 000 = 800 000（美元）

与设备相关的单位制造费用 = 800 000 ÷ 1 200 000 = 0.67（美元）

17. 【答案】 C

【解析】 选项 C 正确。计算一次性订单的收益，该订单的相关成本为变动制造费用，即 5.00 美元；价格为 7.5 美元，因此出售一双可以增加 2.5 美元的边际贡献，合计收益为37 500 美元（2.5×15 000）。

18. 【答案】 B

【解析】 选项 B 正确。边际成本是指每一单位新增生产的产品（或者购买的产品）带来的总成本的增量。第 7 个单位的边际成本为：1 250 - 1 040 = 210（美元）。

19. 【答案】 A

【解析】 选项 A 正确。旧设备的采购成本 70 000 美元，属于沉没成本。相关成本仅包括运营成本原材料 20 000 美元和人工 5 000 美元，合计为 25 000 美元。

20. 【答案】 D

【解析】 选项 D 正确。成本基础定价法，即成本加成定价法，是以产品和服务的开发生产销售的成本为依据，来设定能够覆盖这些成本并赚取到一定利润的价格。相对于市场基础定价法的价格受制于市场价格水平，成本基础定价法拥有适度的自主性。成本定价法应用的基本原则：市场缺乏竞争、替代品少、定制产品、新产品。A、B、C 选项更适用于市场基础定价法。

21. 【答案】 D

【解析】 选项 A 不正确。产品机械保险，属于已发生的沉没成本。

选项 B 不正确。直接材料属于已发生的沉没成本。

选项 C 不正确。机器安装成本属于已发生的沉没成本。

选项 D 正确。属于未来发生且和决策相关的成本。

22. 【答案】 B

【解析】 单位边际贡献 = 单价 - 单位变动成本 = 12 - 4.5 - 2.5 - 1 = 4（美元）

边际贡献率 = 4 ÷ 12 = 1/3

税前目标利润 = 税后净利润 ÷（1 - 所得税税率）= 2 400 000 ÷（1 - 40%）= 4 000 000（美元）

保利额 =（固定成本 + 税前目标利润）÷ 边际贡献率 =（2 000 000 + 4 000 000）÷（1/3）= 18 000 000（美元）。所以选项 B 正确。

23. 【答案】 B

【解析】 产品 1 边际贡献率 =（12 000 000 - 4 800 000）÷ 12 000 000 = 60%

产品 2 边际贡献率 =（3 000 000 - 1 500 000）÷ 3 000 000 = 50%

两种产品的总销售额 = 12 000 000 + 3 000 000 = 15 000 000（美元）

产品组合的加权平均边际贡献率

=（12 000 000 ÷ 15 000 000）× 60% +（3 000 000 ÷ 15 000 000）× 50% = 48% + 10% = 58%

总固定成本 = 5 400 000 + 400 000 = 5 800 000（美元）

总盈亏平衡点销售额 = 总固定成本 ÷ 加权平均边际贡献率 = 5 800 000 ÷ 58% = 10 000 000（美元）。所以选项 B 正确。

24.【答案】 A

【解析】 选项 A 正确。价值工程是目标成本法中控制成本的常用工具。

选项 B 不正确。属于非正当竞争。

选项 C 不正确。只针对了经营过程。

选项 D 不正确。客户需求属于目标本身，而不是财务控制方法。

25.【答案】 B

【解析】 可以计算，接受特殊订单的收益 = 10 000 ×（30 − 8 − 3 − 2）= 170 000（美元）。所以选项 B 正确。

二、简答题

【解析】

1. 在当前成人和学生票价组合下，泳池本季要接待多少人次才能达到收支平衡？

边际贡献为 75%（100% − 推广基金 10% − 可变成本 15%）即 5 美元 × 75% = 3.75 美元（成人），2.5 美元 × 75% = 1.875 美元（学生）。

构成为 20% 成人（30 ÷ 150）和 80% 学生（120 ÷ 150）。

加权平均边际贡献（WACM）为：WACM = 20% × 3.75 + 80% × 1.875 = 2.25（美元）

保本点销售量 = 固定成本 ÷ WACM = 33 000 ÷ 2.25 = 14 667（人/季）

2. 不考虑成人和学生票价组合，按最高票价计算，泳池本季最少要接待多少人次才能达到收支平衡？

设所有门票均为成人票（最高票价），保本所需最少人数为：

33 000 ÷ 3.75 = 8 800（人/季）

3. 不考虑成人和学生票价组合，按最低票价计算，泳池本季最少要接待多少人次才能达到收支平衡？

设所有门票均为学生票（最低票价），保本所需最少人数为：

33 000 ÷ 1.875 = 17 600（人/季）

4. 泳池经理正在考虑多种提高票价的定价战略。定义以下定价战略，并讨论各战略如何帮助消除赤字。

a. 产品组合定价

b. 批量折扣定价

c. 渗透定价

d. 非高峰期定价

a. 产品组合定价是指将某些产品或其中部分的价格设置较低以吸引其他客户。如成年人通常带学生来游泳，可以试着摸索成人/学生最佳组合票价，以吸引回头客。

b. 批量折扣定价适用于频繁光顾的个人折扣（如季卡）或群体折扣（如俱乐部）。

c. 渗透定价是指设置较有竞争力的价格，以击败竞争对手。价格可以比本地区其他泳池更有竞争力（或更低），以实现边际贡献最大化。

d. 非高峰期定价用于鼓励非高峰时段消费。预计某天（如阴天多云）或某个时段（如晚上）客流量较小时，可执行折扣定价。

风险管理

企业未来现金流的现值决定着企业现在的价值，但企业未来的营运活动又充斥着各种不确定性（风险），如何能确保企业在未来有稳定的现金流并增加企业的价值？这就需要管理会计师在企业决策和执行过程中，将风险的识别、评估、应对、监控等风险管理活动贯穿于融资、经营、投资、内部控制等决策中，以降低风险，保证企业资产的安全和效率，保证组织战略目标的实现，最终实现企业价值的增值。因此，可以说企业管理就是风险的管理。

本章考情分析

本章内容：风险的类型，包括企业风险、危害风险、财务风险、营运风险、战略风险、法律风险、合规风险以及政治风险；风险缓解；风险管理；风险分析；以及企业风险管理（enterprise risk management，ERM）。

本章考试占比10%。

本章考题涉及单选题和论述题。本章内容相对较少，考题基本不涉及计算。

本章近年来的主要考点：①在险价值定义和内容；②风险类型；③风险应对措施；④风险管理步骤；⑤全美反虚假财务报告委员会的发起组织委员会（Committee of Sponsoring Organization，COSO）的《企业风险管理——整合框架》（2017年版）；⑥风险管理的实施意义及局限性。

本章结构框架图

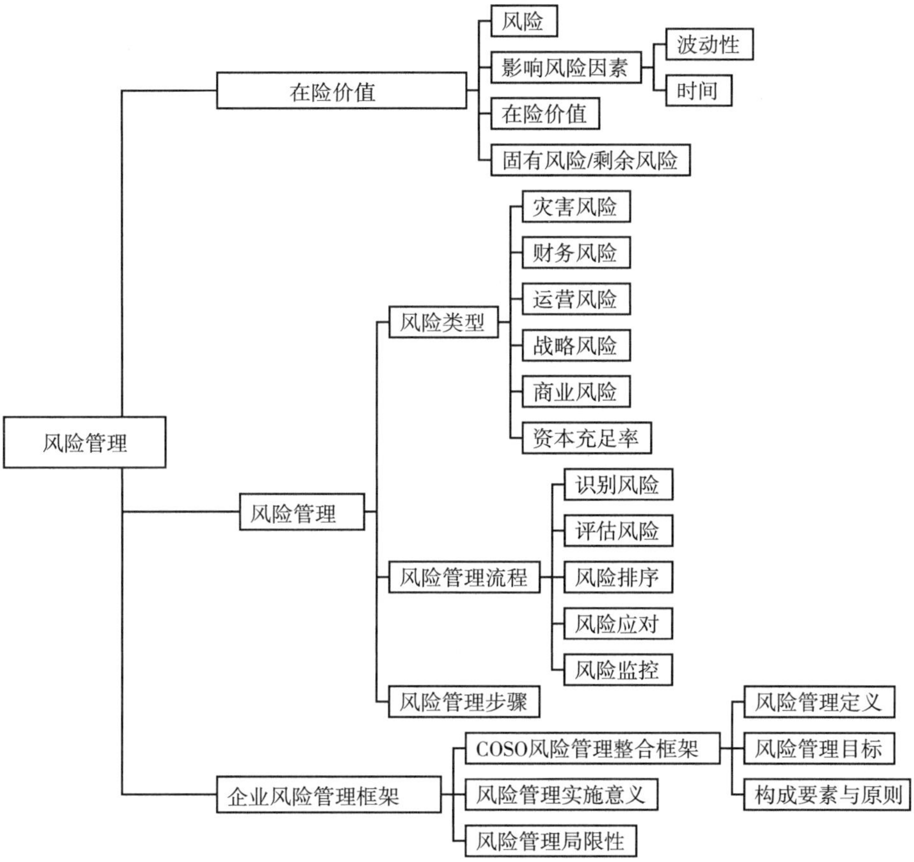
风险管理
在险价值
风险
影响风险因素
波动性
时间
在险价值
固有风险/剩余风险
风险管理
风险类型
灾害风险
财务风险
运营风险
战略风险
商业风险
资本充足率
风险管理流程
识别风险
评估风险
风险排序
风险应对
风险监控
风险管理步骤
企业风险管理框架
COSO风险管理整合框架
风险管理定义
风险管理目标
构成要素与原则
风险管理实施意义
风险管理局限性

本章重难点精讲

第一节　企业风险

一、在险价值

（一）风险概念

风险是指未来事件存在的不确定性程度。在企业背景下，指企业面临损失可能性的程度。

影响风险的因素：不确定性（波动性）、时间。不确定性越大，风险越大；时间越长，波动的可能性越大，风险越大。例如：债券的到期日越长，债券市场价格波动的可能性和幅度就越大，该债券的风险就越大。

（二）在险价值（value at risk，VAR）概念

1. 在险价值是指在特定概率（置信区间）下，在给定的期间内，可能发生的最大损失。

2. 在险价值（VAR）的主要特点：

- 可以简单明了地表明市场风险的大小。
- 在险价值是前瞻性指标，可以事前计算。注意：这个与衡量历史性波动的回顾性风险度量指标不同。
- 不仅能计算单个金融工具的风险，还能计算多个投资组合的风险。

3. 计算方法（了解）：历史法、方差—协方差法、蒙特卡洛模拟。

【例题4－1】在财务风险管理体系中，术语“在险价值”（VAR）的定义是：

A. 公司能够损失的最大值

B. 在给定的置信度下，特定时期的最大损失

C. 在给定的结果分布中，最坏的可能结果

D. 最大可能的负面结果

【答案】B

【解析】选项A不正确。缺少要素：特定概率、给定时间。

选项B正确。具备在险价值（VAR）定义的三个要素：特定概率、给定

时间、最大损失，符合在险价值 VAR 的定义。

选项 C 不正确。范围错误。不是在给定结果分布中，而是特定概率下，给定时间内。

选项 D 不正确。缺少要素：特定概率、给定时间。

二、风险管理

（一）风险的类型

1. 灾害风险。

主要来源于自然灾害、实体资产的缺损、恐怖袭击等。这类风险往往很难预计，但可通过购买保险进行应对。

2. 财务风险。

主要包括汇率风险、利息风险、信贷风险、流动性风险。汇率风险可通过金融工具及金融衍生工具（期货、期权、货币互换等）进行规避；利息、信贷、流动性风险可以通过建立偿债基金、确定最佳现金持有量、确定最佳库存量、加速应收账款回收等方式进行应对。

3. 营运风险。

主要是与企业的日常经营活动相关的风险。涉及产品成本结构的，可以通过降低固定成本占比进行应对。涉及人力资源的，可以通过招聘、培训进行应对。涉及内部职能与流程的，可通过内部控制、流程再造进行应对。与环境、健康、安全、质量等相关的，更多的与现行法律的合法性和合规性相关。

> **【提示】**法律风险与合规风险，与企业需要遵守的法律、有关规定以及合同义务有关。

4. 战略风险。

主要是与宏观环境中的政治环境、经济环境、法律法规和全球市场等相关。这类风险很大程度上来源于组织外部环境的变化。

> **【提示】**这里的“法律法规”不是指企业行为与目前现行法律法规的冲突（这类风险属于“营运风险”），而是指法律法规变化后对组织产生的影响。

政治风险是由于一国的政治环境变化或不稳定导致的投资风险。例如，税收变化、资本冻结、没收资产等。

5. 商业风险。

指的是公司因利润可能低于预期而面临的风险或遭受的损失。商业和法律的另一个术语是信托责任。我们通常会将此术语用于管理其他人员资产的人。

第四章

这些资产管理人员根据与资产所有者的法律或道德关系承担信托责任。预计经理代表资产所有者行事，而不是代表他们自己行事。这需要信任的要素。在商业领域，这意味着上市公司的股东必须信任他们指定的董事会和执行管理团队。管理团队需要做出符合道德规范的决策，以便在发展业务的同时保护公司的资产，从而为股东提供回报。

6. 资本充足率风险（主要针对金融机构）。

资本充足率是指资本总额和风险加权资产总额的比例。使用该指标的目的在于抑制风险资产的过度膨胀，保护存款人和其他债权人的利益、保证银行等金融机构的正常运营和发展。

（1）度量金融机构对存款人的保护能力以及对全球金融体系的保卫能力。

（2）资本充足率（无计算要求）。

一级资本：金融机构在不停业时可吸收的损失资本；

二级资本：金融机构在清盘时可吸收的损失资本；

风险加权资产：资产需要进行风险加权调整。

（3）影响金融机构风险水平的因素。

偿付能力即长期偿债能力，是判断金融机构的盈利性和安全性的重要指标。金融机构只有具有较强的偿付能力，才能保证存款人能按期收取利息、到期及时收回本金。

流动性即短期偿债能力，是衡量金融机构应对流动负债的能力。金融机构的流动性越强，流动负债的保障越大。但过高的流动性也并非好现象，过高会影响获利能力。

准备金是确保商业银行在遭遇突然大量提取存款时，有充足的清偿能力。抑或保险公司能如约履行保险赔偿或给付义务。

资本充足率是反映商业银行在存款人和债权人的资产受到损失前，银行能以自有的资本承担损失的能力。

【例题4－2】 与组织对法律、有关条例以及合同义务符合性的风险相关的是以下哪一部分的内容？

A. 财务风险　　B. 灾害风险　　C. 战略风险　　D. 经营风险

【答案】 D

【解析】 选项A不正确。财务风险主要与企业的资本结构、外汇汇率相关。

选项B不正确。灾害风险主要是自然灾害。

选项C不正确。战略风险主要是外部环境变化对企业产生的风险，特别需要注意区分的是战略风险也有涉及法律法规的内容，但指的是因法律法规变化而产生的风险，并非与现行法律法规的冲突。

选项D正确。法律、条例、合同义务一般与企业的日常经营活动相关，这类相关的风险属于营运风险范畴。

【例题4－3】 关于风险类型，下面哪一项会被归类为政治风险？

A. 歧视性做法，如高税收、高公用事业费，或者要求支付比本地公司更高的工资

B. 功能性货币和母公司记账本位币之间差异的风险

C. 在高犯罪率国家开展业务的被盗风险

D. 全球经济低迷

【答案】 A

【解析】 选项 A 正确。歧视性政策属于政治风险。

选项 B 不正确。功能性货币和母公司记账本位币之间差异的风险，属于汇率风险。

选项 C 不正确。在高犯罪率国家开展业务的被盗风险，属于社会风险。

选项 D 不正确。全球经济低迷，属于市场风险。

【例题 4 -4】 某公司的会计经理估计，由于公司的系统和程序故障造成巨大财务损失的概率为 5%。该会计经理确定的是哪种类型的风险？

A. 业务风险　　B. 运营风险　　C. 危害风险　　D. 战略风险

【答案】 B

【解析】 根据题意，由于公司的系统和程序故障造成巨大财务损失，属于内部流程失败，属于运营风险。所以选项 B 正确。

（二）风险管理流程

风险管理包括风险识别、风险评估、风险排序、风险应对和监控风险等流程。

1. 风险识别。

目标：尽可能多地确认威胁，但并不对威胁做出评价。

（1）风险框架有助于风险识别过程的顺利实施。

风险框架能够按类型、结构要素（战略、人员、流程、技术、数据等）或业务流程（收入周期、偿付周期、存货周期、现金管理、财务报告、日常运营）等维度对风险进行梳理。

（2）风险框架应同时考虑外部因素和内部因素。

- 内部风险因素包括：战略风险、财务风险、营运风险、内部流程、内部控制、沟通方式、劳资关系、员工培训、监督反馈等。
- 外部风险因素包括：法规变化、行业竞争、科技发展、与关键供应商关系、与关键客户关系、自然灾害等。

（3）风险识别的技术主要分三类：

- 内部访谈与讨论，包括访谈、问卷调查、头脑风暴、自我评估及其他协调讨论、SWOT 分析。
- 外部来源，包括与其他组织比较、与同行比较、标杆管理、风险顾问。
- 工具、诊断和流程包括核对清单、流程图、情景分析、价值链分析、业务流程分析、系统工程、过程描述等。

（4）可以考虑对风险评估活动进行事后评价，即检查风险评估活动中尚未识别、已经发生的风险。采取行动修正风险评估过程，以便将来能恰当地识别这些风险。

2. 风险评估。

目标：对识别出来的风险进行客观且独立的评价。

（1）主要评估风险发生的可能性和造成的影响。

- 预防性控制活动可以降低风险发生的可能性；最具成本效益性。
- 检测性控制和改正性控制可以减轻风险的影响。

（2）需要评估事件的固有风险和剩余风险。

- 固有风险是指在采取任何措施之前就存在的风险。
- 剩余风险是指在所有控制活动均得以实施后仍然存在的风险。

（3）风险评估的常用方法：

- 定性分析，是目前应用最广泛的一种方法。就是凭借分析者的经验和直觉、业界的标准、惯例、专家访谈等方式对风险进行确认；并且根据风险管理诸要素（资产价值、威胁的可能性、弱点被利用的容易度、现有控制措施的效力等）的大小或高低程度定性分级（“高”“中”“低”三级）。

- 风险地图，也称风险热图，是一种典型的风险定性分析方法。是用图形技术表示识别出的风险信息，直观地展现风险发展的趋势，方便风险管理者考虑采取怎样的风险应对措施的一种管理工具。

如图 4－1 所示，按照风险发生的可能性和影响程度，分别分成 5 个级别，绘制风险坐标地图。

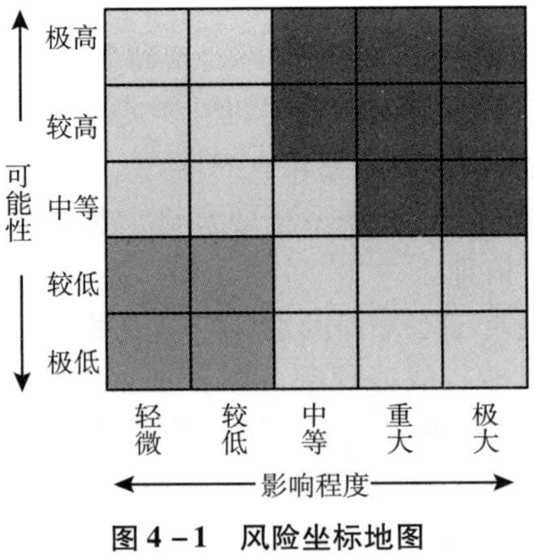

图 4－1 风险坐标地图

对每种风险按照此类方法进行评估，将评估结果显示在风险坐标地图上，区分出重大风险、中等风险和安全风险。

- 定量分析，就是对风险评估的过程进行量化。对潜在的最大损失水平、可能发生的频率、风险控制失效等因素赋予数值，并进行计算。标杆分析法、风险现金流分析法、情境分析法、在险盈余、盈余分配、每股收益（EPS）分配法等都可以量化具体的因素，进行定量分析。

（4）风险评估与企业对风险的态度（风险偏好）直接相关。风险偏好是指企业在既有使命和业务模式下愿意接受的风险水平。企业的风险偏好直接决定了企业风险管理方式，越不愿意冒险的企业，管理层越愿意在降低风险方面投入。

3. 风险排序。

在一个复杂或者庞大的组织中，高层管理人员应委派风险管理委员会对各个业务部门的风险进行排序。风险管理委员会成员（首席执行官、首席审计官、首席信息官）必须有能力做出恰当的判断，并且为风险的应对措施提供相应的资源。

4. 风险应对。

风险应对指的是通过一系列的措施，将风险降低到可接受的水平。

风险应对措施主要包括：

（1）风险规避（避免）：直接不干了，但同时丧失承担风险带来的利益。

（2）风险保留（接受）：接受风险的利益和损失，预留一部分收益弥补将来可能的损失。

（3）风险减轻（缓解）：减少损失的可能性或者程度。例如，增加流程控制、信息安全功能。

（4）风险分摊（也称风险转移，风险共享）：与其他主体共同承担风险带来的损失或收益。例如，外包、购买保险、成立合资公司、签订对冲合同等。

（5）风险利用：有意识地参与风险项目，以期获得更高的回报。

对所有风险应对措施进行成本效益分析是非常重要的。如果风险应对措施的成本超过了风险可能带来的最大损失，这明显不是一个好的商业决策。

【提示】参考风险发生的可能性和造成的影响，表 4 - 1 可以用于选择最佳的应对方式：

表 4 - 1　风险的应对方式

项目	影响低	影响高
可能性低	接受风险	购买保险转移风险
可能性高	通过内部控制降低风险	通过改变业务的方式或地点来规避风险

5. 监控风险。

风险会随着环境的变化而变化，因此需要对风险进行监控，并根据需要进行持续调整。

【例题 4 - 5】组织可以选择一些风险的应对策略，使风险达到可接受的水平。下列哪种行为不会降低组织的风险？

A. 购买财产意外保险

B. 要求所有的员工团结在一起

C. 调整组织的资本结构使得资本成本达到最优化

D. 将成本从固定转移到可变

【答案】 B

【解析】 选项 A 不正确。购买保险属于风险转移或风险共享，可降低灾害风险。

选项 B 正确。不能降低组织风险。

选项 C 不正确。调整资本结构，可以降低财务风险。

选项 D 不正确。固定成本转移为可变会降低运营风险。

【例题 4-6】 风险评估的过程是：

A. 评估一年的内部控制质量

B. 建立政策和程序，以实现内部控制目标

C. 及时识别和获取信息

D. 用于识别可能会影响主体的潜在事件

【答案】 D

【解析】 风险评估主要是对潜在的事件/风险进行识别和评价的过程。

选项 A 不正确。评估一年的内部控制质量，是内部控制的过程。

选项 B 不正确。建立政策和程序，以实现内部控制目标，是内部控制的过程。

选项 C 不正确。及时识别和获取信息，是信息与沟通的过程。

选项 D 正确。用于识别可能会影响主体的潜在事件，是风险评估的过程。

【例题 4-7】 某公司的新任 CEO 正在计划实施企业风险管理过程，实施此过程第一步需要做的是：

A. 确认公司所有方面可能存在的风险

B. 确定可通过的运营不利的风险

C. 与员工讨论企业可能存在的风险

D. 建立控制活动

【答案】 C

【解析】 风险管理程序在确定了组织战略和目标后，就是识别风险，也就是确认尽可能多的威胁，但并不对这些威胁做出评价。因此在备选项中，A 属于风险评估，在风险识别之后；B 是风险识别，但并没有识别出所有风险；C 选项属于风险识别；D 选项属于监控。

（三）风险管理的基本步骤

（1）确定企业风险承受度：明确组织对待风险的态度。

（2）评估风险敞口：确定风险的性质并进行量化，以确认组织是否可以接受该风险水平。

（3）实施合适的风险管理策略：明确管理风险敞口必须采取的行动。

（4）监控风险敞口与风险管理策略：定期监控风险敞口的状态、风险管理策略的有效性；必要时进行策略调整。

> **【提示】** 管理会计公告《企业风险管理：框架、要素及整合（2014）》中列示5A持续风险管理过程。企业风险管理（ERM）的有关内容有：设定战略/目标、识别风险、评估风险、应对风险、控制风险、沟通与监控。

（四）风险管理实践在美国

20世纪30年代的《证券法》和《证券交易法》，主要关注会计秩序和财务报告的治理，证券交易委员会的成立实现了会计和审计实务的标准化。

1949年，美国注册会计师协会出版第一部具有审计学意义的专著《内部控制——协作体系及其对管理层和独立公共会计师的重要性》，首次提出了内部控制的权威定义。

1985年，美国注册会计师协会、美国会计学会、财务经理人协会、美国内部审计师协会、美国管理会计师协会联合创建"反虚假财务报告委员会"，两年后成立全美反虚假财务报告委员会的发起组织委员会，即COSO（Committee of Sponsoring Organization），1992年发布了《内部控制整合框架》（简称COSO 1.0），建立了现代内部控制最具权威性的框架。

由于2001年安然事件及其后的世通等会计丑闻，2002年7月30日出台了《萨班斯—奥克斯利法案》（SOX），加大了公司主要管理者的法律责任，对高管收入、内部审计委员会、外部审计、信息披露等方面加强了监管。

2004年9月，COSO发布了《企业风险管理框架》（*Enterprise Risk Management Framework*，*ERM*），为企业风险管理提供了理论框架和应用指南。相对于内部控制整合框架，2004年的《企业风险管理框架》新增加了风险组合观、一个目标（战略目标）、两个概念（风险偏好和风险容忍度）和三个要素（目标制定、事项识别和风险反应），强调内部控制是企业风险管理必不可少的一部分，风险管理框架的范围比内部控制框架的范围更广泛，是对内部控制框架的扩展。

自2004版《企业风险管理框架》发布以来，实施该框架的企业面临各种问题：一是美国上市企业不得不全力以赴应对《萨班斯－奥克斯利法案》的合规工作；二是企业风险管理的实施范围往往并不面向整个组织机构，并且很少被运用到战略制定中；三是COSO在编制框架时采用了类似于内部控制框架所使用的"立方体"结构，许多企业试图在过于细微的层面实施该框架；四是许多组织机构将企业风险管理作为保证活动来实施，而不是将其视为更佳的企业管理方式，如运用于流程层面而非战略制定层面，企业风险管理的实施活动也因此陷于细节的泥潭，令许多高管很快失去兴趣；五是2008年金融危机所引发的经济大萧条，令许多企业进入危机应对模式，企业风险管理的实施也因此受到影响。

由于新环境、新技术的不断演变，新的风险也层出不穷。金融危机带来的惨痛教训使企业高管逐渐意识到有效风险管理的重要性，从而引起整个企业对有关风险事项的关注和重视。人们开始对风险管理框架做出更明晰阐释的呼声日渐高涨。

自2014年起，COSO启动了修订项目，对2004年的《企业风险管理框架》进行修订，并于2016年发布了题为《企业风险管理——协调风险、战略以及业绩》的征求意见稿。征求意见稿中重新定义了风险，放弃了原框架中的“立方体”结构，改为惯用的要素和原则结构，重点关注如何使企业风险管理在组织机构内行之有效。

2017年，COSO委员会发布《企业风险管理——整合框架》正式版。在2017年版本中，更新的内容主要包含：变更了题目和框架展现方式；应用了要素和原则的编写结构；简化了企业风险管理的定义；强调了风险和价值之间的关联性；重新审视了企业风险管理整合框架所关注的焦点；检验了关于文化在风险管理工作中的定位；提升了对战略相关议题的研讨；增强了绩效和企业风险管理工作的协同效应；体现了企业风险管理支持更加明确地做出决策；明确了企业风险管理和内部控制的关系；优化了风险偏好和风险承受度的概念等。

【例题4－8】美国《反海外腐败法》尤为关注金融机构的交易以及对全球金融体系的保护。金融机构必须实施可靠的控制机制来确保了解自己的客户及其商业交易的性质，并能够向监管方证明自己十分尽职。这些保障措施最大限度地减少以下行为，除了：

A. 洗钱　　B. 内幕交易　　C. 资助恐怖主义　　D. 勒索和贿赂

【答案】B

【解析】最大限度地减少内幕交易是《证券法》和《证券交易法》的主要目的。选项ACD均属于美国《反海外腐败法》防治的内容。

三、企业风险管理框架（ERM）

（一）企业风险管理框架（2017）：要素与原则

2017年9月，COSO更新版《企业风险管理——整合框架》正式发布，企业风险管理框架2017版的整体架构，是围绕企业战略、绩效和价值提升而展开，新框架采用了国际文件惯用的要素加原则的结构（components and principals）。共分为五大要素，即治理和文化、战略和目标设定、绩效、审查和修订、信息沟通与报告（见图4－2）。针对五大要素，COSO总结出20条原则。

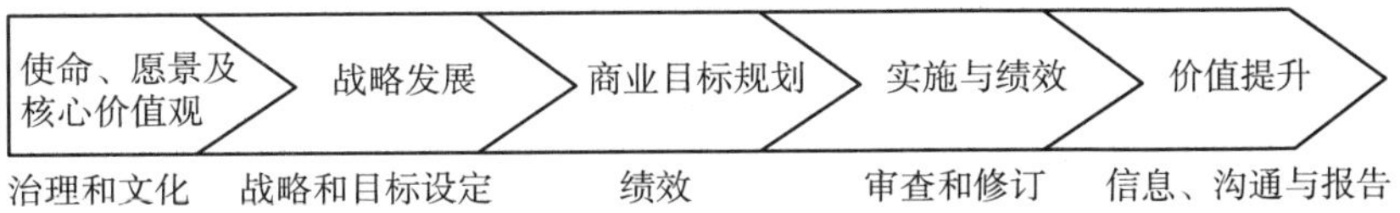

图 4－2　企业风险管理

资料来源：COSO，2017。

五大要素与 20 条原则的具体关联如下：

1. 治理和文化。

作为企业风险管理框架的第一个要素，确定了企业风险管理工作的总体基调，强调了治理层的主体监督责任、风险管理的适用性、文化等方面的内容，主要包括五个原则：

（1）董事会执行风险监督。董事会对战略进行监督，执行治理责任，支持管理实现战略和业务目标。

（2）建立运营机构。组织在追求战略和业务目标方面建立运营机构。

（3）定义崇尚的文化。组织定义期望的行为来描述所崇尚的文化。

（4）展示对核心价值的承诺。组织表现出对核心价值观的承诺。

（5）吸引、发展和保留有能力的人才。组织致力于建立符合战略和业务目标的人力资本。

2. 战略和目标设定。

第二要素指的是在组织使命和愿景及核心价值观的指引下，在治理和文化要素的环境下，制定组织战略和设定目标的要素，主要包含四个原则：

（1）分析业务环境。组织考虑业务环境对风险状况的潜在影响。

（2）定义风险偏好。组织在创造、维护和实现价值的背景下定义风险偏好。

（3）评估替代策略。组织评估替代策略，并对其潜在影响进行风险预测。

（4）制定业务目标。组织在确定协调和支持战略的各个层次的业务目标的同时，应考虑风险。

3. 绩效。

绩效要素（也称为实施与运行要素）指的是在既定战略和商业目标下，结合风险偏好的设置，对风险进行识别和评估的内容，包含五个原则：

（1）识别风险。组织应确定影响战略和业务目标绩效的风险。

（2）评估风险的严重程度。组织评估风险的严重程度。

（3）风险排序。组织将风险优先排序，作为选择风险应对的基础。

（4）实施风险响应。组织识别并选择风险响应措施。

（5）建立风险组合观。组织开发和评估风险组合观。

4. 审查和修订。

因为组织的风险管理实践和能力需要随着时间、环境、业务背景发生变化，所以需要适时审查风险管理工作的适用性。此要素主要包含三个原则：

（1）评估实质性变化。组织识别和评估可能严重影响战略和业务目标的变更。

（2）评估风险和绩效。组织评价绩效并考虑风险。

（3）企业风险管理持续改进。组织应追求企业风险管理的不断完善。

5. 信息、沟通和报告。

在信息爆炸的今天，如何更有效地处理和传递信息，已经对组织实现战略和商业目标起到至关重要的作用，风险管理框架的第五要素包含三个原则：

（1）利用信息系统。组织利用信息技术系统来支持企业风险管理。

（2）沟通风险信息。组织使用沟通渠道来支持企业风险管理。

（3）风险、文化和绩效报告。组织在内部各个层次进行风险、文化和绩效的报告。

> **【提示】**ERM 涉及公司治理、风险分析和投资组合管理。组织必须得到恰当地管理与治理；管理层必须评估风险并构建适当的投资组合。投资组合包括流动资产（现金、交易证券、应收账款、存货和预付款）和非流动资产（不动产、厂房及设备，长期投资，自然资源和无形资产）。管理层试图将多元化的投资组合在一起，以符合组织风险偏好的方式平衡对冲风险。

（二）企业风险管理框架实施的意义

企业风险管理被定义为一种文化、能力和实践，与战略和执行相结合，组织基于此在创造、保存和实现价值方面管理风险。整合了风险管理的企业可以获得下列好处：

（1）增加机遇的范围：通过考虑所有的可能性，不管是正面的还是负面的，管理层可以发现新的机遇和与之相伴的挑战。

（2）在整体范围内识别并管理风险：每个实体都面临着不同层级的风险，影响组织不同的层面。有时候，风险从组织的某一个部分产生，却影响了另一个部分。所以，通过识别和管理不同层面的风险，管理层能够维持并提高绩效。

（3）减少意料之外的负面变化，增加收益：风险管理使得企业能够提高识别风险的能力，建立合适的反应机制，减少意外与损失，同时从有益的发展中获利。

（4）减少绩效的波动性：对于有些组织而言，挑战不是来自于意外和损失，而是来自于绩效的波动。而且，绩效的提前或超出预期，与绩效的落后或达不到预期一样，都会造成严重的问题。风险管理让组织预测风险，并且落实必要的措施以使干扰最小化。

（5）优化资源分配：获得有效的风险信息，使得管理层能够评估总体资源需求，提高资源分配效率。

（6）增强企业的应变能力：企业的长期生存和发展，取决于企业对风险的预测和应变能力。随着变革的加快和业务复杂程度的增加，风险管理能够有效地增强企业应变能力。

【例题4-9】 根据COSO 2017年版企业风险管理框架，以下所有选项都是企业风险管理框架2017的五大要素之一，除了：

A. 治理和文化
B. 战略和目标设定
C. 绩效
D. 企业风险管理的局限性

【答案】 D

【解析】 COSO 2017年版企业风险管理框架的五大要素是：治理和文化、战略和目标设定、绩效、审查和修订、信息沟通与报告。

（三）风险管理的局限性

尽管企业风险管理带来了极大的好处，但仍然存在着一定的局限性：

（1）在成本效益的原则下，风险管理只能提供合理的保障而非绝对的保障。

（2）企业风险管理受人的影响因素很大，主观性较强，判断可能存在纰漏。

（3）类似简单误差或错误的累积，可能会导致风险的发生。

（4）风险管理的控制措施可能会因两人或多人的串通而被规避。

（5）企业的管理层可能凌驾于企业风险管理决策之上。

简答题出题方向分析

【出题方向1】 给出企业具体运营情景，要求分析涉及的相关风险类型、风险应对策略和风险管理的步骤。

解题要点：根据企业风险管理框架、要素及其整合，风险可以划分为4类：战略风险、财务风险、运营风险和灾害风险。要求熟练掌握每种风险类型涉及的具体风险内容。风险应对策略可以划分为5种：规避风险、接受风险、减轻风险、分摊风险和利用风险。要求熟练掌握每种风险应对策略的具体含义和涉及的具体措施。

【出题方向2】 题干中给出一定的企业具体投资、运营的情景，结合投资决策、投资多样化中的风险管理等内容进行投资风险管理综合分析。

解题要点：这类题目一般会结合“资本投资的风险分析”内容进行考核。投资风险分析方法主要包括：敏感性分析、模拟法、情景分析、蒙特卡洛模拟、确定性等值、资本资产定价模型（CAPM）等。

【出题方向3】 题干中给出一定的企业具体融资、运营的情景，结合财务风险及其应对、投资风险组合等内容进行融资风险管理综合分析。

解题要点：根据企业风险管理框架，企业融资主要面对的是财务风险，其应对方式主要是套期保值（对冲），方法包括远期合约、期货合同、期权、互换等。

历年经典试题回顾

一、单选题

【经典试题1】某公司最近刚刚上线了一套新的会计信息系统。在试运行的过程中，该公司财务经理发现，在过去的几周内，该系统并没有进行银行对账。根据IMA的《企业风险管理：框架、要素及其整合》，该财务经理发现的问题属于什么风险？

A. 财务风险　　B. 灾害风险　　C. 战略风险　　D. 经营风险

【答案】D

【解析】选项A不正确。虽然这个问题出现在财务部门，并与财务和银行相关，但不属于财务风险。财务风险主要来源于金融市场（企业外部）的波动和企业的资本结构（企业内部）。

选项B不正确。灾害风险主要来源于自然灾害、实体资产的缺损、恐怖袭击等。

选项C不正确。战略风险主要是与宏观环境下的政治环境、经济环境、法律法规和全球市场等相关。这类风险很大程度上主要来源于组织的外部环境的变化。

选项D正确。根据IMA的《企业风险管理：框架、要素及其整合》，运营风险是指与企业的日常经营活动相关的风险，涉及内部职能与流程。

根据题干中所描述的内容，发现的问题属于企业内部职能部门在日常运营中出现的不合规的现象，应该属于营运风险。

【经典试题2】商业风险是公司经营中的固有风险，不包括财务风险。其依赖于下述各项因素，除了：

A. 财务杠杆金额　　B. 销售价格波动

C. 需求波动　　D. 投入物价格波动

【答案】A

【解析】选项A正确。题干中的财务杠杆金额是用来衡量财务风险大小的，因此，商业风险不依赖于财务杠杆金额。

选项B不正确。销售价格变动是日常运营中的波动风险，属于商业风险。

选项C不正确。需求波动是日常运营中的波动风险，属于商业风险。

选项D不正确。投入物价格波动是日常运营中的波动风险，属于商业风险。

【经典试题3】下述各项是风险管理的潜在好处，除了：

A. 较低的资本成本　　B. 资源有效分配

C. 灵活应对不可预见环境　　D. 降低固有风险

【答案】D

【解析】选项A不正确。强有力的风险管理，可以改善资本的利用，从而有利于资本成本的降低。

选项B不正确。进行风险管理，可以在识别、评估风险后，更加合理的分配资源，提高企业资源的使用效率。

选项C不正确。通过综合实施组织范围的风险识别、评估活动，尽可能地识别风险和应对风险，从而减少未来的不可预见性，并增强灵活应对。

选项D正确。企业实施风险管理的好处有：①协调企业的风险偏好与战略目标；②增进风险应对决策；③减少营运的意外与损失；④确认并管理多重风险与跨企业风险；⑤抓住机会；⑥改善资本利用。

固有风险是在采取任何措施之前就存在的风险。风险管理无法降低企业本身就存在的风险。例如，海上石油勘探的风险肯定高于电器维修。

【经典试题4】下述哪项在风险管理中不是主要步骤？

A. 风险等级排序　　B. 重新考虑目前的风险

C. 规划风险应对措施　　D. 评估风险

【答案】B

【解析】选项A不正确。风险等级排序是风险管理步骤3。在大型（或结构复杂）组织中，企业管理层可能会制定企业风险管理委员会来检查不同运营单位确定的风险，将其汇总成条理清晰的响应计划。

选项B正确。根据企业风险管理框架，企业风险管理包含8个要素，分别是：内部环境、目标设定、事项识别、风险评估、风险应对、控制活动、信息与沟通、监控。重新考虑目前的风险，不是风险管理的主要内容。

选项C不正确。规划风险应对措施是风险管理步骤4。公司风险管理委员会需要提议足够的响应战略。

选项D不正确。评估风险是风险管理步骤2。识别的每一项风险必须评估其概率和潜在影响。

【经典试题5】一个农民合作社有大量的从社员中收集的粮食，储存在仓库中。由于粮食价格高，后3个月中合作社客户没有人准备购买。为了抵销后3个月粮食价格下跌变化进行套期保值，合作社将要实施风险管理技术，该技术即为：

A. 空头，套期保值　　B. 多头，套期保值

C. 无抵押期权　　D. 利率调期

【答案】A

【解析】选项A正确。应对价格波动最常见的形式就是对冲。对冲是使

用对冲承诺来最小化或避免价格反方向变动的影响。将来想要出售资产的人长期持有资产，因为他得益于资产价值上涨。为了防止价值下滑，资产所有人通过短期对冲，即如果资产价值下滑，会获得上涨的衍生品价值来应对价格波动。

空头是担心所拥有的资产价值下降的一方，将资产按约定价格出售，从而不会面临未来价格的波动。

选项 B 不正确。多头是担心所拥有的资产价值上升而不是下降的一方，以约定价格买入资产。

选项 C 不正确。无抵押期权是卖方期权，没有获得相关资产。

选项 D 不正确。利率调期的目的是使利息流平稳，而不是锁定其商品价格的当事人使用的对冲工具。

【经典试题 6】公司在其企业风险管理（ERM）流程中会识别供应链风险。识别出此风险后，公司希望确定此风险可能会对其目标产生多大的影响。他们应将风险评估的重点：

A. 同时放在固有风险和剩余风险上

B. 放在外部风险而不是固有风险上

C. 仅放在预期事件上

D. 放在剩余风险而不是固有风险上

【答案】A

【解析】选项 A 正确。固有风险：在采取任何措施之前就存在的风险。剩余风险：在所有控制活动均得以实施后仍然存在的风险。

风险评估是立足于固有风险和剩余风险，评估风险发生的可能性和严重程度。

【经典试题 7】在年初，管理平均年回报率为 8% 且年标准差为 25% 的投资组合的经理希望估算在 80% 置信水平上的最坏情况预期损失。该投资组合现今的价值为 500 万美元。该投资组合经理会采用哪种方法来估算年末可能产生的最大损失？

A. 套利定价理论　　B. 资本资产定价模型

C. 协方差　　D. 在险价值

【答案】D

【解析】选项 A 不正确。套利定价理论是基于多个因素来确定权益的成本。

选项 B 不正确。资本资产定价模型是基于风险因素来确定权益的成本。

选项 C 不正确。协方差是用来衡量一组变量之间的变化方向和方式。

选项 D 正确。在一个既定的执行区间内，判断未来最大可能的损失，管理层应该使用在险价值。在险价值（VAR）是指在特定的概率水平（置信度）下，在给定期间内可能会发生的最大损失。

【经典试题8】 DRP保险公司希望在企业风险管理（ERM）实施方面做到“同类最佳”。为实现此目标，该公司计划将影响战略实施和目标实现的事件识别出来。以下哪一项最能反映将有助于完成其识别过程的分析？

A. 评审事故和经营方面的衡量指标

B. 分析拖欠历史数据和分散情况

C. 汇总驾驶记录和驾龄

D. 评审事故和新的市场情况

【答案】 D

【解析】 选项A、B、C不正确。都只提及了已经发生的事件，没有考虑预计未来市场的情况。

选项D正确。该公司是为了识别影响战略实施的事件，所以必须预计未来的事项，即未来的行业环境与可能发生的事件。影响目标实现的事件，还必须识别已经发生的事件。因此，评审事故和新的市场情况有助于公司在风险管理实施方面做到“同类最佳”。

【经典试题9】 传达与风险相关的信息在企业风险管理中非常重要。哪个人的位置最可能在与客户产品设计需求相关的问题出现时意识到该问题？

A. 风险管理经理　　B. 销售代表

C. 内部审计员　　D. 生产经理

【答案】 B

【解析】 选项A、C、D不正确。这些人员都不会直接与客户接触。

选项B正确。最接近风险的人员发现风险的可能性最大。题干中的风险（客户产品设计需求）与客户直接相关，选项中最接近客户的人员是销售代表。

【经典试题10】 COSO 2017年版的企业风险管理框架包括5个相互关联的要素，由20条原则支持。以下哪项原则支持了“战略与目标设定”这个要素？

A. 定义风险偏好　　B. 定义企业文化

C. 实施风险应对措施　　D. 评价风险和绩效

【答案】 A

【解析】 选项A正确。战略和目标设定的4个支持原则是：分析业务背景、定义风险偏好、评估替代策略、制定业务目标。

选项B不正确。定义企业文化是治理和文化要素的支持原则。

选项C不正确。实施风险应对措施是绩效要素的支持原则。

选项D不正确。评价风险和绩效是审阅和修订要素的支持原则。

【经典试题11】 滨河物业的新公寓大楼已基本完成，但还差几项检查没有通过，因此尚未拿到入住许可证。不过有几位新租户与业主的关系不错，于是业主允许他们迁入。最能描述业主在此情况下产生的风险是以下哪一项？

A. 运营风险，因为业主未遵守法律和法规

B. 战略风险，因为未遵守法律和法规

C. 战略风险，因为其余检验可能确定该建筑不符合入住条件

D. 运营风险，因为其余检验可能确定该建筑不符合入住条件

【答案】 A

【解析】 选项 A 正确。运营风险是由内部流程、人员和系统缺失所造成的风险，它包含法律风险、合规风险。

战略风险中也包含法律风险，但这主要指的是因法律变动而产生的风险，并非指与现行法律不符的风险。

未取得入住许可证就已经迁入，违反现行的法律法规，属于运营风险。

选项 B 不正确。未取得入住许可证就已经迁入，违反现行的法律法规；不是因为法律法规的改变而产生的风险，不属于战略风险。

选项 C 不正确。未取得入住许可证就已经迁入，违反现行的法律法规，属于运营风险，但与建筑物是否符合要求无关。

选项 D 不正确。未取得入住许可证就已经迁入，违反现行的法律法规；不是因为法律法规的改变而产生的风险，属于运营风险；但是与建筑物是否符合要求无关。

【经典试题 12】 通过管理不确定性来创造、保护、提高股东价值是以下哪项内容的主要目标？

A. 风险评估　　B. 企业风险管理（ERM）

C. 财务风险管理　　D. 经营风险管理

【答案】 B

【解析】 选项 A 不正确。风险评估的目标是识别出固有风险和剩余风险，评估风险发生的可能性和严重性。

选项 B 正确。企业风险管理的目标是通过管理不确定性，以创造、保护并提升股东价值。

选项 C 不正确。财务风险管理的目标是降低企业流动性风险和偿付能力风险。

选项 D 不正确。经营风险管理的目标是降低企业在日常持续经营中的成本结构、内部流程、系统、人事、法律和合规性风险。

【经典试题 13】 关于 COSO 2017 年发布的企业风险管理（ERM）综合框架中的“文化与治理”，以下哪项是不正确的？

A. 风险分析是组织公司治理的一个组成部分

B. 建议组织成立风险委员会，向董事会报告

C. 建议内部审计职能大量参与企业风险管理计划

D. 建议组织成立首席风险官（CRO）

【答案】 A

【解析】选项 A 正确。公司治理涉及组织的管理方式。虽然风险分析是企业风险管理的重要组成部分，但它并不是企业治理的一个组成部分。这更像是一个运营问题。因此，这是正确的答案。

选项 B 不正确。组织证明企业风险管理重要性的一种方法是建立一个向董事会报告的风险委员会。这向所有利益相关方强调，董事会认为 ERM 是优先事项。因此，这是一个错误的答案。

选项 C 不正确。内部审计是组织公司治理的重要组成部分，这意味着它是企业风险管理的重要组成部分。因此，这是一个错误的答案。

选项 D 不正确。组织证明企业风险管理重要性的一种方法是建立首席风险官（CRO）。让负责风险的人员与首席运营官（COO）和首席财务官（CFO）保持一致，向所有利益相关者强调董事会认为 ERM 是优先事项。因此，这是一个错误的答案。

【经典试题 14】风险评估与管理层对风险的态度有关。风险厌恶管理团队典型地：

A. 不优先缓解风险　　B. 更可能花钱来减轻风险

C. 不愿意花时间来减轻风险　　D. 不愿意花钱来减轻风险

【答案】B

【解析】管理层对风险的态度：风险厌恶、风险中性、风险偏好。风险厌恶者更愿意花钱、花时间，优先缓解、减轻风险。

【经典试题 15】关于套期保值的做法正确的是：

A. 购买股票的看跌期权　　B. 将资产和负债到期时间匹配

C. 购买短期债券　　D. 购买长期国债

【答案】B

【解析】选项 A 不正确。只购买股票的看跌期权，无法避免因股票上涨带来的损失。正确的套期保值的做法是持有股票的同时，购买股票的看跌期权。

选项 B 正确。套期保值是指定一项或一项以上的套期工具，使用套期工具的公允价值或现金流量变动，预期抵销被套期项目全部或部分公允价值或现金流量变动的一种交易活动。

资产的周转期与负债的到期日相匹配，能规避负债到期不能偿还的风险，因此就是套期保值的做法。

选项 C 不正确。单独购买短期债券，不能预期抵销被套期项目全部或部分公允价值或现金流量变动。

选项 D 不正确。单独购买长期国债，不能预期抵销被套期项目全部或部分公允价值或现金流量变动。

二、简答题

城市地产公司最近在城市繁华拥挤的区域购买了一座历史建筑。该建筑已经空置多年，尽管邻居们对于恢复建筑的历史辉煌感到很兴奋，但同时他们不愿意接受新居民的增加，因为这会增加额外的交通负担，停车场也会变得拥堵。城市地产公司购买该建筑就是希望能够对其进行翻新，并建造 12 个公寓单元，从而使得项目盈利。该建筑拥有足够的空间来设置 12 个停车点，以便缓解停车压力。然而，建筑周围的邻居要求公司只设计四个公寓单元，而这对公司来说是不可行的。城市地产公司需要获得社区的支持，以便获得设计 12 个居住单元的特殊使用许可。

问题：

1. a. 请解释财务风险、经营风险和战略风险。

　b. 上述场景中都出现了哪些不同风险类型？

2. 根据上述场景，请使用风险管理流程，确认和说明城市地产公司在风险管理过程中应采取哪些关键步骤。

3. 请确认和阐述城市地产公司可以采取的四种风险削减战略。

4. 请阐明对待风险的态度将如何影响风险管理。

【答案】

1. a.

（1）财务风险：包括利息风险、汇率风险、信贷风险以及债务偿还风险；可以通过对冲、偿债基金、久期对冲等手段进行应对。

（2）经营风险：由于不完善或失败的内部流程、人员和系统而导致损失的风险，这些风险与持续的日常经营活动相关。可以通过加强内部控制、流程再造等手段进行应对。

（3）战略风险：主要是与宏观环境中的政治环境、经济环境、法律法规和全球市场等相关。这类风险主要很大程度上来源于组织的外部环境的变化。

b. 在本情境中，主要是战略风险，因为他们可能无法按照战略目标来翻新这座建筑。

2. 在风险管理过程中的关键步骤：

（1）风险识别——识别所有可能会影响到企业的风险。在本情境中，基于使用需要，城市地产公司所面对的风险是该项目无法得到批准。

（2）风险评估——评估风险的可能性和重要性。城市地产公司应了解邻居中有多少人支持，有多少人反对。

（3）风险排序——确定风险的先后次序，以及如何处理。城市地产公司应考虑缓解风险的策略。

（4）风险应对——设置应对的措施，积极应对风险。城市地产公司应考虑积极应对风险的具体方法。

（5）风险监控——监控风险的状态。城市地产公司可以经常与市议会或邻居开会以了解他们所关心的问题。

3. 可能采取的风险应对战略：

（1）规避风险——离开业务所带来的风险。城市地产公司可以尝试出售该项目。

（2）保留/接受风险——不采取任何行动，承担已有的风险。城市地产公司可以保留项目，努力获取必要的批准；或者预留部分资金用于弥补未来可能带来的损失。

（3）降低风险——采取行动，来降低风险。城市地产公司可以尝试采取行动，如开会通知邻居有关停车场的事项，来加速得到批准。

（4）转移风险——通常以购买保险或其他方式来分担风险。城市地产公司可以寻找其他投资者共同投资此项目来分担风险及分享报酬。

4. 对风险的反应态度主要有 3 种：风险厌恶、风险中性和风险偏好。管理层对风险的态度会影响其管理作风。

管理者可以制定不同的风险应对方案，在企业的风险容量内，结合成本效益原则，考虑每种方案将如何影响事项发生的可能性和事项对企业的影响程度，设计并执行风险应对方案，并且持续监控风险的发展变化状况。

保留/接受风险是风险偏好者的策略。

避免风险是风险厌恶者的策略。

降低风险是风险中性者的策略。

无论管理层如何选择，有效的风险管理都会要求管理层把风险发生的可能性和影响程度控制在企业的风险容忍范围之内。

同步测试题

一、单选题

1. 某公司没有进行充分的市场调研就对其现有的流行品牌进行了修改，并称其为创新。该公司这一行动导致公司承受什么类型的风险？

A. 信用风险和战略风险　　B. 灾害风险和信用风险
C. 经营风险和灾害风险　　D. 战略风险和经营风险

2. Y 实业公司正在考虑扩展其国际业务。Y 的财务主管应将以下哪一种情况归类为政治风险？

A. 工厂建成后被征没
B. 本国币值下降
C. 本国通货膨胀加速
D. 本国和业务所在国之间的会计处理方式不同

3. 以下哪一项不被视为定量风险评估方法？

A. 自我评估问卷　　B. 标杆分析
C. 现金流分析　　D. 情境分析

4. 组织面临着许多不同类型的风险。关于自然灾害的风险如暴雨、洪水、飓风、暴风雪、地震、火山等通常被称为：

A. 经营风险　　B. 财务风险　　C. 灾害风险　　D. 战略风险

5. 采取管理措施进行控制后仍然遗留的风险通常被称为：

A. 固有风险　　B. 财务风险　　C. 运营风险　　D. 剩余风险

6. 下面哪项不是组织用来降低和化解金融风险的投资选择？

A. 套利　　B. 期限匹配　　C. 套期保值　　D. 投机

7. 企业风险管理的关键部分包括以下所有的内容，除了：

A. 评估风险　　B. 监控风险
C. 提高股东价值　　D. 制定战略和目标

8. 下列哪项最好地解释了国际贸易增加风险的原因？

A. 国际销售大大地增加公司的市场份额
B. 企业经常可以从国际资源中获取更便宜的资源
C. 国际企业通常比国内企业规模更大，因此风险更高
D. 国际企业面临国内企业没有的法律风险和财务风险

9. 下列哪个因素不会使得组织面临的风险水平增加？
A. 公司持有的现金储备变化
B. 增加完成项目需要的预期时间
C. 预期收益率的变化
D. 减少完成项目需要的预期时间

10. 与短期债务、长期债务和股权的决策有关的风险被称为：
A. 经营风险　　B. 灾害风险　　C. 财务风险　　D. 战略风险

11. 由于内部流程不充分或不合理、人员和系统问题而造成损失的风险通常被称为：
A. 灾害风险　　B. 财务风险　　C. 经营风险　　D. 战略风险

12. 组织正在衡量其风险管理策略是否有效，这是处于风险管理过程的哪个阶段？
A. 确定公司风险的耐受性　　B. 监控风险暴露和风险策略
C. 实施适当的风险管理策略　　D. 评估风险暴露

13. 组织可以通过以下哪项内容来降低经营风险？
A. 调整成本结构，以便有更多的差量成本
B. 调整成本结构，以便有更多的阶梯成本
C. 调整成本结构，以便有更多的变动成本
D. 调整成本结构，以便有更多的固定成本

14. 下列都是美国跨国公司拓展国际业务的正当理由，除了：
A. 获得原材料的新来源
B. 保护其国内市场免受国外制造商的竞争
C. 最小化生产成本
D. 找到其他地区使他们的产品能够成功销售

15. 如果公司认为特定的风险可能造成高达 50 000 美元的损失，公司愿意花费 50 000 美元来降低风险，这种损失通常被称为以下所有内容，除了：
A. 可能的最大损失　　B. 风险价值
C. 战略损失　　D. 灾难性的损失

16. 某公司正在构建风险分析体系，以量化数据中心面临的各种类型风险的威胁程度。在调整保险赔偿金后，下列哪项将代表年度最高损失？

A. 发生的频率：1 年
损失金额：15 000 美元
保险责任范围：85%

B. 发生的频率：100 年
损失金额：400 000 美元
保险责任范围：50%

C. 发生的频率：8 年
损失金额：75 000 美元
保险责任范围：80%

D. 发生的频率：20 年
损失金额：200 000 美元
保险责任范围：80%

17. 以下哪一项是在企业风险管理（ERM）方法中识别事件的便利研讨会和访谈技术的一个例子？

A. 财务报告负责人与该地区的所有员工召开会议，以了解下一年财务报表中可能存在风险的领域

B. 银行根据员工等待客户投诉的方式分析客户投诉

C. 公司制定了将员工添加到工资核算处理系统的流程

D. 银行将当前年度的每周信用卡申请查询与上一年同一周的查询进行比较，并在达到 10% 的减少后，向没有信用卡的现有客户发布新的电子邮件广告

18. 某公司购买财产意外保险，是试图通过以下哪个行为减少风险？

A. 风险规避　B. 风险转移　C. 经营风险　D. 利用风险

19. 关于企业风险管理（ERM），以下哪项不正确？

A. 企业风险管理（ERM）涉及整个组织，而不仅仅是高层管理人员和董事会

B. 企业风险管理（ERM）解决组织面临的所有潜在风险

C. 企业风险管理（ERM）是一个流动或持续的过程，在初始开发完成时不会结束

D. 企业风险管理（ERM）是一种更有效的风险管理方法，因为它可以管理许多单个孤岛中的风险，而不是试图在组织层面管理它们

20. 组织目前正在审查主要的风险因素，这属于风险管理过程（RMP）的哪个步骤？

A. 确定公司风险的耐受性　B. 评估风险暴露

C. 监控风险暴露　D. 实施适当的风险管理策略

21. 一个组织想量化两个事件可能发生的预期损失。系统分析员估计，产品开发数据库中未经授权的信息变更的潜在经济损失是 2 000 000 美元，并且发生的可能性是 5%。此外，如果整个计算机实验室被大火毁损，潜在的最大损失是 5 000 000 美元，发生的可能性为 1%。这些事件的预计损失总额是：

A. 0 美元　　B. 50 000 美元　　C. 100 000 美元　　D. 150 000 美元

22. 下列哪个不是风险管理过程（RMP）的关键步骤？

A. 评估资本储备　　B. 评估风险暴露

C. 监控风险暴露　　D. 确定公司风险可容忍度

23. 组织可以通过购买什么保险，来减轻由于消费者受到产品伤害导致的财产损失风险？

A. 健康保险　　B. 责任保险

C. 灾害保险　　D. 工伤补偿保险

24. COSO 2017 年版的企业风险管理框架是由五大要素 20 条原则构成，下面不属于第一大要素“治理与文化”的关联原则的是：

A. 董事会执行风险监督。董事会对战略进行监督，执行治理责任，支持管理实现战略和业务目标

B. 建立运营机构。组织在追求战略和业务目标方面建立运营机构

C. 定义崇尚的文化。组织定义期望的行为来描述所崇尚的文化

D. 制定业务目标。组织在确定协调和支持战略的各个层次的业务目标的同时，应考虑风险

25. 关于风险评估需要考虑的内容，以下哪项最准确？

A. 固有风险　　B. 风险的可行性和影响

C. 剩余风险　　D. 以上各项都是

二、简答题

自然食品公司是早餐麦片和果汁市场的第二大公司。过去五年里，自然食品公司的利润额超过了行业平均水平，管理层决定实施增长方案。公司正在评估两个前景不错的机会。

第一个机会是进入高能低脂麦片市场。该项目需要新建或扩建生产设施以开发新产品，并在未来两年里通过收益和一系列长期债务发行获得资金。债务发行将使自然食品公司两年后债务占总资本的比例从 22% 上升至 30% 。

第二个机会是收购老牌面包和烘焙食品公司萨芬饼屋。此次收购可在日历年末完成，通过现金和长期票据融资。在日历年末，债务占自然食品公司总资本的比例将上升至 40% 。萨芬饼屋将并入自然食品公司，但未来两年将作为单独的部门独立运营。两年期满后，自然食品公司将整合该公司的管理、财务和运营等职能。

两个项目均符合自然食品公司管理层设定的标准，财务主管将从融资差异、对利润的影响和运营/管理问题等方面对其进行评估。

问题：

a. 作为风险评估流程的一部分，指出自然食品公司进军高能低脂麦片市场，实现内部扩张这一机会的战略优势和劣势。

b. 作为风险评估流程的一部分，指出自然食品公司收购萨芬饼屋，实现外部扩张这一机会的战略优势和劣势。

同步测试题答案及解析

一、单选题

1. 【答案】 D

【解析】 选项 D 正确。没有进行充分的市场调研就对其现有的流行品牌进行修改，会影响企业的战略布局以及企业整体的运营，属于战略风险及经营风险。

2. 【答案】 A

【解析】 选项 A 正确。工厂建成后被征没属于政治风险。

选项 B 不正确。汇率变化属于海外投资的财务风险。

选项 C 不正确。通货膨胀属于海外投资的财务风险。

选项 D 不正确。会计处理方式不同属于运营风险。

3. 【答案】 A

【解析】 选项 A 正确。风险评估方法主要包括：定量分析、定性分析、经验法分析、模型法分析。自我评估问卷，是典型的定性分析方法。

选项 B 不正确。标杆分析是典型的定量分析方法。

选项 C 不正确。现金流分析是典型的定量分析方法。

选项 D 不正确。情境分析既可以做定量分析也可以做定性分析。

4. 【答案】 C

【解析】 选项 A 不正确。经营风险主要是企业的日常经营活动中的相关的风险。与企业内部职能、流程、现行法律法规有关。

选项 B 不正确。财务风险主要包括汇率风险、利息风险、信贷风险、流动性风险。

选项 C 正确。风险类型主要包括灾害风险、战略风险、营运风险、财务风险。关于自然灾害的风险属于灾害风险。

选项 D 不正确。战略风险主要是与宏观环境中的政治环境、经济环境、法律法规和全球市场等相关。这类风险很大程度上来源于组织的外部环境的变化。

5.【答案】D

【解析】选项 A 不正确。固有风险：在采取任何措施之前就存在的风险。

选项 B 不正确。财务风险：由与企业融资相关的债务/权益决策导致。

选项 C 不正确。运营风险：由企业在日常持续经营中的成本结构、内部流程、系统、人事、法律和合规性风险等因素导致。

选项 D 正确。剩余风险：在所有控制活动均得以实施后仍然存在的风险。

6.【答案】D

【解析】选项 A、B、C 不正确。套利、期限匹配、套期保值都可以降低金融风险。

选项 D 正确。企业主要依靠金融工具和衍生金融工具来缓解金融风险，其主要形式有套利、期限匹配、套期保值。投机恰恰利用金融风险获取利益。

7.【答案】C

【解析】选项 A 不正确。评估风险是风险管理的重要因素。

选项 B 不正确。监控风险是风险管理的重要因素。

选项 C 正确。COSO 风险管理框架八要素：内部环境、目标设定、事项确认、风险评估、风险应对、控制活动、信息与沟通、监控。

提高股东价值是风险管理的目标，不是主要内容。

选项 D 不正确。制定战略和目标是风险管理的重要因素。

8.【答案】D

【解析】选项 A 不正确。更大的市场份额属于国际企业的机会，不属于增加风险。

选项 B 不正确。更便宜的资源属于国际企业的机会，不属于增加风险。

选项 C 不正确。更大的企业规模属于国际企业的机会，不属于增加风险。

选项 D 正确。国际贸易是跨国进行的，可能会面临外国的政治风险、经济风险、法律风险等。这些风险都属于战略风险，也面临其他国家的法律风险和汇率变动等财务风险，这些风险是国内企业所没有的，这增加了国际企业的风险。

9.【答案】D

【解析】选项 A 不正确。持有现金变化是波动性增加，风险水平会增加。

选项 B 不正确。时间增加，波动的可能性增加，风险水平增加。

选项 C 不正确。收益率变化是波动性增加，风险水平会增加。

选项 D 正确。影响风险的因素：不确定性（波动性）、时间。不确定性越大，风险越大；时间越长，波动的可能性越大，风险越大。减少预期的时间，风险水平会降低。

10.【答案】 C

【解析】 选项 A 不正确。经营风险与企业的日常经营活动相关。

选项 B 不正确。灾害风险主要是自然灾害。

选项 C 正确。风险类型主要包括：灾害风险、战略风险、营运风险、财务风险。财务风险与企业的长短期债务、资本结构、股权结构相关。

选项 D 不正确。战略风险主要是外部环境变化对企业产生的风险。

11.【答案】 C

【解析】 选项 A 不正确。灾害风险主要是自然灾害。

选项 B 不正确。财务风险与企业的长短期债务、资本结构、股权结构相关。

选项 C 正确。风险类型主要包括：灾害风险、战略风险、营运风险、财务风险。经营风险与企业的日常经营活动相关。内部流程、人事、系统问题都属于这个范畴。

选项 D 不正确。战略风险主要是外部环境变化对企业产生的风险。

12.【答案】 B

【解析】 选项 A 不正确。确定公司风险的耐受性属于内部环境环节。

选项 B 正确。COSO 风险管理框架八要素：内部环境、目标设定、事项确认、风险评估、风险应对、控制活动、信息与沟通、监控。衡量风险管理策略是否有效属于风险监控环节。

选项 C 不正确。实施适当的风险管理策略属于控制活动环节。

选项 D 不正确。评估风险暴露属于风险评估环节。

13.【答案】 C

【解析】 选项 A 不正确。差量成本并不影响营运风险。

选项 B 不正确。阶梯成本一般是在一定产能范围内固定成本不变，超过产能范围，固定成本呈阶梯状变化。产能设计与日常无关，不属于营运风险。

选项 C 正确。经营风险涉及组织成本结构中固定成本与变动成本之间的构成。固定成本占比越大，组织面临的风险就越大。变动成本占比越大，组织面临的风险越小。调整成本结构，以便有更多的变动成本可以降低经营风险。

选项 D 不正确。固定成本占比越大，组织面临的风险就越大。

14.【答案】 B

【解析】 选项 A 不正确。跨国公司开展国际贸易，可以获得原材料新来源。

选项 B 正确。国际贸易将在一定程度上加剧国内市场的竞争。保护国内市场免受国外制造商的竞争，这是贸易保护的行为。

选项 C 不正确。国际贸易可以获得更便宜的资源，降低成本。

选项 D 不正确。国际贸易可以扩大市场。

15.【答案】 C

【解析】 选项 A、B 不正确。都符合在险价值的定义。

选项 C 正确。战略风险是指与规划和战略决策相关的风险。这个与题干的内容不相关。

选项 D 不正确。在险价值是指在特定概率（置信区间）下，给定的期间内，可能发生的最大损失，又称为极端损失或灾难性损失。

16.【答案】 A

【解析】 选项 A 正确。年度损失额 = 发生频率 × 损失金额 × 无保险范围。

选项 A 的年度最高损失：1 × 15 000 ×（1 − 85%）= 2 250（美元）。

选项 B 的年度最高损失：1/100 × 400 000 ×（1 − 50%）= 2 000（美元）。

选项 C 的年度最高损失：1/8 × 75 000 ×（1 − 80%）= 1 875（美元）。

选项 D 的年度最高损失：1/20 × 200 000 ×（1 − 80%）= 2 000（美元）。

17.【答案】 A

【解析】 选项 A 正确。这是辅助研讨会和访谈技巧的一个例子，因为这种技术涉及通过结构化讨论和访谈吸收所有相关方的累积经验。

选项 B 不正确。这是损失事件数据技术的一个示例，因为该技术涉及分析关于损失事件的过去数据以评估趋势。

选项 C 不正确。该公司正在实施流程分析技术，因为该技术涉及评估组织通过识别感兴趣事件的步骤。

选项 D 不正确。这是升级或阈值触发技术的示例，因为该技术涉及监视数据并在达到预定阈值时采取行动。

18.【答案】 B

【解析】 选项 A 不正确。风险规避：直接不干了，但同时丧失承担风险带来的利益。

选项 B 正确。风险应对措施主要包括：风险规避、风险接受、风险减轻、风险分摊/转移/共享、风险开发/利用。购买保险属于风险转移的措施。

选项 C 不正确。经营风险：干扰项。

选项 D 不正确。利用风险是有意识地参与风险项目，以期获得更高的回报，因此不能减少风险。

19.【答案】 D

【解析】 内部控制越好，公司治理越有效。实施 ERM 能够：使风险偏好与组织战略一致；提高风险反应决策；减少营运意外损失；确认并管理多重风险和跨企业风险；抓住机会；改善资本利用。

选项 A 不正确。虽然高层管理人员和董事会通常会启动 ERM 的开发，但它涉及整个组织，因为组织的任何部分都可能出现风险。

选项 B 不正确。根据定义，ERM 是对组织面临的所有风险的综合分析。

选项 C 不正确。ERM 是对组织面临的所有风险的综合分析，包括财务、运营和合规风险。由于这些风险可能会发生变化，因此 ERM 也需要改变。

选项 D 正确。ERM 是对组织面临的所有风险的综合分析，包括财务、运营和合规风险。它改进了传统的风险管理方法，因为它采用整体和综合的视角来管理风险，而不是个人的孤岛视角。

20.【答案】 B

【解析】 选项 A 不正确。确定企业风险耐受度属于风险识别环节。

选项 B 正确。风险管理流程包括风险识别、风险评估、风险排序、风险应对、风险监控。风险评估就是确定风险发生的可能性和重要程度。

选项 C 不正确。监控风险暴露属于风险监控环节。

选项 D 不正确。实施适当的风险管理策略属于风险应对。

21.【答案】 D

【解析】 选项 D 正确。

期望损失额 = $\sum$ 损失金额 × 发生频率 × 无保险范围

2 000 000 ×5% +5 000 000 ×1% =150 000（美元）

22.【答案】 A

【解析】 选项 A 正确。风险管理流程包括风险识别、风险评估、风险排序、风险应对、风险监控。评估资本储备不是风险管理的关键步骤。

选项 B 不正确。评估风险暴露属于风险评估环节。

选项 C 不正确。监控风险暴露属于风险监控环节。

选项 D 不正确。确定公司风险容忍度属于风险识别环节。

23.【答案】 B

【解析】 选项 A 不正确。健康保险是针对企业员工的，而非针对公司客户和公司产品责任。

选项 B 正确。题干中消费者受到产品的伤害导致的财产损失，属于企业的产品责任范畴。应购买责任保险。

选项 C 不正确。灾害保险是针对自然灾害的，非针对产品责任。

选项D不正确。工伤补偿保险都是针对企业员工的，而非针对公司客户和公司产品责任。

24.【答案】D

【解析】选项A、B、C不正确。企业风险管理框架（2017）第一大要素“治理与文化”共包含五项原则，分别是：（1）董事会执行风险监督。董事会对战略进行监督，执行治理责任，支持管理实现战略和业务目标；（2）建立运营机构。组织在追求战略和业务目标方面建立运营机构；（3）定义崇尚的文化。组织定义期望的行为来描述所崇尚的文化；（4）展示对核心价值的承诺。组织表现出对核心价值观的承诺；（5）吸引，发展和保留有能力的个体。组织致力于建立符合战略和业务目标的人力资本。所以选项A、B、C属于第一要素的原则。

选项D正确。制定业务目标。组织在确定协调和支持战略的各个层次的业务目标的同时，应考虑风险。这属于第二要素“战略与目标设定”的原则。所以答案选择D。

25.【答案】D

【解析】选项A、B、C的内容都属于风险评估的内容。

选项D正确。风险评估是立足于固有风险和剩余风险，评估风险发生的可能性和严重程度。固有风险：在采取任何措施之前就存在的风险。剩余风险：在所有控制活动均得以实施后仍然存在的风险。

二、简答题

【答案】

a. 自然食品公司通过进军高能低脂食品市场实现内部扩张的战略优势包括：

（1）新产品将与现有产品线互为补充，提高运营效率和品牌忠诚度。

（2）新增债务低于收购其他公司。

（3）可抓住低脂膳食市场的发展机遇。

（4）在该行业中拥有专业管理知识。

自然食品公司通过进军高能低脂食品市场实现内部扩张的战略劣势包括：

（1）新产品开发需要在研究、新设施和试销等方面投入大量资金。

（2）新产品开发将减少可用现金数量。

（3）负债率提高将增大公司风险，进而影响股价。

（4）公司可能面临产品失败的风险。

（5）新产品开发和获利期长。

b. 自然食品公司通过收购萨芬饼屋实现外部扩张的战略优势包括：

（1）收购后可快速获得大量收益和现金流。

（2）公司收购的是一家过去经营业绩出色、在市场拥有良好声誉的公司。

（3）该公司本身就拥有管理和技术方面的专业知识。

（4）萨芬饼屋成熟的分销渠道可为自然食品公司的其他产品提供新的市场。

（5）收购萨芬饼屋可使自然食品公司的产品更加多样化。

（6）收购可使两家公司形成协同优势，互为补充。

（7）萨芬饼屋可为自然食品公司的员工创造新的发展机遇。

自然食品公司通过收购萨芬饼屋实现外部扩张的战略劣势包括：

（1）为了完成收购，自然食品公司需要大幅举债，这可能影响其财务灵活性、债务评级和股价。

（2）自然食品公司缺乏和萨芬饼屋产品相关的知识与经验。

（3）萨芬饼屋必须在两年内整合到自然食品公司中——包括计算机系统、会计系统以及企业文化。

（4）独立运营可能导致次优决策。

第 五 章

投资决策

资本对于任何组织来说都是一种有限的资源，基于组织资本有限的这一事实，每个企业都必须仔细评估其投资项目。通过资本预算的确认、调查、评价、选择、融资、实施和控制等六个阶段，为企业进行资源配置和长期投资决策提供定量与定性的分析。通过对资本投资项目相关现金流的分析，使用净现值法、内含报酬率法、回收期法、折线回收期法对于各备选投资项目进行可行性的判断；运用敏感性分析、情景分析、模拟法等风险分析技术，分析影响项目风险水平的各种因素和项目风险水平，并采用实物期权应对投资风险，优化企业的资本资源配置，实现企业总体战略目标。

本章考情分析

本章主要内容：现金流估计；现金流贴现概念；净现值；内部回报率；折现投资回收期；回收期；投资决策中所得税影响；风险分析；以及实物期权。

本章考试占比 10%。在 2020 年版大纲中，考试比重有所下降，但计算题较多，仍应给予重视。

本章近年来的主要考点：①资本预算的步骤和资本支出的项目类型；②现金流计算，包括初始现金流、营运期现金流、处置期现金流等；③折旧的相关计算，包括直线折旧法、加速折旧法（年数总和法和余额递减法）、加速成本回收制度（MACRS）法等；④资本投资的风险分析，包括敏感性分析、情景分析、蒙特卡洛分析等；⑤不同类型实物期权的分析与应用；⑥资本项目分析需要考虑的定性因素；⑦净现值法的概念、计算以及决策规则；⑧内部回报率法的概念、计算以及决策规则；⑨投资回收期法的计算以及决策规则；⑩各种投资决策方法的假设、优缺点对比等。

本章结构框架图

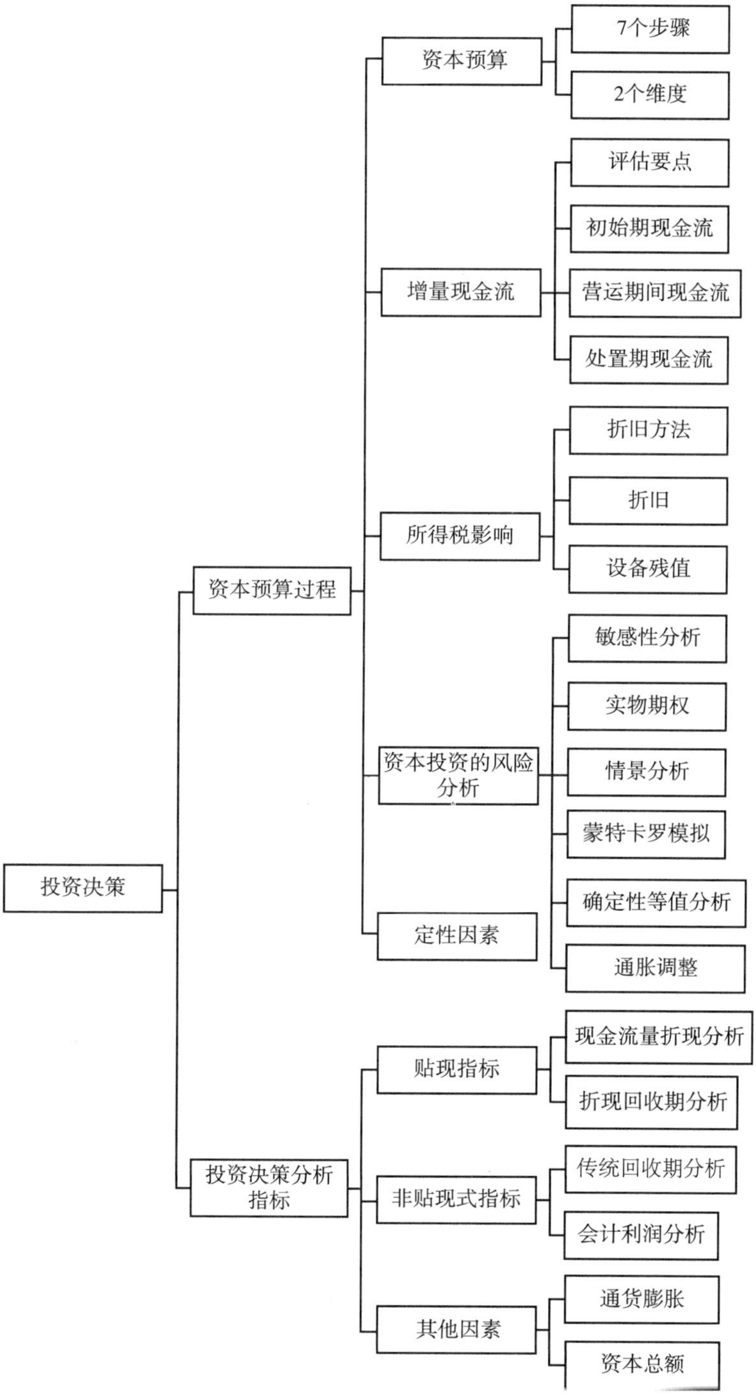

投资决策
资本预算过程
资本预算
7个步骤
2个维度
增量现金流
评估要点
初始期现金流
营运期间现金流
处置期现金流
所得税影响
折旧方法
折旧
设备残值
资本投资的风险分析
敏感性分析
实物期权
情景分析
蒙特卡罗模拟
确定性等值分析
通胀调整
定性因素
投资决策分析指标
贴现指标
现金流量折现分析
折现回收期分析
非贴现式指标
传统回收期分析
会计利润分析
其他因素
通货膨胀
资本总额

本章重难点精讲

第一节　资本预算过程

一、资本预算编制

（一）投资决策与投资类型

投资决策是指投资者为了实现其预期的投资目标，运用一定的科学理论、方法和手段，通过一定的程序，对若干个可行性的投资方案进行研究论证，从中选出最满意的投资方案的过程。企业在经营过程中会有两种类型的投资：流动投资和资本投资。二者的比较如表5－1所示。

表5－1　两种投资类型

投资类型	举例	预算
流动投资（流动支出、短期投资）这类投资在费用发生的当年，即可结转冲销	工资、薪金、许多管理费用以及制造业原材料的支出，都是流动投资的例子	营业预算（流动预算）是对当期经营活动的费用和收入的计划
资本投资（资本支出、长期投资）现金流出发生在当期，有预期回收期限	新添或重置设备的支出，建筑支出，土地支出，以及与新产品和服务的研究、设计和开发相关的投资	资本预算是指为获取长期资产而就提议的支出所制定的计划，包括为购置资产提供融资的手段

资本支出按目的分类，如表5－2所示。

表5－2　资本支出项目分类

资本支出按目的分类	描述	举例
扩张性项目	为扩张业务运营而购置新资产等	购置机器、建筑物等
重置性项目	替换现存的机器设备	
强制性（合规性）项目	法律要求的项目，目的是为了确保工作场所安全、消费者安全和保护环境	
其他项目	用于新产品研发和/或现有产品扩张以及其他各种长期投资	建筑、土地、专利等

资本支出按照功能效果分类，可分为提高营运效率和产生收入的项目，提高竞争效果的项目，规划、安全、健康和环境要求的项目等。

（二）资本预算编制的项目维度和时间维度

资本预算编制有两个重要方面：项目维度和时间维度，如表5-3所示。

表5-3　资本预算编制

	描述	举例
项目维度	资本预算决策，通常为跨越若干个会计期间的项目	例如，一项与新产品开发有关的资本预算项目，从研发设计到产品完成和客户服务可能需要好几年的时间
时间维度	跨越会计空间。一般来说，资本预算决策会降低当期的报告收益（reported income），但会形成在未来产生高现金流收入的潜力	例如，对于上市公司，资本预算决策不能仅仅以当期利润表为依据，过分关注短期会计结果会失去长期盈利能力。当然对任何给定期间而言，收益是十分重要的，给定期间的报告收益会影响到公司的股价以及红利，这涉及市值管理的内容

货币的时间价值（time value of money，TVM）是指货币随着时间的推移而发生的增值，也称资金时间价值。货币用于投资可获得收益，存入银行可获得利息，货币的购买力会因通货膨胀的影响发生变化。一般而言，今天收到的1美元货币，比明天（未来）收到的1美元货币更值钱。比如，若银行存款年利率为10%，将今天的1美元存入银行，一年以后就会是1.10美元。可见，经过一年时间，这1美元发生了0.1的增值，今天的1美元和一年后的1.10美元等值。

货币时间价值的实质是资金周转使用后的增值额，是资金所有者让渡资金使用权而参与社会财富分配的一种形式。

（三）资本预算编制的阶段划分

企业的资本预算由一系列操作进程组成，较为通用的阶段和步骤如表5-4所示。

表5-4　资本预算阶段划分

阶段划分	描述
阶段1：确认	资本预算编制的第一阶段是确认哪种类型的资本预算支出是必要的，并且与组织目标、目的和战略相一致
阶段2：调查	第二阶段涉及全面调查初始资本投资计划，发掘备选投资项目
阶段3：评价	第三阶段是预计并比较每一个备选方案在整个生命周期内的收入、财务和非财务收益、成本以及现金流。管理人员必须评价该项目会对组织的资源造成何种影响以及企业能否承受这些成本

续表

阶段划分	描述
阶段4：选择	第四阶段是选择将要实施的项目，一般选择那些预计财务收益超过成本的差额最大的项目，也就是营利性最好的项目。此外，非财务结果即定性的结果也予以考虑，尤其出于战略需求。 确定项目的加权平均资本成本 WACC，计算净现值 NPV 或内含报酬率 IRR。如果 NPV > 0 或 IRR > WACC，则接受该项目
阶段5：融资	第五阶段是取得项目融资，可以是内部融资即再投资的自有现金，也可以是通过在资本市场上出售债务和权益进行外部融资
阶段6：实施和控制	第六阶段是实施该资本项目，并采用必要的监控工具和评估工具，以使得该项目始终保持在资本预算范围内。选择该项目时所采用的预测要与实际结果进行比较。必要时，需要作出预算调整，以在项目生命周期中获得最优结果

资本预算管理效果的好坏需要通过事中监控与事后项目审计来评价，事中监控是为了保证项目进度及资本支出的合理性，事后审计则是对责任预算主体进行评价的重要环节，离开事中监控与事后审计，资本预算将无法从管理上发挥其应有的作用。

【提示】 事后审计最为关键的一点就是要将审计的相关结果反馈给相关人员，以帮助其提升未来的决策水平。

（四）会计利润与现金流量

企业实现的净利润与现金流量，都是企业的经营成果，都是分析企业财务状况的主要指标。但它们又有不一样的地方，具体表现为：

- 二者的计量基础不同。企业的会计利润是以权责发生制为基础进行计算的，即收入与支出均要考虑其受益期间，不同期间的受益则将收入或支出归属于不同的时期，进而得出该期间的利润。而现金流量却不同，它是以收付实现制为基础计算出来的，即不论该笔收入与支出属于哪个会计期间，只要在这个期间实际收到或支出现金，就作为这个期间的现金流量。
- 二者包含的内容不同。企业的净利润一般包括营业利润、投资净收益等部分。而现金流量的内容虽然主要是利润，但它还包含了其他组成部分。除包括购买和销售商品、投资或收回投资外，还包括提供或接受劳务、购建或出售固定资产、向银行借款或偿还债务等。
- 二者说明的经济含义不同。财务利润数额的大小在很大程度上反映企业生产经营过程中所取得的经济效益，表明企业在每一会计期间的最终经营成果。而现金流量的多少能清楚表明企业经营周转是否顺畅、资金是否紧缺、支付偿债能力大小，以及是否过度扩大经营规模，对外投资是否恰当，资本经营是否有效等，从而为投资者、债权人、企业管理者提供非常有用的信息。

在长期投资决策中为什么不以会计利润作为评价项目经济效益的基础而要以净现金流量作为项目经济效益的基础？原因是：

- 在整个投资有效期内，利润总额与净现金流量总额是相等的，所以净现金流量可以取代利润作为评价净收益的指标。
- 采用现金流量有利于科学地考虑资本的时间价值因素，在投资分析中现金流动状况比盈亏状况更重要。会计利润基于权责发生制，收入 - 成本 = 利润，以此衡量企业经济效益，并不考虑收付时间；现金流量基于收付实现制，现金流入 - 现金流出 = 现金净流量，以此衡量企业经济效益，与时间价值密不可分。
- 采用现金流量不受人为因素影响，能使投资决策更符合客观实际。利润计算在一定程度上要受存货估价、费用分配、折旧计提方法的影响以及将未实际收到的销售收入作为收益，因此具有较大的随意性和风险，容易高估投资项目的经济效益，存在不科学、不合理的成分。一个项目能否维持下去，是以其收回的资金再投资为前提，不是取决于是否有利润，而是取决于是否有现金用于所需的各种支付。

【提示】会计利润与现金流量的差别主要体现在：购置固定资产要付出大量的现金，但不计入成本；固定资产折旧计入成本，却不构成实际的现金支出。垫支的流动资产及回收不影响利润的计算，但流动资本在不同的时间流入与流出对现金流量分布产生影响。

二、增量现金流

增量现金流（incremental cash flow），也称为相关现金流量，是指公司有决策项目和无决策项目时未来现金流量的差值，也就是由决策引起的公司总的未来现金流量的变化。显然，在计算投资项目净现值的时候，只有增量现金流才是有意义的。

（一）现金流关键环节以及发生阶段

估计未来现金流，是资本预算编制中最重要的任务之一。企业必须能够评价存在和不存在某投资项目这两种情况下现金流的差异。评价资本投资现金流的关键点如表 5 - 5 所示。

表 5 - 5　　现金流估算关键点

现金流关键点处理	举例与描述
对现金不会产生影响的利润表项目予以审核	比如折旧费用不会引起现金流出，应该予以剔除。 收入和费用应根据剔除的递延项目和应计项目予以调整，比如预收收入、预付费用、应计收入和应计费用等

续表

现金流关键点处理	举例与描述
所有影响现金流的事项，都必须予以审核	包括会计期间的所有收入和费用
沉没成本，予以忽略	沉没成本属于与投资决策不相干的历史成本
机会成本，必须包含	一般将机会成本作为现金流贴现处理
净营运资本投资的处理	在项目投资时作为现金流出处理，在项目结束时作为现金流入处理
影响企业税负的折旧费用是相关现金流	折旧可以起到减少税负的作用，这种作用称为“折旧抵税”，计算未来现金流时需要考虑折旧抵税的影响

资本投资项目，一般开始于现金流出的资金支付。

在投资期间，则有可能产生不同的现金流结果：

- 初始现金流出的回报可能会降低现金支出；
- 可能会产生额外的现金流入；
- 某些情况下，两种结果会同时存在。

根据项目监督和控制活动所提供的信息，可能需要追加资本投资资金。

资本预算期间的现金流入与现金流出，可按照项目阶段进行分类，如表5－6所示。

表5－6　　按阶段划分现金流活动

类别	描述	现金流活动
开始时	初始现金投资	1. 为投资提供资金并启动项目的资金流出 2. 净营运资本（即属于非现金项目的流动资产和流动负债）的承付款 3. 替换资产时的现金流入或流出
营运期间	期间增量净现金流	1. 现金流入：营运期间的营业收入 2. 现金流出：营业期间的付现金成本＋所得税
处置期	最后一年的增量净现金流	1. 处置相关投资资产的现金流入或流出（需要考虑所得税） 2. 现金流入：项目结束时营运资本的收回

净营运资本是指流动资产超过流动负债的部分。它是可用来满足经营要求的额外资金。净营运资本通常在项目的开始时投入（现金流出），并在项目处置期全额回收（现金流入）。

（二）初始期现金流

初始期现金流是指为了使项目建成并投入使用发生的有关现金流量，是项目的投资支出。包括固定资产上的投资、垫支流动资金、原有固定资产的变现收入和清理费用等。

固定资产上的投资：包括固定资产的购入或建造成本、运输费、保险费和安装费。如果投资的项目是以一项新资产替代旧资产，则应减去出售旧资产所得的净现金流。

流动资金的垫支：项目投产时垫支于原材料、现金等流动资产上的支出。新的项目投产后，必然引起流动资金需求的增加，这些资金会在项目结束时收回。

企业在项目初始阶段现金流的确定通常如表 5－7 所示。

表 5－7　初始期现金流

	支出/流入	初始期增量现金流	举例和描述
(1)	减	新购入固定资产的资本支出	
(2)	减	额外的资本性支出	例如用于运输、安装、调试
(3)	减或加	净营运资本的增加或减少	即属于除现金以外的流动资产和流动负债
(4)	加	旧资产出售的净现金流	指该投资是重置性项目的情况
	=	初始期现金流	

（三）营运期间现金流

营运期间现金流是指项目投入运行后，在整个经营寿命期间内因生产经营活动而产生的现金流量。通常按照会计年度计算，包括产品或服务销售所得到的现金流入量、各项营业现金支出、人工及材料费用、税金支出、增加折旧带来的节税额。

年营业现金净流量＝营业收入－付现成本－所得税

年营业现金净流量＝净利润＋折旧

年营业现金净流量＝税后收入－税后成本＋税负减少

＝营业收入×(1－税率)－付现成本×(1－税率)

＋折旧×税率

其中：折旧×税率被称为“折旧抵税额”或“税收挡板”。

企业在营运期的每个期间的现金流上都想获益，一般步骤如表 5－8 所示。

第五章

表 5－8　营运期间现金流

	支出/流入	营运期（每个期间）增量现金流
(1)		营业利润的净增加或减少
(2)	减或加	营业费用（折旧除外）的任何净增加或净减少
(3)	减或加	可税前扣除折旧费的净增加或净减少（步骤一）
	=	税前所得的净变化
(4)	减或加	税金的净增加或净减少
	=	税后的净效应
	加或减	可税前扣除折旧费的净增加或净减少（步骤二）
	=	营运期间增量现金流

【提示】 需要关注可税前扣除折旧费用，是可以降低应税所得的非现金支出。具体步骤如下：

- 应当先减掉或加上可税前扣除折旧费的净增加或减少，从而确定税前利润的净变化；
- 为了确定营运期间的增量现金流，需把可税前扣除折旧费用的净增加或减少加回去或减回去。

（四）处置期现金流

处置期现金流，即终结期现金流量，是指投资项目完结时所发生的现金流量，主要涉及固定资产的变现净现金流量、原来垫支在各种营运资产上的现金回收（净营运资本收回）等。企业在处置期的增量现金流，如表5－9所示。

表5－9　　处置期现金流

	支出/流入	处置期增量现金流
（1）	加	任何出售或处置资产的净流量
（2）	减或加	由于出售或处置资产而产生的净纳税效应（增加税金或节约税金）
（3）	加或减	净营运资本的收回
	=	处置期增量现金流

（五）预期现金流的审查方法

增量现金流数据为企业提供了必要的相关信息，使得企业可以从财务上判断投资项目的可行程度。管理人员在预期现金流数据的基础上，可利用不同方法来审查投资项目对组织资源产生何种影响，并且将该项目与其他备选方案进行比较。

（1）现金流量折现分析。现金流量折现方法通过考虑货币时间价值对现金流进行调整和贴现。该方法广泛用于评价长期投资决策。

（2）回收期法。投资回收期是指回收初始投资所需要的时间（年数）。投资回收期法的决策标准是回收期越短越好。

【例题5－1】 B公司某投资方案，固定资产投资12 000美元，设备寿命5年，直线法折旧，5年末残值2 000美元。另需垫支营运资金3 000美元。年收入8 000美元，付现成本第一年3 000美元，以后逐年递增400美元。所得税税率40%，资金成本10%。计算该方案各期的现金流量。

【解析】 初始投资：①购买资产：－12 000美元。

②垫支营运资金：－3 000美元。

则初始投资＝－12 000－3 000＝－15 000（美元）

第一年，年折旧：（12 000－2 000）÷5＝2 000（美元）；

折旧额抵税：2 000 ×40% =800（美元）；
税后年收入：8 000 ×（1 -40%）=4 800（美元）；
税后付现成本：3 000 ×（1 -40%）=1 800（美元）。
第一年经营现金流量 = 税后营业收入 - 税后付现成本 + 折旧抵税
=4 800 -1 800 +800 =3 800（美元）
第二年经营现金流量 =4 800 -（3 000 +400）×60% +800 =3 560（美元）
第三年经营现金流量 =4 800 -（3 400 +400）×60% +800 =3 320（美元）
第四年经营现金流量 =4 800 -（3 800 +400）×60% +800 =3 080（美元）
第五年经营现金流量 =4 800 -（4 200 +400）×60% +800 =2 840（美元）
残值收入 =2 000 美元
固定资产出售净利得 =2 000 -2 000 =0（美元）
固定资产出售产生的净现金流 =2 000 -（2 000 -2 000）×40% =2 000（美元）
收回垫支营运资金 =3 000 美元
因此，第五年现金流量 =2 840 +2 000 +3 000 =7 840（美元）。

【例题 5 -2】 C 公司在考虑购买一台新的专用机器来更新现有手工操作的机器。假设 C 公司的企业所得税税率为 40%，资本成本为 12%。现有机器和新机器的数据如下表：

	现有机器	新机器
原始成本	50 000 美元	90 000 美元
安装成本	0 美元	4 000 美元
运费和保险	0 美元	6 000 美元
预计的期末残值	0 美元	0 美元
折旧法	直线法	直线法
预期使用年限	10 年	5 年

现有机器已经使用了 7 年，现在出售价格为 25 000 美元。C 公司预期，使用新机器后每年可以减少税前人工成本 30 000 美元。如果购买了新机器，并使用净现值法计算，在 T =0 时刻的初始现金流出净额为多少？

A. 65 000 美元　　B. 75 000 美元　　C. 79 000 美元　　D. 100 000 美元

【答案】 C

【解析】 选项 C 正确。计算第 0 年的现金流。
新机器的采购金额：90 000 美元
安装与费用：10 000 美元
旧机器的处置价格：25 000 美元
旧机器的账面净值：50 000 -（50 000 ÷10）×7 =15 000（美元）
旧机器处置的所得税 =（25 000 -15 000）×40% =4 000（美元）
第 0 年的现金流 = -90 000 -10 000 +25 000 -4 000 = -79 000（美元）

三、所得税考虑事项

（一）现金流税务相关事项

固定资产折旧费是企业的一项重要成本费用，也是企业税前扣除的重要项目之一。固定资产折旧费的税前扣除，需考虑相关要素，包括折旧基数、折旧范围、起止时间、净残值合理预计、折旧年限、折旧方法等，否则会造成税前扣除折旧费计算错误。

公认会计原则（GAAP）下与财务报表编制相关的绝大多数纳税规则，也同样适用于资本投资项目的现金流。与折旧有关的税务规则在如下方面存在差异：

（1）折旧基数。

（2）折旧期。

（3）折旧方法。

折旧基数，是指一段时间内为纳税目的可以逐年费用化的总金额。一般地，折旧基数 = 资产原值 − 残值。资产原值包括资产的原始成本、其他为准备资产投入使用所必需的支出等。

所得税 = 税前利润 × 所得税税率

税前利润 = 主营业务收入净额 − 主营业务成本 + 其他业务利润 − 期间费用
= 总收入 − 总成本
= 营业收入 −（付现成本 + 非付现成本）
= 营业收入 − 付现成本 − 折旧

折旧是对固定资产磨损的补偿，在固定资产使用期间逐期摊销到产品中去，是产品成本的重要组成部分。固定资产在购买时已经记为现金流出，如将折旧再次记为现金流出是一种重复计算。折旧是按照会计法定程序人为记入成本、鼓励投资的一种经济范畴，它并不是真正意义上的现金流出，相反，它是企业的一种现金来源。

折旧作为非付现成本，会抵减税前利润，进一步抵减应纳所得税，因折旧的存在而少缴纳的所得税称为折旧税盾或折旧抵税收益。

折旧税盾 = 年折旧额 × 所得税税率

税后净利润 = 营业收入 − 营业成本 − 所得税
= 税后收入 − 税后成本
= 税后收入 −（税后付现成本 + 税后非付现成本）
= 税后收入 − 税后付现成本 − 折旧 ×（1 − 所得税税率）
= 税后收入 − 税后付现成本 − 折旧 + 折旧税盾

税后净利润 + 折旧 = 税后收入 − 税后付现成本 + 折旧税盾

（二）折旧期与折旧方法

税务机构允许基于折旧期采用不同的折旧方法。常用的折旧方法包括的内容如表 5－10 所示。

表 5－10　　常用的折旧方法

折旧方法	描述	公式
直线折旧法	将费用平均分配到资产的应折旧年限中，每年提取相等的折旧金额	年折旧额 =（固定资产原值 - 残值）÷ 预计使用寿命
加速折旧法之一：年数总和法	在资产寿命的初始年份快速减少资本投资的账目价值，在最后几年又采用较低折旧率的一种方法	年折旧率 = 剩余使用年限 ÷ 年数总和 年折旧额 =（固定资产原值 - 残值）× 年折旧率
加速折旧法之二：双倍余额递减法（DB）	在不考虑固定资产预计净残值的情况下，根据每期期初固定资产原值减去累计折旧后的金额和双倍的直线法折旧率计算固定资产折旧的一种方法	年折旧率 =2 ÷ 预计使用寿命（年） 年折旧额 = 固定资产期初账面净值 × 年折旧率 固定资产期初账面净值 = 原值 - 累计折旧
加速成本回收制度（MACRS）	将企业资产进行分类，并详细规定每类资产被冲销的期限。根据资产类别以及资产投入使用的日期确定折旧百分比	折旧额 = 资产折旧的税基（不扣除残值）× 折旧百分比

【提示】

● 直线折旧法和年数总和法都考虑了残值的问题；折旧基数 = 固定资产原值 - 残值；

● 对于加速成本回收制度（MACRS）方法，美国税务机关每年都会提供专门的图表，来确定每年的折旧百分比。

【例题 5－3】 企业对固定资产之前采用直线折旧法，后改为加速折旧法，假设其他条件保持不变，企业所投资项目净现值将如何变化？

A. 净现值增加　B. 净现值减少　C. 净现值不变　D. 无法判断

【答案】 A

【解析】 选项 A 正确。因为本题考查的是不同折旧方法对净现值的影响，采用加速折旧法后，项目前期的折旧额变大，折旧税盾增加，使得净现值增加。

【例题 5－4】 F 公司正在考虑投资 1 000 000 美元购买一台机械设备用于生产一种新产品。该设备预期可以使用 9 年，每年产生收入 700 000 美元，发生的相关现金费用为每年 450 000 美元。在第 9 年年末，设备预期的残值为 100 000 美元，拆除成本为 50 000 美元。采用 5 年期修正的加速成本回收制度（MACRS），并且使用以下的折旧率：

年份	折旧率
1	20.00%
2	32.00%
3	19.20%
4	11.52%
5	11.52%
6	5.76%

F公司的有效所得税税率为40%，同时，从整个公司来考虑，F公司估计可以继续盈利并且有大额的应税收入。如果F公司使用净现值法来分析这项投资，那么在折现之前，第2年预期的税收对现金流净影响是多少？

A. 正向影响28 000美元　　B. 0美元

C. 负向影响100 000美元　　D. 负向影响128 000美元

【答案】 A

【解析】 本题考查的是MACRS法的计算。

净税收=(700 000－450 000－1 000 000×32%)×40%＝－70 000×40%＝－28 000（美元）。由于亏损可以让企业少交税，从而带来现金流入，因此是正向影响28 000美元。

【例题5－5】 某公司因业务发展需要准备购入一套设备。现有甲、乙两个方案可供选择，其中，甲方案需要投资200 000美元，使用寿命5年，采用直线法提折旧，5年后设备没有残值。5年中每年销售收入为80 000美元，每年的付现成本为30 000美元。乙方案需投资240 000美元，也采用直线法计提折旧，使用寿命也为5年，5年后有残值收入40 000美元。5年中每年的销售收入为100 000美元，付现成本第一年为40 000美元，以后随着设备不断陈旧，逐渐将增加日常修理费2 000美元，另需垫支营运资金30 000美元。假设所得税税率为40%，计算两个项目的现金流量。

第五章

【解析】 第一步，计算甲、乙两项目的年折旧额：

甲设备的年折旧=200 000÷5=40 000（美元）

乙设备的年折旧=(240 000－40 000)÷5=40 000(美元)

第二步，确定甲、乙设备各年的现金流入与流出量

甲设备：

单位：美元

	年份					
	0	1	2	3	4	5
投资额	－200 000	0	0	0	0	0
垫支流动资金	0	0	0	0	0	0
营业收入		80 000	80 000	80 000	80 000	80 000

续表

	年份					
	0	1	2	3	4	5
付现成本		30 000	30 000	30 000	30 000	30 000
年折旧		40 000	40 000	40 000	40 000	40 000
税前利润		10 000	10 000	10 000	10 000	10 000
所得税		4 000	4 000	4 000	4 000	4 000
税后利润		6 000	6 000	6 000	6 000	6 000
年 NCF		46 000	46 000	46 000	46 000	46 000
收回残值						0
现金流量合计	-200 000	46 000	46 000	46 000	46 000	46 000

乙设备：

单位：美元

	年份					
	0	1	2	3	4	5
投资额	-240 000	0	0	0	0	0
垫支流动资金	-30 000	0	0	0	0	0
营业收入		100 000	100 000	100 000	100 000	100 000
付现成本		40 000	42 000	44 000	46 000	48 000
年折旧		40 000	40 000	40 000	40 000	40 000
税前利润		20 000	18 000	16 000	14 000	12 000
所得税		8 000	7 200	6 400	5 600	4 800
税后利润		12 000	10 800	9 600	8 400	7 200
年 NCF		52 000	50 800	49 600	48 400	47 200
固定资产收回残值						40 000
营运资金回收						30 000
现金流量合计	-270 000	52 000	50 800	49 600	48 400	117 200

四、资本投资的风险分析

风险意味着不确定性和不稳定性；从资本投资的角度来讲任何一个投资项目必然是有风险的，这是因为：

（1）在整个项目寿命周期内，未来现金流入会发生不可预期的变化；

（2）计算中所采用的回报率对项目整个寿命期来说并不准确；

（3）在项目寿命期内融资成本可能会上升；

（4）在某个特定的时间点上，新的强制性规定可能要求额外的投资；

（5）相关产品或服务的寿命可能大大短于或长于预测；

（6）通货膨胀或衰退的经济环境，可能影响现金流的价值；

（7）国内或国际的政治事件可能影响项目现金流或者项目整体生存能力。

投资项目风险可以分为三类：①项目总风险；②项目的组合风险；③项目的系统风险。从单个项目的角度来看，风险可能很大；从企业的角度来看，多个高风险项目的组合分散了相当的风险；从投资者的角度来看，他们只关心项目的系统风险。

本节探讨最小化项目风险的一些方法：敏感性分析、确定性等值、资本资产等价模型、模拟法和专门利率调整。

（一）敏感性分析

分析项目风险的重点在于分析项目本身现金流量的不确定性。敏感性分析法是用来检测某一特定净现值计算对特定假设条件的敏感度。

敏感性分析是从众多不确定性因素中找出对投资项目经济效益指标有重要影响的敏感性因素，并分析、测算其对项目经济效益指标的影响程度和敏感性程度，进而判断项目承受风险能力的一种不确定性分析方法。敏感性分析有助于确定哪些风险对项目具有最大的潜在影响。它把所有其他不确定因素保持在基准值的条件下，考察项目的每项要素的不确定性对目标产生多大程度的影响。敏感性分析的一般步骤为：

（1）确定敏感度分析指标；

（2）确定需要分析的不确定因素，并设定变动范围；

（3）观察某个不确定因素的变动结果；

（4）找出敏感因素，综合分析项目的风险情况，采取对策。

敏感性分析的作用：①表明 NPV 分析是否值得信赖，减少“安全错觉”；②指出在哪些方面需要搜集更多的信息。

（二）情景分析

风险评估中的情景法采用单点估计，即每一种可能性均被赋予一个“最佳猜测值”。实施情景分析，需要选定每一个输入变量的情景，并报告选定情景下的结果。

敏感性分析只是孤立地处理每个变量的变化，而实际上不同变量的变化很有可能是相互关联的。情景分析则考察一些可能出现的不同场景，每种场景综合了各种变量的影响。最常分析的三种情景是：最佳状况、最坏状况、最可能状况。

（三）模拟法

模拟法，即针对待接受资本投资项目进行测试。

- 当有多项投资风险因素时，每个项目的 NPV 或 IRR 都可以被模拟多次，并且可以计算并评定平均的 NPV、IRR 和标准差。
- 多次重复这一过程，就能在频率分布图中描绘各项取值，从而揭示 NPV 和 IRR 的分布。观察分布曲线可以合理评估项目的风险水平。

最有名的资本预算计算机模拟模型是蒙特卡洛模拟工具，蒙特卡洛模拟进行重复的随机抽样，并采用计算机算法来计算项目最有可能实现的一系列结果。

蒙特卡洛方法（Monte Carlo method），也称统计模拟方法，是 20 世纪 40 年代中期由于科学技术的发展和电子计算机的发明，而被提出的一种以概率统计理论为指导的一类非常重要的数值计算方法。蒙特卡洛分析采用计算机方法模拟每一个变量的样本概率分布，并得出成百上千个可能的结果，同时分析这些结果，给出不同结果发生的概率。

蒙特卡洛模拟是对现实世界的不确定性建立模型进一步尝试。分析步骤为：

（1）构建基本模型。

（2）确定模型中的每个变量的分布。

（3）通过计算机抽取一个结果。

（4）重复上述过程。

（5）计算净现值 NPV。

【提示】

- 敏感性分析只允许每次变动一个变量；
- 情景分析设定特殊场景，综合考虑多种变量的组合；
- 蒙特卡洛分析是运用随机抽样的计算算法来计算结果。

【例题 5－6】 如果用于资本项目，敏感性分析：

A. 当现金流确定时，会被广泛地使用

B. 当使用贴现回收期方法而不是净现值法时，衡量贴现现金流的变化

C. 如果资本预算模式的最初预测变化，问假定的结果将如何变化的一种假设分析方法

D. 是用于对资本费用需求进行排序的方法

【答案】 C

【解析】 选项 A 不正确。当现金流或其他假设不确定时，敏感性分析是有用的。

选项 B 不正确。敏感性分析可以用于任何资本预算方法。

选项 C 正确。本题考查的是关于敏感性分析的正确陈述。敏感性分析方法就是假设最初预测变化，假定结果将如何变化的一种假设分析方法。例如，预测在不同的假设条件下计算的净现值进行比较，来确定条件变化后净现值的敏感性如何。假设投资风险没有增加，改变某些变量或一组变量假设可能会彻底地改变净现值。

选项 D 不正确。敏感性分析不是排序方法。

【例题 5－7】 下列哪项最简要地说明了蒙特卡洛模拟技术？

A. 使用假定的变量估计现金流来进行资本投资项目的测试

B. 通过确定独立于风险的现金流量发生时间来评估项目的成功

C. 它使用重复随机抽样和计算算法来计算该项目最可能结果的范围

D. 如果一个案例中给定的变量与其他案例不同，假设分析技术用于评估项目的净现值、内部收益率和其他盈利能力指标是怎样变化的

【答案】 C

【解析】 选项 A 不正确。使用假定变量进行估计是所有模拟法的要素之一。

选项 B 不正确。确定独立于风险的现金流量发生时间就没有考虑风险，也就不涉及蒙特卡洛模拟技术。

选项 C 正确。因为本题考查的是模拟技术在项目接受之前允许测试资本投资项目，蒙特卡洛模拟使用重复随机抽样的计算算法，来计算该项目最可能结果的概率。

选项 D 不正确。这种分析技术方法是敏感性分析方法。

（四）资本投资中的实物期权

不确定性一方面与损失相联系，另一方面也意味着获利的机会。最有价值的机会常常伴随着大量的不确定性。项目投资后仍存在着进一步扩展和收缩项目的可能性，项目决策者在不断地适应客观变化的情况下，对项目进行适当的调整，创造了很好的条件和众多机会，这就是投资项目中隐含的实物期权。

实物期权估价（real options valuation，ROV）又称“管理期权”，是另一类型的敏感性分析，是指投资于实物资产，可以增加投资人的选择权。实物期权的主要特征是它仅仅赋予持有人一种权利，而非同时承担一项义务。实物期权经常隐含在公司的整个项目投资决策过程中，其核心是将项目投资看成企业的一项权利。一个项目的真实价值应该由项目的净现值和项目的灵活性价值两部分构成，其中项目的灵活性价值可用期权价格标示。用实物期权对项目进行估值（实物期权方法的决策指标）：

项目动态价值(期权价格) = 静态净现值 NPV + 实物期权的价值

选择的权利是有价值的，当投资项目可以不立即实施或者以后进行调整时，就具有期权价值。实物期权承认或有投资，即企业可以根据成功的潜力或灵活性不断调整投资的价值。实物期权类型主要有：

（1）扩张（收缩）期权：允许条件有利的时候扩张，条件不利的时候收缩。对项目进行的初始投资可以视为购入了一项看涨期权，拥有了等待未来增长机会的权利。

（2）放弃期权：项目具有放弃价值。通过放弃某些资产或将资产转移为其他用途，企业可以在控制损失的同时，利用未来的不确定性获得收益。

（3）延缓期权：等待新消息以决策。当项目中含有延缓期权（延期期权），投资者可以选择暂缓投资，等待市场有利消息的出现。

净现值法忽略了接受项目以后可以进行适当的调整，常常低估了项目的价值。未来决策不确定性越大，越有机会使用期权，期权价值越大。常用决策树

方法来描述资本投资项目中隐含的实物期权，决策树方法帮助梳理项目的风险以及过程。

实物期权就是作出特定经营决策（如资本投资）的权利。与金融期权的区别是，实物期权及其标的资产通常不在竞争性的市场中交易。在资本投资中，允许决策者在获得新信息后，再选择最有吸引力的备选投资项目，实物期权的存在增加了投资机会的价值，特别是在高度不确定的环境中。

【例题 5－8】 如果初始投资的不确定性高且即时现金流潜在的损失小，公司最有可能选择哪种类型的实物期权？

A. 适应期权　　B. 放弃期权　　C. 扩展期权　　D. 延迟期权

【答案】 D

【解析】 选项 D 正确。延缓期权（延迟期权）相当于拥有一个投资项目的看涨期权。当公司承诺实施投资项目时，可以执行看涨期权。初始投资的不确定性高且即时或延期的现金流损失小，可以选择延期执行，即先持币观望、观察一段时间再做决定。

【例题 5－9】 下述哪项不是资本决策的实物期权的例子？

A. 放弃　　B. 跟随投资

C. 选择等待及学习　　D. 风险调整贴现率

【答案】 D

【解析】 选项 A 不正确。放弃是实物期权的例子。实物期权包括如下因素：早放弃项目的能力、跟随投资机会或者创建新产品的能力、将额外的现金流出建立在等待或学习机会上，或者项目实施过程中改变产能的能力。

选项 B 不正确。跟随投资是实物期权的例子。

选项 C 不正确。选择等待—学习是实物期权的例子。

选项 D 正确。风险调整贴现率不是实物期权。

（五）使用专门调整的利率

在实践中，将企业资本成本作为对所有投资项目的折现率，可能拒绝好的低风险项目，或者接受差的高风险项目。管理会计分析师常常在单个项目的基础上评估这些项目的相对风险，并使用新的专门调整的利率来衡量项目风险。使用专门调整利率，可以更好地考虑机会成本和风险。

通常利用净现值指标对特定的投资项目进行评价，在评价过程中，分别从两个方面考虑风险因素对现值的影响：

（1）利用根据风险调整之后的含有风险的较高的贴现率进行现值计算，选择净现值大的投资项目。

（2）根据风险把不确定的现金流量调整为确定的现金流量，再利用肯定的现金流量按无风险贴现率进行现值计算，选择净现值较大的投资项目。

（六）资本投资的定性考虑事项

评价资本预算项目除了众多定量方法外，还需确认影响投资决策的定性因素：

（1）银行贷款条款可能对借款的限制。

（2）管理层可能没有掌握必要的信息以制定资本预算决策。

（3）制定决策者对风险的态度。

（4）在接受项目决策和经理绩效评估之间可能存在冲突。

（5）企业可能没有足够或合格的人员来成功实施资本项目。

（6）管理层可能评价投资是否增加客户的忠诚度和客户保留率。

【例题 5－10】 U 公司是一家拥有多处设施的大型新科技公司。其审计委员会商定，管理层必须在所有设施中实施更有效的安全措施。为此，公司专门成立了安全改进团队以制定解决方案。该团队的财务分析师认为，分析应以 6 年为期，资本成本应为 14%。团队正在考察以下三家供应商。

供应商 A 刚进入安全行业，正在推广采用新技术的安全系统。该系统初期需投资 4 000 000 美元，寿命期 6 年。净现金流出为 500 000 美元/年，主要用于支付薪酬、运营和维护费用；此外还需要支付与系统有关的成本。

供应商 B 是安全行业的一家老牌公司，旗下的安全系统已上市多年。该系统初期需投资 1 000 000 美元，寿命期 3 年。3 年后，U 公司将不得不更换新硬件，按现有技术计算，新硬件成本约为 1 250 000 美元。净现金流出为 750 000 美元/年，主要用于支付薪酬、运营和维护费用；此外还需要支付与系统有关的其他成本。

供应商 C 是安全领域的知名企业，以整体安全解决方案形式向 U 公司报价。供应商 C 将按照 U 公司的规格，为其各个所在地提供安全系统运行与维护所需的全部硬件和人员。U 公司需要签署为期 6 年的协议，成本 1 400 000 美元/年。

问题：

1. U 公司使用净现值（NPV）法对公司决策的财务因素进行量化分析。计算三种方案的 NPV。

2. 从财务角度来看，团队应建议采用哪种方案？请说明原因。

3. 定义什么是敏感度分析，讨论 U 公司如何利用这一方法分析三家供应商的方案。

4. 指出并简要地讨论 U 公司团队在向高管层提出建议前应考虑的三种非财务因素。

【解析】

1. 各方案净现值（NPV）。

2. U 公司应选择供应商 B。从财务的角度来看，它能够以最低的成本满足公司的要求，是最优选择。公司已经决定部署新的安全系统，因此问题就在于哪个方案能以最低成本达到公司要求。

3. 敏感度分析工具用于测试投资假设的变化对净现值的影响。该方法有助于确定结果对参数变化的“敏感度”，展示了模型结果对模型输入的依赖性。

4. 做出推荐前，U 公司应考虑的非财务因素包括：①虽然供应商 A 解决方案的成本最高，但从长远来看效果可能最好。当然，也存在新技术效果不佳的风险。②众所周知，供应商 B 的技术非常有效，从短期来看应能满足需要。但是，其长期效果依然存疑。③供应商 C 是国内公认的领先企业，可能能够更好地满足 U 公司的安全管理需求，特别是在面临新的发展趋势时。④U 公司应对三家供应商的管理能力和财务稳定性进行审查。⑤U 公司应联络三家供应商之前的客户，确定其对供应商产品及客户服务质量的满意程度。

第二节　资本投资分析方法

一、现金流折现分析的方法

对投资项目进行评价的传统方法主要有两种：一种是考虑资金时间价值的贴现方法即动态评价方法，包括净现值（NPV）、内含报酬率（IRR）、折现回收期法等；另一种是不考虑资金时间价值的非贴现方法即静态评价方法，包括回收期、会计收益率等。

现金流折现（discounted cashflow，DCF）分析，是根据货币时间价值对一段时间内的现金流进行调整，通过比较初始投资与所有未来净现金流量的等价现值来评价资本投资。两种常见的现金流折现方法：

（1）净现值（net present value，NPV）法。使用特定贴现率将所有初始投资后的净现金流折算为初始投资时的现值。在评估资本预算项目时，应该优先采用净现值法。净现值法与最大化股东财富目标相一致，股东财富是以加权平均资本成本贴现的公司未来现金流的净现值。

（2）内含报酬率（internal rate of return，IRR）法。内含报酬率法会估计一个贴现率，在该贴现率下，所有初始投资后的净现金流入的现值等于投资的初始现金支出。在评估资本预算项目时，使用内含报酬率与必要报酬率进行比较。

【提示】 内含报酬率（IRR）法有两个局限性：

- IRR 法隐含再投资假设，即公司会将资本预算项目中赚得的现金流入进行再投资，再投资利率等于 IRR，但实际情况并非总是如此。
- 如果初始投资之外的某一笔现金流为负，该资本预算项目将具有多个 IRR。

二、必要报酬率

（一）必要报酬率的概念

必要报酬率（required return）又称"要求回报率"，是指准确反映期望未来现金流量风险的报酬，即人们愿意进行投资（购买资产）所必须赚得的最低报酬率。估计这一报酬率的一个重要方法是建立在机会成本的概念上，必要报酬率是同等风险的其他备选方案的报酬率，如同等风险的金融证券。必要报酬率也指预期回报率、预设回报率、门槛回报率、机会资本成本等。

在实务中，确定潜在投资的必要回报率、确认并评估特定期间里的潜在投资机会是非常困难的。所以，企业倾向于使用预设回报率（hurdle rate）或加权平均资本成本（weighted average cost of capital，WACC），来代表必要报酬率。

（二）预设回报率

预设回报率（hurdle rate）也称"最低预期回报率""门槛回报率"和"最低可接受费率"，是指投资者要求的最低资本投资率，只有达到这个最低标准，投资者才愿意投资。它决定了随着时间的流逝，现金价值的下降速度。预设回报率由管理层确定，用于评估资本预算项目。另外，在确定预设回报率时，需将通货膨胀和预期风险的因素考虑在内。

在现金流量折现法中，最低资本回报率是决策者考虑一个项目是否值得投资的指标之一。若一项投资的回报率高于最低资本回报率，这个投资就是值得的，若低于最低资本回报率，这个项目就应放弃，因为会导致投资者亏损。通常情况下，最低资本回报率为公司的加权平均资本成本或加权平均资本成本加上风险溢价，反映被投资项目的特定风险特征。

企业以最低回报率来评估各项投资。最低回报率的设定通常基于企业的战略目标、行业平均值和常见的投资机会。如果企业将最低回报率作为投资基准，那么资本投资项目必须满足最低回报率的要求。实务中，最低回报率一般由企业管理层进行设定。

（三）加权平均资本成本（WACC）

加权平均资本成本是企业各个融资组成部分的资本成本加权平均值。资金来源如普通股、优先股、债券和其他长期债务都包含在一个加权平均资本成本的计算中。计算步骤为：

（1）确定单个资本组成部分（例如，优先股或普通股的发行，各种形式的债务借款如贷款和债券，或留存收益）的成本。

（2）然后将每一个组成部分的成本乘以各个组成部分在企业总资本结构中的比例。

（3）加权平均资本成本的计算公式为：

WACC =（各税后债务成本 × 债务百分比）+（各权益成本 × 权益百分比）

> **【提示】**
>
> ● 企业经常用加权平均资本成本来评价与企业总体风险具有相同风险特征的资本投资的成本，例如具有企业平均风险的项目。
>
> ● 在制定资本投资决策时，资本成本可以用作估算项目现金流现值的贴现率。
>
> ● 资本成本也可以作为必要报酬率的基准和资本投资项目内含报酬率的取舍分界点。

【例题 5 - 11】 在新经济行业中存在这样的一个公司，公司债务的市场价值为3 000 000美元，公司权益的市场价值为4 000 000美元，公司的债务资本成本为8%，公司所得税税率为35%，权益资本成本为18%。要求计算此公司的加权平均资本成本。

【解析】 此公司的加权平均资本成本（WACC）为：

WACC = 3 000 000 ÷ 7 000 000 × 8% ×（1 - 35%）+（4 000 000 ÷ 7 000 000）×18% =12.5%

【例题 5 - 12】 对于一个给定的投资项目，使得现金流入现值等于现金流出现值的利率被称为：

A. 最低投资回报率（hurdle rate）

B. 报酬率（payback rate）

C. 内部收益率（internal rate of return）

D. 资本成本（cost of capital）

【答案】 C

【解析】 选项 A、D 不正确。因为选项 A 的最低投资回报率和选项 D 的资本成本都是同一概念，是用来计算净现值的折现率。

选项 B 不正确。因为报酬率是一个笼统概念。

选项 C 正确。当未来现金流入的现值之和等于现金流出的现值时，此时的利率或折现率就是内部收益率。

三、净现值（NPV）

（一）现值与净现值的概念

现值（PV）是未来期间的净现金流在今天的等价货币价值。现值的计算是使用合适的贴现率（一般基于必要报酬率）将未来的现金流进行折现。

净现值（NPV）是指一项投资在投资期限内每期获得的预期回报，并将各项所获得的回报折现到今天所得到的现值。公式表示如下：

净现值 = 未来现金流量的总现值 - 初始投资

确定资本项目净现值的步骤如表 5 - 11 所示。

表 5 - 11　　确定净现值的步骤

确定资本项目净现值（NPV）的步骤
1. 确定每年的净现金流
2. 确认必要报酬率
3. 根据步骤 2 中必要报酬率，使用恰当的现值表，来确定每年的贴现系数
4. 确定净现金流的现值，即将第 1 步和第 3 步中的数值相乘
5. 将第 4 步中该项投资各年净现金流的现值加总
6. 减去初始投资金额

（二）均匀现金流与非均匀现金流的净现值计算

（1）均匀现金流也称年金。年金会在特定期间内提供一系列等额现金流。计算年金的现金流入的现值，需采用年金现值系数表来确定年金现值系数。年金现值系数随着年数和预期回报率的不同而不同。

（2）若项目在投资期限内预计会产生不均匀的现金流，则先计算每年产生的净现金流入，然后再使用现值系数表对这些现金流入进行贴现，最后加总。

净现值的计算结果有如下含义，如表 5 - 12 所示。

表 5 - 12　　净现值计算结果的含义

净现值（NPV）	含义
NPV = 0	表示该投资的回报率与必要报酬率相等
NPV > 0	表示该投资的回报率高于必要报酬率。净现值最大的方案为优
NPV < 0	表示该投资的回报率低于必要报酬率。净现值为负的投资项目，一般不予接受

第五章

【提示】

- 净现值法的决策规则为：净现值为正的项目可以接受，因其增加了企业价值；
- 净现值为正只意味着该投资所赚得的回报率高于企业的必要报酬率；
- 如果没有净现值更高的项目，也可以接受净现值为零的项目；
- 净现值为负，表明赚取的现值低于要求，并不意味着不是企业可能选择的投资方案。

【例题 5 - 13】 S 公司正在考虑两个互斥的项目。两个项目都需要 150 000 美元的初始投资，并且都将运营 5 年。与项目相关的现金流如下表：

单位：美元

年度	X 项目	Y 项目
1	47 000	0
2	47 000	0
3	47 000	0
4	47 000	0
5	47 000	280 000
总计	235 000	280 000

如果 S 公司必要收益率为 10%，并且使用净现值法，那么应该建议 S 公司采取以下哪一种行动组合？

A. 接受 X 项目并且拒绝 Y 项目　　B. 接受 Y 项目并且拒绝 X 项目

C. 接受 X 项目和 Y 项目　　D. 拒绝 X 项目和 Y 项目

【答案】 A

【解析】 选项 A 正确。本题考查的是根据净现值法来进行项目投资判断：

查阅年金现值系数表，PVIFA(5，10%) = 3.79。

查阅复利现值系数表，PVIF(5，10%) = 0.62。

X 项目的净现值 = 47 000 × PVIFA(5，10%) − 150 000 = 28 130（美元），Y 项目的净现值 = 280 000 × PVIF(5，10%) − 150 000 = 23 600（美元）。

因为两者互斥，所以选净现值大的项目，即 X 项目。

四、内含报酬率（IRR）

内含报酬率（internal rate of return，IRR）又称“内部收益率”“财务内部收益率”，是指能够使未来现金流入量现值等于未来现金流出量现值的折现率，或者说是使投资项目净现值为零的折现率。

> **【提示】** 内含报酬率法的决策规则为：当内含报酬率高于资本成本时，投资项目可行。
>
> 内含报酬率计算方法：
>
> - 当各年现金流入量均衡时，利用年金现值系数表，然后通过内插法求出内含报酬率；
> - 逐步测试法，计算步骤：首先通过逐步测试找到使净现值大于 0 和小于 0 的两个折现率，然后通过内插法求出内含报酬率。

对于均匀现金流（年金）的资本项目来讲，确定项目内含报酬率（IRR）的步骤如表 5 - 13 所示。

表 5－13 内含报酬率计算步骤

均匀现金流资本项目内含报酬率（IRR）计算的步骤
1. 确定项目的总初始投资
2. 确认预先确定的取舍标准，即临界点回报率、必要报酬率
3. 确定每年的净现金流入
4. 用第 1 步的初始投资除以第 3 步的现金流，得到 IRR 系数。IRR 系数本质上就是年金现值系数（PVIFA）
5. 参考年金现值表，找出特定年数下与 IRR 系数相匹配或最贴近的贴现率
6. 比较第 5 步的 IRR 和第 2 步的取舍标准。如果计算出的 IRR 大于取舍标准即预期回报率，则该投资项目是可行的

对于不均匀现金流的资本投资项目，内含报酬率（IRR）的计算方式是试错和内插，现在一般使用计算机进行结果计算。现金流必须用各种贴现率进行贴现，直至找到可以使未来现值等于初始投资的贴现率。

【例题 5－14】 G 公司拟采用净现值（NPV）、内部报酬率（IRR）等指标对投资项目进行评价，项目的基本信息如下：

初始投资	250 000 美元
年度经营现金增加	70 000 美元
项目年限	6 年

项目采用直线法折旧，没有残值，项目的资本成本为 10%。如果所得税税率由 30% 上升到 40%，那么：

A. 拒绝该项目，因为项目的内部报酬率（IRR）下降

B. 拒绝该项目，因为项目的年度税后现金流入下降

C. 接受该项目，因为折旧的税盾增加

D. 接受该项目，因为折现的税后现金流入大于现金流出

【答案】 D

【解析】 经计算可知，所得税税率上升后的 NPV 依然大于零，经过查表得知，利率为 10% 的 6 年期年金现值系数为 4.355。

税率为 30% 时，NPV = －250 000 + [70 000 ×（1 －30%）+250 000 ÷6 ×30%] ×4.355 =17 831.63（美元）

税率为 40% 时，NPV = －250 000 + [70 000 ×（1 －40%）+250 000 ÷6 ×40%] ×4.355 =5 492.17（美元），NPV >0

所以选项 A、B 不正确，结论错误。选项 C 不正确，折旧税盾增加不是决定是否接受该项目的原因。选项 D 正确，结论正确。

【例题 5－15】 公司有 A、B 两个项目的净现值序列状况如下：

净现值单位：千美元

贴现率	A 项目	B 项目
0	2 220	1 240
10	681	507
12	495	411
14	335	327
16	197	252
18	77	186
20	(26)	128
22	(115)	76
24	(193)	30
26	(260)	(11)
28	(318)	(47)

那么，A、B 项目的内部收益率分别为：

A. 0% 和 0%　　B. 19.0% 和 21.5%

C. 19.5% 和 25.5%　　D. 20.5% 和 26.5%

【答案】 C

【解析】 选项 C 正确。本题考查的是内部收益率计算。当净现值为零时，此时的折现率为内部收益率。

A 项目的 IRR 应介于 18% ~20% 之间：

$$\frac{IRR_A-18\%}{20\%-18\%}=\frac{0-77}{-26-77}，IRR_A=\left(\frac{0-77}{-26-77}\right)\times2\%+18\%=19.50\%$$

B 项目的 IRR 应介于 24% ~26% 之间：

$$\frac{IRR_B-24\%}{26\%-24\%}=\frac{0-30}{-11-30}，IRR_B=\left(\frac{0-30}{-11-30}\right)\times2\%+24\%=25.50\%$$

五、净现值法和内含报酬率法的比较

（一）净现值法和内含报酬率法的共同点

1. 都对项目的风险和不确定性具有相同的基本假设前提。

2. 净现值法和内含报酬率法都具有现金流量折现法的优点，都考虑到了：

（1）货币的时间价值；

（2）初始现金投资；

（3）初始投资后的所有现金流。

3. 在分析资本投资的各种方法中，现金流量折现法（DCF）在理论上最为可靠，只要以下几个方面相同，净现值法和内含报酬率法一般会产生相似的结果：

（1）项目规模即初始投资额相同；

（2）净现金流模式相同；

(3) 项目期限相同；

(4) 项目期限内的资本成本相同。

但在以下两种情况下，两种方法的判断结果会产生差异：

• 初始投资不一致，一个项目的初始投资大于另一个项目的初始投资；

• 现金流入时间不一致，一个在最初几年流入较多，另一个在最后几年流入较多。

尽管在这两种情况下二者产生了差异，但引起差异的原因是共同的，即两种方法都假定用中期产生的现金流入量，再投资时会产生不同的报酬率。

> **【提示】** 如果 NPV 和 IRR 的判断结果产生差异，则以 NPV 的结果为准。

(二) 净现值法和内含报酬率法的区别

1. 净现值法和内含报酬率法具有不同的再投资回报率假设。

(1) NPV 法隐含的假设前提是企业能以必要报酬率对所有现金流入进行再投资。

(2) IRR 法隐含的假设前提是企业能以 IRR 对所有现金流入进行再投资。一般认为，NPV 法的再投资回报率假设更为合理。

2. 净现值法与内含报酬率法相比还具有以下优点：

(1) 净现值法的最终结果是数量，而内含报酬率法的最终结果是百分比。这种情况下，NPV 的结果之间可以进行累加或者组合分析。

(2) 净现值法计算的是项目的净流入值，是企业价值增加的绝对数。IRR 得出的是百分比，有可能项目投资很小，收益的绝对数也很小，但是 IRR 却很大。净现值法能够使股东财富最大化，净现值法比内含报酬率法更可靠。

(3) 如果被评估项目在项目期限内的必要报酬率不断变化，则 NPV 法更有用。而对于 IRR，各年的必要报酬率不同，意味着没有单一回报率或单一内含报酬率值供参考，这导致在对可行的项目排序时会出现不同的结果。

3. 当净现金流入和净现金流出交替发生时，NPV 法计算结果是唯一的，但 IRR 法就会产生多种结果，这些结果都会有不合理之处。所以在这种情况下，只能使用 NPV 法。

> **【提示】** 无论 NPV 还是 IRR，在可靠性方面需要注意：
>
> • NPV 的可靠性取决于所选用的贴现率，不现实的贴现率会导致接受或者拒绝项目的错误决策。
>
> • 资本投资项目不应仅仅因为有较高的 IRR 值而被接受，对于较高的 IRR 结果应当做进一步的评估，以确定这样的现金流投资机会是否现实。
>
> • 净现值法假定产生的现金流入量重新投资会产生相当于企业资本成本的利润率，而内含报酬率法却假定现金流入量重新投资产生的利润率与此项目特定的内含报酬率相同。所以净现值法总是正确的，而内含报酬率法有时却会得出错误的结论。

【例题5-16】 S公司对一个15年的设备现代化项目用净现值法（NPV）进行分析。最初计算包含了一系列的折旧税收节约，并进行贴现。S公司现在考虑将通胀因素纳入NPV分析中。如果折旧税收节约基于原始设备成本，那么，以下选项中，哪一项正确地展现了它处理项目现金经营成本和公司要求的回报率的方式：

	现金经营成本	要求的回报率
A.	对通胀进行调整	对通胀进行调整
B.	对通胀进行调整	不对通胀进行调整
C.	不对通胀进行调整	对通胀进行调整
D.	不对通胀进行调整	不对通胀进行调整

【答案】 A

【解析】 选项A正确。本题考查的是在通胀时期，如何调整现金流和折现率。因为在通胀时期，价格水平会上涨，因此，需要调高现金流。因为在通胀时期，项目的风险在加大，因此，需要调高贴现率。也就是在这两种情况下，都需要调整通胀。

六、回收期（PP）法的使用

（一）回收期法的概念

投资回收期法（payback period method，PP），又称“投资返本年限法”，是计算项目投产后在正常生产经营条件下的现金流入，用来收回项目总投资所需时间的一种静态分析法。回收期代表了投资的盈亏平衡点。

回收期（PP）法与净现值（NPV）法和内含报酬率（IRR）法类似，不区分现金流入的类型，即不论现金流入是经营的结果，还是来自设备的处置、营运资产的收回等事项。

（二）回收期（PP）的计算

在预期资本投资具有均匀的现金流入的情况下，回收期的计算公式为：

$$回收期=\frac{总初始投资}{预期年净现金流}$$

在年现金流入不均匀的情况下，确定回收期是一项累计计算，即累计净现金流入直到初始投资被收回。如果回收期不是完整的年数，可采用直线内插法。在现金流不均匀的情况下，回收期的计算公式为：

回收期＝初始投资全部收回前的年数＋(剩余的未收回成本/下一年的现金流)

（三）回收期法决策标准

在使用回收期法时，企业一般为项目选择一个目标回收期，或最大取舍回收期。目标回收期，代表企业可以接受的项目的最大时长。

- 如果计算出的回收期比目标回收期短，该资本投资项目可以接受。
- 如果计算得出回收期比目标回收期长，该资本投资项目应当拒绝。

一般来说，项目风险越高，要求目标回收期越短，这是因为人们希望更快收回风险投资，否则可能会“夜长梦多”。

（四）回收期法的优点和缺点

1. 回收期（PP）法的优点：

（1）计算简单；

（2）结果容易理解；

（3）大致衡量了流动性和风险（投资回收期越长，投资风险越高；投资回收期越短，投资风险越低）。

2. 回收期（PP）法的缺点：

（1）忽视了货币时间价值，在不考虑时间的情况下加总现金流；

（2）忽略了回收期后发生的现金流；

（3）未衡量项目的营利性；

（4）如果目标回收期太短，将促使接受短期项目。忽略了回收期内现金流时间序列对方案的影响。

【提示】

- 回收期法对流动性和风险进行快速衡量，有助于识别在高风险环境下某项资本投资失败的风险。回收期越短，项目风险越低。
- 最好将回收期法与其他资本预算方法结合使用。因为回收期法有较大的根本局限性，只能单方面衡量一项投资是否值得。

【例题5－17】F是一家正在发展中的制造公司，公司正在评价一个投资项目，预期该项目将产生的现金流和净利润如下：

单位：美元

年份	税后现金流量	净利润
0	（20 000）	0
1	6 000	2 000
2	6 000	2 000
3	8 000	2 000
4	8 000	2 000

该项目的回收期为：

A. 2.5年　　B. 2.6年　　C. 3.0年　　D. 3.3年

【答案】C

【解析】选项 C 正确。回收期法计算项目回收期不考虑净利润，只考虑现金流。

单位：美元

年份	税后现金流	累积现金流
0	(20 000)	
1	6 000	
2	6 000	12 000
3	8 000	20 000
4	8 000	

第三年时回收初始投资，所以回收期 =3 年。

【例题 5－18】尽管传统的回收期存在着缺陷，但仍然是流行的投资评价方法，部分原因是它：

A. 为人们了解项目相关的风险提供了启示

B. 忽略货币时间价值不计

C. 重视利润更甚于现金流量

D. 提供投资项目整个生命周期内的信息

【答案】A

【解析】选项 A 正确。本题考查的是回收期法的优缺点。缺点：不考虑回收期之后的现金流，忽略货币时间价值。优点：大致衡量项目的流动性和风险。

【例题 5－19】Q 公司用回收期法评价资本投资。公司的投资项目之一要求 140 000 美元的投资，预期的税前现金流量如下：

单位：美元

第 1 年	60 000
第 2 年	60 000
第 3 年	60 000
第 4 年	80 000
第 5 年	80 000

Q 公司的有效税率为 40%。基于这些数字，项目的税后回收期应该为：

A. 1.5 年　　B. 2.3 年　　C. 3.4 年　　D. 3.7 年

【答案】D

【解析】选项 D 正确。本题考查的是计算项目回收期。

单位：美元

年份	初始投入	税前现金流	税后现金流	累积现金流
0	140 000			
1		60 000	36 000	
2		60 000	36 000	72 000
3		60 000	36 000	108 000
4		80 000	48 000	156 000
5		80 000	48 000	

回收期 = 3 + (140 000 − 108 000) ÷ 48 000 = 3.7 （年）。

七、折现回收期法（DPP）

折现回收期法（discounted payback period method，DPP），指从折现的净现金流量中收回原始投资额所需要的年限，该方法对期望的现金流量通过资本成本进行折现，考虑了风险因素以及货币时间价值。折现回收期法，将回收期与现金流量折现相结合，将现金流量折现纳入回收期法中，以更科学地评估投资项目。

如果项目建成后各年的净现金流量相同，则折现投资回收期的计算公式为：

DPP = 期初投资/各年的折现净现金流量

如果项目建成后各年的净现金流量不相同，则折现回收期可根据累计折现净现金流求得。

【提示】 折现回收期法解决了回收期计算中忽视货币时间价值的缺点。折现回收期法利用净现金流入的现值，而非未贴现的净现金流入金额来确定回收期。与净现值法类似，净现金流入的现值用企业的预期回报率进行估计。

第五章

【例题 5 − 20】 M 公司提议资本预算项目需要初始投资 95 000 美元。随后 7 年，预计本项目每年提供 40 000 美元现金流量，并在每年年底收到。如果资本成本率为 20%，则该项目的折现投资回收期为：

A. 不到 2 年　　B. 2 ~ 3 年　　C. 3 ~ 4 年　　D. 4 ~ 5 年

【答案】 C

【解析】 选项 C 正确。计算折现回收期，假设折现回收期为 x，那么应当满足

40 000 × (P/A，20%，X) = 95 000，所以 (P/A，20%，X) = 95 000 ÷ 40 000美元 = 2.38。

查阅年金贴现现值系数表，X 数值介于 3 ~ 4 之间，即折现投资回收期介于 3 ~ 4 年之间。

八、通货膨胀在资本预算中的处置

通货膨胀是指单位货币一般购买力下降。通货膨胀对资本预算决策的影响主要体现在两个方面，即资本成本率及每年净现金流量的影响。资本预算中使用现金流量和资本成本，应保持一致的通货膨胀口径，即在计算项目净现值时，名义现金流量必须以名义资本成本来贴现，实际现金流量必须以实际资本成本来贴现。公式为：

1 + 名义利率 = (1 + 实际利率) × (1 + 通货膨胀率)

实际利率(实际资本成本) = (1 + 名义利率)/(1 + 通货膨胀率) - 1

$$第\ t\ 年的实际现金流 = \frac{第\ t\ 年的名义现金流}{(1+通货膨胀率)^t}$$

不考虑通货膨胀时，净现金流量计算较容易。但当发生通货膨胀时，情况变得比较复杂，特别是影响净现金流量的各种因素以不同的物价上涨率变化时。假设不考虑通货膨胀时，第 t 年的净现金流量为 NCF(t)，如果从基准年起，预计以后每年的通货膨胀率为 h，则第 t 年的实际净现金流量 = NCF(t)/$(1+h)^t$。

净现值法仍不失为通货膨胀下的资本预算决策的一种主要方法。但是，由于通货膨胀对资本成本率以及净现金流量各种因素的影响程度通常不同，因此没有一个统一的调整系数对无通货膨胀下的净现值进行调整，也没有净现值计算的统一公式，净现值的计算变得比较复杂。如果净现金流量的平均增长率大于终值系数增长率，或现金流入量增长率大于现金流出量增长率，也可能使通货膨胀后的净现值增加。因此，通货膨胀对资本预算决策的影响并非都是绝对不利的。

【例题 5－21】 W 文化传媒公司的所有者不知道如何估算在一家新的购物中心中开办一家租赁店的真实成本。在过去，录像带租赁行业的通货膨胀率和国民经济通胀率相同。公司所有者要求的真实内部收益率为 10%。在未来几年，预期的通货膨胀率都为 3%。在不考虑通胀的情况下，行业预期一家新的租赁店销售增长率为 8%。新店第一年的预期收入为 400 000美元。如果使用实际利率和名义利率法，那么，在这两种方法下第二年收入分别为：

A. 实际为 432 000 美元，名义上为 444 960 美元

B. 实际为 432 000 美元，名义上为 452 000 美元

C. 实际为 440 000 美元，名义上为 452 000 美元

D. 实际为 440 000 美元，名义上为 453 200 美元

【答案】 A

【解析】 选项 A 正确。计算实际销售金额和名义销售金额：

不考虑通胀的情况下，实际销售 = 400 000 × (1 + 8%) = 432 000 (美元)。

考虑通胀的情况下，名义销售 = 400 000 × (1 + 8%) × (1 + 3%) =

444 960（美元）。

名义增长率与实际增长率的关系：名义增长率 =（1 + 实际增长率）×（1 + 通胀率）- 1。

九、资本总额约束下的资本配置

投资项目之间的关系有独立项目、互斥项目、依存项目等类型。

（一）独立项目

独立项目是指人们拒绝或接受该项目对其他项目的决策不会造成直接影响的项目。如果预备足够的资源，只要项目都符合公司的投资标准，就可以同时考虑这些项目。独立项目可以单独评价，而且人们是否拒绝或接受这些项目仅仅取决于他们是否能够给公司增加价值。

对于独立项目排序，由于作出接受或者放弃的投资决策不会受其他项目投资决策的影响，净现值（NPV）、内含报酬率（IRR）、投资回收期决策的标准是：NPV≥0，IRR≥必要报酬率；投资回收期≤基准回收期。

（二）互斥项目

互斥项目是指多个互相排斥、不能同时并存的方案。一般情况下，互斥项目之间都有着相同的作用，但最终只有一个项目能够被接受并使用。互斥项目导致的是一种非此即彼的关系。

互斥项目可以分别评价，然后选中对公司净现值贡献最大的那个项目。

（三）依存项目

依存项目是指一个项目的拒绝或接受必须取决于一个或多个其他项目的拒绝或接受。依存项目可能是替代性的，也可能是互补性的。替代性的依存项目的分析应该将所有项目现金流的相互作用都考虑进去。

【提示】 资本限量是指企业资金有一定的限度，不能投资于所有可接受的项目。即有很多获利项目可投资，但无法筹集到足够资金。通过对选定项目的多种组合，选择既能使资金限额得到充分利用，又能使项目总净现值达到最大的项目组合。

- 计算所有投资项目的净现值，并列出所有方案的原始投资。
- 接受 NPV≥0 的项目。如果资本无限量，决策即可完成。
- 如果公司资本不能满足所有的 NPV≥0 的投资项目，则对所有项目都在资本限量内进行各种可能的组合，然后计算各种组合的净现值总和。
- 选择净现值总和最大的一组投资方案。

【例题 5 -22】某上市公司，两个互斥的资本支出项目的相关信息如下：

单位：美元

	A 项目	B 项目
投资	100 000	150 000
净现金流入第 1 年	40 000	80 000
第 2 年	50 000	70 000
第 3 年	60 000	60 000

所有的现金流量在年末发生。基于以上信息，以下各项描述中哪一项不正确？

A. A 项目资本成本为 10%，其净现值为 22 720 美元

B. B 项目资本成本为 12%，其净现值为 19 950 美元

C. B 项目内部收益率比 A 项目的高

D. A 项目的回收期比 B 项目的长

【答案】C

【解析】考察互斥项目的判断。

项目 A：NPV@10% =(40 000 ×0.909 +50 000 ×0.826 +60 000 ×0.751) -100 000 =22 720（美元）

NPV@12% =(40 000 ×0.893 +50 000 ×0.797 +60 000 ×0.712) -100 000 = 18 290（美元）

$$回收期 = 2 + \frac{(100\ 000 - 40\ 000 - 50\ 000)}{60\ 000} = 2 + 0.167 = 2.167（年）$$

项目 B：NPV@10% =(80 000 ×0.909 +70 000 ×0.826 +60 000 ×0.751) -150 000 =25 600（美元）

NPV@12% =(80 000 ×0.893 +70 000 ×0.797 +60 000 ×0.712) -150 000 = 19 950（美元）

回收期 =2 +0 =2（年）

按照题目要求选择“不正确”的选项，即选项 C。

【例题 5 -23】下面最能代表资本限额定义的陈述是：

A. 在某一特定期间对资本支出总规模进行约束的情况

B. 一种预算约束，用于限制在给定期间内与新资本相关的总折旧费

C. 一种限制，用于在给定年度内公司选择能满足最低现金流入要求的项目

D. 一种策略，用于确保选择最佳产品组合来帮助优化投资

【答案】A

【解析】选项 A 正确，资本限额是指某一时期内的资本支出总量必须保持在预算约束（或预算上限）内，不能超过预算约束。

【例题 5－24】 对于多个投资组合方案，当资金总量受到限制时，应在资金总量范围内选择：

A. 累计净现值最大的方案进行组合

B. 会计收益率最大的方案进行组合

C. 现值指数最大的方案进行组合

D. 内部收益率最大的方案进行组合

【答案】 A

【解析】 选项 A 正确。在主要考虑投资效益的条件下，多方案比较决策的主要依据就是能否保证在充分利用资金的前提下，获得尽可能多的净现值总量，使公司价值达到最大。

选项 B 不正确。会计收益率只是个相对指标，会计收益率最高的项目可能未充分利用所有资金，不能实现价值最大化。

选项 C 不正确。现值指数只是个相对指标，现值指数最高的项目可能未充分利用所有资金，不能实现价值最大化。而且多个项目构成组合不能简单将现值指数加总求和确认最佳组合。

选项 D 不正确。内部收益率只是个相对指标，内部收益率最高的项目可能未充分利用所有资金，而且多个项目构成组合不能简单将内部报酬率加总求和确认最佳组合。

简答题出题方向分析

【出题方向 1】资本预算的定义及其步骤。

解题思路：资本预算是指提出长期投资方案，即对回收期长于一年的方案，进行分析选择的过程。资本预算一般包括 6 大步骤：第一，识别阶段：判断哪些资本支出项目与实施组织目标和战略密切相关；第二，调查阶段：寻找那些能够实现组织目标的投资方案；第三，信息搜集阶段：考虑各个备选方案的成本和收益；第四，选择阶段：选择实施项目；第五，筹资阶段：获取项目的资金；第六，实施与控制阶段：将项目置于可控范围之内，并对其业绩实施监督。还需关注所得税与折旧等问题。

【出题方向 2】解释投资决策为什么采用现金流而不是会计利润。

解题思路：在整个投资有效期内，利润总额与现金净流量总额是相等的，所以现金净流量可以取代利润作为评价净收益的指标。采用现金流量有利于科学地考虑资本的时间价值因素，在投资分析中现金流动状况比盈亏状况更重要。会计利润基于权责发生制，收入 - 成本 = 利润，以此衡量企业经济效益，并不考虑收付时间；现金流量基于收付实现制，现金流入 - 现金流出 = 现金净流量，以此衡量企业经济效益，与时间价值密不可分。

采用现金流量不受人为因素影响，能使投资决策更符合客观实际。利润计算在一定程度上要受存货估价、费用分配、折旧计提方法的影响以及将未实际收到的销售收入作为收益，因此具有较大的随意性和风险，容易高估投资项目的经济效益，存在不科学、不合理的成分。一个项目能否维持下去，是以其收回的资金再投资为前提，不是取决于是否有利润，而是取决于是否有现金用于所需的各种支付。

【出题方向 3】解释敏感性分析、情景分析、蒙特卡洛模拟、实物期权、确定性等值、专门调整利率法等不同风险分析方法，根据背景信息分析实物期权采用的种类。

解题思路：

（1）敏感性分析：检测某一特定净现值计算对于特定假设条件变化的敏感度。

（2）情景模拟分析：敏感性分析的变异，考虑可能出现的不同场景，每种场景综合了各种变量的影响。

（3）蒙特卡洛方法采用计算机方法模拟每一个变量的样本概率分布，并得出成百上千个可能的结果；同时分析这些结果，给出不同结果发生的概率，分析步骤为构建基本模型、确定模型中每个变量的分布、通过计算机抽取一个结果、重复上述过程、最后计算净现值 NPV。

（4）确定性等值：风险现金流与无风险现金流转换。

（5）专门调整利率法：管理会计分析师常常在单个项目的基础上评估这些项目的相对风险，并使用新的专门调整的利率来衡量项目风险，将企业资本成本作为对所有投资项目的折现率，可能较好地拒绝好的低风险项目，或者接受差的高风险项目。

（6）实物期权：承认或有投资，即企业可以根据成功的潜力或灵活性不断调整投资的价值。其中扩张（收缩）期权：允许条件有利的时候扩张，条件不利的时候收缩；放弃期权：项目具有放弃价值；延缓期权：等待新消息以决策。

【出题方向 4】根据提供信息，进行企业初始阶段、营运期间、处置期现金流估算。

解题思路：

初始期现金净流量

＝固定资产投资（买价＋其他费用）

＋无形资产投资

＋土地

＋垫支净营运资金（增量流动资产－增量流动负债）

经营现金净流量

＝净利润＋非付现成本（折旧、摊销）

＝（营业收入－营业成本）×（1－所得税税率）＋非付现成本×所得税税率

＝税后收入－税后成本＋非付现成本抵税

营业成本或经营成本包括变动成本及固定成本，仅指付现成本。

处置期现金净流量

＝终结点经营净流量

＋回收垫支营运资金

＋回收固定资产残值

【出题方向 5】根据给出的企业信息，使用净现值法或内含报酬率法进行相关计算和投资决策并比较两种方法的优缺点。

解题思路：净现值法与内含报酬率法对比如下表：

项目	净现值法	内含报酬率法
判断规则	若项目的净现值大于等于零，则应该接受该项目；反之净现值为负值，则拒绝该投资项目	若项目的内部收益率大于企业基于项目风险所确定的最低报酬率的话，则应该接受该项目；反之内部收益率过低，则拒绝该投资项目

续表

	净现值法	内含报酬率法
优点	净现值法体现了股东价值绝对的增加幅度，考虑了项目投资规模和年限的差别。在项目的现金流符号发生变化时，仍可以使用净现值法，在项目互斥时可以做出合理的决策	考虑了投资项目的现金流和货币的时间价值，可以体现出项目的价值。内部收益率法是相对的比率，能够告诉决策者该项目的投资回报率，便于决策
缺点	贴现率难以确定，且无法给出项目的投资回报率，不易于决策；在项目投资额不同的情况下，无法确定投资效率最高的项目	项目释放出的现金流的再投资回报率，因项目的不同而不同，所以在项目互斥的时候无法使用内部收益率
主要假设	确定的环境，即现金流入和流出在指定时间内是确定发生的；资本市场是完美的，在任何时候需要现金都可以按相同利率－最低报酬率借入或借出资金	以内含报酬率为再投资假设，通常只需较少投资的短期项目，具有较高的内部收益率。如果现金流量的符号发生多少次改变，项目的内部收益率就会有多个，可采用修正内部收益率

【出题方向 6】根据给出的企业信息，使用回收期法进行相关计算和投资决策。

解题思路：回收期法指使得投资项目预期现金流的累加值等于其初始现金流出量所需的时间。投资决策判断规则为：若计算出的回收期小于企业设定的回收期，则可以接受此项目；反之回收期过长，则拒绝。

历年经典试题回顾

一、单选题

【经典试题 1】 就资本投资项目而言，以下哪项陈述最准确地描述了资本成本与预期内部回报率之间的关系？

A. 项目的内部回报率必须超过资本成本方可接受

B. 如果内部回报率超过零，则项目将是可以盈利的

C. 项目资本成本必须超过内部回报率方可接受

D. 应比较内部回报率与预定基准，无须考虑资本成本

【答案】 A

【解析】 选项 A 正确。必要报酬率是指准确反映期望未来现金流量风险的报酬，即人们愿意进行投资（购买资产）所必须赚得的最低报酬率。对于资本投资，可以接受的项目是：净现值 NPV > 0，内含报酬率 IRR > 资本成本（即必要报酬率）。

选项 B 不正确。内含报酬率超过最低报酬率才是盈利的。

选项 C 不正确。描述相反。

选项 D 不正确。需要考虑资本成本。

【经典试题 2】 C 公司拥有一幢原始成本为 400 000 美元、目前的账面价值为 250 000 美元的大楼。该楼通过贷款融资建造，其中尚有一笔 20 000 美元的款项未付清，售出该楼时必须付清此款。C 公司希望花费 600 000 美元购置一幢新楼。如果购置了新楼，现有的这幢楼能以 380 000 美元售出。C 公司的所得税税率为 40%。如果购置了新楼，相关的初始现金流量总额将为：

A. 272 000 美元　B. 292 000 美元　C. 372 000 美元　D. 392 000 美元

【答案】 B

【解析】 选项 B 正确。初始现金流是指为了使项目建成并投入使用，而发生的有关现金流量，是项目的投资支出。包括固定资产上的投资、垫支流动资金、原有固定资产的变价收入和清理费用、有关机会成本等。

固定资产投资现金流出 = 600 000 美元

出售旧楼现金流入 = 380 000 − 20 000 −（380 000 − 250 000）× 40%

= 308 000（美元）

期初净现金流出 = 600 000 − 308 000 = 292 000（美元）

【经典试题 3】 P 公司的资本总额为 100 000 000 美元，其资本成本为

12%。公司提议了一个需要增资 10 000 000 美元的新项目。公司估计能以 10% 的税前成本筹措到这笔新增资本。该公司的边际所得税税率为 36%。P 公司应采用何种贴现率来评估此新项目?

A. 6.40%　　B. 7.56%　　C. 10.00%　　D. 11.82%

【答案】 A

【解析】 选项 A 正确。贴现率 = 10% ×(1 - 36%) = 6.4%。选择 6.4% 是基于项目的融资成本，也就是该项目最低的贴现率。因为项目贴现率必须考虑项目的风险和年限，12% 是公司综合的资本成本，无法体现项目的风险，所以不能作为合适的贴现率。

【经典试题 4】 使用内部回报率法评估资本投资项目的主要优点在于:

A. 所做出的决定可以最大限度地增加股东财富

B. 所做出的决定可以最大限度地增加收益

C. 易于理解和传达

D. 采取保守的再投资率

【答案】 C

【解析】 选项 C 正确。内含报酬率是指能够使未来现金流入量现值等于未来现金流出量现值的折现率，或者说是使投资项目净现值为零的折现率。内含报酬率法(IRR)忽略了项目的投资规模，给出了一个易于理解的百分比，相比而言，净现值法(NPV)则是在绝对意义上评估项目可以给企业带来多少价值，以最大限度地增加股东财富。

【经典试题 5】 ST 公司的财务分析部门已经对所提议的一项资本投资进行了分析，计算出的相应增量现金流量如下:

单位：美元

年份	现金流量
0	(100 000) 流出量
1	80 000 流入量
2	80 000 流入量
3	80 000 流入量
4	(100 000) 流出量

已计算出该项目的净现值(NPV)约为 25 000 美元，内部回报率(IRR)为 -29%。该项目已提交给董事会审批。以下哪一项陈述是正确的?

A. 除了 -29% 的回报率以外，该项目还有其他内部回报率

B. 此内部回报率计算结果中必定包含错误

C. 在净现值计算过程中，该项目的现金流量被认为以 ST 公司的资本成本进行再投资

D. 董事会不应批准此项目

【答案】 A

【解析】 选项 A 正确。还有其他内部报酬率。内含报酬率是指能够使未来现金流入量现值等于未来现金流出量现值的折现率，或者说是使投资项目净现值为零的折现率。由于内含报酬率法以内含报酬率为再投资假设，如果除了初始投资外，在分析中有任何一笔现金流为负数，那么 IRR 法就会产生多种结果，这些结果都会有不合理之处。

选项 B 不正确。并非计算错误。

选项 C 不正确。无法确定公司要求的报酬率是资本成本。

选项 D 不正确。因为 NPV >0，因此董事会可能会批准此项目。

【经典试题 6】 ER 公司对以前采用投资回收期法作出的资本预算决策倍感失望。该公司实施了一项新要求：对于所提议的金额超过 300 000 美元的采购，需采用现金流量折现分析法来计算其净现值。ER 公司的食品加工部门正在考虑购置一台新机器，这台机器每年可以减少的人工成本的税前金额为 175 000 美元。有关这项可能的采购的其他信息如下：

（1）这台机器的成本将为 450 000 美元，此外还需支付 25 000 美元的安装费用。

（2）这台机器的使用寿命为 3 年，届时将无残值。第一年、第二年和第三年用于税务面的折旧率分别为 25%、38% 和 37%。

（3）ER 公司的资本成本 12% 被视为合适的贴现率。

（4）所得税税率为 40%。

（5）现金流量应该会在日历年末产生，日历年末与 ER 公司的财政年末重合。

请问以下哪一项最准确地指出了所提议的这项投资的净现值以及相应的采购决定？

A. 约 73 000 美元；建议进行此投资

B. 约 -73 000 美元；建议不进行此投资

C. 约 55 000 美元；建议进行此投资

D. 约 -55 000 美元；建议不进行此投资

【答案】 B

【解析】 选项 B 正确。净现值指一项投资在投资期限内每期均获得想要的预期回报，并将各项所赚得的回报贴现到这个期间所得到的现值。公式为：净现值 = 未来现金流量的总现值 - 初始投资。本题题解如下：

单位：美元

	年份			
	0	1	2	3
初始投入	-475 000			
节省的现金流		175 000	175 000	175 000

第五章

续表

	年份			
	0	1	2	3
税后节省		105 000	105 000	105 000
折旧		118 750	180 500	175 750
折旧税盾		47 500	72 200	70 300
税后现金流		152 500	177 200	175 300
折现率		0.893	0.797	0.712
现值		136 183	141 228	124 814
NPV	-72 775		402 225	

其中计算结果略有误差是由于系数小数点的差异造成的。

【经典试题 7】 EG 公司是一家网上零售商。EG 公司的管理层有意花费 150 000 美元的总成本新购置安装一台服务器。EG 公司的主计长已要求 EG 公司的一位会计师确定在购置了这台新服务器的情况下每年的增量节税额。该服务器的使用寿命估计为 4 年左右，届时残值将为零。EG 公司目前采用的是直线折旧法，且估定的有效所得税税率为 40%。该会计师计算出的每年增量节税额将为：

A. 15 000 美元　B. 22 500 美元　C. 37 500 美元　D. 60 000 美元

【答案】 A

【解析】 选项 A 正确。年折旧 =（成本 - 残值）÷ 预计使用寿命。本题中年折旧额为 150 000 美元 ÷4。所以每年增量节税额度为（150 000 美元 ÷4）× 40% =15 000 美元。

【经典试题 8】 S 公司在考虑购买扫描设备来实现其采购过程的机械化。该设备需要广泛的测试和调整，并且在投入使用之前要对使用者进行训练。预期的税后现金流如下表：

期间税后现金　　单位：美元

年份	流入/（流出）
0	(550 000)
1	(500 000)
2	450 000
3	350 000
4	350 000
5	350 000

公司管理层预计该设备在第 6 年初其账面价值为 0 时还可以按照 50 000 美

元出售。S公司内部最低资本回报率和有效税率分别为14%和40%。该项目的净现值为：

A.（1 468美元） B.（6 970美元） C.（17 350美元） D.（8 600美元）

【答案】A

【解析】选项A正确。项目在投资期限内预计产生不均匀的现金流，则先计算每年产生的净现金流入，然后再使用现值系数表对这些净现金流入进行贴现，最后加总求净现值。本题计算净现值如下表：

年份	税后现金流（美元）	PVIF	NPV（美元）
0	(550 000)		(550 000)
1	(500 000)	0.8772	(438 600)
2	450 000	0.7695	346 275
3	350 000	0.675	236 250
4	350 000	0.5921	207 235
5	350 000	0.5194	181 790
50 000美元×(1－40%)＝30 000		0.5194	15 582
			(1 468)

根据计算结果可知该项目的净现值为（1 468美元）。

【经典试题9】YG实业公司正在考虑购买一台新的玻璃切割机，以缩短生产相框的时间。新玻璃切割机将花费750 000美元。YG计算了在未来七年内使用该机器每年节省的现金。

单位：美元

年份	每年节省的税后现金流
第1年	180 000
第2年	210 000
第3年	190 000
第4年	170 000
第5年	150 000
第6年	100 000
第7年	20 000

如果YG的资本成本是10%，并且该公司使用现金流量折现分析法，则该机器需要多少年才能收回投资？

A. 4年 B. 5年 C. 6年 D. 7年

【答案】D

【解析】折现回收期法指从折现的净现金流量中收回原始投资额所需要的年限，该方法对期望的现金流量以资本成本进行折现，考虑了风险因素以及货币的时间价值。本题题解如下：

年份	每年税后现金流（美元）	折现率	折现现金流（美元）	累计折现现金流（美元）
第 1 年	180 000	0. 9091	163 636. 36	163 636. 36
第 2 年	210 000	0. 8264	173 553. 72	337 190. 08
第 3 年	190 000	0. 7513	142 749. 81	479 939. 89
第 4 年	170 000	0. 6830	116 112. 29	596 052. 18
第 5 年	150 000	0. 6209	93 138. 20	689 190. 38
第 6 年	100 000	0. 5645	56 447. 39	745 637. 77
第 7 年	20 000	0. 5132	10 263. 16	755 900. 94

已知初始投资 750 000 美元，可见是在第 7 年收回投资。所以选项 D 正确。

【经典试题 10】 M 公司正在考虑购买一台新的高效率包装机，价格为 300 000 美元。设备需要即时的并且完全可回收的营运资本投资 40 000 美元。M 公司计划使用该机器 5 年，所得税税率为 40%，分析资本投资所使用的资本收益率为 12%。公司使用净现值（NPV）法。营运资本投资对 M 公司的 NPV 分析的总影响为：

A. （10 392 美元）B. （13 040 美元）C. （17 320 美元）D. （40 000 美元）

【答案】 C

【解析】 选项 C 正确。计算营运资本支出与收回对 NPV 的影响：

第 0 年，营运资本的投入 = −40 000 美元

第 5 年，营运资本收回的现值 = 40 000 × PVIF(5，12%) = 40 000 × 0. 567 = 22 680（美元）［其中 PVIF(5，12%) 是期数为 5，利率是 12% 的复利现值系数］。

两者的和 = −40 000 + 22 680 = −17 320（美元）

【经典试题 11】 未来 6 年中，AT 公司预期每年的净利润都是 10 000 美元，直线法计算的折旧为 20 000 美元，税率 40%，贴现率 10%，现金销售额 100 000 美元。可折旧资产都是在第 1 年年初获得，在第 6 年年末的残值为 0。总折旧的税收节约额的现值是：

A. 8 000 美元　　B. 27 072 美元　　C. 34 840 美元　　D. 87 100 美元

【答案】 C

【解析】 选项 C 正确。计算折旧税盾的现值：

折旧税盾 = 20 000 × 40% = 8 000（美元）

税盾现值 = 8 000 × PVIFA(6，10%) = 8 000 × 4. 355 = 34 840（美元）

【经典试题 12】 W 公司在一场官司中获得了赔偿，并且被告人的保险公司向其提供了四种不同的支付选择。根据历史利率，使用 8% 作为利率水平分析这种情况。不考虑税收，以下各项选择中，总会计师应该建议 W 公司的管理层选择哪一项？

A. 现在支付 135 000 美元

第五章

B. 未来4年每年年末支付40 000美元

C. 现在支付5 000美元，未来10年每年年末支付20 000美元

D. 现在支付5 000美元，未来9年每年年末支付5 000美元，加上第10年年末一次性支付200 000美元

【答案】 C

【解析】 选项C正确。计算现金流现值：

选项A：135 000美元。

选项B：40 000 × PVIFA(4，8%) = 40 000 × 3.312 = 132 480（美元）。

选项C：5 000 + 20 000 × PVIFA(10，8%) = 5 000 + 20 000 × 6.710 = 139 200（美元）。

选项D：5 000 + 5 000 × PVIFA(9，8%) + 200 000 × PVIF(10，8%) = 5 000 + 5 000 × 6.247 + 200 000 × 0.463 = 128 835（美元）。

选项C收益最大。

【经典试题13】 广泛用于确认因个体经济变量不稳定性而可能发生的预测失误对财务预算造成的直接后果的方法是：

A. 预期价值分析法　　B. 学习曲线分析法

C. 敏感性分析法　　D. 回归分析法

【答案】 C

【解析】 选项A不正确。期望值分析提供了理性措施，用每种结果的概率乘以其相应的收益后加总以选择涉及风险的决策的最佳方案，它通过重复试算代表长期平均收益。考察当获得直接财务预算预测误差时，使用确认经济变量不确定性的方法。

选项B不正确。学习曲线体现当人们富有经验后完成任务所增加的比例。

选项C正确。敏感性分析通过使用不同的预测进行几次计算，确认预测的不确定性。例如，净现值的几种预测可能是在不同的假设下计算得出，以确定预测错误或条件变化对净现值的敏感性。

选项D不正确。回归分析用于找到变量间线性关系等式。

【经典试题14】 WR公司现在考虑三个投资项目。总经理希望总会计师准备一份报告，并提出一个合适的投资建议。总会计师对3个项目计算的结果如下表：

项目	净现值（美元）	内含报酬率（%）
Ⅰ	20 680	12
Ⅱ	30 300	10
Ⅲ	15 000	13

公司期望从可接受的项目中所获得的最低净现值为20 000美元。项目之

间互斥，WR 公司的资本成本为 8%。以下选项中，哪一项是总会计师可能提供给总经理的建议？

A. 项目Ⅲ，因为它的内含收益率（IRR）最高

B. 项目Ⅱ，因为它的净现值（NPV）最大

C. 项目Ⅰ、Ⅱ和Ⅲ，因为每个项目的 IRR 都比资本成本高

D. 项目Ⅰ和Ⅱ，因为它们都超过了预期的 NPV

【答案】 B

【解析】 选项 A、C、D 不正确，根据 NPV 进行资本预算。在互斥的情况下，选择 NPV 大于零且最大的项目。

选项 B 正确，因为项目Ⅱ的净现值最大。

【经典试题 15】 S 公司正在使用现金流量贴现方法分析一个资本投资项目。新设备将花费 250 000 美元。资本化的安装和运输成本为 25 000 美元。公司将使用以半年惯例为基础的 5 年期的 MACRS 折旧计划（20%、32%、19.2%、11.52%、11.52%、5.76%）。现有的设备账面价值为 100 000 美元，预期市场价值为 80 000 美元，在新设备安装好以后旧设备将被马上卖掉。年度新增税前现金流量将达到 75 000 美元。S 公司的有效所得税税率为 40%。该项目第一年的税后现金流量将达到：

A. 45 000 美元　　B. 52 000 美元　　C. 67 000 美元　　D. 75 000 美元

【答案】 C

【解析】 选项 C 正确。计算项目的第一年净现金流：

$CF_1 = 75\,000 \times (1 - 40\%) + (250\,000 + 25\,000) \times 20\% \times 40\% = 67\,000$（美元）

二、简答题

S 公司是一个新能源产品研究、生产和服务的综合型公司。目前，公司正在考虑两个互相排斥的投资项目。项目 A 需要起始投资额为 2 000 000 美元，并预计在未来的 5 年内为公司每年带来 1 000 000 美元的收入增长，同时在这 5 年里，该项目预计增加 400 000 美元年度运营成本。项目 B 需要起始投资额为 5 000 000美元，并预计在未来的 5 年内为公司每年带来 2 000 000 美元的收入增长，同时在这 5 年里，该项目预计增加 800 000 美元年度运营成本。假设两个项目残值均为 0。使用直线折旧法对 1 ~ 5 年的起始投资进行折旧，假设公司有效所得税税率为 30%。

问题：

1. 请分别计算每个项目在周期内每年的税后现金流。请写明计算过程。

2. 如果折现率为 9%，那么每一个项目的净现值是多少？请写明计算过程。

3. 该公司应投资项目 A 还是项目 B，或两个项目均投资或均不投资，请提出建议并解释。

4. 请确认和阐述该公司在决策时应考虑的两个定性因素。

第五章

【解析】

现金流计算：

1. 项目 A：

单位：美元

第 0 年	−2 000 000	
第 1 年至第 5 年：		
营业收入	1 000 000	
营业成本	−400 000	
折旧	−400 000	(2 000 000/5)
税前盈利	200 000	
所得税费用（税率 30%）	−60 000	
净收益	140 000	
加折旧	+400 000	
每年税后现金流量	540 000	

项目 B：

单位：美元

第 0 年	−5 000 000	
第 1 年至第 5 年：		
营业收入	2 000 000	
营业成本	−800 000	
折旧	−1 000 000	(5 000 000/5)
税前盈利	200 000	
所得税费用（税率 30%）	−60 000	
净收益	140 000	
加折旧	+1 000 000	
每年税后现金流量	1 140 000	

2. 项目 A 的净现值 = −2 000 000 + 540 000 × PVIFA(5，9%)(3.8897) = 100 438（美元）

项目 B 的净现值 = −5 000 000 + 1 140 000 × PVIFA(5，9%)(3.8897)
= −565 742（美元）

3. 只推荐项目 A。因为项目 A 具有正的净现值，所以可以增加公司价值。

4. 定性因素包括是否与战略目标吻合，未来增长的可能性，预测的现金流的风险，操作任何一个方案所需要的技能等因素。

同步测试题

一、单选题

1. C公司在考虑购买一台全新的专用机器来更新手动操作的机器。C公司的有效税率为40%，资本成本为12%。现有机器和新机器的数据如下：

	现有机器	新机器
原始成本	50 000 美元	90 000 美元
安装成本	0 美元	4 000 美元
运费和保险	0 美元	6 000 美元
估计的期末残值	0 美元	0 美元
折旧法	直线法	直线法
预期使用年限	10 年	5 年

现有的机器已经使用了7年，现在的出售价格为25 000美元。C公司预期：如果购买新机器并且投入使用，那么每年可以减少税前劳动力成本30 000美元。如果购买新机器，那么第五年现金流量净增额可以达到：

A. 18 000 美元　B. 24 000 美元　C. 26 000 美元　D. 30 000 美元

2. C公司正在进行一项分析，以便决定是不是应该投资购买新设备来生产最近由本公司研发出的产品。这一决定也可能是放弃这种产品。使用净现值（NPV）法，并且使用公司的资本成本率作为贴现率。C公司正在考虑如何处理以下的项目。

Ⅰ. 现在被另一个分部使用的仓库的账面价值。

Ⅱ. 为该设备融资产生的负债所支付的利息。

Ⅲ. 增加应付账款和存货。

Ⅳ. 前一年的研发费用，但从会计和税收目的被当作递延资产。

以上的哪些项目与C公司进行NPV计算现金流时是相关的？

A. Ⅰ、Ⅱ、Ⅲ和Ⅳ　B. 只有Ⅲ

C. 只有Ⅳ　D. 只有Ⅲ和Ⅳ

3. K公司在分析一项新产品的投资，预期在未来5年该产品年销售量为100 000件，然后停止生产。新设备的购买费用为1 200 000美元，安装费用为300 000美元。新机器采用直线折旧法，出于财务报告目的其折旧年限为5年，而出于税负目的其折旧年限为3年。在第5年年末，设备的拆除费用为100 000美元，出售价格为300 000美元。为了该新产品，必须要追加400 000美元运营资本。该产品的售价为80美元，而其直接人工和直接材料的成本为每单位65美元。年度间接成本将增加500 000美元。K公司的有效税率为40%。在资本预算分析时，K公司将计算净现值，那么在经营的第5年时公司预期的现金流为多少？

A. 720 000美元　B. 800 000美元　C. 1 120 000美元 D. 1 240 000美元

4. 以下各种方法用于资本投资项目的评价：

内含报酬率（internal rate of return）

平均报酬率（average rate of return）

回收期（payback）

净现值（net present value）

以下选项中，哪一项正确地辨别出使用了现金流量贴现（DCF）方法？

	内含报酬率	平均报酬率	回收期	净现值
A.	是	是	否	否
B.	否	否	是	是
C.	是	否	是	否
D.	是	否	否	是

5. TP公司使用净现值（NPV）法分析资本项目。TP公司计划在1月1日购买价值2 400 000美元的可折旧资产。预计新资产的使用年限为4年，最后的可回收价值为0，使用直线法折旧。新的资产将替换现有资产，其售价为350 000美元。现有资产的税基为330 000美元。TP公司的有效税率为40%，并且假设任何影响税收的收入或损失都发生在年末。TP公司的NPV分析的贴现率为10%。在NPV分析中，与新资产折旧相关的金额为：

A. 760 800美元　B. 1 141 200美元 C. 1 639 200美元 D. 1 902 000美元

6. VL公司正在对以下的两个方案进行评价。两个方案都在下年1月1日开始实行。

方案1：购买一台新抛磨机：该机器的成本为1 000 000美元，有效使用时间为5年。在未来5年，每年因人工成本节省得到的净税前现金流为100 000美元。出于融资和税收目的，折旧使用直线法计算。购买机器的另一动机在于：VL公司可以将他们现阶段已提完折旧的机器卖给新机器供应商，并因此获得50 000美元。

方案2：外包抛磨工作：VL公司可以把这项任务外包给LM公司，并在未来5年内每年支付200 000美元。如果他们选择外包，VL公司可以将已提完折旧的机器抛弃。VL公司的有效所得税税率为40%。加权平均资本成本为

10%。

那么外包抛磨工作的净现值为：

A. 净现金流出 303 280 美元　　B. 净现金流出 404 920 美元

C. 净现金流出 454 920 美元　　D. 净现金流出 758 200 美元

7. LW 公司正处于一个关键的决策点，必须决定是结束营业还是继续经营 5 年。LW 公司还签有一份 5 年后才到期的劳动合同，如果 LW 公司的工厂关闭的话，那么必须赔偿 1 500 000 美元解约金。公司另一份合同规定，在未来 5 年要为 D 公司每年提供 150 000 件产品，每件售价为 100 美元。D 公司是 LW 公司现在唯一的客户。如果违约，LW 公司必须立刻支付 D 公司 500 000 美元。工厂的净账面价值为 600 000 美元，资产评估师估计，如果现在卖掉设备可以获得750 000美元，但是再运营 5 年以后可能就没有任何价值了。LW 公司的固定成本是每年 4 000 000 美元，变动成本是每单位 75 美元。LW 公司贴现率大概为 12%。不考虑税收，最优决策是：

A. 结束营业，因为每年的现金流量为负的 250 000 美元

B. 继续经营以避免支付 1 500 000 美元的解约金

C. 结束营业，因为盈亏平衡点为 160 000 单位，而年销售量才 150 000 单位

D. 继续经营，因为新增净现值大约为 350 000 美元

8. FG 公司正在评价两个互斥的项目，其中一个需要初始投资 4 000 000 美元，另一个需要 6 000 000 美元。财务部门对每个项目都进行了广泛的分析，首席财务官曾经表示这些项目在资本分配上没有先后优劣的问题。以下各项描述哪一项是正确的？

Ⅰ. 如果两个项目的回收期都比公司的标准长，那么，两个都应该被否定。

Ⅱ. 选择内部收益率（IRR）最高的项目（假设 IRR 都大于最低资本回报率）。

Ⅲ. 选择具有最大正净现值的项目。

Ⅳ. 不管何种评价方法，都选择初始投资额较小的项目。

A. 只有Ⅰ、Ⅱ和Ⅳ　　B. 只有Ⅰ、Ⅱ和Ⅲ

C. 只有Ⅰ和Ⅲ　　D. 只有Ⅱ和Ⅲ

9. 以下哪一项不是回收期法的缺点？

A. 它并没有考虑到回收期之后的现金流量

B. 忽略了货币的时间价值

C. 不能显示出项目的流动性

D. 鼓励选择较短的回收期的项目

10. MR 公司出于税收和财务报告的考虑而使用直线折旧法。以下的数据与第 108 号机器有关，该机器成本是 400 000 美元，并且要在 5 年内冲销。

单位：美元

年	经营利润	经营费用的节约额
1	150 000	230 000
2	200 000	280 000
3	225 000	305 000
4	225 000	305 000
5	175 000	255 000

上表所列所有的金额都是税前的。MR公司的所得税税率为40%。公司要求的收益率为12%。对于第108号机器而言，其传统的回收期应该为：

A. 2.14年　　B. 2.44年　　C. 2.58年　　D. 3.41年

11. DS公司正在分析一项资本投资，该投资要求0时刻有现金流出2 500 000美元，5年内每年有净现金流入800 000美元。贴现率为12%时，净现值（NPV）为384 000美元。由于有些经理认为这是一个有风险的项目，因此对以下3种情境进行了分析如下：

R情境——年度净现金流入减少10%。

S情境——贴现率提高到18%。

T情境——第5年的现金流入降低到0。

按照对NPV的影响，从小到大将这3种情况排序如下：

A. R、S、T　　B. R、T、S　　C. S、T、R　　D. T、S、R

12. 投资一新项目后，公司发现其剩余收益保持不变。关于新项目下述哪项是正确的？

A. 新项目的净现值必须是负的

B. 新项目的投资回报率必须低于公司的资金成本

C. 新项目的投资回报率等于公司的资金成本

D. 新项目的净现值必须是正的

13. 假设为了购买新设备必须卖掉旧设备。如果适用的公司所得税税率保持不变，对处置的和新购买的设备均是使用直线法计提折旧，假设旧设备在被处置时，没有全额计提折旧，在资本项目后期几年中折旧税金抵减一般是：

A. 比项目早期更大　　B. 比项目早期更小

C. 与项目早期相同　　D. 从给定的信息无法确定

14. 根据下述信息回答问题。资本投资公司对所有的资本化费用使用12%的最低收益率，并且对明年的4个项目分析如下表：

单位：美元

	项目 1	项目 2	项目 3	项目 4
初始资本支出	200 000	298 000	248 000	272 000
年净现金流入量				
第一年	65 000	100 000	80 000	95 000
第二年	70 000	135 000	95 000	125 000
第三年	80 000	90 000	90 000	90 000
第四年	40 000	65 000	80 000	60 000
净现值	(3 798)	4 276	14 064	14 662
盈利能力指数	98%	101%	106%	105%
内部收益率	11%	13%	14%	15%

假设没有预算限制，明年资本投资公司应该实施哪个项目？

A. 所有项目　　B. 项目 1、2 和 3
C. 项目 2、3 和 4　　D. 项目 1、3 和 4

15. R 公司的会计使用贴现现金流法编制了一份提议的资本项目分析报告。某经理对该结果的准确性产生质疑，因为在分析中使用的贴现系数是假设现金流发生在年末，而现金流实际上是均匀地发生在全年。会计人员计算的净现值将：

A. 没有错误　　B. 略微高估
C. 对于实际决策没有用处　　D. 略微低估但可以使用

16. 考虑所得税对现金流的影响，以下哪一项减少后不会增加资产折旧节税的现值？

A. 资产的使用寿命　　B. 边际税率
C. 贴现率　　D. 资产的残值

17. 某公司正在考虑购买一台新的生产机器，但不能确定该项目是否符合其投资目标。该公司要求所有投资必须有一个正净现值（NPV）。机器的成本为 100 000 美元，在税法上，该机器将在五年的使用寿命中按照直线法进行折旧。五年之后，该使用过的设备将被出售。该项目要求初始营运资本投资为 20 000 美元，并且每年将产生 30 000 美元的税前经营现金流。该公司的有效所得税税率为 25%，并对投资项目使用 10% 的贴现率。在下面所示的 4 个估值范围内，该设备在五年后的最低销售价格必须在哪个范围内才能实现此项目的正 NPV？

A. 800 ~ 1 200 美元　　B. 5 250 ~ 5 625 美元
C. 7 000 ~ 7 500 美元　　D. 10 000 ~ 13 500 美元

18. 一家能源公司的管理层正在考虑在未来五年内进行一系列投资，以建造一个新能源工厂。管理层不想一次性投入这项5年期投资计划，而是希望根据未来建造阶段的状况，灵活地决定各阶段的投资时间和金额。根据此信息，下面哪一项实物期权最适合此情况？

A. 放弃　　B. 延迟　　C. 扩张　　D. 缩减

19. 某公司的管理层正在考虑如何将15 000 000美元用于投资。下列各内部投资项目具有相似风险。

项目	投资（美元）	内含报酬率（%）
P	1 000 000	7
Q	10 000 000	12
R	5 000 000	5
S	2 000 000	11

该公司还可以将最多15 000 000美元投资于与内部项目具有相同风险的外部项目，外部项目的回报率为10%。为了创造最大价值，管理层应如何分配这15 000 000美元的资金？

A. 将1 000 000美元用于项目P，5 000 000美元用于项目R，9 000 000美元用于外部投资

B. 将10 000 000美元用于项目Q，5 000 000美元用于项目R

C. 将10 000 000美元用于项目Q，2 000 000美元用于项目S，3 000 000美元用于外部投资

D. 将10 000 000美元用于项目Q，5 000 000美元用于外部投资

20. 一家公司的要求报酬率为10%。公司正在评估一个价值35 000美元的资本预算项目。该项目的预期现金流入情况如下所示：

第1年　10 000美元

第2年　20 000美元

第3年　30 000美元

根据折现回收期方法，该项目的贴现回收期为：

A. 2.42年　　B. 2.31年　　C. 2.28年　　D. 2.17年

二、简答题

R公司是一家拥有150多家分店的家居装饰连锁店。R公司发现了一个极具吸引力的新店位置，要求财务规划总监准备一份分析报告，并就是否开设这家新店给出建议。

在准备分析报告时，财务总监发现：拟议地点的土地成本为500 000美元，建设费用为3 500 000美元。建筑承包商要求在动工时支付全额费用，施工需要一年。R公司将通过40年抵押贷款为土地和建设费用融资。抵押贷款每年年末需偿还118 000美元。店内设施成本预计为100 000美元，将被费用

化。库存成本预计为 100 000 美元。考虑到价格上涨的可能，公司希望在动工时就购买店内设施和库存。开业广告需 50 000 美元，在动工时向广告公司支付定金。新店将于动工后一年开业。

R 公司将在 20 年内采用直线法对建筑进行折旧，税率为 35%。R 公司使用 12% 的预设回报率对项目进行评估。公司预计新店税后经营利润为 1 200 000美元/年。

问题：

1. R 公司初始现金流出为多少？请提供计算过程。
2. 计算新店的预计年现金流。请提供计算过程。
3. R 公司管理层 5 年对新店进行一次评估，因为他们认为 5 年后的运营存在太多的不确定性。计算新店运营前 5 年的净现值（NPV）。
4. 仅依据问题 3 的答案，您是否建议 R 公司开设这家新店？请说明原因。
5. 如何利用敏感度分析支持您的建议？

同步测试题答案及解析

一、单选题

1. 【答案】 C

【解析】 选项 C 正确。新机器的固定资产入账成本为：

90 000 + 4 000 + 6 000 = 100 000（美元）

$NCF_5 = 30\,000 \times (1 - 40\%) + (100\,000 \div 5) \times 40\% = 26\,000$（美元）

2. 【答案】 B

【解析】 选项 B 正确。应付账款、存货的增加均是增量变化，都会影响未来现金流的增加，因此是与决策相关的现金流。所以Ⅲ为相关现金流。Ⅰ、Ⅳ均是沉没成本，是不相关的。资本投资决策，是基于“全投资假设”，Ⅱ的融资现金流与项目的现金流无关，只在折现率中体现。

3. 【答案】 C

【解析】 选项 C 正确。计算项目的现金流：

$CF_5 = (8\,000\,000 - 6\,500\,000 - 500\,000) \times (1 - 40\%) + (300\,000 - 100\,000) - (300\,000 - 100\,000) \times 40\% + 400\,000 = 1\,120\,000$（美元）

资本预算只考虑现金流，不考虑收益流，出于税收目的，折旧年限为 3 年，因此到第 5 年时，不用再考虑折旧抵税因素。

4. 【答案】 D

【解析】 选项 D 正确。属于折现现金流的资本预算方法：内部收益率法、净现值法、获利指数法。

5. 【答案】 A

【解析】 选项 A 正确。折旧作为非付现成本，会抵减税前利润，进一步抵减应纳所得税，因为折旧的存在而少缴纳的所得税称为折旧税盾或折旧抵税收益。

折旧税盾 = 年折旧额 × 所得税税率。在 NPV 分析中，与折旧相关的金额就是折旧税盾。

直线法的年折旧费用 = 2 400 000 ÷ 4 = 600 000

折旧税盾 = 600 000 × 40% = 240 000

折旧税盾的年金现值 = 240 000 × PVIFA（10%，4）

= 240 000 × 3. 17 = 760 800（美元）

6. 【答案】 C

【解析】 选项 C 正确。计算外包抛磨工作的净现值：

− 200 000 ×（1 − 40%）× PVIFA(5，10%) = − 120 000 × 3. 791

= − 454 920（美元）

7. 【答案】 D

【解析】 选项 D 正确。计算两种方案的现金流现值。

继续生产：

NPV = [150 000 × (100 − 75) − 4 000 000] × PVIFA(5，12%)

= − 901 250（美元）

停产：

劳务成本 = (1 500 000）美元

违约赔偿 = (500 000）美元

设备处置收入 = 750 000 美元

现金流出合计 = (1 250 000）美元

两项决策的现金流差异 = (− 901 250) − (− 1 250 000) = 348 750 ≈ 350 000（美元）。本题因为忽略所得税，故不需要考虑折旧和资产处置的税收事宜。

所以应当继续经营。

8. 【答案】 C

【解析】 选项 C 正确。对互斥的项目进行资本预算判断。在贴现现金流法（DCF）中，对于互斥的项目，最佳的方法是用 NPV 来判断。除了 DCF 之外，如果根据回收期法，项目的回收期大于企业的要求，就要拒绝。即使 IRR 大于最低报酬率，互斥项目也不能根据 IRR 来判断。Ⅰ和Ⅲ正确。

9. 【答案】 C

【解析】 选项 C 正确。选项 A、B、D 属于回收期法的缺点：回收期法不考虑回收期后的现金流；忽略了货币的时间价值；回收期越短越好。选项 C 不属于回收期法缺点，回收期法可以显示项目的流动性。

10. 【答案】 A

【解析】 选项 A 正确。计算项目回收期见下表：

单位：美元

年度	购置成本	经营利润	税后利润	折旧	期末现金流增量	累积现金流
0	(400 000)					
1		150 000	90 000	80 000	170 000	170 000
2		200 000	120 000	80 000	200 000	370 000
3		225 000	135 000	80 000	215 000	585 000
4		225 000	135 000	80 000	215 000	
5		175 000	105 000	80 000	185 000	

回收期 = 2 + (400 000 − 370 000) ÷ 215 000 = 2.14（年）。

11. 【答案】 A

【解析】 根据题目中所列出的变化的条件，列出下列信息：

R 情境，每年的现金流入减少 10%，因此，现金流入为 720 000 美元。

S 情境，折现率上升，因此，年金现值系数为 3.127。

T 情境，只有 4 年的现金流，因此，年金现值系数为（12%，4 年）3.037。

根据下表计算出 3 种情况的 NPV，然后进行比较，显然 R 的影响是最小，T 的影响是最大的，因此，对 NPV 影响从小到大的排序为 R、S、T。

	12%	12%	18%	12%
年	1	R	S	T
0	(2 500 000) 美元	(2 500 000) 美元	(2 500 000) 美元	(2 500 000) 美元
1	800 000 美元	720 000 美元	800 000 美元	800 000 美元
2	800 000 美元	720 000 美元	800 000 美元	800 000 美元
3	800 000 美元	720 000 美元	800 000 美元	800 000 美元
4	800 000 美元	720 000 美元	800 000 美元	800 000 美元
5	800 000 美元	720 000 美元	800 000 美元	
系数	3.605	3.605	3.127	3.037
NPV	384 000 美元	95 600 美元	1 600 美元	(70 400) 美元
		−75%	−100%	−118%

按照顺序排列，所以选项 A 正确。

12.【答案】 C

【解析】 选项 A 不正确。负的净现值会减少剩余收益。

选项 B 不正确。收益率小于资本成本率会降低剩余收益。

选项 C 正确。剩余收益是投资收益超过公司资本成本的部分。如果剩余收益保持不变，那么项目的收益必定与公司的资本成本相同。

选项 D 不正确。正的净现值会增加剩余收益。

13.【答案】 A

【解析】 选项 A 正确。考察资本项目早期及晚期之间折旧税收挡板作用的差异。将被处置的旧设备已经达到了其生产生命周期的底线。因此，项目早期，新设备的折旧费用只提供增量税金收益，因为此时仍在确认旧设备的折旧费用。一旦旧设备超过使用年限，所有的折旧抵税挡板额全部是新设备提供的（较高）费用，因此比项目早期更大。

选项 B 不正确。一旦旧设备超过使用年限，新设备折旧费更高。

选项 C 不正确。新设备折旧费一般不同于旧设备折旧费。

选项 D 不正确。根据给定信息可以得出正确答案。

14.【答案】 C

【解析】 选项 A 不正确。项目 1 净现值为负数，不应实施。

选项 B 不正确。项目 1 净现值为负数，不应实施。

选项 C 正确。使用净现值法的公司应该实施所有净现值为正数的项目，除非有些项目是互斥的。如果项目 2、项目 3、项目 4 净现值为正数，应该实施。

选项 D 不正确。项目 1 净现值为负数，不应实施。

15.【答案】 D

【解析】 选项 A 不正确。均匀发生的现金流现值之和比年末的现金流之和大。投资决策现金流不是所有的都发生在每年的年末，比如初始投资额。

选项 B 不正确。

选项 C 不正确。使用年末假设的影响略微保守，但并不会导致结果不可用。

选项 D 正确。考察假设资本预算模型中所有现金流发生在年末，其现值之和比均匀发生在全年的现值之和要小。

16.【答案】 B

【解析】 选项 A 不正确。资产使用寿命减少使折旧年限减少，进而增加了每期的折旧金额，会增加折旧节税的现值。

选项 B 正确。边际税率减少，使得折旧税盾减少，会减少折旧节税的现值。

选项 C 不正确。贴现率减少，使得折旧金额的现值增加。

选项 D 不正确。资产的残值减少，使得更多金额计提折旧，折旧金额增加，折旧节税的现值增加。

17. 【答案】C

【解析】根据题目给出信息，计算如下：

每年税后现金流量 = 30 000 ×（1 − 25%）+（100 000 ÷ 5）× 25%

= 22 500 + 5 000 = 27 500（美元）

税后现金流量现值 = 27 500 × PVIFA(5, 10%)

= 27 500 × 3.7908 = 104 247（美元）

营运资本现值 = 20 000 × PVIFA(5, 10%) = 20 000 × 0.6209 = 12 418（美元）

若实现正净现值，则要求

NPV = −100 000 − 20 000 + 104 247 + 12 418 + 售价 ×（1 − 25%）× 0.6209 > 0

也就是要求，−3 335 + 售价 × 0.465675 > 0

得出，售价 > 7 161.6471（美元）

所以，设备在五年后的最低销售价格必须在 7 000 ~ 7 500 美元内才能实现此项目的正净现值 NPV。所以选项 C 正确。

18. 【答案】B

【解析】选项 A 不正确。放弃期权：项目具有放弃价值。通过放弃某些资产或将资产转移为其他用途，企业可以在控制损失的同时，利用未来的不确定性获得收益。

选项 B 正确。延迟期权：对于某些投资项目，有时存在着一个等待期权，不必立即实行该项目，等待不但可使公司获得更多的相关信息，而且，在某些情况下等待（即持有期权而不急于行使）具有更高的价值。等待一段时间，待产品市场前景相对明朗后，再决定是否投资生产。

选项 C、D 不正确。扩张（收缩）期权：允许条件有利的时候扩张，条件不利的时候收缩。对项目进行的初始投资可以视为购入了一项看涨期权，拥有了等待未来增长机会的权利。

19. 【答案】C

【解析】选项 C 正确。根据题目给出信息，按照回报率从高到低，依次应选择的投资是：

项目 Q，12%；项目 S，11%；外部项目，10%。

所以依据收益排序，15 000 000 美元资金中，应当将 10 000 000 美元用于项目 Q，2 000 000 美元用于项目 S，剩余的 3 000 000 美元用于外部投资。

20. 【答案】A

【解析】计算过程如下：

第 1 年贴现后现金流量 = 10 000 × PVIF(10%, 1)

= 10 000 × 0.909 = 9 090（美元）

第 2 年贴现后现金流量 = 20 000 × PVIF(10%, 2)

= 20 000 × 0.826 = 16 520（美元）

第 3 年贴现后现金流量 =30 000 × PVIF(10%，3)

=30 000 ×0.751 =22 530（美元）

第二年累积税后现金流量 =9 090 +16 520 =25 610（美元）

差额 =35 000 −25 610 =9 390（美元）

折现回收期 =2 +(9 390/22 530) =2.4167≈2.42(年)。所以选项 A 正确。

二、简答题

【解析】

1. R 公司初始现金流出为多少？请提供计算过程。

初始现金流出 =500 000 +3 500 000 +100 000 +100 000 +50 000

=4 250 000（美元）

2. 计算新店的预计年现金流。请提供计算过程。

已知税后经营利润为 1 200 000 美元。我们将建筑成本除以使用寿命就得到折旧支出为：3 500 000 美元/20 年 =175 000 美元/年。

假设我们在计算现金流贴现时未考虑抵押贷款利率，或将其计入 1 200 000 美元中，且营运资本保持不变，可以通过以下方法计算现金流：

新店的预计年现金流 = 税后经营利润 + 折旧

=1 200 000 +175 000 =1 375 000（美元）

3. R 公司管理层5 年对新店进行一次评估，因为他们认为 5 年后的运营存在太多的不确定性。计算新店运营前 5 年的净现值（NPV）。

预设回报率 12% 时 5 年年金系数为 3.6048。因为店铺在 1 年后才能开业、现金才开始流入，因此需要将 1 年后的现金流折现至初始时刻。

因此新店运营 5 年的净现值（NPV）= 期初的现金流支出 + 运营期间的现金流量净现值 = −4 250 000 +(1 375 000 ×3.6048) ÷(1 +12%) =175 000（美元）。

第五章

4. 仅依据问题 3 的答案，您是否建议 R 公司开设这家新店？请说明原因。

R 公司应该新开门店。因为净现值 175 000 美元大于 0，该项目能够为这家公司增加价值。

5. 如何利用敏感度分析支持您的建议？

敏感度分析显示了输入的细微变化对决策的影响。特别当我们使用计算机时，我们会尝试对门店税后经营利润（不确定性最大的输入数据）进行不同的假设。建筑成本可能被低估，未来 5 年税率和预设回报率也可能变化，通过敏感分析，我们可以知道这些变量变化对门店净现值的影响程度，从而更好地做出投资决策。

职业道德

管理会计师和财务管理专业人士在参与企业管理中，必须遵守职业道德。首先，个人对职业道德的遵守，IMA 要求会员应按照《IMA 职业道德行为准则》履行职业道德规范，包括遵循职业道德规范实践行为的四项道德原则：诚实、公允、客观、责任；引导行为的四个标准：胜任能力、保密、正直和诚信，以及职业道德冲突解决方案。其次，从组织的角度，通过将职业道德观念植入到各项规章中，包含职业道德责任始于最高管理层，度量并改善对职业道德规范的遵循情况，实现自上而下的建立组织良好职业道德环境的目标。最后，应用舞弊三角理论的三个组成部分和运用模型解释管理会计师和财务管理专业人员如何识别并管理舞弊风险，进而对道德问题做了全面的要求。管理会计师必须明确：良好的职业道德环境有利于企业绩效的提高。

本章考情分析

本章主要内容：商业道德的基本概念，管理会计专业人士的道德要求，以及组织的道德事项。

本章考试占比 15%，在 2020 版考试大纲中，考试比重有所上升，考生应当引起注意。

本章近年来的主要考点：

职业道德是 CMA 重要的考点，而且基本上在简答题中都会涉及职业道德的考核。主要考点包括：

（1）理解商业道德的基础概念，能够识别主要理论以及在业务决策中的应用。

（2）理解公平、正直、尽职尽责、信托责任，以及它们对道德决策的影响。

（3）美国管理会计师协会职业道德守则公告的具体应用：围绕识别并描述四项首要道德原则，给定一个营业背景，解释并分析背景可能违反的有关具体的标准，当管理会计师或财务经理在经营环境中面对道德困境时，应该采取哪些行动。

（4）给定一个营业背景，识别舞弊三角模型的三个组成部分，运用舞弊三角模型解释管理会计师和财务管理专业人员如何识别并管理舞弊风险。

（5）识别美国《反海外腐败法》所禁止的行为。

（6）公司对道德操守应承担的责任，理解在监控价值时对价值观和职业道德的遵循情况所采用的方法：人员绩效反馈环与调查工具。

（7）解释披露揭发（例如“道德热线”）对维护组织道德文化的重要性。

（8）理解可持续发展与企业社会责任的关系，区分和定义社会责任的四个层面：经济、法律、道德和慈善。

本章结构框架图

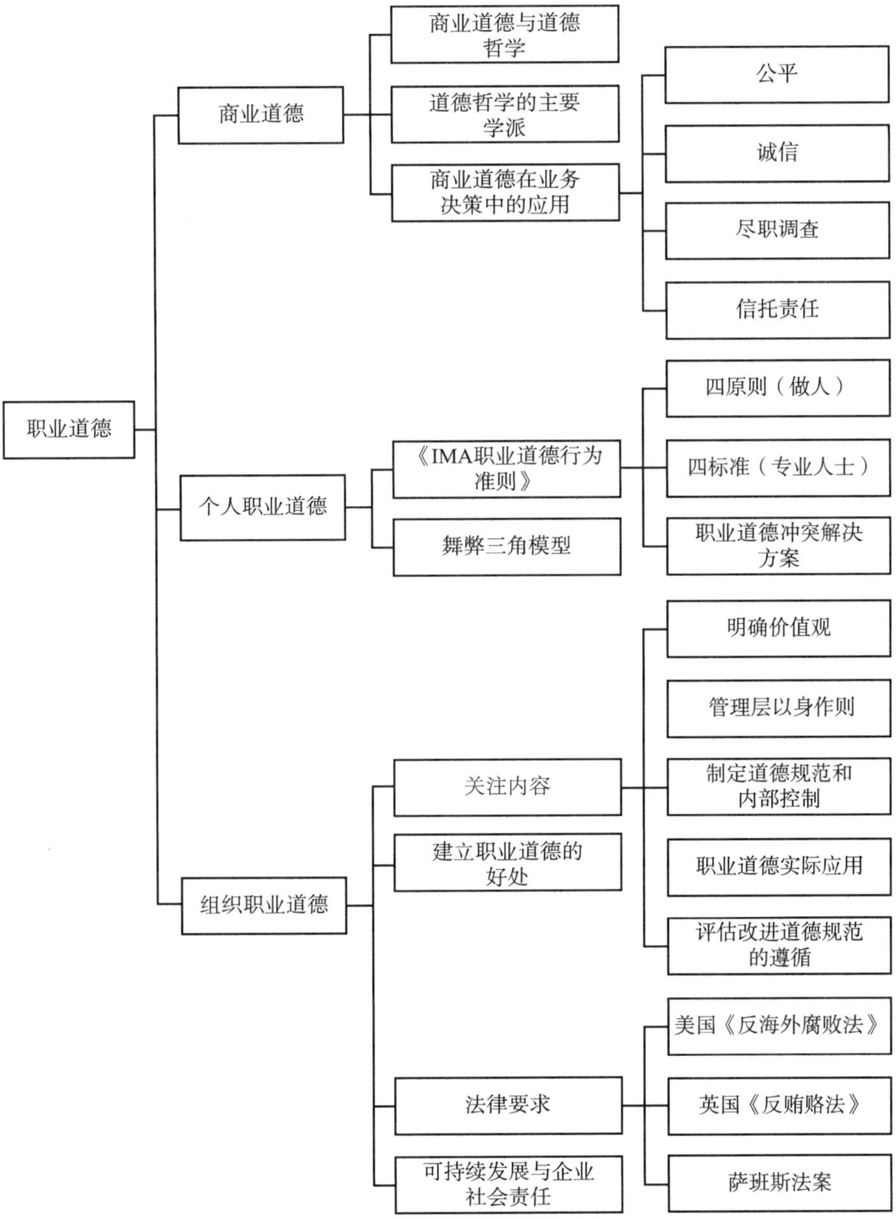
职业道德
商业道德
商业道德与道德哲学
道德哲学的主要学派
商业道德在业务决策中的应用
公平
诚信
尽职调查
信托责任
个人职业道德
《IMA职业道德行为准则》
舞弊三角模型
四原则（做人）
四标准（专业人士）
职业道德冲突解决方案
组织职业道德
关注内容
建立职业道德的好处
法律要求
可持续发展与企业社会责任
明确价值观
管理层以身作则
制定道德规范和内部控制
职业道德实际应用
评估改进道德规范的遵循
美国《反海外腐败法》
英国《反贿赂法》
萨班斯法案

本章重难点精讲

第一节 商业道德

在人类社会历史发展过程中，对商业道德（business ethics）的认识，经历了许多变化。在古代社会，侧重道德应当凌驾于经济行为之上，轻视经济中的自利行为。在近代社会，市场经济的发展一度割裂了道德与经济行为的关系，甚至否认商业道德的存在。20 世纪 80 年代之后，现代化带来的问题日趋严重，管理和会计领域也在反思，应当追求什么样的长远价值目标。市场经济的深入发展，也要求商业道德的发展。商业道德的理论与实践，也变得日益重要。

一、商业道德的基础概念

（一）道德哲学与商业道德

1. 道德（morality）是人类伦理世界基础。道德基础包含风俗、习惯以及内化后的品性、品德。道德是指人的行为必须如何，它构成人的行为的最低规范，最起码的要求，是人的社会行为的底线。道德起源自个人的社会性需要，即功利需要。

2. 美德（virtue），又称德性，是在道德的基础上形成的。美德是道德的升华，是超越的和提高的。美德不是一种社会规范，而是一种要求，是提升了的个性方式与自主形态。美德起源于个人的精神自由，即道义的需要。

3. 道德哲学（moral philosophy）是研究道德和美德的一门规范性的学科，通过描述和理解人们实际上的行为和生活方式，理解和解释人们的风俗、法律、制度的目的需要，进行善与恶、对与错、职权与义务等的剖析。道德哲学对人类道德生活进行系统思考和研究，它试图从理论层面建构一种指导行为的法则体系，即我们应该怎样处理此类处境，为什么又依据什么样的标准和行为来这样处理。道德哲学的智慧，本质上是一种好的生活的品格，它涉及一种深层的知识，这种知识是着眼于一种好的生活。

4. 商业道德又称商业伦理，是指在企业这一特定的社会经济组织中，依靠社会舆论、传统习惯和内心信念来维持的，以善恶评价为标准的道德原则、道德规范和道德活动的综合。

（1）商业道德既是社会道德体系的重要组成部分，也是社会道德原则在企业中的具体体现。它是人格化了的企业，是指在生产经营活动中、在自然求索、社会交往中，所应遵循的旨在调节企业与国家、企业与他企业、企业与他单位、企业与竞争对象、企业与服务对象以及企业内部各方面关系的行为规范总和。

（2）按照道德活动主体的不同，商业道德可分为企业的组织道德和员工个人的职业道德。商业道德是道德哲学在商业领域的实践，着眼于好的经济行为和好的商业德性，以促进经济往来的发展与完善。

（3）商业道德，包含塑造良好的商业道德形象、树立良好的契约道德形象、道德的制度环境、履行社会责任与树立公益形象等。

（二）道德哲学的理论分支和观点

当代道德哲学的主要理论包括：

1. 目的论（teleology）。

目的论源于古希腊，是用目的或者目的的因果关系解释世界的哲学。目的论认为：目的是事物存在、发展、相互影响的根本原因。

企业制定长期战略计划、短期战术目标等，都是为了通过其实现企业的愿景、使命。通过这些活动，提供产品或服务，为公司带来价值。

2. 功利主义（utilitarianism）。

功利主义的基本原则是，增进最多数人的最大幸福。这一原则是评价一切道德价值的最终的尺度。功利主义注重同等看待增进个人利益和增进社会利益。越是完善的社会，越能够实现个人利益与社会利益的一致。无论是企业行为、个人行为或者公共政策，应当致力于增进幸福的总量，即遵循最大幸福原则。由最大幸福原则以及特定的情境，可以推出许多定理即道德准则，例如诚实、守信用、忠诚工作、保护环境等等。

功利论重视道德行为的基本价值意义在于：

- 它是否实现了该道德行为主体的道德目的？
- 在何种程度上实现或达成了该主体的道德目的？

目的的达成即是道德的善，达成程度愈高，其道德善性就愈充分，道德价值就愈高；反之，则是道德的恶。道德目的不仅与主体的行为动机相关，而且更重要的是与该行为所产生的最终结果相关，行为的结果才是根本性的。

商业决策更多的是基于对结果的预测，很少考虑如何实现结果。

3. 道义论（deontology）。

道义论，集中注意于“道义”，即道德动机，把义务或职责看作是中心概念，是一种以根据责任而行动为基础的伦理学。道义论主张人与行为道德与否，不是行为的结果，而是行为本身或行为依据的原则，即行为动机正确与否。凡行为本身是正确的，或行为依据的原则是正确的，不论结果如何都是道德的。道义论的基本道德原则，是超越人的任何其他目的的。

道义论侧重的是道德行为动机，不注重行为的后果，而诉诸一定的行为规则、规范及标准，它理论的核心是义务和责任。也就是说，一个行为的正确与否，并不由这个行为的后果来决定的，而是由这个行为的动机和标准来决定的，注重的是这个行为的动机是否是“善”的，行为的本身是否体现了预设的道德的标准，这样就突出了道义理性的地位，把道义行为的内在本质认定为是预设的和普遍的。

在商业决策中，更多的基于正确的规则、美好的动机；而并非是实际结果。

4. 美德伦理（virtue ethics）。

美德伦理与规范伦理相对，美德伦理学是将美德概念视为伦理学的基本概念并且追求理论自主性的道德哲学。美德伦理学认为，一个人对自己幸福的思想，不能离开他所生活的实践与传统；否则不能评价一个人行动的合理性、价值。不存在普遍化的道德理由，因道德总与一定的传统相随。

美德伦理学认为，道德是生活的一个部分，在古代伦理学中，不认为道德理由与非道德理由有一个截然分明的界限，也不认为道德本身构成一个独立自立的领域，而是与情境、地域文化传统密切相关的。

5. 相对主义（relativism）。

道德哲学中的相对主义，源于美德伦理；认为道德或伦理并不反映客观或普遍的道德真理，而主张社会、文化、历史或个人境遇的相对性。道德相对主义者与道德普遍主义者相反，坚持不存在评价伦理道德的普遍标准。相对主义立场认为道德价值只适用于特定文化边界内，或个人选择的前后关系。一些道德相对主义者认为，个人的、主观的道德判断和道德体验，应该成为个体道德行为的基础。公共道德反映社会习俗，只有个人的、主观的道德表达真正的真实（authenticity）。道德相对主义不同于在通俗中的顺从他人者、跟随他人者、表示接受其他人的价值的一些观点。

道德的相对主义关注社群的文化特征，认为不同社群不同个体的道德价值和道德观点是相对的，是各种各样的，而不是绝对统一的。这里的“相对性”主要表现为，不同社群不同个体所作所为乃至其一切信仰所赖以存在的动力基础是有所差别的。这也解释了企业的业务决策是基于企业文化；面对同样的问题，在不同的国家或文化中企业的决策是不同的甚至可能是相矛盾的。

6. 正义论（theory of justice）。

约翰·罗尔斯支持以司法为中心的道德哲学。正义论认为，社会基本机构主要就是用来分配公民的基本权利和义务，划分由社会合作产生的利益和负担，因此，正义论的主要目的就是为社会基本结构的设计确立一个合理的标准和原则，即正义原则。正义论主要处理的是分配问题，正义论坚持权利（right）优先于善（good），认为正义是社会的首要价值。正义原则，由多项具体的原则构成。

企业的业务决策必须基于所在地的法律，企业依照政府政策的规定，为弱势群体提供服务。其中包括：提供平等的就业机会、最低工资标准、职业安全与健康等。

（三）道德与法律的关系

对于一个社会而言，制定完善的商业法律和不断提升商业道德水平都十分重要。法律与道德二者各有各的边界，有各自发挥作用的范围，不能偏废。二者又有千丝万缕的联系，法律能够为社会道德的生成提供有益制度构架，道德能够净化人们的内心，可以培育和激发人们的道德良知。

法律要发挥作用，也必须符合社会的道德追求。也就是说法律规则要有道德性。法律规则吸收道德理念，从而彰显一个社会的道德价值。与此同时，商业道德也要强化规则意识和契约精神，自觉遵守法律。实践中被广泛认同、操作性强的道德要求，也可能上升为法律规则。

二、商业道德在业务决策中的应用

（一）公平与诚信

在商业道德中，公平（fairness）主要体现为市场的公平竞争，使用公平、公正、合法的方法，作为竞争手段，并且以此影响相关事件的结果。

（1）不公平竞争的成因，主要包括以权谋私、不透明规则、内部监管不足、缺乏明确职权说明、利益输送等。

（2）解决不公平竞争的主要方法包括：公司主管建立知法守法的风范；订立员工守则；加强监管及控制；培训员工；举报贪污等。

在商业道德中，诚信（integrity）是最重要的基石。没有诚信，一切经济行为、经济交易都无从谈起。诚信，要求所有职员全面披露任何经合理判断可能导致利益冲突的情形。

（二）尽职调查

尽职调查（due diligence），亦称审慎调查，是指在企业管理与运作过程中，投资人对目标公司的资产和负债情况、经营和财务情况、法律关系以及目标企业所面临的机会与潜在的风险进行的一系列调查。

【提示】尽职调查意味着合理的谨慎，而非绝对调查。

- 尽职调查是项目投资、企业公开上市 IPO、企业收购兼并等程序中最重要的环节之一，也是企业运作过程中重要的风险防范工具。
- 调查过程中通常利用管理、财务、税务方面的专业经验与专家资源，形成独立观点，用以评价购并优劣，作为管理层决策支持。
- 调查不仅限于审查历史的财务状况，更着重于协助投资方或并购方合理地预期未来。

（三）信托责任

信托责任（fiduciary responsibility）是指受托人对委托人和受益人负有的、严格按委托人的意愿进行财产管理的责任。一旦委托人和受托人之间的信托关系成立，受托人就负有信托责任。信托关系由委托人、受托人、受益人三方面的权利义务构成，这种权利义务关系围绕信托财产的管理和分配而展开。

在社会关系中，例如监护人对立遗嘱人、公司管理人对公司股东、董事会对普通股东、资产管理公司以及信托公司对投资者都负有信托责任。信托责任也是一种将受托人和受托资产载体，与委托人和转移资产人，以及其指定的受益人三者联系在一起的纽带。

在上市公司中，股东、执行管理团队和董事会分别构成了信托关系的三方。在这里，信托责任是指企业管理层要全心全意为股东利益而运作企业资产的责任。而非管理层自身的利益，比如奢华办公条件、高额薪酬水平、通过安排损害企业的交易拿回扣等。受托人在信托过程中不仅应承担法律责任，而且更应承担道德责任。

企业家信托责任包括在企业经营的过程中，致力于企业资产的保值增值、保护生态环境减少污染、足额缴纳税金等。

【例题6-1】以下所有关于正义的陈述都是正确的，除了：

A. 正义通常指公平

B. 有许多不同的司法形式

C. 为了维护法律和秩序，需要司法

D. 正义与道德或道德是一回事

【答案】D

【解析】选项A错误。有许多形式的正义（社会正义、分配正义等）。所有形式的司法都以某种方式关注公平。因此，这是一个错误的答案。

选项B错误。司法形式的例子包括社会正义、分配正义和环境正义。因此，这是一个错误的答案。

选项C错误。为了在社会中拥有法律和秩序，人们必须相信社会是公平公正的。因此，这是一个错误的答案。

选项D正确。是否被认为是道德，通常取决于用于分析情况的道德理论。道德可能并不总是公正的（或公平的）。例如，根据功利主义，对最大数量产生最大利益的行为可能是道德的，但是一个或多个人可能不相信行动是公正的。因此，这是正确的答案。

【例题6-2】以下所有内容均为受托责任的特征，但以下情况除外：

A. 善意行事

B. 采取合理谨慎的行动

C. 为客户的最佳利益行事

D. 关系中的双方在主题方面具有相似的专业知识

【答案】 D

【解析】 选项A错误。善意行事是信托责任。

选项B错误。合理谨慎行事是受托责任。

选项C错误。为客户的最佳利益行事是受托责任。

选项D正确。信托关系是客户广泛依赖专业人士的关系，因为专业知识差异很大。由于这种专业知识的差异，法院概述了三种信托责任。他们有责任以诚信、合理的谨慎和客户的最佳利益（而非他们自己的利益）行事。双方在信托关系方面没有类似的专业知识。

【例题6-3】 什么类别的伦理理论着重于帮助人们发展成为光荣的道德人？

A. 目的论　　B. 道义论　　C. 美德论　　D. 相对主义

【答案】 C

【解析】 选项A错误。目的论理论关注决策的结果或后果，而不是将人们培养成光荣的道德人。

选项B错误。道义论理论关注的是决策的固有优点，而不是将人们培养成光荣的道德人。

选项C正确。美德伦理关注决策者的道德品质。一个主要假设是人们可以通过实践变得光荣和道德。

选项D错误。道德相对主义关注的是特定文化或环境中的道德标准，而不是将人们发展成为光荣的道德人。

第二节　管理会计师与财务管理的职业道德

美国管理会计师协会（IMA）为管理会计师制定了《IMA职业道德行为准则》。其他主要的全球性会计组织也都制定了各自的职业道德行为规范。管理会计公告旨在让所有会计人员了解自己在组织中所担当的职责，即提供变革动力，帮助维持有效的内部控制，确保组织考虑、采纳并全面实施职业道德规范和合规方案，包括制定道德规范与开通保密热线。

《IMA职业道德行为准则》包括基本原则、具体行为准则以及职业道德冲突解决的建议。

一、职业道德符合价值观的基本原则

IMA核心的职业道德原则包括诚实、公允、客观和责任。管理会计师协会会员应遵守这些原则，并且鼓励他们公司内的其他员工也遵守这些原则。

(一)诚实(honesty)

诚实，是指认真负责地完成手头的任务，同时所有评论和沟通均真实可信。包括：

(1)向外部审计师披露所有必要且相关的信息。

(2)拒绝记录任何不准确的信息。

(3)为企业决策提供可靠的信息基础。

(二)公平(fairness)

公平，要求坦诚，考虑到他人在特定情形下的需求，全面披露所有必要的背景信息。组织需要披露必要、全面的相关信息，以便各方能在合理的时间框架内采取合适的行动。包括：

(1)客观地提供信息与反馈。

(2)识别并纠正错误。

(3)在挑选供应商时做到无偏见、无歧视和不徇私。

(三)客观(objectivity)

客观是指在得出结论前，无偏、公正地评价各种相矛盾的观点。包括：

(1)给出相关财务指南和法律指南。

(2)维持信息的记录标准。

(3)尽管出于压力，不得不赞成某个方案，但只根据现有数据提出建议。

(四)负责(responsibility)

责任是指真实可靠地采取各项行动，不仅包括在短期内以客户利益至上，同时还应考虑到财务决策的长期影响。

(1)适时传达信息。

(2)确保报表和报告信息准确无误。

(3)收集足够的信息以制定合理的决策。

二、四项行为标准

IMA核心的职业道德标准是职业道德原则指导行为的具体准则，包括专业胜任能力、保密、正直以及诚信等标准。

(一)胜任能力(competence)

专业胜任能力要求每一位会员都有责任：

(1)通过不断地学习知识和技能，维持合适的专业水平(有知识技能，有资格，能胜任)。

(2)根据相关的法律、法规和技术标准履行专业职责(涉及照章办事一般都要回答此条）。

（3）提供准确、清晰、及时、简练的决策支持信息与建议（遇到有决策相关字眼或情形一般要回答此条）。

（二）保密（confidentiality）

保密要求每一位会员都有责任做到：

（1）除非经授权或法律要求，否则要对相关机密信息保密（如配方、工艺等）。

（2）告知相关各方如何正确使用保密信息，监督下属以确保遵守使用规则（如不要在公开场合大声交流机密信息、使用碎纸机、传真机资料保密等）。

（3）避免不道德或非法使用保密信息（如告知竞争对手或出售保密信息等）。

（三）正直（integrity）

正直要求每一位会员都有责任做到：

（1）减少实际的利益冲突。定期与商业伙伴沟通以避免明显的利益冲突，若有潜在的利益冲突需通知相关人员。

> **【提示】**绝对的无关联有时候不容易做到，而且有关联未必会影响工作，但因为较容易出问题，所以要通告情况，要尽量避免和减少关联关系。

（2）避免从事任何不遵循职业操守以及秉公履行职责的行为。

（3）禁止从事或支持任何可能有损职业形象或声誉的行为（如做假账，发布虚假信息等让有些人可能对会计界怀疑）。

（4）为积极的道德文化做出贡献，将职业操守置于个人利益之上。

（四）诚信（credibility）

诚信要求每一位会员都有责任做到：

（1）公平、客观地交流信息（即不是因人而异，因利益而异）。

（2）披露所有相关信息，如果这些信息可能会影响信息使用者对报告的理解、分析或建议。

（3）根据公司政策及相关法律，需披露在信息内容、及时性、处理过程或内控方面的不足或缺陷。

（4）沟通可能会对责任判断或行为实施产生阻碍的职业局限或其他约束。

三、职业道德冲突的解决之道

（一）控制和避免职业道德冲突

（1）要求经理完全披露财务利益（在别的企业参股、任职等）。

（2）要求提前报告任何可能的利益冲突（如配偶、亲戚是供应商或公司的员工等）。

（3）禁止在任何供应商、客户或经销商里有财务或经济利益。

（4）员工应拒绝任何将要影响或潜在影响他/她的与职业道德冲突的行为，例如接受礼品、好处或招待。

（二）IMA职业道德冲突解决办法

（1）首先遵守其组织的相关政策。

（2）如果不存在这些政策，或这些政策不能解决冲突。

- 与直接上司讨论。如直接上司牵涉这些问题，应将问题提交给再上一个级别管理者；
- 如果直接上司是CEO或同级别，可接受的核准方可能是一个团体，如审计委员会、执行委员会、董事会、理事会或企业所有者；
- 通过与IMA道德顾问或其他中立顾问进行保密讨论而澄清相关道德问题；
- 向律师咨询与冲突有关的法律义务和权利；
- 除非该问题违反了法律，否则不宜与组织之外的人士沟通。

（三）在采取行动前应审慎考虑并遵守职业道德标准中的保密责任

（1）核对数据和原始材料。

（2）确认谣言真实与否。

（3）询问更多的细节问题。

（4）从其他人员处了解更多的信息。

（5）无视任何先入为主的想法。

【例题6-4】 ABC公司新任命了公司的CFO。该员工在ABC公司工作多年，之前的职位是财务主管。新CFO需要筹划公司年度的税收工作，但他之前没有相关的工作经验，所以十分担心如果CEO知道其缺乏相关经验后会取消对他的CFO的任命。于是新任命的CFO参考了相关资料和以前年度的相关工作内容，进行了税收筹划。基于这些信息，新任命的CFO的行为违反了IMA的哪项准则？

A. 胜任能力　　B. 保密　　C. 正直　　D. 诚信

【答案】 A

【解析】 选项A正确。IMA核心的职业道德标准要求会员有胜任能力，每一位会员都有责任去：

（1）通过不断学习知识和提高技能，将其职业技能保持在一定水平上。

（2）按照有关的法律、规则和技术标准，履行其专业职责。

（3）按时提出准确的、清晰的和简明的用来进行支持决策的信息和建议。

（4）需要认识到可能会使判断出现偏差或所采取的行动失败的职业局限

性或其他限制因素，随时沟通。而公司新任命的 CEO 在税收筹划方面缺乏知识和技能，没有做到通过不断学习将其职业技能保持在一定水平上，也没有提出准确的、清晰的和简明的用来进行支持决策的信息和建议，因此违反了胜任能力标准。

【例题 6 - 5】下面哪个选项最准确地概述并列出了作为 IMA 道德专业实践声明一部分的四个总体道德原则?

A. 创新、诚信、自动化和数字化

B. 能力、保密、诚信和可信度

C. 战略思考、利益相关者导向、精确度和准确性

D. 诚实、公平、客观和责任

【答案】D

【解析】选项 A 不正确。虽然这些是金融专业人士的重要特征，但它们并不是四个首要的道德原则。

选项 B 不正确。这些是 IMA 道德专业实践声明中概述的四个专业实践标准。

选项 C 不正确。虽然这些是金融专业人士的重要特征，但它们并不是四个首要的道德原则。

选项 D 正确。这些是 IMA 道德专业实践声明中包含的四个总体道德原则。

四、舞弊三角形理论

企业舞弊的产生是由压力（pressure）、机会（opportunity）和自我合理化（rationalization）三要素组成；缺少任何一项要素都不可能真正形成企业舞弊行为。

美国最新的反舞弊准则（SAS No. 99）提醒注册会计师应该关注的舞弊产生的主要条件。

（1）压力要素是企业舞弊者的行为动机。刺激个人为其自身利益而进行企业舞弊。压力大体上可分为四类：经济压力、恶癖的压力、与工作相关的压力和其他压力。

（2）机会要素是指可进行企业舞弊而又能掩盖起来不被发现或能逃避惩罚的时机。主要有六种情况：缺乏发现企业舞弊行为的内部控制，无法判断工作的质量，缺乏惩罚措施，信息不对称，能力不足和审计制度不健全。

（3）借口（自我合理化），即企业舞弊者必须找到某个理由，使企业舞弊行为与其本人的道德观念、行为准则相吻合，无论这一解释本身是否真正合理。

企业舞弊者常用的理由有：这是公司欠我的，我只是暂时借用这笔资金、肯定会归还的，我的目的是善意的，用途是正当的，等等。

【例题 6－6】员工的任务是准备银行对账，并每周向当地银行分行提供现金。如果这一行为成为不道德行为的可能诱因，应如何解决？

A. 似乎没有潜在或实际违反最佳做法的行为，也不会产生不道德行为的环境

B. 为了有效地解决这一潜在问题，至少应该对一名额外的员工进行这些任务的培训，以便他们能够在当前员工休假时执行这两项任务

C. 除了对至少一名员工进行这些角色的交叉培训外，经理或主管还应负责对相关工作文件进行额外审查

D. 这是一个问题，可以通过增加技术整合和自动化银行对账流程来解决这个问题

【答案】C

【解析】选项 A 不正确。单个员工准备银行对账和提供现金减少这一事实肯定会造成一种可能发生不道德行为的情况。

选项 B 不正确。培训其他员工是一个很好的第一步，但仅仅将当前员工替换为执行这两项任务的另一名员工并不能解决问题。

选项 C 正确。这是最佳的解决方案：将此角色与其他员工进行交叉培训，并进行额外的审核。

选项 D 不正确。这些步骤可能会有所帮助，但不会解决与只有一名员工负责这两种工作相关的基本问题。

【例题 6－7】仓库的主管决定把仓库的大门在工作时间全部打开，以优化工作流程，但之后仓库主管发现丢失了一些产品。利用舞弊三角形理论，主管的这种决定，下面哪项最准确地描述了这种风险？

A. 激励员工舞弊

B. 增加了舞弊合理化的便捷性

C. 增加了舞弊的机会

D. 使员工加强财务意识

【答案】C

【解析】选项 C 正确。舞弊三角形理论中的机会要素是指可进行企业舞弊而又能掩盖起来不被发现或能逃避惩罚的时机。主要有六种情况：缺乏发现企业舞弊行为的内部控制、无法判断工作的质量、缺乏惩罚措施、信息不对称、能力不足和审计制度不健全。仓库主管决定把仓库的大门在工作时间全部打开以优化工作流程的同时，但是缺乏相应的内部控制，因此增加了舞弊的机会。

【例题 6－8】以下哪个选项是进行财务报告舞弊的动机？

A. 缺乏管理层监管

B. 没有内审职能

C. 董事会中存在利益相关方

D. 经理的报酬与财务报告结果挂钩

【答案】D

【解析】选项 A 不正确。缺乏管理层监管是进行财务报告舞弊的机会要素。

选项 B 不正确。没有内审职能是进行财务报告舞弊的机会要素。

选项 C 不正确。董事会中存在利益相关方，但是因为董事会并不直接编制财务报告，因此不是财务报告舞弊的动机要素。

选项 D 正确。当经理的报酬与财务报告结果挂钩时，经理就有了工作压力，因此是进行财务报告舞弊的动机要素。舞弊三角形理论中的压力要素是企业舞弊者的行为动机，刺激个人为其自身利益而进行企业舞弊的压力大体上可分为四类：经济压力、恶癖的压力、与工作相关的压力和其他压力。

第三节　组织的职业道德考量

为实现对员工行为的控制，组织会明确界定希望员工遵循的行为准则，确认并正式记录组织的价值观，制定职业道德规范并实施内部控制，所有这些文件为决策制定和日常行为的选择提供了指南。根据管理会计公告《价值观与职业道德：从开始到实践》的说明，这种指南是“构建职业道德管理框架的一个关键元素”。最终，这些文件将能打造并维持一种职业道德文化，从而积极地支持组织想要的行为类型。

强有力的职业道德文化能影响到公司的利润。生产率的提高、员工之间的良好互动以及欺诈风险的降低，这些都有助于组织财务绩效的改善。

一、组织的职业道德责任

为了在组织内有效地维护理想的职业道德氛围，管理层主要应关注 5 个方面：

（1）明确界定价值观。

（2）管理层以身作则。

（3）制定职业道德规范与内部控制。

（4）职业道德的实际应用。

（5）评估并改进对职业道德规范的遵循。

（一）成功地深入实施职业道德规范的益处

（1）能为组织绩效的改善奠定良好的基础。

（2）组织的风险评估质量能得到提升。

（3）负责组织治理的相关人员的行为具有更大的透明度。

（4）避免口头承诺成为一句空谈，而是能以更大的可能性被真正地付诸于行动。

（5）CEO 和 CFO 将会作出更大的努力，以确保自己的言行与组织保持一致。

（二）榜样式领导——职业道德责任始于最高层

1. 高管的责任：以身作则。

进一步扩充道德原则、标准，为每项原则提供更为具体的行为描述。

扩充的描述中要提供具体的范例，以说明哪类行为符合职业道德规范的要求、哪类行为违背了职业道德规范。

2. 管理者在日常工作中表现出的道德行为。

（1）与各级员工沟通，包括组织内部和外部。

（2）让他人参与决策。

（3）指导和支持他人。

（4）处理员工发展、绩效考核问题。

（5）在办公场所的个人行为。

3. 道德型领导——经理和主管——最终的道德榜样由首席执行官或同等职位的人树立。

（1）树立良好的榜样。

（2）遵守承诺。

（3）支持他人遵守道德准则。

4. 道德型领导——专业财务和会计人员。

（三）道德规范与内部控制

道德思想与内部控制紧密相关；将道德规范化融入企业流程管理核心，有助于加强企业文化、促进员工遵循内部控制。

企业风险管理、业务流程重组、质量管理以及学习型组织建设协调统一，形成一个内部控制体系，使人力资源战略与组织经营目标协调一致。

（四）职业道德实践：将愿望变为现实

1. 正确的人。

组织的道德政策必须应用在招聘阶段，在面试过程中，应对应聘者从以下几个方面进行筛选。

（1）询问应聘者的个人道德规范或价值观。

（2）要求应聘者评论什么样的职场行为是不道德的。

（3）建立多项选择测试，要求应聘者说明自己对各种道德陈述赞成或反对的程度。

（4）团队面试，一个人提出道德问题，其他人提出备选方案，要求应聘者补充个人观点。

（5）发展潜力。

2. 员工培训的关键作用。

（1）岗前培训以及持续培训，从董事会逐级往下，组织的各级员工毫无例外。

（2）培训应聚焦于道德概念、组织的道德规范和遵守问题。

（3）持续培训对道德规范的期望应涵盖：

- 员工的一般行为和个人行为；
- 如何把道德规范融入工作管理方法中；
- 道德规范如何具体工作、流程、活动；
- 组织如何监督道德规范的遵守；
- 遭遇道德规范问题，可以寻求哪些途径（个人指导、建议和预警机制）；
- 发生问题或投诉时应采取什么行动；查实违反道德规范后应采取什么行动，给予什么处罚。

3. 将道德规范融入工作行为。

4. 高层级的道德准则在组织中逐级分解，以便使员工能够理解自己在日常行为中所要求的道德标准。

5. 与员工讨论具体行为。

6. 将道德规范融入工作管理方法。

7. 组织未践行道德承诺的典型案例，口头宣称“我们的员工是我们最宝贵的资产”，却未让员工参与日常工作的设计、开发或改进组织。组织言行不一致，使整个道德规范失去信誉。

8. 道德行为关注的领域如表 6 – 1 所示。

表 6 – 1　　道德行为关注的领域

项目	设计与开发	工作活动的执行	售后支持和服务
基于客户	客户需要 公允价值	循环周期 质量规格	以客户为本 支持解决方案
基于员工	参与 完善的控制	参与 培训/安全	使用寿命期规划 解决方案的灵活性
基于社会	环境 对用户的影响	噪声/其他影响 资源利用	储运损耗的影响 废弃/处置
基于股东	声誉/品牌 风险/成本效益	最低成本/无浪费 声誉	声誉 价值流回报
基于供应商	参与 议定	规划/配送 问题解决	参与 学习/支持

9. 会对企业道德产生影响的第三方。

（1）呼叫中心及其他客户支持活动（包括技术支持）；

（2）远程供应商提供的第三方售后支持；

（3）分包商或合作伙伴的安装企业；

（4）产品或服务的分销商和代理人；

（5）代表组织宣传产品或服务的广告代理商；

（6）提供服务机构；

（7）在母公司日常监控之外的关联方组织。

10. 在任何情况下，任何第三方违反职业道德规范，都会被反追到主要组织上，尤其是在公众眼里。

二、度量并改善对职业道德规范的遵循情况

（一）度量并改善职业道德规范遵循情况

（1）职业道德规范中最大的问题是组织是否有能力真正了解日常业务的状况，并将对道德规范的遵守作为组织主流治理和责任框架中的核心元素。

（2）法律有一定的威慑力，但最重要的取决于内部控制和经营的透明度。

（3）道德的遵守在很大程度上依赖于首席执行官和首席财务官对建立完善内部控制所作出的承诺。

（4）内部控制和外部审计是度量和改善员工遵从道德规范的关键要素，但组织还可以采取其他方法使员工遵从道德规范，并将这些方法作为内部控制的一部分。

（5）利用COSO框架满足SOX法案404要求的方法包括：人员绩效反馈环、调查工具、设置举报途径。

（二）量度并改善组织对职业道德规范的遵循情况的工具

1. 人员绩效反馈环。

绩效考核、发展系统必须与职业道德行为要求完全一致。

关键绩效指标：比如，在规定时间内完成岗前教育的新员工数量和比例；完成年度道德行为再培训的员工比例；在年度绩效考评中被评定“达到”和“超过”道德标准员工的数量；因杰出的道德行为而获奖的员工的数量等。

2. 调查工具。

（1）调查可以根据组织的道德规范设计，并让员工为组织对道德规范的遵守情况评级。

（2）调查结果成为持续遵守指标的基础，可以用于激励员工关注和改进道德遵守行动。

（3）在组织层面，调查董事会和其他高管提供了组织道德规范实施和遵守方面的情况。

（4）管理会计师应确保调查数据足够详细以便将关注的问题和行动联系起来。

3. 披露、揭发渠道——设置举报途径（whistleblowing framework）。

（1）有效的反馈系统包括建立保密框架，让员工报告可能违反组织道德规范的行为，以及道德遵守方面挑战组织的决策。

（2）员工热线。

（3）道德问题的搜集、分析和总结为道德规范的实施及员工的遵从情况

提供有洞见力的信息。

（4）追踪和监控通过举报系统提出的问题为提高和改善内部控制创造了机会。

（5）首席执行官和首席财务官必须宣誓遵守完善的内部控制，把自己的诚信置于被监督之中。

三、职业道德的政府意义和国际意义

（一）美国《反海外腐败法》

美国《反海外腐败法》（*Foreign Corrupt Practices Act*，*FCPA*）1977 年制定，最近一次修改在 1998 年。该法案禁止在海外从事业务的美国公司，为了获得合同或业务而向外国政府官员行贿。旨在确认以下行为是违法行为，即某一类人和企业向外国的政府官员行贿，以此来获取或维持商业利益。

1. 反行贿条款。

禁止美国企业和公民、在美国上市的外国企业，或美国代理人直接或间接地向外国官员、外国政党或政党官员或外国政治职务候选人，支付或提议支付金钱或任何有价值的物品，以此来达到如下目的：其职权范围内对其作为或不作为的决定施加影响，诱导其作出超越合法职责范围的事项，或是协助获取任何不正当优势，以此让行贿者获取或维持商业利益。

反行贿条款还包括了宽泛的第三方行贿条款。根据此条款，海外子公司和其他第三方（包括代理人、咨询方、分销商、合伙人等）的行为也会使其母公司或第三方涉及的企业违反美国《反海外腐败法》。

2. 账册与记录及其内部控制条款：适用于上市公司。

（1）为了能够精确和正确地体现资产交易和处置情况，账册、记录和账户必须以合理详尽的方式进行保存。

（2）应设立一套内部会计控制系统，为管理层授权的交易提供合理保证。

（3）资产的记录足以确保报表编制和资产的会计责任。

（4）资产的获取必须经管理层授权。

（5）确保在合理期间对记录的资产和实物资产进行比较，并对任何的差异采取适当的举措。

（二）英国《反贿赂法》

英国于 2010 年 4 月颁布了被称为世界最严厉的反贪腐法律的《反贿赂法》（又译为《贿赂法》），该部《反贿赂法》取代了英国原有的关于反贿赂的条文法和普通法规则，并进一步加强了这方面的司法力度，与美国《反海外腐败法》相比，其主要特点在于覆盖面更广，惩治力更强。

1. 《反贿赂法》规定的主要罪行有四类：

（1）行贿。当一个人提供、给予或承诺向另一个人提供财务或其他利益以换取不正当履行某项活动或职能时，就会发生一般性的贿赂犯罪。

（2）受贿。接受或同意以利益换取不正当履行某项活动或职能，称之为受贿。

（3）贿赂或企图贿赂外国官员（包括通过第三方贿赂）。

（4）由于未能防止代表企业行贿而产生的企业罪行。

也就是说，该法案对于企业的反腐败内控制度提出了明确的要求，企业必须建立和维持有效的内控制度和政策以防止贿赂行为的发生。如果能够证明企业内部确已建立有效的内控制度和政策用以预防贿赂行为的发生，则企业可以以此为由主张企业本身免于承担刑事责任，否则，企业须对其员工的贿赂行为承担严格的公司责任。

2.《反贿赂法》有一些独特条款，包括：

（1）企业必须承担由于未能防止贿赂而产生的严重责任，不论这种贿赂是由雇员还是第三方实施的；

（2）支付加速费的做法不再允许。

四、可持续发展与企业社会责任

（一）可持续发展

可持续发展：满足当代人的发展，又不损害后代人满足其需求能力的发展。主要包含两个综合的概念：

1. 可持续发展在代际公平和代内公平方面是一个综合的概念，它不仅涉及当代或一国的人口、资源、环境与发展的协调，还涉及同后代的或国家及地区之间的人口、资源、环境与发展之间矛盾的冲突。

2. 可持续发展又是一个涉及经济、社会、文化、技术及自然环境的综合概念，其内容包括自然资源和生态环境的可持续、经济可持续及社会可持续三个方面：

（1）以自然资源的可持续利用和良好的生态环境为基础；

（2）以经济可持续发展为前提；

（3）以社会全面进步为目标。

使人类社会在每个时间段内都能保持资源、经济、社会同环境的协调发展。

（二）企业社会责任（CSR）

企业社会责任（corporate social responsibility，CSR），是指在市场经济下，企业对社会合乎道德的行为，即企业在追求利润的同时，必须主动承担对环境、社会和利益相关者的责任，包括遵守商业道德，维护员工的合法权益、保护环境、节约资源、支持慈善公益事业等。

企业社会责任主要由以下四方面构成：

（1）经济。企业有责任在经济和财务上保持健全状态。

（2）法律。企业有责任遵守所在地的法律。

（3）道德。企业有责任使其决策符合道德规范。

（4）慈善。企业有责任回馈所在地的社区或社团。

（三）企业社会责任与可持续发展的关系

企业社会责任是经法理论中新的理论，并且逐步被广大经济学者和社会公众所认同。企业社会责任与可持续发展有密切的关系。

（1）企业社会责任与可持续发展相辅相成，互为支撑。企业社会责任从企业运营本身强调社会责任的履行，它要求企业主动承担对劳工保护、社区建设、环境保护和经济发展等应尽的职责，企业社会责任履行有具体可操作性的规范准则。相比之下，可持续发展理念从宏观背景的角度支撑 CSR 理论的延伸，为它指明方向。CSR 按照可持续发展理念的要求，切实履行企业社会责任，将可持续理念付诸实际。

（2）企业社会责任的履行有助于企业可持续发展。CSR 涉及企业的道德责任、法律责任和伦理责任，企业作为经济组织和社会组织，在承担股东利益保值增值的同时，更需要关切社会公共利益，实现企业生产不妨碍社会公众利益诉求，满足企业盈利与社会利益的双赢，实现企业利益多元化的追求。企业只有在一个和谐共生的社会大环境中生产运营，才能为自身为社会创造更多有益价值，达到企业的可持续发展的长远目标。

因此，企业自觉主动履行 CSR 是一件多赢的好事，在赢得良好市场声誉和企业形象的同时，更满足了企业需要持续发展的长远追求。企业与社会的良好互动，不仅能为企业市场竞争营造健康环境，也切实保护了社会公共利益，实现了企业与社会的可持续发展。

【例题 6－9】一个组织实施职业道德行为准则，最不重要标准是：

A. 建立组织运作的法律界限

B. 提供内部决策指导

C. 建立道德管理框架

D. 提供外部决策指导

【答案】A

【解析】选项 A 正确。建立组织运作的法律界限，这是法律环境要求的，不是组织实施行为道德需要考虑的事项。

【例题 6－10】一个公司的内部审计师最近接到了一个项目，对公司的海外子公司进行审计，审计师发现该公司今年出现多笔大额款项通过一个第三方公司进行支付，那么根据美国《反海外腐败法》，审计师可以得出什么结论？

A. 违反美国《反海外腐败法》（FCPA），如果该金额是支付给海外官员的

B. 违反美国《反海外腐败法》（FCPA），如果款项支付给供应商

C. 违反美国《反海外腐败法》（FCPA），因为该款项不正常

D. 不违反美国《反海外腐败法》（FCPA）

【答案】A

【解析】选项 A 正确。根据美国《反海外腐败法》（FCPA）规定，“禁止美国企业和公民，在美国上市的外国企业，或在美国代理人直接或间接地向外国官员、外国政党或政党官员或外国政治职务候选人，支付或提议支付金钱或任何有价值的物件，以此来达到如下目的：其职权范围内对其作为或不作为的决定施加影响，诱导其作出超越合法职责范围的事项，或是协助获取任何不正当优势以此让行贿者获取或维持商业利益。”如果公司今年出现的多笔大额款项通过一个第三方公司支付给海外官员的，则违反了美国《反海外腐败法》。

【例题 6－11】某公司管理会计师发现自己的同事在某一个会计处理上存在问题，会导致公司的财务报表失真，于是他向更上一级的领导进行了汇报，他的做法是否正确？

A. 符合存在利益冲突时的要求

B. 应该向直接上级汇报

C. 应该通知外部审计师

D. 应该告诉 IMA 官员

【答案】B

【解析】选项 B 正确。根据《IMA 职业道德行为准则》中关于职业道德冲突的解决办法，在面临严重的道德问题时，会员应该遵守组织制定的冲突解决原则，如果无法用这些原则解决冲突，那么会员应该考虑采取以下行动：“除非是顶头上司也可能被牵扯到其中，否则应同顶头上司讨论相关问题。在这种情况下，应该直接将问题递交给上一级。如果在初次递交问题之后，问题并没有得到满意的解决，则要将问题递交给更高一级。”根据这个解决途径，管理会计师发现自己的同事在某一个会计处理上存在问题，会导致公司的财务报表失真时，因为是同事，所以应该直接将问题递交给上一级。如果在初次递交问题之后，问题并没有得到满意的解决，则要将问题递交给更高一级。

【例题 6－12】哪句话最能概括会计与组织伦理之间的联系？

A. 道德和道德决策与会计无关，因为会计始终以定量信息为基础。

B. 内部控制是与道德相关的会计的唯一真实方面，因为这些与道德决策有关。

C. 会计和道德是相互关联的，因为最高层的基调和组织中的其他道德程序将影响和推动会计和其他财务决策。

D. 由于大数据的增加，大多数（如果不是全部）道德决策都是由定量信息驱动的，因此，会计和组织伦理已经联系起来。

【答案】C

【解析】选项 A 不正确。虽然道德规范基于定性信息，但组织实施的道德政策推动了会计决策过程。

选项 B 不正确。内部控制与道德决策相关，但它们只代表与道德决策过程相关的一个会计领域。

选项 C 正确。从表面上看，会计和道德可能看起来不太相关；然而，它们确实相辅相成，相互驱动。

选项 D 不正确。虽然大数据和定量信息的可用性的增加影响了道德决策，但道德仍然是一个由定性因素主导的领域。

【例题 6－13】以下哪项陈述最能说明不道德行为与非法行为之间的关系？

A. 不道德的行为也总是非法的

B. 不道德的行为本质上不一定是非法的

C. 不道德行为必须违反政府规定

D. 必须审查不道德的活动，并由 PCAOB 等监管机构标记为不道德

【答案】B

【解析】选项 A 不正确。仅仅因为一个人以不道德的方式行事，例如窃听走廊里的私人谈话，并不是违法的。

选项 B 正确。仅仅因为一个人或公司以不道德的方式行事并不意味着这些行为也是非法的。

选项 C 不正确。由于市场垄断，一种不道德的行为可能就像从事糟糕的客户服务活动一样简单。这是不道德的，但并不违反规定。

选项 D 不正确。虽然确实发生了这种情况，但并不要求确定哪些活动本质上是不道德的。

【例题 6－14】以下哪项不是一个拥有道德行为准则并由管理团队传达这些信息的组织的好处？

A. 概述核心道德价值观为管理层提供了解释和展示员工期望和鼓励的行为的基础

B. 建立道德准则反映了管理层对道德价值观的承诺，并以一种能够传达给市场的方式这样做

C. 道德守则可以而且应该包括应该纳入道德培训和教育信息的项目和概念

D. 通过制定行为准则，组织可以有效地保护自己免受基于歧视和可能出现的其他不道德问题的法律诉讼

【答案】D

【解析】选项 A 不正确。这是建立行为准则并向当前和未来的员工解释此类行为的明确好处。

选项 B 不正确。这是建立道德规范并将这些数据传达给市场的关键好处，这越来越成为利益相关者感兴趣的项目。

选项 C 不正确。这是一个理念和概念，应该由采用道德准则并希望宣传这些准则作为建立道德文化基础的组织实际付诸实践。

选项 D 正确。虽然制定行为准则可能有助于减少分配给公司的财务和非财务处罚，但这种策略并不能消除责任。

简答题出题方向分析

【出题方向1】根据企业财务决策分析中出现的职业道德问题，分析其道德影响或是违反了哪些职业道德标准。

解题要点：必须熟记《IMA职业道德行为准则》中每一个标准及具体规定要求。

【出题方向2】根据企业财务决策分析中出现的职业道德冲突，分析管理会计师或财务经理推荐应采取的行动。

解题要点：必须熟记《IMA职业道德行为准则》中道德冲突解决的相关规定，其中特别要注意道德冲突解决的步骤，在面临严重的道德问题时，会员应该遵守组织制定的冲突解决原则，如果无法用这些原则解决冲突，会员应该考虑采取行动时要注意直接上级是否牵扯其中，直接上级的级别是否是首席执行官或类似职务的人，还要考虑保密问题以及违法性问题处理的程序。

【出题方向3】根据企业财务决策分析中出现的舞弊行为，分析具体经济环境中造成舞弊的因素有哪些，或者经济环境存在舞弊的风险大小。

解题要点：熟悉掌握舞弊三角理论的三要素及具体内容，同时要理解舞弊三角理论中舞弊风险大中小的划分。

历年经典试题回顾

一、单选题

【经典试题 1】最近 FC 公司向管理层递交了一份下一年度的预算。这份预算中包括开发一种新产品——可充电的电扇。和竞争对手的产品相比，这种新式电扇不仅持续时间长，而且噪声较小。虽然管理层还没有通过这份预算，但预算建议发动广告攻势以支持其销售目标，因为在电扇这个商业圈内，还没有意识到该公司快推出一种新产品了。公司一位管理会计员把这份预算给一位经销商看了，根据美国管理会计师协会（IMA）的《管理会计和财务管理专业人士的道德准则》，下列哪一项最能表述此种情况下的道德冲突？

A. 管理层还没有通过这份预算，因此不应该公开

B. 还没有制定价格，因此必须控制期望值

C. 该职员可能让公司卷入诉讼

D. 该员工不该对外披露具有保密性质的信息

【答案】D

【解析】选项 D 正确。根据《IMA 职业道德行为准则》，每一位会员都有责任遵守保密标准：

（1）除非得到授权或依法予以披露，否则一定要保证信息的保密。

（2）通知所有相关的机构保证信息的保密。监管下属的行为，确保他们能够遵守命令。

（3）禁止任何人利用机密信息获取不道德的利益或非法牟利。

因此，公司一位管理会计员把这份预算给一位经销商看，违反了保密标准，该员工不该对外披露具有保密性质的信息。

【经典试题 2】下列哪项违反了 IMA 职业道德标准中规定的不得从事损害职业道德声誉的行为？

A. 正直　　B. 能力　　C. 机密性　　D. 诚信

【答案】A

【解析】选项 A 正确。《IMA 职业道德行为准则》中“正直”标准规定，每一位会员有责任：

（1）调节利益各方的实际冲突。定期与相关各方进行沟通，避免出现明显的利益冲突。将任何潜在冲突的可能性告知各方。

（2）禁止从事任何可能损害职业道德的活动。

（3）禁止从事或者支持使职业声誉受损的活动。

【经典试题 3】某公司的会计部门具有强大的内部控制结构。该部门具有高度的职责分离、定期对账、严格审查和全面内部审计。某心怀不满的固定资产会计师蓄意贪污由应收账款部门处理的现金收入。会计师计划将这些资金用于赌博。使用舞弊三角模型，哪一项是对公司舞弊风险情况的最佳评估？

A. 低，因为机会和借口不存在

B. 中，因为机会不存在

C. 中，因为借口不存在

D. 高，因为压力、机会和借口都存在

【答案】B

【解析】压力、机会和借口是舞弊三角理论的要素，只有在这三个要素同时具备的情况下才可以形成舞弊，对于公司的会计来说，明知公司有严格的内部控制，因此机会不存在，选项 B 正确。

【经典试题 4】对于美国在海外的公司，以下四个选项中哪项是美国《反海外腐败法》所允许的？

A. 向政府官员付钱，以使他们能对他们在国外的业务网开一面

B. 向政府官员付钱，以确保公司获取在国外的业务

C. 向政府官员付款，以使在当地的正常业务能快速被处理

D. 向海关官员付款，以使他们的设备等通关

【答案】C

【解析】选项 C 正确。根据美国《反海外腐败法》（FCPA）规定，“禁止美国企业和公民、在美国上市的外国企业，或在美国代理人直接或间接地向外国官员、外国政党或政党官员或外国政治职务候选人，支付或提议支付金钱或任何有价值的物件，以此来达到如下目的：其职权范围内对其作为或不作为的决定施加影响，诱导其作出超越合法职责范围的事项，或是协助获取任何不正当优势以此让行贿者获取或维持商业利益。”但是如果付款是为了加速正常业务的处理，没有违反美国《反海外腐败法》。

【经典试题 5】一个企业职员发现他们公司的生产会给附近的小区带来危害，他告诉了上司，上司说让他不要管这些事，他就寻找了他的律师，想要把这件事报告给相关机构，下面说法哪个是正确的？

A. 他的行为是正确的，应该告知相关机构

B. 他的行为错误，应该听从上司的

C. 如果律师说企业行为违法，则告诉相关机构

D. 他的行为是错误的，违反了职业道德中的保密标准

【答案】C

【解析】选项 C 正确。《IMA 职业道德行为准则》关于道德冲突的解决中规定：“3. 有关道德冲突的法律责任与权利的情况，请咨询您自己的律师。”因此，如果公司对小区的危害涉及违法行为，咨询律师后告知相关机构。

【经典试题 6】 关于舞弊三角的作用，以下说法哪个是不正确的？

A. 管理者使用舞弊三角理论，解释舞弊行为是由压力、机会和借口形成

B. 管理者使用舞弊三角理论，解释舞弊行为形成的原因

C. 管理者使用舞弊三角理论，解释舞弊行为构成要素

D. 管理者使用舞弊三角理论，解释压力、机会和借口中任何一个因素都会造成舞弊

【答案】 D

【解析】 选项 D 正确。根据舞弊三角理论，压力、机会和借口是舞弊三角形理论的三要素，缺少任何一项要素都不可能真正形成企业舞弊行为。

【经典试题 7】 以下所有内容都是关于商业道德的正确陈述，除了：

A. 商业道德是一套道德原则，用于确定开展业务时法律上可接受或不可接受的内容

B. 商业道德是用于确定在开展业务时道德上可接受或不可接受的原则、规则和标准

C. 商业道德是一套道德规则和标准，有助于确定在开展业务时对待人们的可接受或不可接受的方式

D. 商业道德是一套指导商业行为的道德原则

【答案】 A

【解析】 选项 A 正确。在开展业务时，可接受或不可接受的内容是基于法律而非道德原则。

选项 B 不正确。商业道德涉及道德上可接受和不可接受的商业方式。

选项 C 不正确。商业道德涉及可接受和不可接受的对待人的方式。

选项 D 不正确。商业道德涉及指导商业行为的原则。

【经典试题 8】 1977 年美国《反海外腐败法》要求那些根据 1934 年证券交易法中需要提交报告的公司要维护一个令人满意的内部控制。与该法规相关的独立审计人员的角色是：

A. 向证券交易委员会汇报公司令人不满意的内部控制

B. 作为传统的审计鉴证职能的一部分向报表使用者提供保证，即公司遵守了现在的法律规定

C. 发表对公司内部控制完全满足法律要求的无保留观点

D. 鉴证财务报表

【答案】 D

【解析】 选项 A 不正确。不要求审计师向证券交易委员会报告违反法案，尽管审计师有义务向外界披露客户可能存在一些问题，如对于可能其必须在 8 - K 表（AU317）中报告的关于没有遵守法律规定的行为，客户没有采取纠正措施。

选项 B 不正确。传统的鉴证职能不涉及合规审计。

选项 C 不正确。美国《反海外腐败法》不包括让审计师对内部控制发表意见的要求。

选项 D 正确。客户是否遵守美国《反海外腐败法》是一个法律问题。不能期望审计师向客户或财务报表使用者提供法律建议。审计师的角色是对约定的事项评价控制风险以证明公允披露财务报告。

【经典试题 9】 1977 年美国《反海外腐败法》中制定并维持适当的内部控制的要求在该法中指派给：

A. 财务总监

B. 董事会

C. 内部审计总监

D. 公司作为一个整体没有指派给特定的人或职位

【答案】 D

【解析】 选项 A 不正确。遵守美国《反海外腐败法》不是具体的财务总监的责任。

选项 B 不正确。遵守美国《反海外腐败法》不是具体的董事会的责任。

选项 C 不正确。遵守美国《反海外腐败法》不是具体的内部审计总监的责任。

选项 D 正确。美国《反海外腐败法》中的会计要求适用于所有根据 1934 年证券交易法必须登记的上市公司。因此，是公司的职责，而不是个人的职责。

【经典试题 10】 安德鲁・巴比特（Andrew Babbitt）是矿石和矿物加工公司 Ace Mining Corporation（AMC）的管理会计师。他了解到，AMC 在附近的居民垃圾填埋场处置危险废物。巴比特知道，这些废物可能对该地区的居民造成危险，而且在居民垃圾填埋场处置危险废物可能要承担法律责任。第二天早晨，当巴比特与他的主管讨论此问题时，他被告知不要理会此事。由于问题重大，巴比特决定与他的律师讨论该问题，然后通知有关当局。根据美国管理会计师协会（IMA）的《职业道德守则公告》，下面哪一选项是对巴比特通知有关当局这一决定的正确评价？

A. 巴比特应立即通知有关当局

B. 巴比特的行为不适当，因为违反了保密标准

C. 仅当他的律师表示该公司明显违反法律时，巴比特的行为才适当

D. 巴比特的行为不适当，因为他未服从主管的命令

【答案】 C

【解析】 选项 C 正确。面对道德问题时，采取的措施：先遵循组织关于如何解决此类冲突的既定政策，如果既定政策无法解决道德冲突，则应该考虑以下措施：

（1）与直接上司讨论所遇到的问题，但直接上司也牵涉其中时除外。

如果牵涉直接上司，就应该向更高级别的管理人员报告。

（2）如果未得到满意的答复，则应该向更高级别的管理人员报告。

（3）与管理会计师协会的道德顾问进行秘密讨论。

（4）向自己的律师咨询与道德冲突相关的法律义务与权力。

所以，仅当他的律师表示该公司明显违反法律时，巴比特的行为才适当。

二、简答题

FR（FulRange）公司生产个人电子产品的复杂芯片，如音乐录制设备等。这些芯片基本上被销售给大型生产商，而将生产过剩的产品以优惠折扣销售给小生产商。小生产商市场领域看起来非常有利可图，因为公司的基本运营预算已经把所有的固定生产费用分摊给唯一可预测的市场，即大型生产商了。

一个普遍的产品缺陷就是在生产过程中，由于没有保持在精确的热度水平上，而发生的“漂移”现象。生产经理认为，经过100%测试系统所淘汰出来的产品，可以在返工后达到合格水平。然而，最近在对顾客投诉进行分析时，成本会计师乔治·威尔森先生和质量管理工程师发现，一般的返工芯片不能达标。取样显示，约有一半的返工芯片在长期使用后会出现故障。在1~5年使用期中，返工芯片的故障发生频率预计约有10%。

很不幸，没有什么方法能够确认哪个返工芯片会出现故障，因为测试无法检查出这个毛病。可以改进返工程序来解决这一问题，但是对所建议的返工程序改进做成本效益分析后显示，这种方法不可行。FR公司的市场营销分析师认为，如果这一问题没有得到解决，将会对公司的声誉和消费者的满意度造成巨大的影响。因此，董事会将把这个问题视为对于公司的收益率有严重负面影响的问题。

威尔森先生在其报告中声明了这一芯片故障和返工的问题，该报告是用于即将召开的董事会季度会议。由于其潜在的负面经济影响，威尔森先生根据长期惯例强调了此信息。

在审阅了即将递交的报告后，厂长和其工人非常生气，他们对会计主管表示，他应该更好地约束自己的下属。“我们不能用这种材料让董事会感到不安。去告诉威尔森先生将此隐瞒下来。”

会计主管给威尔森先生的办公室打电话说：“乔治，你必须将此事隐瞒下来。返工后可能会出现故障这件事情可以在口头汇报时简单地提一下，但是决不能在预先寄给董事会的书面材料中提及或者加以强调。”

威尔森先生强烈感觉到，如果他执行了会计主管的命令，那么对这件可能造成重大经济损失的事情，董事会将会得到错误信息。威尔森先生将此事告知质量管理工程师，这位工程师只说了一句：“乔治，这是你的事情。”

问题：

a. 讨论：根据《IMA职业道德行为准则》中的有关标准，乔治·威尔森在此形势下应当参照哪些职业道德标准。

b. 在这种形势下乔治·威尔森应该怎么做？解释一下你的看法。

【解析】 a. 作为一位会计师，乔治·威尔森有义务按照诚实、公允、客观和责任的道德原则行事，并且鼓励公司的其他人能够遵守这些原则。他在要递交给董事会的报告中说明并强调了返工问题，这样做是非常正确的，但是他却被告知要将这些信息从报告中删除。

《IMA 职业道德行为准则》中的如下标准是适用于 FR 公司的具体情况的：

（1）能力。

提供准确、清楚、简洁和及时的决策支持信息和建议。

（2）正直性。

禁止从事任何可能损害他们按照职业道德履行职责的能力。

禁止从事或者支持使职业声誉受损的活动。

（3）诚信。

公正和客观地传递信息。

披露所有可被合理预期到的、能够影响意向使用者理解报告、评论和建议的有关信息。

b. 如果 FR 公司已经制订了解决道德冲突的政策，乔治·威尔森应遵守公司的相关规定。如果该公司没有这种规定或该规定不能解决道德冲突，他可以考虑采取以下行动：

因为威尔森的上司——会计主管是导致这个道德困局的原因，威尔森应该将此事情告知更高一级的管理人员。威尔森不需要将他的这一行动告知会计主管，因为会计主管已经卷入此事。威尔森应该找到更高一级的管理人员，如审计委员会、董事会等，直到事情得到圆满的解决。

除非是明显违反了法律，否则威尔森不能将此情况告知 FR 公司以外的任何个人或机构。

威尔森应该与一位公正的顾问明确道德问题，以便对可能采取的措施有更好的理解。

威尔森应该与他的律师谈论有关道德问题的法律权利和义务。

同步测试题

一、选择题

1. 根据《IMA 职业道德行为准则》的诚信标准，下列哪项是每一成员应有的责任？

A. 不得参与或支持可能诋毁职业的活动

B. 调和实际利益矛盾

C. 定期与商业伙伴沟通以避免明显的利益矛盾

D. 公正客观地交流信息

2. 凯特琳是一家生产成型房屋公司的财务主管。年终将至，公司预测的盈利显著低于预期，向凯特琳报告的高级管理会计师安德烈负责年终盈利预测报告。为了降低成本，安德烈和凯特琳被要求参加一个委员会来审查作业，委员会选择了几个问题来强调立即改进盈余。

安德烈已经被要求与采购部门一起工作来选择可以给予较低成本的供应商，同时保证采购质量。黑兹尔公司可以以低价提供许多关键的材料，但是公司的所有人与凯特琳有关。在进行成本节约分析后，安德烈建议选择黑兹尔公司作为新的供应商。

凯特琳被要求审查目前在产房屋的百分比的计算。凯特琳可以改变计算内容，这会直接影响公司的盈利性，凯特琳修改了计算并将修改后的补充报告递交给审计人员。

《IMA 职业道德行为准则》描述了公允的道德原则。确定一个与这个案例相关的公允例子：

A. 确保报告和报表的信息是准确的

B. 在适当的时间传递信息

C. 选择供应商没有偏见、歧视或者偏爱

D. 向外部审计师披露所有必要和相关的信息

3. 贝里克企业的财务主管是推荐投资项目给当地会计专业人士的关键决策者，经常在假期收到礼物。在考虑是否接受这些礼物时，该主管应该参考《IMA 职业道德行为准则》中的哪项内容？

A. 保密　　B. 正直　　C. 胜任能力　　D. 信誉

4. 约翰·穆尔最近被一家制造公司聘为财务主管助理。公司财务主管南茜·凯预测年度盈利增长 16%。在今年的第四季度，约翰估计该公司盈余增长为 12%。当他将这报告给南茜时，她告诉他满足这个数字将不会是问题。她解释说在生产中有几个工作将在会计年度结束之后完成，她将把相关的收入计入本会计年度。约翰·穆尔此时应该采取的第一步措施是什么？

A. 联系他的律师来确定他的权利

B. 跟随组织的既定政策来解决这类型的冲突

C. 通知审核委员会发现的问题

D. 与另一家公司的首席财务官讨论这个问题，他并不认识约翰公司的任何人

5. 凯特琳是一家生产成型房屋公司的财务主管。年终将至，公司预测的盈利显著低于预期，向凯特琳报告的高级管理会计师安德烈负责年终盈利预测报告。为了降低成本，安德烈和凯特琳被要求参加一个委员会来审查作业，委员会选择了几个问题来强调立即改进盈余。

安德烈已经被要求与采购部门一起工作来选择可以给予较低成本的供应商，同时保证采购质量。黑兹尔公司可以以低价提供许多关键的材料，但是公司的所有人与凯特琳有关。在进行成本节约分析后，安德烈建议选择黑兹尔公司作为新的供应商。

凯特琳被要求审查目前在产房屋的百分比的计算。凯特琳可以改变计算内容，这会直接影响公司的盈利性，凯特琳修改了计算和并将修改后的补充报告递交给审计人员。

IMA 职业道德实践声明描述了责任的道德原则。确定一个与这个案例相关的责任例子：

A. 向外部审计师披露所有必要和相关的信息

B. 客观地提供信息和进行反馈

C. 确保报告和报表的信息是准确的

D. 没有偏见、歧视或偏爱地选择供应商

6. 最近，风扇俱乐部有限公司提交了一份明年的预算给管理层，预算中包括一种可充电风扇的新产品计划。新的风扇不仅比竞争对手的产品运行更长的时间，而且运行时也更安静。预算有关于实施积极的广告来支持销售目标的内容，因为市场对公司的可充电风扇新产品并不了解。一名管理会计业务成员与经销商“共享”了预算的内容。根据《IMA 职业道德行为准则》，以下哪项最能代表这种情况下的道德冲突？

A. 价格尚未建立，所以预期必须被管理

B. 员工应避免披露机密信息

C. 工作人员使得公司处于诉讼风险中

D. 预算没有被批准，因此不能公开

7. 在什么情况下，一个 IMA 成员允许向该组织外的人披露保密信息？

A. 有道德冲突，并且直接主管人员拒绝采取行动

B. 有道德冲突，并且组织拒绝采取行动

C. IMA 成员退出和不再有保密义务

D. 有法律义务披露信息

8. 《IMA 职业道德行为准则》的诚信标准表明每一位成员都有责任：

A. 通过不断发展知识和技能保持一个适当的专业水平

B. 提供准确的决策支持信息和建议

C. 披露所有相关的可以合理预期影响用户理解的信息

D. 避免使用机密信息非法或不道德的获利

9. 凯特琳是一家生产成型房屋公司的财务主管。年终将至，公司预测的盈利显著低于预期，向凯特琳报告的高级管理会计师安德烈负责年终盈利预测报告。为了降低成本，安德烈和凯特琳被要求参加一个委员会来审查作业，委员会选择了几个问题来强调立即改进盈余。

安德烈已经被要求与采购部门一起工作，来选择可以给予较低成本的供应商，同时保证采购质量。黑兹尔公司可以以低价提供许多关键的材料，但是公司的所有人与凯特琳有关。在进行成本节约分析后，安德烈建议选择黑兹尔公司作为新的供应商。

凯特琳被要求审查目前在产房屋的百分比的计算。凯特琳可以改变计算内容，这会直接影响公司的盈利性，凯特琳修改了计算和并将修改后的补充报告递交给审计人员。

《IMA 职业道德行为准则》首要的道德原则是诚实。确定一个与这个案例相关的诚信例子：

A. 确保报告和报表的信息是准确的

B. 对外部审计师披露所有必要和相关的信息

C. 选择供应商没有偏见、歧视或者偏袒

D. 客观的提供信息并进行反馈

10. 斯科特·琼斯是一家公司的会计文员，该公司最近因需要削减预算而解雇了多名工人。

他无意中看到了自己上司每两周发放一次的薪金支票。由于并未意识到这张薪金支票包含年度奖金，琼斯误将此工资总额乘以 26 来计算这位上司的年收入。琼斯惊讶地发现，他上司的薪酬看起来是当地担任会计主管职位的员工的平均薪酬，琼斯与一位朋友讨论了这个情况，这位朋友就是该公司最近解雇的一名员工，现在就职于一家当地报社。因为这次讨论，这位主管“惊人的”薪水被公之于众。琼斯的行为违反了《IMA 职业道德行为准则》中的哪一项标准？

A. 专业胜任能力　　　　B. 保密
C. 正直　　　　　　　　D. 诚信

11. 当管理会计师在职业上取得进步时，他们经常有责任监督缺乏工作经验的员工。下列哪个是监管者的道德责任？

A. 部门的利润最大化或成本最小化
B. 鼓励员工发展与客户的关系
C. 确保员工正确处理保密信息
D. 雇用与现有的员工相处融洽的新员工

12. 如果史密斯从一个特定的供应商购买计算机库存控制系统，他可以得到两张职业足球比赛的门票。史密斯应该采取哪些措施？

A. 审查公司关于接收供应商礼物的政策
B. 拒绝与厂商进行任何进一步的交谈
C. 如果票的价格低于 50 美元则签订合同
D. 与董事会的审计委员会协商

13. A 企业是一家外国公司，该公司的普通股在美国证券交易所上市。管理层认为，向官员定期付款有助于保护重要合同。根据美国《反海外腐败法》的反贿赂条款，下面的所有陈述都是正确的，除了：

A. 根据美国《反海外腐败法》，A 企业可能会被起诉，即使它的总部未设在美国

B. A 企业在美国的任何腐败性付款都会被视为违反美国《反海外腐败法》

C. 如果付款由管理层批准，并且在国外进行，则根据美国《反海外腐败法》，A 企业不会被起诉

D. 如果 A 企业的管理人员、董事、雇员或代理人的行为构成违法行为，则根据美国《反海外腐败法》，他们可能被起诉

14. 弊端揭发机制或道德热线，可以帮助保持一个组织的道德文化。下列哪项不是揭发机制或道德热线的好处？

A. 弊端揭发机制或道德热线有能力收集、分析并总结目前和潜在的道德问题

B. 举报热线可以帮助发现组织内的欺诈
C. 举报热线被认为是一个揭秘线路
D. 举报热线可以为举报违反道德行为提供一个保密的方式

15. 某会计师在其公司中发现了不道德的行为，但因为害怕打击报复而未采取任何行动。他违反了美国管理会计师协会的以下所有职业道德标准，除了：

A. 禁止参与可能影响正确履行职责的任何行为

B. 禁止使用机密信息来获得不道德或违法优势

C. 公平客观地传递信息

D. 披露在合理的预期下可能影响目标用户的所有相关信息

16. 一个组织对财务经理或管理会计师的道德行为准则要求遵守下面所有选项，除了：

A. 在披露信息、编写报告和执行分析的主观性

B. 独立于职业利益的冲突

C. 独立于经济利益的冲突

D. 诚信，拒绝为了个人目标而牺牲职业价值观

17. 某制造业公司位于国内人烟稀少的地区，该公司的一项政策是让其原材料存货仓库的大门在正常营业时间打开，以优化工作流程。该公司的财务主管最近发现丢失了一些原材料存货。使用舞弊三角模型，财务主管确定该公司的政策最可能增加舞弊风险的是：

A. 激励员工实施舞弊

B. 增加舞弊行为合理化的便捷性

C. 帮助员工认识到财务需求

D. 增加实施舞弊的机会

18. 关于信托关系如何影响决策，以下所有内容都是正确的，除了：

A. 受托人必须将客户的利益置于自己的利益之上

B. 只要客户也从他们的决策中受益，受托人就可以从他们的决策中受益，即使客户可以从不同的决策中赚取更多的钱

C. 受托人必须向其客户披露所有潜在的利益冲突

D. 受托人在做出决策时必须寻求相关信息，而不仅仅依赖于现成的信息

19. 一位美国管理会计师协会的会员发现一个会误导公司财务数据使用者的情况，并将此情况通知了他的直接主管。当以下哪个选项发生时，该会员才应向审计委员会和（或）董事会报告此情况？

A. 他的直接主管是公司的首席执行官，知道此情况但拒绝纠正

B. 他的直接主管向首席执行官报告，并知道此情况但拒绝纠正

C. 他的直接主管对该会员作出将解决此情况的保证

D. 他的直接主管向上一级主管报告此情况

20. 某公司的总部设在美国，并在多个国家/地区设有国际子公司。该公司的国际子公司之一创建了多个账外账户，以便向外国官员行贿。这些行贿款项在该子公司的账簿和记录中未反映出来。该子公司有一些现成的内部控制，

但未使用 COSO 内部控制框架，且没有一个合规性条款。根据提供的信息，该子公司的下列所有情形都违反了美国《反海外腐败法》的内部控制规定，除了：

A. 支付行贿款项

B. 未使用 COSO 框架构建内部控制

C. 未能使用内部控制来确保准确地记录交易

D. 其内部控制系统中缺少合规性条款

二、简答题

某 A 公司制作玩具机器人，售价 210 美元/件，每年销量 5 000 件，直接材料 55 美元，直接人工 40 美元，固定费用 170 000 美元，现接到一份玩具机器人的特殊订单 400 件，报价 145 美元，该 A 公司有足够产能生产该订单。该 A 公司还需要用贴纸对玩具机器人进行装饰，外购供应商售价 10 美元，现在，A 公司正考虑自制生产贴纸，直接材料 2 美元和人工 4 美元，并产生相应的固定成本 6 000 美元，A 公司的首席财务官的一个朋友是贴纸供应商的某经理，首席财务官把 A 公司要自制的所有相关财务数据告诉了他的朋友，他朋友立马把此信息告知贴纸供应商的首席官，在 A 公司首席财务官与他朋友通话时，A 公司的某一会计员听到了此事。

要求：

1. A 公司是否接受玩具机器人的特殊订单，请写出计算过程。

2. 公司选择自制贴纸还是外购，请写出计算过程。

3. 自制和外购需考虑的两点非财务因素。

4. a. 不考虑玩具机器人特殊订单，在企业自制贴纸情况下，请计算保本点的销售量。

b. 若考虑玩具机器人特殊订单，且企业自制贴纸情况下，请计算保本点的销售件数，设保本点销售量 = X。

5. a. 根据 IMA 道德标准，讨论 A 公司会计员发现的道德问题。

b. 会计员应如何解决此道德冲突？

同步测试题答案及解析

第六章

一、选择题

1. 【答案】 D

【解析】 选项 A 不正确。不得参与或支持可能诋毁职业的活动属于正直性标准。

选项 B 不正确。调和实际利益矛盾属于专业胜任能力标准。

选项 C 不正确。定期与商业伙伴沟通以避免明显的利益矛盾属于正直性标准。

选项 D 正确。公正客观地交流信息属于诚信标准。根据 IMA 职业道德实践声明的诚信标准，每一成员有责任：①公平、客观的交流信息（即不是因人而异，因利益而异）；②披露所有相关信息，如果这些信息可能会影响信息使用者对报告的理解、分析或建议；③根据公司政策及相关法律，需披露在信息内容、及时性、处理过程或内控方面的不足或缺陷。

公正客观地交流信息是《IMA 职业道德行为准则》的一个诚信标准。

2.【答案】C

【解析】选项 A 不正确。确保报告和报表的信息准确是专业胜任能力的要求。

选项 B 不正确。在适当的时间传递信息是专业胜任能力的要求。

选项 C 正确。选择供应商没有偏见、歧视或者偏爱。公平性需要设身处地考虑特定情况下相关人员的需要，完全地披露所有必要的信息。组织应得到充分和全面的披露，这样黑兹尔企业能以较低的成本提供高质量的产品。然而，它与财务主管的关系必须披露。

选项 D 不正确。向外部审计师披露所有必要和相关的信息是专业胜任能力的要求。

3.【答案】B

【解析】选项 A 不正确。保密要求每一位会员都有责任去：①除非经授权或法律要求，否则要对相关机密信息保密（如配方，工艺等）；②告知相关各方如何正确使用保密信息，监督下属以确保遵守使用规则（如不要在公开场合大声交流机密信息、使用碎纸机、传真机资料保密等）；③避免不道德或非法使用保密信息（如告知竞争对手或出售保密信息等）。

选项 B 正确。正直要求每一位会员都有责任去：①减少实际的利益冲突。定期与商业伙伴沟通以避免明显的利益冲突，若有潜在的利益冲突需通知相关人员；②避免从事任何不遵循职业操守以及秉公履行职责的行为；③避免从事或支持任何可能有损职业形象或声誉的行为（如做假账，发布虚假信息等让有些人可能对会计界怀疑）。

选项 C 不正确。胜任能力要求每一位会员都有责任去：①通过不断地学习知识和技能，维持合适的专业水平（有知识技能，有资格，能胜任）；②根据相关的法律、法规和技术标准履行专业职责（涉及照章办事一般都要回答此条）；③提供准确、清晰、及时、简练的决策支持信息与建议（遇到有决策相关字眼或情形一般要回答此条）；④能够认识到并和相关人员沟通专业上的局限、欠缺或其他制约，如果这些专业上局限或制约可能会影响可靠的判断或成功地履行某项活动（如：能力上在某些方面有不足或有些制约、不便，要如实沟通）。

选项 D 不正确。信誉并不属于 IMA 职业道德标准。

4.【答案】B

【解析】选项 A 不正确。联系他的律师确定的是与冲突有关的法律义务和权力。

选项 B 正确。在采取任何行动之前，约翰穆尔应该首先去查看组织是否已经建立了有关处理这种冲突的政策。如果存在这样的政策，那么他应该遵守相关的政策。

选项 C 不正确。如果直接上司是 CEO 或同级别，可接受的核准方可能是一个团体，如审计委员会、执行委员会、董事会、理事会或企业所有者。

选项 D 不正确。除非该问题违反了法律，否则不宜与组织之外的人士沟通。

5.【答案】C

【解析】选项 A 不正确。向外部审计师披露所有必要和相关的信息属于诚实原则。

选项 B 不正确。客观的提供信息和进行反馈属于公允原则。

选项 C 正确。责任是指忠实、忠诚地履行各项行动，不仅包括在短期内以客户利益至上，同时还应考虑到财务决策的长期影响。①适时传达信息；②确保报表和报告信息准确无误；③收集足够的信息以制定合理的决策。因此凯特琳有责任保证在百分比计算报告中的信息是准确的。

选项 D 不正确。没有偏见、歧视或偏爱地选择供应商属于公允原则。

6.【答案】B

【解析】选项 A 不正确。价格尚未建立，所以预期必须被管理不属于道德冲突的内容。

选项 B 正确。根据《IMA 职业道德行为准则》，员工应该遵守保密原则，有责任：①除非经授权或法律要求，否则要对相关机密信息保密（如配方、工艺等）；②告知相关各方如何正确使用保密信息，监督下属以确保遵守使用规则（如不要在公开场合大声交流机密信息、使用碎纸机、传真机资料保密等）；③避免不道德或非法使用保密信息（如告知竞争对手或出售保密信息等）。

因此员工应避免披露机密信息。提供机密信息会在许多方面负面影响组织。

选项 C 不正确。工作人员使得公司处于诉讼风险中不属于道德冲突的内容。

选项 D 不正确。预算没有被批准，因此不能公开不属于道德冲突的内容。

7.【答案】D

【解析】选项 A 不正确。根据《IMA 职业道德行为准则》中关于职业道德冲突的解决指出，除非该问题违反了法律，否则不宜与组织之外的人士沟通。

选项 B 不正确。有道德冲突，但是除非该问题违反了法律，否则不宜与组织之外的人士沟通。

选项 C 不正确。除非该问题违反了法律，否则不宜与组织之外的人士沟通；不管是否是 IMA 成员，站在职业道德角度都应该具备保密义务。

选项 D 正确。《IMA 职业道德行为准则》遵守保密标准，每个会员都有责任：①除非经授权或法律要求，否则要对相关机密信息保密（如配方、工艺等）；②告知相关各方如何正确使用保密信息，监督下属以确保遵守使用规则（如不要在公开场合大声交流机密信息、使用碎纸机、传真机资料保密等）；③避免不道德或非法使用保密信息（如告知竞争对手或出售保密信息等）。因此，除非有法律义务披露信息，否则要对相关机密信息保密（如配方、工艺等）。

8.【答案】C

【解析】选项 A 不正确。通过不断发展知识和技能保持一个适当的专业水平属于专业胜任能力标准。

选项 B 不正确。提供准确的决策支持信息和建议属于专业胜任能力标准。

选项 C 正确。披露所有相关的可以合理预期影响用户理解的信息属于诚信标准的要求。《IMA 职业道德行为准则》的诚信标准表明每位成员都有责任：①公平、客观的交流信息（即不是因人而异、因利益而异）；②披露所有相关信息，如果这些信息可能会影响信息使用者对报告的理解、分析或建议；③根据公司政策及相关法律，需披露在信息内容、及时性、处理过程或内控方面的不足或缺陷。

选项 D 不正确。避免使用机密信息非法或不道德的获利属于保密标准。

9.【答案】B

【解析】选项 A 不正确，确保报告和报表的信息是准确的属于责任原则，而非诚实原则。

选项 B 正确。诚实这个首要原则，是指认真负责地完成手头的任务，同时所有评论和沟通均真实可信。包括：①向外部审计师披露所有必要且相关的信息；②拒绝记录任何不实信息；③为企业决策提供可靠的信息基础。题目中，凯特琳有责任披露所有相关信息给外部审计师来证明对报告的修改是合理的。

选项 C 不正确。选择供应商没有偏见、歧视或者偏袒属于正直原则，而非诚实原则。

选项 D 不正确。客观的提供信息并进行反馈属于正直原则，而非诚实原则。

10. 【答案】 B

【解析】 选项 A 不正确。专业胜任能力要求每一位会员都有责任去：①通过不断地学习知识和技能，维持合适的专业水平；②根据相关的法律、法规和技术标准履行专业职责；③提供准确、清晰、及时、简练的决策支持信息与建议；④能够认识到并和相关人员沟通专业上的局限、欠缺或其他制约，如果这些专业上局限或制约可能会影响可靠的判断或成功的履行某项活动。

选项 B 正确。根据保密标准，要求每一位会员都有责任去：①除非经授权或法律要求，否则要对相关机密信息保密（如配方、工艺等）；②告知相关各方如何正确使用保密信息，监督下属以确保遵守使用规则；③避免不道德或非法使用保密信息。琼斯行为违反了保密标准，他不应当把公司的机密透露给非公司的人士。

选项 C 不正确。正直要求每一位会员都有责任去：①减少实际的利益冲突。定期与商业伙伴沟通以避免明显的利益冲突，若有潜在的利益冲突需通知相关人员；②避免从事任何不遵循职业操守以及秉公履行职责的行为；③避免从事或支持任何可能有损职业形象或声誉的行为（如做假账，发布虚假信息等让有些人可能对会计界怀疑）。

> **【提示】** 绝对的无关联有时候不容易做到，而且有关联未必会影响工作，但因为较容易出问题，所以要通告，要尽量避免和减少。

选项 D 不正确。诚信要求每一位会员都有责任去：①公平、客观地交流信息；②披露所有相关信息，如果这些信息可能会影响信息使用者对报告的理解、分析或建议；③根据公司政策及相关法律，需披露在信息内容、及时性、处理过程或内控方面的不足或缺陷。

11. 【答案】 C

【解析】 选项 A 不正确。部门的利润最大化或成本最小化不属于道德责任。

选项 B 不正确。鼓励员工发展与客户的关系也不属于监管者的道德责任。

选项 C 正确。根据《IMA 职业道德行为准则》，管理会计师有责任遵守保密标准，每个会员有责任去：①除非经授权或法律要求，否则要对相关机密信息保密（如配方、工艺等）；②告知相关各方如何正确使用保密信息，监督下属以确保遵守使用规则（如不要在公开场合大声交流机密信息、使用碎纸机、传真机资料保密等）；③避免不道德或非法使用保密信息（如告知竞争对手或出售保密信息等）。其中就包括监控下属的活动以确保他们的遵守。

选项 D 不正确。雇用与现有的员工相处融洽的新员工不属于监管者的道德责任，而且雇用与现有的员工相处融洽的新员工违反内部控制制度。

12. 【答案】 A

【解析】 选项 A 正确。根据《IMA 职业道德行为准则》，当面临道德问题，应该首先按照组织的既定政策来解决这种道德冲突，因此首先采取的措施是审查公司关于接收供应商礼物的政策。

选项 B 不正确，根据《IMA 职业道德行为准则》，当面临道德问题，应该首先按照组织的既定政策来解决这种道德冲突，因此首先采取的措施是审查公司关于接收供应商礼物的政策，而不是不考虑公司政策就直接拒绝与厂商进行任何进一步的交谈。

选项 C 不正确，根据《IMA 职业道德行为准则》，当面临道德问题，应该首先按照组织的既定政策来解决这种道德冲突，因此即使门票的价格低于 50 美元时签订合同也要先审查公司关于接收供应商礼物的政策。

选项 D 不正确。根据《IMA 职业道德行为准则》，当面临道德问题，应该首先按照组织的既定政策来解决这种道德冲突，当公司 CEO 也参与其中时，需要上报审计委员会。

13.【答案】C

【解析】选项 C 正确。美国《反海外腐败法》禁止贿赂外国官员。

选项 A、B、D 不正确。选项 A、B、D 属于正确的陈述。

14.【答案】C

【解析】选项 A 不正确。弊端揭发机制或道德热线有能力收集、分析并总结目前和潜在的道德问题，这是弊端揭发机制的优点。

选项 B 不正确。举报热线可以帮助发现组织内的欺诈，这是弊端揭发机制的优点。

选项 C 正确。如果揭发机制或道德热线被认为是一个告密方法，员工可能不愿意使用它们并且不认为有益处。

选项 D 不正确。举报热线可以为举报违反道德行为提供一个保密的方式，这是弊端揭发机制的优点。

15.【答案】B

【解析】选项 A、C、D 不正确。因为选项 A、C、D 属于这名会计师所违反的职业道德标准。

选项 B 正确。因为选项 B 语句来源于保密标准，但并不适合此情景。

16.【答案】A

【解析】选项 A 正确。披露信息、编写报告和执行分析的“主观性”，应为“客观性”。

选项 B、C、D 不正确。选项 B、C、D 属于管理会计师所应遵守的道德行为准则。

17.【答案】 D

【解析】 选项 A 不正确。并不构成正向激励。

选项 B 不正确。并没有增加合理化的便捷性。

选项 C 不正确。提高财务知识并不增加舞弊的可能性。

选项 D 正确。该公司的一项政策是让其原材料存货仓库的大门在正常营业时间打开，增加了原材料丢失的机会。

18.【答案】 B

【解析】 信托关系是客户广泛依赖专业人士的关系，因为专业知识差异很大。由于专业知识的差异，法院裁定受托人必须将客户的利益置于自己的利益之上。

选项 A 不正确。由于专业知识的差异，法院裁定受托人必须将客户的利益置于自己的利益之上。

选项 B 正确。由于客户本可以通过不利于受托人的决定赚更多钱，受托人违反了将客户利益放在首位的义务。因此，这是正确的答案。

选项 C 不正确。由于专业知识的不同，法院裁定受托人必须善意行事。这意味着他们需要向客户披露所有潜在的利益冲突。

选项 D 不正确。由于专业知识的差异，法院裁定受托人必须采取合理谨慎的行动。这意味着他们需要在做出决策时寻找相关信息，而不仅仅依赖于现成的信息。

19.【答案】 A

【解析】 选项 A 正确。面对道德问题时，采取的措施：先遵循组织关于如何解决此类冲突的既定政策，如果既定政策无法解决道德冲突，则应该考虑以下措施：

（1）与直接上司讨论所遇到的问题，但直接上司也牵涉其中时除外。

如果牵涉直接上司，就应该向更高级别的管理人员报告。

如果直接上司是首席执行官或同等职务的人，那么可以呈报给拥有审查、复核权限的机构，即审计委员会、执行委员会、董事会、理事会或股东等。

（2）如果未得到满意的答复，则应该向更高级别的管理人员报告。

（3）与管理会计师协会的道德顾问进行秘密讨论。

（4）向自己的律师咨询与道德冲突相关的法律义务与权利。

选项 B、C、D 不正确。不符合管理会计师所应遵循的顺序。

20.【答案】 B

【解析】 选项 B 正确。美国反海外腐败法并未指定必须按照 COSO 框架构建内部控制。

选项 A、C、D 不正确。选项 A、C、D 内容属于美国《反海外腐败法》的内部控制规定。

二、简答题

【解析】

1. A 公司是否接受玩具机器人的特殊订单，请写出计算过程。

解答：接受玩具机器人的特殊订单增加利润 =（145 - 55 - 40）×400 = 20 000 美元，应该接受。

2. 公司选择自制贴纸还是外购，请写出计算过程。

解答：（10 - 2 - 4）×5 000 - 6 000 = 14 000（美元），表明外购比自制贴纸多花费 14 000 美元，选择自制。

3. 自制和外购需考虑的两点非财务因素。

解答：自制和外购需考虑的两点非财务因素就是：质量和及时性。

4. a. 不考虑玩具机器人特殊订单，在企业自制贴纸情况下，请计算保本点的销售金额。

保本点的销售金额 =（170 000 + 6 000）÷（210 - 55 - 40 - 2 - 4）

= 1 615（件）

b. 若考虑玩具机器人特殊订单，且企业自制贴纸情况下，请计算保本点的销售件数。

设保本点销售量 = X

（210 - 55 - 40 - 2 - 4）× X +（145 - 95 - 6）×400 -（170 000 + 6 000）= 0

保本点销售量 = 1 454（件）

5. a. 根据《IMA 职业道德行为准则》，讨论 A 公司会计员发现的道德问题。

解答：公司首席财务官违反了保密标准，他没有做到：

（1）除非得到授权或依法予以披露，否则一定要保证信息的保密。

（2）通知所有相关的机构保证信息的保密。监管下属的行为，确保他们能够遵守命令。

（3）禁止任何人利用机密信息获取不道德的利益或非法牟利。

也违反了正直标准，从事了：①任何可能损害职业道德的活动。②从事或者支持使职业声誉受损的活动。

b. 会计员应如何解决此道德冲突。

在应用道德行为准则公告时，会员可能会面临在辨别不道德行为或者解决道德冲突的问题，可能会面临一些问题。在面临严重的道德问题时，会员应该遵守组织制定的冲突解决原则，如果无法用这些原则解决冲突的问题，那么会员应该考虑采取以下行动：

（1）除非是顶头上司也可能被牵扯到其中，否则应同顶头上司讨论相关问题。在这种情况下，应该直接将问题递交给上一级。如果在初次递交问题之后，问题并没有得到满意的解决，则要将问题递交给更高一级。如果顶头上司是首席执行官或类似职务的人，那么可接受问题的审查机构可以是审计委员会、执行委员会、董事会、托管人委员会或者所有权人等群体。假如顶头上司未被牵扯到这个问题中，只有在顶头上司了解情况后，才可同更高一级的上司联系。除非法律另有规定，我们认为将这些问题递交给未被该组织雇用的机构或者个人是不合适的。

（2）私下同 IMA 职业道德顾问服务或其他公正的咨询人员进行讨论，以明确有关道德问题，这样可以更好地理解可以采取哪些行动。

（3）有关道德冲突的法律责任与权利的情况，请咨询您自己的律师。

附　录

附录一　公式汇总

第一章　财务报表分析

1. 期末所有者权益 = 期初所有者权益 + 或 - 以前年度损益调整（税后）+ 或 - 净收益 - 宣告股利 - 其他异常事项
2. 共同基年报表 =（新的项目金额 ÷ 项目的基年金额）× 100%
3. 项目的年度增长率 =（新的项目金额 ÷ 老的项目金额）- 1
4. 营运资本净额 = 流动资产 - 流动负债
5. 流动比率 = 流动资产 ÷ 流动负债
6. 速动比率或酸性测试比率 =（现金 + 有价证券 + 应收账款）÷ 流动负债
7. 现金比率 =（现金 + 有价证券）÷ 流动负债
8. 现金流量比率 = 营业活动现金流量 ÷ 流动负债
9. 营运资本净额比率 = 营运资本净额 ÷ 资产总额
10. 财务杠杆系数 = 净利润的百分率变化 ÷ 息税前利润的百分率变化
    或者：财务杠杆系数 = 息税前利润（EBIT）÷ 税前利润（EBT）
11. 经营杠杆系数 = 息税前利润（EBIT）的百分率变化 ÷ 销售额的百分率变化
    或者：经营杠杆系数 = 边际贡献 ÷ 息税前利润（EBIT）
12. 总杠杆系数 = 经营杠杆系数 × 财务杠杆系数 = 边际贡献 ÷ {营业利润 - 利息费用 - [优先股股利 ÷（1 - 税率）]}
13. 财务杠杆比率 = 资产 ÷ 权益
14. 债务总额对资本总额比率 =（流动负债 + 长期负债）÷（债务总额 + 权益总额）
15. 负债权益比率 = 债务总额 ÷ 权益
16. 长期负债与权益比 =（债务总额 - 流动负债）÷ 权益
17. 债务对总资产比率（资产负债率）= 债务总额 ÷ 资产总额
18. 固定费用保障倍数 = 扣除固定费用和税款前的利润 ÷ 固定费用
    固定费用包括利息支出、预期本金还款以及租赁费用
19. 利息保障比率（利息保障倍数）= 息税前利润（EBIT）÷ 年利息费用
20. 现金流量对固定费用比率 =（营业活动现金流量 + 固定费用 + 税款）÷ 固定费用
21. 应收账款周转率 = 赊销额 ÷ 应收账款平均额
22. 存货周转率 = 产品销售成本 ÷ 平均存货

23. 应付账款周转率 = 赊购额 ÷ 应付账款平均额
24. 应收账款周转天数 = 应收账款平均额 ÷（赊销额 ÷ 365）
或者：应收账款周转天数 = 365 ÷ 应收账款周转次数
25. 存货周转天数 = 平均存货 ÷（销售成本 ÷ 365）
或者：存货周转天数 = 365 ÷ 存货周转次数
26. 应付账款付款天数 = 应付账款平均额 ÷（采购额 ÷ 365）
或者：应付账款付款天数 = 365 ÷ 应付账款周转率
27. 营业周期 = 应收账款周转天数 + 存货周转天数
28. 现金周转期 = 营业周期 − 应付账款付款天数
29. 资产总额周转率 = 销售额 ÷ 平均资产总额
30. 固定资产周转率 = 销售额 ÷ 不动产、房产和设备的平均净值
31. 毛利率 = 毛利额 ÷ 销售额
32. 营业利润率 = 营业利润 ÷ 销售额
33. 纯利润率 = 净利润 ÷ 销售额
34. 息税折旧摊销前获利率 = 息税折旧摊销前利润（EBITDA）÷ 销售额
35. 权益回报率（ROE）= 净利润 ÷ 平均权益额
36. 市价对账面值比率（市净率）= 股票市价 ÷ 每股账面价值
权益的账面价值 = 总资产 − 总负债 − 优先股账面价值
37. 市盈率 = 每股市价 ÷ 每股收益（EPS）
38. 市价对息税折旧摊销前利润比率 = 每股市价 ÷ 每股息税折旧摊销前利润
39. 每股账面价值 =（股东权益总额 − 优先股权益）÷ 发行在外的普通股股份数
40. 基本每股盈利 =（净利润 − 优先股股息）÷ 发行在外的普通股加权平均数（发行在外的股份数以发行在外的月份数加权）
41. 稀释后每股盈利 =（净利润 − 优先股股息）÷ 稀释后发行在外普通股加权平均股份数（稀释后每股盈利，是以可能因发行可转换证券和期权而增加的股份数进行调整而得的每股盈利额）
42. 收益率 = 每股收益 ÷ 普通股每股当前市场价格
43. 股利收益率 = 每股股利 ÷ 每股市价
44. 股利分发率 = 普通股股利 ÷ 可供向普通股股东分发的利润
45. 股东回报率 $R = [(P_t - P_{t-1}) + D_t]/P_{t-1}$
其中，
P_t：期末股票价格
P_{t-1}：期初股票价格
D_t：每股年度股利
46. 资产回报率（ROA）= 净利润 ÷ 资产平均总值 =（净利润 ÷ 销售额）×（销售额 ÷ 资产平均总值）= 销售利润率 × 资产周转率
47. 权益报酬率（ROE）= 净利润 ÷ 平均权益额 =（净利润 ÷ 资产平均总值）×（资产平均总值 ÷ 平均权益额）= 资产回报率（ROA）× 权益乘数
48. 普通股权益回报率 = 销售净利润率 × 资产总额周转率 × 权益乘数（杜邦体

系）=（净收益÷销售额）×（销售额÷资产平均总额）×（资产平均总额÷平均权益额）

49. 营业利润率=营业利润÷销售额
50. 净利润率=净利润÷销售额
51. 可持续增长率=（1－股利分发率）×权益报酬率（ROE）

第二章 公司财务

52. 股东收益率=（期末股票价格－期初股票价格+每股年度股利）÷期初股票价格

53. 期望值 $\overline{R} = \sum_{i=1}^{n}(R_i)(P_i)$

其中，

P_i：第 i 种结果出现的概率

R_i：第 i 种结果出现后的预期收益率

n：所有可能结果的数目

54. 标准差（σ）$= \sqrt{\sum_{i=1}^{n}(R_i - \overline{R})^2 \times P_i}$

其中，

n：可能概率的总个数

R_i：第 i 种可能的回报

P_i：该回报发生的概率

55. 变化系数=标准差÷均值

56. 投资组合的收益

$$R_p = \sum_{i=1}^{n} W_i R_i$$

其中，

R_i：第 i 种证券的预期收益率

W_i：第 i 种证券在全部投资额中的比重

n：组合中的证券种类总数

57. 投资组合收益率概率分布的标准差

$$\sigma_p = \sqrt{\sum_{j=1}^{n}\sum_{k=1}^{n} W_j W_k \sigma_{jk}}$$

其中，

n：组合内证券种类总数

W_j：第 j 种证券在投资总额中的比例

W_k：第 k 种证券在投资总额中的比例

σ_{jk}：第 j 种证券与第 k 种证券收益率的协方差

58. 相关系数：协方差除以标准差

$$Corr_{1,2}=\frac{Cov_{1,2}}{\sigma_1\sigma_2}$$

59. 资本资产定价模型

$$E(R_i)=R_f+\beta_i[E(R_m)-R_f]$$

其中，

$E(R_i)$：第 i 个股票的要求收益率

R_f：无风险收益率（通常以国库券的收益率作为无风险收益率）

$E(R_m)$：平均股票的要求收益率（指 $\beta=1$ 的股票要求的收益率，也是指包括所有股票的组合即市场组合要求的收益率）

在均衡状态下，$[E(R_m)-R_f]$：投资者为补偿承担超过无风险收益的平均风险而要求的额外收益，即风险价格

60. 度量一项资产系统风险的指标是 β 系数，用希腊字母 β 表示。

为某个资产的收益率与市场组合之间的相关性。其计算公式如下：

$$\beta_i=\frac{COV(R_i,\ R_m)}{\sigma_m^2}=\frac{r_{im}\sigma_i\sigma_m}{\sigma_m^2}=r_m\left(\frac{\sigma_i}{\sigma_m}\right)$$

61. $$\text{债券发行价格}=\frac{\text{债券面额}}{(1+\text{市场利率})^n}+\sum_{t=1}^{n}\frac{\text{债券年息}}{(1+\text{市场利率})^t}$$

溢价发行：票面利率 > 市场利率

折价发行：票面利率 < 市场利率

62. 有效久期 $=(V_- - V_+)/2V_0(\Delta y)$

其中，

V_-：收益率下降时 Δy 的债券价值

V_+：收益率上升时 Δy 的债券价值

V_0：当前债券价格

Δy：为得到 V_- 和 V_+，收益率的变化量，以小数形式表示

63. 零增长普通股价值（股利固定）

$$V_0=D/K_s$$

其中，

D：每年固定的股利

K_s：股东的要求报酬率，或者权益成本

64. 固定股利增长率普通股价值

$$P_0=D_1/(k-g)$$

其中，

P_0：第 0 年股票价值

D_1：第 1 年股利

k：要求报酬率，或权益成本

g：固定的股利增长率

65. 市销率（P/S）：每股市价 ÷ 每股销售收入，权益市值 ÷ 总销售收入

66. 优先股估价（同固定股利普通股价值计算公式）

$V_0 = D/K_s$

其中，

D：每年固定的股利

K_s：股东的要求报酬率，或者权益成本

67. 买权卖权等价理论 $C - P = S - K(1 + r)_T$

其中，

C：买权价格

K：履约价格

P：卖权价格

r：无风险利率

S：现货价格

T：时间

68. 资金成本 = 年资金占用费 ÷（筹资总额 - 筹资费用）= 年资金占用费 ÷ 筹资总额 ×（1 - 筹资费用率）

69. 债务资本成本 $K_b = \dfrac{I_b(1 - T)}{B(1 - F_b)}$

其中，

K_b：债券资本成本

I_b：债券年利息

T：所得税税率

B：债券筹资额（借款本金）

F_b：债券筹资费用率

70. 长期借款资本成本 $K_b = \dfrac{I(1 - T)}{L(1 - F)}$

长期借款若附加“补偿性余额”条款时，应从长期借款筹资额中扣除补偿性余额，从而资本成本会提高。

71. 普通股资本成本——股利折现 $K_L = \dfrac{I(1 - T)}{B(1 - F) - \text{补偿性余额}}$

$$K_{nc} = \frac{D_c}{P_c(1 - F_c)} + G$$

发行新优先股资金成本 = 优先股股利 ÷ 优先股股价

发行新普通股资金成本 = 第一年普通股股利 ÷ 普通股发行价格 ×（1 - 发行费用率）+ 股利

72. 留存收益资本成本

$K_e = D_1/P_0 + g$

73. 加权平均资本成本 $K_w = \sum_{j=1}^{n} K_j W_j$

其中，

K_j：第 j 种个别资本成本

W_j：第 j 种个别资本市场价值占全部资本市场价值的比重（权数）

74. 最佳现金持有量 $C=\sqrt{\frac{2FT}{K}}$

其中，

C：最高现金余额（每次证券转换额）

K：投资机会成本

F：每次固定交易费用

T：一定时期内现金的总需要量

75. 放弃现金折扣的年成本 $i=\frac{r}{1-r}\times\frac{360}{d}=\frac{\text{现金折扣率}}{1-\text{折扣率}}\times\frac{360}{\text{超过折扣期限付款天数}}$

76. 应收账款机会成本 = 维持赊销业务所需要的资金 × 有价证券利息率

其中，

维持赊销所需要的资金 = 应收账款平均余额 × 变动成本率

应收账款平均余额 =（期初应收账款 + 期末应收账款）÷2 =（赊销收入 ÷360）× 平均收款期

变动成本率 = 变动成本 ÷ 销售收入

77. 应收账款机会成本 $=\frac{\text{年销售收入}\times\text{平均收款期}}{360}\times$ 企业投资收益率

78. 应收账款保理取得的现金 =（应收账款面值 − 准备金金额 − 贴现手续费费用）− 收回应收账款前需要支付的利息

79. 存货经济订货批量 $Q^*=\sqrt{\frac{2DK}{C}}$

80. 存货订购点 = 存货的每天平均需要量 × 订货提前期 + 安全存量

81. 存货安全存量 =（预计每天的最大耗用量 − 每天正常的平均耗用量）× 订货提前期

82. 协同效益 = 联合企业的价值 − 两企业单一价值之和

83. 净增现金流量 = 增加的收入 − 增加的成本 − 增加的税负 − 增加的资本需求

第三章　决策分析

84. 成本/数量/利润分析

（1）单位边际贡献 = 单位单价 − 单位变动成本

（2）总边际贡献 = 单位边际贡献 × 销售量

或者：总边际贡献 = 总收入 − 总变动成本

（3）边际贡献率 = 单位边际贡献 ÷ 单价

或者：边际贡献率 = 总边际贡献 ÷ 总收入

85. 等式法

营运利润 = 总收入 − 总变动成本 − 总固定成本

=单价×销售量-单位变动成本×销售量-总固定成本

=销售量×(单价-单位变动成本)-总固定成本

86. 边际贡献法

(1) 按单位数计算的保本点=固定成本÷每单位的边际贡献

(2) 按金额计算的保本点=固定成本÷(每单位的边际贡献÷销售价格)=固定成本÷边际贡献率

(3) 安全边际=计划销售量-保本销售量

安全边际率=安全边际÷计划销售量

销售利润=安全边际销售量×单位产品贡献毛益=安全边际销售额×产品贡献毛益率

销售利润率=安全边际率×贡献毛益率

实现目标净利润的销售量=(目标净利润+固定成本)÷每单位的边际贡献

实现目标净利润的销售额=(目标净利润+固定成本)÷(每单位的边际贡献÷销售价格)=固定成本÷边际贡献率

目标净利润=营业利润×(1-税率)

87. 多产品本量利分析

单位加权边际贡献=(产品A的边际贡献×销售量+产品B的边际贡献×销售量+…+产品N的边际贡献×销售量)÷(产品A销售量+产品B销售量+…+产品N销售量)

按数量计算的保本点(盈亏平衡销售量)=固定成本÷单位加权边际贡献

88. $需求价格弹性系数=\frac{需求变动百分比}{价格变动百分比}=\frac{需求变量/原需求量\times 100\%}{价格变量/原价格\times 100\%}$

中点公式法：$需求价格弹性系数=\frac{(Q_2-Q_1)/[(Q_2+Q_1)/2]}{(P_2-P_1)/[(P_2+P_1)/2]}$

第五章 投资决策

89. 初始现金流量：新资产成本及额外的资本支出(运输、安装、调试)

-或+净营运资本的增加或减少

-或+旧资产出售的净收入

-或+旧资产出售的纳税效应

=初始期现金流

90. 营业现金流量：

年营业现金净流量=营业收入-付现成本-所得税

年营业现金流量=净利润+折旧

年营业现金流量=税后收入-税后成本+税负减少=营业收入×(1-税率)-付现成本×(1-税率)+折旧×税率

其中，折旧×税率被称为“折旧抵税额”或“税收挡板”

91. 终结现金流量：是指投资项目完结时所发生的现金流量。

固定资产的残值净收入或变价净收入

原来垫支在各种流动资产上的流动资金回收
停止使用的土地变价收入
+任何处置资产的残值
-或+处置资产而产生的纳税效应（税负或纳税节省）
+或-净营运资本水平重新收回的增加或减少
=终结期增量现金流

92. 平均报酬率或投资报酬率 = EBIT ×（1 - 税率）÷ 净初始投资
净初始投资 =（起点投资 + 终点投资）÷ 2
93. 净现值 = 未来报酬的总现值 - 初始投资的现值
94. 投资回收期 = 初始投资额 ÷ 预期年净现金流
95. 在现金流不均匀的情况下，回收期 = 初始投资全部收回前的年数 + 最后一年年初时的未收回成本 ÷ 最后一年的现金流
96. 通货膨胀条件下名义利率与实际利率的关系为：
1 + 名义利率 =（1 + 实际利率）×（1 + 通货膨胀率）
或者：名义利率 =（1 + 实际利率）÷（1 + 通货膨胀率）- 1
通货膨胀条件下的实际现金流量为：第 t 年的实际现金流量 = 第 t 年的名义现金流量 ÷（1 + 年通货膨胀率）^{t}

附录二　美国注册管理会计师（CMA）学习成果说明

Certified Management Accountant
Learning Outcome Statements
（Content Specification Outline effective January 2020）
注册管理会计师
学习成果公告
（内容大纲2020年1月生效）

Part 2　Strategic Financial Management
第二部分　战略财务管理

Section A. Financial Statement Analysis（20%—Levels A，B，and C）
第A节　财务报表分析（20%——A级、B级和C级）

Part 2　Section A. 1. Basic Financial Statement Analysis
第二部分　第A.1节　基本财务报表分析

The candidate should be able to：

考生应能：

a. for the balance sheet and income statement，prepare and analyze common-size financial statements；i. e.，calculate percentage of assets and sales，respectively；also called vertical analysis 编制并分析资产负债表和利润表的同比财务报表；即分别按资产百分比和收入百分比计算；也称纵向分析

b. for the balance sheet and income statement，prepare a comparative financial statement horizontal analysis；i. e.，calculate trend year over year for every item on the financial statement compared to a base year 编制并横向分析资产负债表和利润表的比较财务报表；即将财务报表上各科目与基年的同项数据进行比较，计算趋势

c. calculate the growth rate of individual line items on the balance sheet and income statement 计算资产负债表和利润表上各个项目的增长率

Part 2　Section A. 2. Financial Ratios
第二部分　第 A. 2 节　财务比率

The candidate should be able to:

考生应能:

Liquidity

流动性

a. calculate and interpret the current ratio, the quick (acid-test) ratio, the cash ratio, the cash flow ratio, and the net working capital ratio 计算并解释流动比率、速动(酸性测试)比率、现金比率、现金流量比率和净营运资本比率

b. explain how changes in one or more of the elements of current assets, current liabilities, and/or unit sales can change the liquidity ratios and calculate that impact 解释流动资产、流动负债,和/或单位产品销售额中的一项或多项元素的变化如何能改变流动性比率,并计算其影响

c. demonstrate an understanding of the liquidity of current liabilities 理解流动负债的流动性

Leverage

杠杆

d. define solvency 定义偿付能力

e. define operating leverage and financial leverage 定义营运杠杆和财务杠杆

f. calculate degree of operating leverage and degree of financial leverage 计算营运杠杆系数和财务杠杆系数

g. demonstrate an understanding of the effect on the capital structure and solvency of a company with a change in the composition of debt vs. equity by calculating leverage ratios 通过计算各项杠杆比率,理解一个公司负债对权益比率的变化对其资本结构和偿付能力的影响

h. calculate and interpret the financial leverage ratio, and determine the effect of a given change in capital structure on this ratio 计算并解释财务杠杆比率,并确定资本结构发生某一变化时对该比率的影响

i. calculate and interpret the following ratios: debt-to-equity, long-term debt-to-equity, and debt-to-total assets 计算并解释下列各项比率:债务对权益、长期债务对权益,以及债务对总资产

j. define, calculate, and interpret the following ratios: fixed charge coverage (earnings to fixed charges), interest coverage (times interest earned), and cash flow to fixed charges 定义、计算并解释下列各项比率:固定费用保障(利润对固定费用)、利息保障(利息保障倍数),和现金流量对固定费用

k. discuss how capital structure decisions affect the risk profile of a firm 讨论资本结构如何影响企业的整体风险状况

Activity

活动性

l. calculate and interpret accounts receivable turnover, inventory turnover and accounts payable turnover 计算并解释应收账款周转率、存货周转率和应付账款周转率

m. calculate and interpret days sales outstanding in receivables, days sales in inventory, and days purchases in accounts payable 计算并解释应收账款回收天数、存货销售天数和应付账款付款天数

n. define and calculate the operating cycle and the cash cycle of a firm 定义并计算企业的营业周期和现金周期

o. calculate and interpret total assets turnover and fixed asset turnover 计算并解释总资产周转率和固定资产周转率

Profitability

获利能力

p. calculate and interpret gross profit margin percentage, operating profit margin percentage, net profit margin percentage, and earnings before interest, taxes, depreciation, and amortization (EBITDA) margin percentage 计算并解释毛利率、营业利润率、净利润率和息税折旧摊销前利润(EBITDA)率

q. calculate and interpret return on assets (ROA) and return on equity (ROE) 计算并解释资产回报率(ROA)和权益回报率(ROE)

Market

市场

r. calculate and interpret the market/book ratio, and the price/earnings ratio 计算并解释市净率和市盈率

s. calculate and interpret book value per share 计算并解释每股账面价值

t. identify and explain the limitations of book value per share 识别并解释每股账面价值的局限性

u. calculate and interpret basic and diluted earnings per share 计算并解释基本每股收益和稀释后每股收益

v. calculate and interpret earnings yield, dividend yield, dividend payout ratio and shareholder return 计算并解释收益率、股利率、股利分发率和股东回报率

General

综合

w. identify the limitations of ratio analysis 识别比率分析的局限性

x. demonstrate a familiarity with the sources of financial information about public companies and industry ratio averages 熟悉上市公司财务信息的来源和行业平均

比率

y. evaluate the financial strength and performance of an entity based on multiple ratios 根据多项比率评估一个实体的财务实力和绩效

Part 2　Section A. 3. Profitability analysis
第二部分　第 A. 3 节　获利能力分析

The candidate should be able to:

考生应能:

a. demonstrate an understanding of the factors that contribute to inconsistent definitions of "equity," "assets," and "return" when using ROA and ROE 理解在使用资产回报率（ROA）和普通股权益回报率（ROE）时导致"权益""资产"和"回报"的定义不一致的因素

b. determine the effect on return on total assets of a change in one or more elements of the financial statements 确定财务报表一项或多项元素的变化对资产总额回报率的影响

c. identify factors to be considered in measuring income, including estimates, accounting methods, disclosure incentives, and the different needs of users 识别衡量收益时应考虑的因素，包括估计、会计方法、披露动机和使用者的不同需求

d. explain the importance of the source, stability, and trend of sales and revenue 解释销售和收入的来源、稳定性和趋势的重要性

e. demonstrate an understanding of the relationship between revenue and receivables and revenue and inventory 理解收入和应收账款以及收入和存货的关系

f. determine and analyze the effect on revenue of changes in revenue recognition and measurement methods 确定并分析收入的确认和计量方法的变化对收入的影响

g. analyze cost of sales by calculating and interpreting the gross profit margin 通过计算和解释毛利率来分析营业成本

h. distinguish between gross profit margin, operating profit margin and net profit margin and analyze the effects of changes in the components of each 区分毛利率、营业利润率和净利润率，并分析其组成部分的变化所带来的影响

i. define and perform a variation analysis (percentage change over time) 定义并进行差异分析（随时间变化的百分比）

j. calculate and interpret sustainable equity growth 计算并解释权益的可持续增长

Part 2　Section A. 4. Special issues
第二部分　第 A. 4 节　特殊问题

The candidate should be able to:

考生应能:

a. demonstrate an understanding of the impact of foreign exchange fluctuations 理解外汇波动的影响

1. identify and explain issues in the accounting for foreign operations（e. g. , historical vs. current rate and the treatment of translation gains and losses）识别并解释国外业务在会计上所带来的问题（例如采用历史汇率还是现时汇率和如何处理换算损益）

2. define functional currency 定义功能性货币

3. calculate the financial ratio impact of a change in exchange rates 计算汇率变化对财务比率的影响

4. discuss the possible impact on management and investor behavior of volatility in reported earnings 讨论盈利的波动性给管理层和投资者的行为可能带来的影响

b. demonstrate an understanding of the impact of inflation on financial ratios and the reliability of financial ratios 理解通货膨胀对于财务比率和财务比率可靠性的影响

c. describe how to adjust financial statements for changes in accounting treatments（principles，estimates，and errors）and how these adjustments impact financial ratios 描述如何调整财务报表来应对会计处理的变更（会计政策、会计估计和会计差错），以及这些调整如何影响财务比率

d. distinguish between book value and market value; and distinguish between accounting profit and economic profit 区分账面价值和市场价值；区分会计利润和经济利润

e. identify the determinants and indicators of earnings quality，and explain why they are important 识别收益质量的决定因素和指标，并解释它们的重要性

Section B. Corporate Finance（20%—Levels A，B，and C）
第 B 节　公司财务（20%——A 级、B 级和 C 级）

Part 2　Section B. 1. Risk and return
第二部分　第 B. 1 节　风险和报酬

The candidate should be able to：

考生应能：

a. calculate rates of return 计算回报率

b. identify and demonstrate an understanding of systematic（market）risk and unsystematic（company）risk 识别并理解系统性（市场）风险和非系统性（公司）风险

c. identify and demonstrate an understanding of credit risk，foreign exchange risk，interest rate risk，market risk，industry risk and political risk 识别并理解信贷风险、外汇风险、利率风险、市场风险、行业风险和政治风险

d. demonstrate an understanding of the relationship between risk and return 理

解风险与回报之间的关系

e. distinguish between individual security risk and portfolio risk 区分个别证券风险和投资组合风险

f. demonstrate an understanding of diversification 理解分散风险

g. define beta and explain how a change in beta impacts a security's price 定义 β 值并解释 β 值的变化如何影响证券的价格

h. demonstrate an understanding of the Capital Asset Pricing Model (CAPM) and calculate the expected risk-adjusted returns using CAPM 理解资本资产定价模型（CAPM），并应用 CAPM 计算风险调整后的预期回报率

Part 2　Section B. 2. Long-term financial management
第二部分　第 B. 2 节　长期财务管理

The candidate should be able to:

考生应能：

a. describe the term structure of interest rates, and explain why it changes over time 描述利率期限结构，并解释为什么它随时间而变

b. define and identify the characteristics of common stock and preferred stock 定义并识别普通股和优先股的特点

c. identify and describe the basic features of a bond such as maturity, par value, coupon rate, provisions for redeeming, conversion provisions, covenants, options granted to the issuer or investor, indentures, and restrictions 识别并描述债券的基本特征，诸如到期日、面值、票面利率、赎回条款、证券转换条款、协定条款、给予发行人或投资人的期权、契约条件和限制性条件

d. identify and evaluate debt issuance or refinancing strategies 识别和评价发行债券或再融资策略

e. value bonds, common stock, and preferred stock using discounted cash flow methods 采用现金流量折现法确定债券、普通股和优先股的价值

f. demonstrate an understanding of duration as a measure of bond interest rate sensitivity 理解存续期作为债券利率敏感性的一项指标

g. explain how income taxes impact financing decisions 解释所得税如何影响融资决策

h. define and demonstrate an understanding of derivatives and their uses 定义并理解衍生工具及其用途

i. identify and describe the basic features of futures and forwards 识别并描述期货和远期的基本特征

j. distinguish a long position from a short position 区分多头与空头

k. define options and distinguish between a call and a put by identifying the characteristics of each 定义期权，并通过识别看涨期权和看跌期权的特征区分这两种期权

l. define strike price (exercise price), option premium, and intrinsic value 定义击发价格(行使价格),期权费和内在价值

m. demonstrate an understanding of the interrelationship of the variables that comprise the value of an option; e. g. , relationship between strike price (exercise price) and value of a call 理解组成期权价值的各项变量之间的相互关系,例如击发价格(行使价格)与看涨期权价值之间的关系

n. define interest rate and foreign currency swaps 定义利率互换和外汇互换

o. define and identify characteristics of other sources of long-term financing, such as leases, convertible securities, and warrants 定义并识别其他长期融资的特征,例如租赁,可转换证券和权证

p. demonstrate an understanding of the relationship among inflation, interest rates, and the prices of financial instruments 理解通货膨胀、利率和金融工具价格之间的关系

q. define the cost of capital and demonstrate an understanding of its applications in capital structure decisions 定义资本成本,并理解其在资本结构决策中的应用

r. determine the weighted average cost of capital and the cost of its individual components 确定加权平均资本成本和其各个组成部分的成本

s. calculate the marginal cost of capital 计算边际资本成本

t. explain the importance of using marginal cost as opposed to historical cost 解释采用边际成本而非历史成本的重要性

u. demonstrate an understanding of the use of the cost of capital in capital investment decisions 理解资本成本在资本投资决策中的运用

v. demonstrate an understanding of how income taxes impact capital structure and capital investment decisions 理解所得税如何影响资本结构和资本投资决策

w. use the constant growth dividend discount model to value stock and demonstrate an understanding of the two-stage dividend discount model 运用固定增长股利折现模型为股票估价,并理解两阶段股利折现模型

x. demonstrate an understanding of relative or comparable valuation methods, such as price/earnings (P/E) ratios, market/book ratios, and price/sales ratios 理解相关的或可比的各种估值方法,诸如市盈(P/E)率、市净率、市销率

Part 2 Section B. 3. Raising capital
第二部分 第 B. 3 节 筹集资本

The candidate should be able to:

考生应能:

a. identify the characteristics of the different types of financial markets and exchanges 识别不同类型的金融市场和交易所的特征

b. demonstrate an understanding of the concept of market efficiency, including the strong form, semi-strong form, and weak form of market efficiency 理解市场效

率的概念，包括强势、半强势和弱势市场效率

c. describe the role of the credit rating agencies 描述信用评级机构的任务

d. demonstrate an understanding of the roles of investment banks, including underwriting, advice, and trading 理解投资银行的业务，包括证券承销、咨询和交易

e. define initial public offerings（IPOs）定义首次公开募股（IPOs）

f. define subsequent/secondary offerings 定义再次（二次）发行

g. describe lease financing, explain its benefits and disadvantages, and calculate the net advantage to leasing using discounted cash flow concepts 描述租赁融资，解释其优点与缺点，并运用现金流量折现概念计算租赁的净利益

h. define the different types of dividends, including cash dividends, stock dividends, and stock splits 定义不同类型的股利，包括现金股利、股票股利和股票分割

i. identify and discuss the factors that influence the dividend policy of a firm 识别并讨论影响一个企业股利政策的各项因素

j. demonstrate an understanding of the dividend payment process for both common and preferred stock 理解普通股和优先股的股利发放程序

k. define share repurchase and explain why a firm would repurchase its stock 定义股份回购，并解释为什么企业要回购其股票

l. define insider trading and explain why it is illegal 定义内幕交易，并解释为什么它是非法的

Part 2　Section B. 4. Working capital management
第二部分　第 B. 4 节　营运资本管理

The candidate should be able to:

考生应能：

Working capital

营运资本

a. define working capital and identify its components 定义营运资本并识别其组成部分

b. calculate net working capital 计算净营运资本

c. explain the benefit of short-term financial forecasts in the management of working capital 解释短期财务预测在营运资本管理中的优点

Cash

现金

d. identify and describe factors influencing the levels of cash 识别并描述影响现金水平的因素

e. identify and explain the three motives for holding cash 识别并解释持有现金

的三项动机

f. prepare forecasts of future cash flows 编制未来现金流量的预测

g. identify methods of speeding up cash collections 识别加快现金收回的方法

h. calculate the net benefit of a lockbox system 计算锁箱系统的净利益

i. define concentration banking 定义集中银行制

j. demonstrate an understanding of compensating balances 理解补偿性余额

k. identify methods of slowing down disbursements 识别延期支付的方法

l. demonstrate an understanding of disbursement float and overdraft systems 理解付款浮游量和透支制度

Marketable securities

有价证券

m. identify and describe reasons for holding marketable securities 识别和描述持有有价证券的理由

n. define the different types of marketable securities, including money market instruments, T - bills, treasury notes, treasury bonds, repurchase agreements, federal agency securities, bankers' acceptances, commercial paper, negotiable CDs, Eurodollar CDs, and other marketable securities 定义各种有价证券，包括货币市场工具、短期国库券、中期国库券、长期国库券、回购协议、联邦机构证券、银行承兑汇票、商业票据、可转让定期存单、欧洲美元定期存单和其他有价证券

o. evaluate the trade-offs among the variables in marketable security selections, including safety, marketability/liquidity, yield, maturity, and taxability 评估在选择有价证券时的各项变量包括安全性、适销性/流动性、收益率、到期日和可征税性之间的权衡

p. demonstrate an understanding of the risk and return trade-off 理解风险和回报之间的权衡

Accounts receivable

应收账款

q. identify the factors influencing the level of receivables 识别影响应收账款水平的因素

r. demonstrate an understanding of the impact of changes in credit terms or collection policies on accounts receivable, working capital and sales volume 理解信贷条件或收账政策的变化对应收账款、营运资本和销售量的影响

s. define default risk 定义违约风险

t. identify and explain the factors involved in determining an optimal credit policy 识别并解释确定最优信贷政策时所涉及的各项因素

Inventory

存货

u. define lead time and safety stock; identify reasons for carrying inventory and the factors influencing its level 定义交付周期和安全库存；识别持有存货的原因和影响存货量的各因素

v. identify and calculate the costs related to inventory, including carrying costs, ordering costs and shortage (stockout) costs 识别并计算与存货有关的各项成本，包括持有成本、订货成本、短缺（缺货）成本

w. explain how a just-in-time (JIT) inventory management system helps manage inventory 解释适时存货管理系统是如何帮助管理存货的

x. identify the interaction between high inventory turnover and high gross margin (calculation not required) 识别高存货周转率和高毛利率之间的相互影响（不要求计算）

y. demonstrate an understanding of economic order quantity (EOQ) and how a change in one variable would affect the EOQ (calculation not required) 理解经济订货量（EOQ），以及某变量的变化如何影响 EOQ（不需要作计算）

Short-term credit and working capital cost management

短期信贷和营运资本的成本管理

z. demonstrate an understanding of how risk affects a firm's approach to its current asset financing policy (aggressive, conservative, etc.) 理解风险如何影响企业流动资产融资政策的方式（激进式的、保守式的，等等）

aa. identify and describe the different types of short-term credit, including trade credit, short-term bank loans, commercial paper, lines of credit, and bankers' acceptances 识别并描述不同类型的短期信贷，包括商业信用、短期银行贷款、商业票据、信用额度和银行承兑汇票

bb. estimate the annual cost and effective annual interest rate of not taking a cash discount 估计未利用现金折扣的年化成本和实际年利率

cc. calculate the effective annual interest rate of a bank loan with a compensating balance requirement and/or a commitment fee 计算有补偿性余额要求和/或承诺费情况下的银行贷款的实际年利率

dd. demonstrate an understanding of factoring accounts receivable and calculate the cost of factoring 理解出让应收账款，并计算出让应收账款的成本

ee. explain the maturity matching or hedging approach to financing 解释资产负债的到期匹配或套期保值的融资方式

ff. demonstrate an understanding of the factors involved in managing the costs of working capital 理解与营运资本成本管理相关的因素

General

综合

gg. recommend a strategy for managing current assets that would fulfill a given objective 推荐一项管理流动资产的策略以实现某给定的目标

Part 2 Section B. 5. Corporate restructuring
第二部分 第 B. 5 节 公司重组

The candidate should be able to:

考生应能:

a. demonstrate an understanding of the following:

i. mergers and acquisitions, including horizontal, vertical, and conglomerate

ii. leveraged buyouts

理解以下概念:

i. 合并和收购, 包括平行并购、垂直并购和混合并购

ii. 杠杆收购

b. identify defenses against takeovers (e. g. , golden parachute, leveraged recapitalization, poison pill (shareholders' rights plan), staggered board of directors, fair price, voting rights plan, white knight) 识别防御收购的方式（例如, 黄金降落伞、杠杆资本重组、毒丸计划（股东权利计划）、交错董事会、公平议价、投票权计划、白衣骑士方案）

c. identify and describe divestiture concepts such as spin-offs, split-ups, equity carve-outs, and tracking stock 识别并描述资产剥离的各项概念, 诸如分拆、分割、股权切离和追踪股

d. evaluate key factors in a company's financial situation and determine if a restructuring would be beneficial to the shareholders 评估影响一家公司财务状况的重要因素, 并确定重组是否对股东有利

e. identify possible synergies in targeted mergers and acquisitions 识别目标并购可能获得的协同效应

f. value a business, a business segment, and a business combination using discounted cash flow method 运用现金流量折现法为企业、企业分部和企业合并估值

g. evaluate a proposed business combination and make a recommendation based on both quantitative and qualitative considerations 根据定量和定性因素, 对所提议的企业合并作出评估和建议

Part 2 Section B. 6. International finance
第二部分 第 B. 6 节 国际金融

The candidate should be able to:

考生应能:

a. demonstrate an understanding of foreign currencies and how foreign currency affects the prices of goods and services 理解外汇，以及外汇如何影响产品与服务的价格

b. identify the variables that affect exchange rates 识别影响汇率的变量

c. calculate whether a currency has depreciated or appreciated against another currency over time, and evaluate the impact of the change 计算一种货币在一段时间内对另外一种货币是贬值还是升值，并评估该变化的影响

d. demonstrate how currency futures, currency swaps, and currency options can be used to manage exchange rate risk 理解如何使用货币期货、货币互换和货币期权管理汇率风险

e. calculate the net profit/loss of cross-border transactions, and evaluate the impact of this net profit/loss 计算跨境交易的净利润/亏损，并评估该净利润/亏损的影响

f. recommend methods of managing exchange rate risk and calculate the net profit/loss of your strategy 推荐管理汇率风险的方法，并计算在你的策略下获得的净利润/亏损

g. identify and explain the benefits of international diversification 识别并解释跨国多元化经营的优势

h. identify and explain common trade financing methods, including cross-border factoring, letters of credit, banker's acceptances, forfaiting, and countertrade 识别并解释一般贸易融资的方法，包括跨境应收账款出让、信用证、银行承兑汇票、未偿债务买卖和对销贸易

Section C. Decision Analysis (25%—Levels A, B, and C)
第 C 节　决策分析（25%——A 级、B 级和 C 级）

Part 2　Section C. 1. Cost/volume/profit analysis
第二部分　第 C. 1 节　成本/数量/利润分析

The candidate should be able to:

考生应能：

a. demonstrate an understanding of how cost/volume/profit (CVP) analysis (break-even analysis) is used to examine the behavior of total revenues, total costs, and operating income as changes occur in output levels, selling prices, variable costs per unit, or fixed costs 理解本量利（CVP）分析（保本分析）如何用于检查当产出水平、售价、单位产品变动成本，或固定成本发生变化时，对其收入总额、成本总额和营业利润习性的影响

b. calculate operating income at different operating levels 计算不同营业水平时的营业利润

c. differentiate between costs that are fixed and costs that are variable with respect to levels of output 根据对产出水平变化的反应，把成本区分为固定成本和变动成本

d. explain why the classification of fixed vs. variable costs is affected by the time-frame being considered 解释为什么对固定成本与变动成本的分类，受所考虑的时间期限的影响

e. calculate contribution margin per unit and total contribution margin 计算单位边际贡献和总边际贡献

f. calculate the breakeven point in units and dollar sales to achieve targeted operating income or targeted net income 计算为达到目标营业利润或目标净利润所需要的按单位数量计算的保本点和按金额计算的保本点

g. demonstrate an understanding of how changes in unit sales mix affect operating income in multiple-product situations 理解在多产品的情况下单位销售组合的变化如何影响营业利润

h. calculate multiple-product breakeven points given percentage share of sales and explain why there is no unique breakeven point in multiple-product situations 在给定销售组合百分比的情况下，计算多产品保本点，并解释为什么在多产品的条件下，保本点不止一个

i. define, calculate, and interpret the margin of safety and the margin of safety ratio 定义、计算并解释安全边际和安全边际比率

j. explain how sensitivity analysis can be used in CVP analysis when there is uncertainty about sales 解释当销售情况不确定时，敏感性分析如何能用于本量利分析

k. analyze and recommend a course of action using CVP analysis 运用本量利分析，分析并推荐应采取的行动

l. demonstrate an understanding of the impact of income taxes on CVP analysis 理解所得税对于本量利分析的影响

Part 2 Section C. 2. Marginal analysis
第二部分 第 C. 2 节 边际分析

The candidate should be able to:

考生应能：

a. identify and define relevant costs (incremental, marginal, or differential costs), sunk costs, avoidable costs, explicit and implicit costs, split-off point, joint production costs, separable processing costs, and relevant revenues 识别并定义相关成本（增量成本、边际成本或差量成本）、沉没成本、可避免成本、显性成本和隐性成本、分离点、联合生产成本、可分离成本，以及相关收入

b. explain why sunk costs are not relevant in the decision-making process 解释为什么沉没成本与决策过程不相关

c. demonstrate an understanding of and calculate opportunity costs 理解并计算

机会成本

d. calculate relevant costs given a numerical scenario 在给定数据的情况下，计算相关成本

e. define and calculate marginal cost and marginal revenue 定义并计算边际成本和边际收入

f. identify and calculate total cost, average fixed cost, average variable cost, and average total cost 识别并计算总成本、平均固定成本、平均变动成本和平均总成本

g. demonstrate proficiency in the use of marginal analysis for decisions such as (a) introducing a new product or changing output levels of existing products, (b) accepting or rejecting special orders, (c) making or buying a product or service, (d) selling a product or performing additional processes and selling a more value-added product, and (e) adding or dropping a segment 熟练运用边际分析做出决策，例如（a）推出一种新产品或改变现有产品的产出量，（b）接受或拒绝特殊订单，（c）自制或外购一种产品或劳务，（d）销售一种产品或对该产品作进一步加工使其更增值后再销售，（e）增设或撤销一个分部

h. calculate the effect on operating income of a decision to accept or reject a special order when there is idle capacity and the order has no long-run implications 计算当存在闲置产能，且某个特殊订单没有长期影响时，接受或拒绝该特殊订单对营业利润的影响

i. identify and describe qualitative factors in make-or-buy decisions, such as product quality and dependability of suppliers 识别并描述自制或外购决策中的各项定性因素，诸如产品的质量和供应商的可靠性

j. calculate the effect on operating income of a make-or-buy decision 计算自制或外购决策对营业利润的影响

k. calculate the effects on operating income of a decision to sell or process further or to drop or add a segment 计算出售或进一步加工的决策亦或撤销或增设一个分部的决策对营业利润的影响

l. identify the effects of changes in capacity on production decisions 识别产能变化对生产决策的影响

m. demonstrate an understanding of the impact of income taxes on marginal analysis 理解所得税对边际分析的影响

n. recommend a course of action using marginal analysis 运用边际分析提出建议

Part 2　Section C. 3. Pricing
第二部分　第 C. 3 节　定价

The candidate should be able to:

考生应能：

a. identify different pricing methodologies, including market comparables, cost-based, and value-based approaches 识别不同的定价方法，包括市场可比数据，以成本为基础和以价值为基础的定价法

b. differentiate between a cost-based approach (cost-plus pricing, mark-up pricing) and a market-based approach to setting prices 区分以成本为基础的定价法（成本加成定价法、成本溢价定价法）和以市场为基础的定价法

c. calculate selling price using a cost-based approach 用以成本为基础的定价法计算销售价格

d. demonstrate an understanding of how the pricing of a product or service is affected by the demand for and supply of the product or service, as well as the market structure within which it operates 理解产品或劳务的定价如何受该产品或劳务供需状况的影响，同时也受该企业经营所在的市场结构的影响

e. demonstrate an understanding of the impact of cartels on pricing 理解卡特尔对定价的影响

f. demonstrate an understanding of the short-run equilibrium price for the firm in (1) pure competition; (2) monopolistic competition; (3) oligopoly; (4) monopoly using the concepts of marginal revenue and marginal cost 应用边际收入和边际成本的概念，理解企业在完全竞争、垄断性竞争、寡头垄断，以及垄断下的短期均衡价格

g. identify techniques used to set prices based on understanding customers' perceptions of value and competitors' technologies, products, and costs 识别基于客户对价值的看法和竞争对手的技术、产品和成本的理解而制订价格所采用的定价技术

h. define and demonstrate an understanding of target pricing and target costing and identify the main steps in developing target prices and target costs 定义并理解目标定价法和目标成本法，识别确定目标价格和目标成本的主要步骤

i. define value engineering 定义价值工程

j. calculate the target operating income per unit and target cost per unit 计算单位目标营业利润和单位目标成本

k. define and distinguish between a value-added cost and a nonvalue-added cost 定义并区分增值成本和非增值成本

l. define the pricing technique of cost plus target rate of return 定义成本加目标回报率的定价方法

m. calculate the price elasticity of demand using the midpoint formula 应用中点公式计算需求的价格弹性

n. define and explain elastic and inelastic demand 定义并解释弹性需求和非弹性需求

o. estimate total revenue given changes in prices and demand as well as elasticity 根据给定的价格变化、需求变化和弹性，估计总收入

p. discuss how pricing decisions can differ in the short-run and in the long-run 讨论短期定价决策和长期定价决策如何会有所区别

q. define product life cycle; identify and explain the four stages of the product life cycle; and explain why pricing decisions might differ over the life of a product 定义产品生命周期；识别并解释产品生命周期的四个阶段；解释在不同的生命周期阶段为什么定价决策会有所不同

r. evaluate and recommend pricing strategies under specific market conditions 评估并推荐在具体的市场条件下的定价策略

Section D. Risk Management (10%—Levels A, B, and C)
第 D 节　风险管理（10%——A 级、B 级和 C 级）

Part 2　Section D. 1. Enterprise risk
第二部分　第 D. 1 节　企业风险

The candidate should be able to:

考生应能：

a. identify and explain the different types of risk, including business risk, hazard risks, financial risks, operational risks, and strategic risks 识别并解释不同类型的风险，包括商业风险、危害风险、财务风险、营运风险和战略风险

b. demonstrate an understanding of operational risk 理解营运风险

c. define legal risk, compliance risk, and political risk 定义法律风险、合规风险和政治风险

d. demonstrate an understanding of how volatility and time impact risk 理解波动性和时间如何影响风险

e. define the concept of capital adequacy; i. e., solvency, liquidity, reserves, sufficient capital, etc. 定义资本充足性概念，即偿付能力、变现能力、准备金、充足的资本等

f. explain the use of probabilities in determining exposure to risk and calculate expected loss given a set of probabilities 解释应用概率以确定风险承受程度，并计算在给定的一组概率下预期的损失

g. define the concepts of unexpected loss and maximum possible loss (extreme or catastrophic loss) 定义非预期损失和最大可能损失（极端的或灾难性的损失）

h. identify strategies for risk response (or treatment), including actions to avoid, retain, reduce (mitigate), transfer (share), and exploit (accept) risks 识别风险应对（或处理）策略，包括避免、保留、减少（缓解）、转移（分担）和利用（接受）风险的各项行动

i. define risk transfer (e. g., purchasing insurance, issuing debt) 定义风险转移（例如购买保险、发行债务）

j. demonstrate an understanding of the concept of residual risk and distinguish it from inherent risk 理解剩余风险的概念，并指出它与固有风险之间的区别

k. identify and explain the benefits of risk management 识别并解释风险管理的好处

l. identify and describe the key steps in the risk management process 识别并描述风险管理过程中的主要步骤

m. explain how attitude toward risk might affect the management of risk 解释对待风险的态度如何可能影响风险的管理

n. demonstrate a general understanding of the use of liability/hazard insurance to mitigate risk（detailed knowledge not required）理解运用负债/危害保险以减轻风险（不需要作详细说明）

o. identify methods of managing operational risk 识别管理营运风险的方法

p. identify and explain financial risk management methods 识别并解释财务风险的管理方法

q. identify and explain qualitative risk assessment tools including risk identification, risk ranking, and risk maps 识别并解释风险评估的定性工具，包括风险确认、风险分级和风险分布图

r. identify and explain quantitative risk assessment tools including cash flow at risk, earnings at risk, earnings distributions, and earnings per share（EPS）distributions 识别并解释风险评估的定量工具，包括在险现金流量、在险盈余、盈余分配和每股收益（EPS）分配

s. identify and explain Value at Risk（VaR）（calculations not required）识别并解释在险价值（VaR）（不需要计算）

t. define enterprise risk management（ERM）and identify and describe key objectives, components and benefits of an ERM program 定义企业风险管理（ERM），识别和描述 ERM 的主要目的、组成部分和优点

u. identify event identification techniques and provide examples of event identification within the context of an ERM approach 识别事件识别技术，并举出运用 ERM 识别事件的实例

v. explain how ERM practices are integrated with corporate governance, risk analytics, portfolio management, performance management, and internal control practices 解释 ERM 实践如何与公司治理、风险分析，投资组合管理，绩效管理和内控实践整合

w. evaluate scenarios and recommend risk mitigation strategies 评估不同的情景并推荐缓解风险的策略

x. prepare a cost-benefit analysis and demonstrate an understanding of its uses in risk assessment and decision making 编制成本效益分析，理解其在风险评估和决策制定中的用途

y. demonstrate an understanding of the COSO Enterprise Risk Management-Integrated Framework（2017）理解发起组织委员会（COSO）的企业风险管理整合框架（2017）

Section E. Investment Decisions（10%—Levels A，B，and C）
第 E 节 投资决策（10%——A 级、B 级和 C 级）

Part 2 Section E. 1. Capital budgeting process
第二部分 第 E. 1 节 资本预算过程

The candidate should be able to：

考生应能：

a. define capital budgeting and identify the steps or stages undertaken in developing and implementing a capital budget for a project 定义资本预算编制，并识别在为某一项目制订和实施资本预算中所采取的步骤或阶段

b. identify and calculate the relevant cash flows of a capital investment project on both a pretax and after-tax basis 识别并计算资本投资项目的税前相关现金流和税后相关现金流

c. demonstrate an understanding of how income taxes affect cash flows 理解所得税如何影响现金流

d. distinguish between cash flows and accounting profits and discuss the relevance to capital budgeting of incremental cash flow，sunk cost，and opportunity cost 区分现金流量和会计利润，并讨论其与资本预算编制的增量现金流量、沉没成本和机会成本的相关性

e. explain the importance of changes in net working capital in capital budgeting 解释净营运资本变化在资本预算编制中的重要性

f. discuss how the effects of inflation are reflected in capital budgeting analysis 讨论通货膨胀的结果如何反映在资本预算分析中

g. define hurdle rate 定义最低预期回报率

h. identify alternative approaches to dealing with risk in capital budgeting 识别处理资本预算编制中的风险的替代方法

i. distinguish among sensitivity analysis，scenario analysis，and Monte Carlo simulation as risk analysis techniques 区分各风险分析技术，即敏感性分析、情境分析和蒙特卡洛模拟

j. explain why a rate specifically adjusted for risk should be used when project cash flows are more or less risky than is normal for a firm 解释为什么当项目现金流量风险高于或低于公司正常风险时，应使用专门针对风险调整的比率

k. explain how the value of a capital investment is increased if consideration is given to the possibility of adding on，speeding up，slowing up，or discontinuing early 解释在考虑增量、加速、减速或提前停止的可能性后，资本投资的价值是如何增加的

l. demonstrate an understanding of real options, including the options to abandon, delay, expand, and scale back (calculations not required) 理解实物期权，包括放弃、延迟、扩张和缩减期权（不要求计算）

m. identify and discuss qualitative considerations involved in the capital budgeting decision 识别并讨论在资本预算决策中的定性因素

n. describe the role of the post-audit in the capital budgeting process 描述事后审计在编制资本预算过程中所起的作用

Part 2 Section E. 2. Capital investment analysis methods
第二部分 第 E. 2 节 资本投资分析方法

The candidate should be able to:

考生应能：

a. demonstrate an understanding of the two main discounted cash flow (DCF) methods, net present value (NPV) and internal rate of return (IRR) 理解两种主要的现金流量折现（DCF）法，净现值（NPV）和内含报酬率（IRR）

b. calculate NPV and IRR 计算净现值和内含报酬率

c. demonstrate an understanding of the decision criteria used in NPV and IRR analyses to determine acceptable projects 理解在确定可接受的项目时，净现值和内含报酬率分析所采用的决策标准

d. compare NPV and IRR focusing on the relative advantages and disadvantages of each method, particularly with respect to independent vs. mutually exclusive projects and the "multiple IRR problem" 比较净现值和内含报酬率，着重比较各自的相对优点和缺点，尤其当这两种方法用于独立或互斥项目，以及“多个内含报酬率问题”

e. explain why NPV and IRR methods can produce conflicting rankings for capital projects if not applied properly 解释为什么如果使用不当，净现值法和内含报酬率法会对投资项目得出互相冲突的排序

f. identify assumptions of NPV and IRR 识别净现值法和内含报酬率法的假设条件

g. evaluate and recommend project investments on the basis of DCF analysis 在现金流量折现分析的基础上，评估并推荐投资项目

h. demonstrate an understanding of the payback and discounted payback methods 理解投资回收期法和折现投资回收期法

i. identify the advantages and disadvantages of the payback and discounted payback methods 识别投资回收期法和折现投资回收期法的优缺点

j. calculate payback periods and discounted payback periods 计算投资回收期和折现投资回收期

Section F. Professional Ethics (15%—Levels A, B, and C)
第F节 职业道德(15%——A级、B级和C级)

Ethics may be tested in conjunction with any topic area.
道德问题可与任何主题结合在一起测试。

Part 2 Section F.1 Business ethics
第二部分 第F.1节 商业道德

The candidate should be able to:
考生应能:

a. define business ethics 定义商业道德

b. analyze the concepts of morality and virtue 分析伦理和美德的概念

c. define moral philosophy 定义伦理哲学

d. demonstrate an understanding of the following moral philosophies and concepts used in making business decisions: teleology, utilitarianism, deontology, relativism, virtue ethics, and justice 理解以下用于商业决策的伦理哲学和概念:目的论、功利主义、道义论、相对主义、美德伦理和正义

e. define the concepts of fairness, integrity, due diligence, and fiduciary responsibility, and how they impact ethical decision making 定义公平、正直、尽职尽责、信托责任和它们如何影响道德决策

Part 2 Section F.2 Ethical considerations for management accounting and financial management professionals
第二部分 第F.2节 管理会计和财务管理专业人士的职业道德注意事项

Using the standards outlined in IMA's Statement of Ethical Professional Practice, the candidate should be able to:

使用美国管理会计师协会职业道德守则公告中所概括的标准,考生应能:

a. identify and describe the four overarching ethical principles and the four standards 识别并描述四项首要道德原则和四项标准

b. evaluate a given business situation for its ethical implications 评估给定商业情景的道德意蕴

c. identify and describe relevant standards that may have been violated in a given business situation and explain why the specific standards are applicable 识别并描述在某一给定的营业情况下可能违反的有关标准,并解释为什么这些具体的标准是适用的

d. recommend a course of action for management accountants to take when confronted with an ethical dilemma in the business environment 在经营环境中面对道德困境时,向管理会计师或财务经理推荐应采取的行动

e. evaluate and propose resolutions for ethical issues such as fraudulent reporting, or improper manipulation of forecasts, analyses, results, and budgets 评估并建议解决道德问题（如编制欺诈性的报表，操纵分析、结果和预算）的方法

Using the Fraud Triangle model, the candidate should be able to:

运用舞弊三角模型，考生应能：

f. identify the three components of the triangle 识别三角模型的三个组成部分

g. use the model to explain how a management accounting and financial management professional can identify and manage the risk of fraud 运用该模型解释管理会计师和财务管理专业人员如何识别并管理舞弊风险

Part 2 Section F. 3. Ethical considerations for the organization
第二部分 第 F. 3 节 组织的道德考量

The candidate should be able to:

考生应能：

a. discuss the issues organizations face in applying their values and ethical standards internationally 讨论组织在国际上应用其价值和道德标准所面临的问题

b. demonstrate an understanding of the relationship between ethics and internal controls 理解道德和内部控制之间的关系

c. define corporate culture and demonstrate an understanding of the role corporate culture plays in ethical decision making 定义企业文化并理解企业文化在道德决策制定中的角色

d. demonstrate an understanding of the importance of a code of conduct and how it contributes to an organization's ethical culture 理解行为守则的重要性和其对组织道德文化的贡献

e. demonstrate an understanding of the ways ethical values benefit an organization 理解道德价值如何给组织带来好处

f. analyze the impact of groupthink on ethical behavior 分析群体思维对道德行为的影响

g. discuss how diversity of thought can lead to good ethical decisions 讨论思想多样性如何产生好的道德决策

h. apply relevant provisions of IMA's Statement on Management Accounting, "Values and Ethics: From Inception to Practice," to a business situation 根据相关的商业情境，运用美国管理会计师协会的管理会计公告《价值观和道德规范：从确立到实践》的有关规定

i. demonstrate an understanding of the role of "leadership by example" or "tone at the top" in determining an organization's ethical environment 理解“以身作则”或“领导带头”在决定一个组织的道德环境中所起的作用

j. define ethical leadership and identify and explain the traits of ethical leaders 定义道德领导，并确定和解释道德领导者的特质

k. explain the importance of human capital to an organization in creating a climate where "doing the right thing" is expected (e. g. , hiring the right people, providing them with training, and practicing consistent values-based leadership) 解释对一个组织而言人力资本在营造"行事正当"的氛围中（即雇用所需要的人、员工培训、实施一贯以价值为基础的领导）的重要性

l. explain the importance of an organization's core values and how they promote ethical behavior and ethical decision making 解释组织的核心价值的重要性，及其如何促进道德行为和道德决策制定

m. discuss the importance of employee training to maintaining an ethical organizational culture 讨论员工培训对维护组织道德文化的重要性

n. explain the importance of a whistleblowing framework to maintain an ethical organizational culture 解释举报机制对维护组织道德文化的重要性

o. demonstrate an understanding of the differences between ethical and legal behavior 理解道德和守法行为之间的区别

p. identify the purpose of anti-bribery laws, such as the U. S. Foreign Corrupt Practices Act and the U. K. Bribery Act 识别反贿赂法案的目的，例如美国《国外贪腐防治法》和英国《反贿赂法》

q. define facilitating payments and why these payments create both ethical and legal issues 定义便利支付和这种支付方式产生的道德和法律问题的原因

r. discuss corporate responsibility for ethical conduct 讨论公司对道德行为的责任

s. define and demonstrate an understanding of the major issues of sustainability and social responsibility 定义并理解可持续性和社会责任的主要问题

t. identify and define the four levels of social responsibility: economic, legal, ethical, and philanthropic 识别并定义社会责任的四层次：经济、法律、道德和慈善

附录三　终值系数表（$FVIF_{i,n}$）

利率为 $i\%$，期数为 n，$FVIF_{i,n}=(1+i)^n$

期数（n）	利率（i）						
	1%	2%	3%	4%	5%	6%	7%
1	1.0100	1.0200	1.0300	1.0400	1.0500	1.0600	1.0700
2	1.0201	1.0404	1.0609	1.0816	1.1025	1.1236	1.1449
3	1.0303	1.0612	1.0927	1.1249	1.1576	1.1910	1.2250
4	1.0406	1.0824	1.1255	1.1699	1.2155	1.2625	1.3108
5	1.0510	1.1041	1.1593	1.2167	1.2763	1.3382	1.4026
6	1.0615	1.1262	1.1941	1.2653	1.3401	1.4185	1.5007
7	1.0721	1.1487	1.2299	1.3159	1.4071	1.5036	1.6058
8	1.0829	1.1717	1.2668	1.3686	1.4775	1.5938	1.7182
9	1.0937	1.1951	1.3048	1.4233	1.5513	1.6895	1.8385
10	1.1046	1.2190	1.3439	1.4802	1.6289	1.7908	1.9672
11	1.1157	1.2434	1.3842	1.5395	1.7103	1.8983	2.1049
12	1.1268	1.2682	1.4258	1.6010	1.7959	2.0122	2.2522
13	1.1381	1.2936	1.4685	1.6651	1.8856	2.1329	2.4098
14	1.1495	1.3195	1.5126	1.7317	1.9799	2.2609	2.5785
15	1.1610	1.3459	1.5580	1.8009	2.0789	2.3966	2.7590
16	1.1726	1.3728	1.6047	1.8730	2.1829	2.5404	2.9522
17	1.1843	1.4002	1.6528	1.9479	2.2920	2.6928	3.1588
18	1.1961	1.4282	1.7024	2.0258	2.4066	2.8543	3.3799
19	1.2081	1.4568	1.7535	2.1068	2.5270	3.0256	3.6165
20	1.2202	1.4859	1.8061	2.1911	2.6533	3.2071	3.8697
21	1.2324	1.5157	1.8603	2.2788	2.7860	3.3996	4.1406
22	1.2447	1.5460	1.9161	2.3699	2.9253	3.6035	4.4304
23	1.2572	1.5769	1.9736	2.4647	3.0715	3.8197	4.7405
24	1.2697	1.6084	2.0328	2.5633	3.2251	4.0489	5.0724
25	1.2824	1.6406	2.0938	2.6658	3.3864	4.2919	5.4274
26	1.2953	1.6734	2.1566	2.7725	3.5557	4.5494	5.8074
27	1.3082	1.7069	2.2213	2.8834	3.7335	4.8223	6.2139
28	1.3213	1.7410	2.2879	2.9987	3.9201	5.1117	6.6488
29	1.3345	1.7758	2.3566	3.1187	4.1161	5.4184	7.1143
30	1.3478	1.8114	2.4273	3.2434	4.3219	5.7435	7.6123

利率（*i*）							
8%	9%	10%	11%	12%	13%	14%	15%
1.0800	1.0900	1.1000	1.1100	1.1200	1.1300	1.1400	1.1500
1.1664	1.1881	1.2100	1.2321	1.2544	1.2769	1.2996	1.3225
1.2597	1.2950	1.3310	1.3676	1.4049	1.4429	1.4815	1.5209
1.3605	1.4116	1.4641	1.5181	1.5735	1.6305	1.6890	1.7490
1.4693	1.5386	1.6105	1.6851	1.7623	1.8424	1.9254	2.0114
1.5869	1.6771	1.7716	1.8704	1.9738	2.0820	2.1950	2.3131
1.7138	1.8280	1.9487	2.0762	2.2107	2.3526	2.5023	2.6600
1.8509	1.9926	2.1436	2.3045	2.4760	2.6584	2.8526	3.0590
1.9990	2.1719	2.3579	2.5580	2.7731	3.0040	3.2519	3.5179
2.1589	2.3674	2.5937	2.8394	3.1058	3.3946	3.7072	4.0456
2.3316	2.5804	2.8531	3.1518	3.4786	3.8359	4.2262	4.6524
2.5182	2.8127	3.1384	3.4985	3.8960	4.3345	4.8179	5.3503
2.7196	3.0658	3.4523	3.8833	4.3635	4.8980	5.4924	6.1528
2.9372	3.3417	3.7975	4.3104	4.8871	5.5348	6.2613	7.0757
3.1722	3.6425	4.1772	4.7846	5.4736	6.2543	7.1379	8.1371
3.4259	3.9703	4.5950	5.3109	6.1304	7.0673	8.1372	9.3576
3.7000	4.3276	5.0545	5.8951	6.8660	7.9861	9.2765	10.7613
3.9960	4.7171	5.5599	6.5436	7.6900	9.0243	10.5752	12.3755
4.3157	5.1417	6.1159	7.2633	8.6128	10.1974	12.0557	14.2318
4.6610	5.6044	6.7275	8.0623	9.6463	11.5231	13.7435	16.3665
5.0338	6.1088	7.4002	8.9492	10.8038	13.0211	15.6676	18.8215
5.4365	6.6586	8.1403	9.9336	12.1003	14.7138	17.8610	21.6447
5.8715	7.2579	8.9543	11.0263	13.5523	16.6266	20.3616	24.8915
6.3412	7.9111	9.8497	12.2392	15.1786	18.7881	23.2122	28.6252
6.8485	8.6231	10.8347	13.5855	17.0001	21.2305	26.4619	32.9190
7.3964	9.3992	11.9182	15.0799	19.0401	23.9905	30.1666	37.8568
7.9881	10.2451	13.1100	16.7387	21.3249	27.1093	34.3899	43.5353
8.6271	11.1671	14.4210	18.5799	23.8839	30.6335	39.2045	50.0656
9.3173	12.1722	15.8631	20.6237	26.7499	34.6158	44.6931	57.5755
10.0627	13.2677	17.4494	22.8923	29.9599	39.1159	50.9502	66.2118

期数（n）	利率（i）						
	16%	17%	18%	19%	20%	21%	22%
1	1.1600	1.1700	1.1800	1.1900	1.2000	1.2100	1.2200
2	1.3456	1.3689	1.3924	1.4161	1.4400	1.4641	1.4884
3	1.5609	1.6016	1.6430	1.6852	1.7280	1.7716	1.8158
4	1.8106	1.8739	1.9388	2.0053	2.0736	2.1436	2.2153
5	2.1003	2.1924	2.2878	2.3864	2.4883	2.5937	2.7027
6	2.4364	2.5652	2.6996	2.8398	2.9860	3.1384	3.2973
7	2.8262	3.0012	3.1855	3.3793	3.5832	3.7975	4.0227
8	3.2784	3.5115	3.7589	4.0214	4.2998	4.5950	4.9077
9	3.8030	4.1084	4.4355	4.7854	5.1598	5.5599	5.9874
10	4.4114	4.8068	5.2338	5.6947	6.1917	6.7275	7.3046
11	5.1173	5.6240	6.1759	6.7767	7.4301	8.1403	8.9117
12	5.9360	6.5801	7.2876	8.0642	8.9161	9.8497	10.8722
13	6.8858	7.6987	8.5994	9.5964	10.6993	11.9182	13.2641
14	7.9875	9.0075	10.1472	11.4198	12.8392	14.4210	16.1822
15	9.2655	10.5387	11.9737	13.5895	15.4070	17.4494	19.7423
16	10.7480	12.3303	14.1290	16.1715	18.4884	21.1138	24.0856
17	12.4677	14.4265	16.6722	19.2441	22.1861	25.5477	29.3844
18	14.4625	16.8790	19.6733	22.9005	26.6233	30.9127	35.8490
19	16.7765	19.7484	23.2144	27.2516	31.9480	37.4043	43.7358
20	19.4608	23.1056	27.3930	32.4294	38.3376	45.2593	53.3576
21	22.5745	27.0336	32.3238	38.5910	46.0051	54.7637	65.0963
22	26.1864	31.6293	38.1421	45.9233	55.2061	66.2641	79.4175
23	30.3762	37.0062	45.0076	54.6487	66.2474	80.1795	96.8894
24	35.2364	43.2973	53.1090	65.0320	79.4968	97.0172	118.2050
25	40.8742	50.6578	62.6686	77.3881	95.3962	117.3909	144.2101
26	47.4141	59.2697	73.9490	92.0918	114.4755	142.0429	175.9364
27	55.0004	69.3455	87.2598	109.5893	137.3706	171.8719	214.6424
28	63.8004	81.1342	102.9666	130.4112	164.8447	207.9651	261.8637
29	74.0085	94.9271	121.5005	155.1893	197.8136	251.6377	319.4737
30	85.8499	111.0647	143.3706	184.6753	237.3763	304.4816	389.7579

续表

利率（i）							
23%	24%	25%	26%	27%	28%	29%	30%
1.2300	1.2400	1.2500	1.2600	1.2700	1.2800	1.2900	1.3000
1.5129	1.5376	1.5625	1.5876	1.6129	1.6384	1.6641	1.6900
1.8609	1.9066	1.9531	2.0004	2.0484	2.0972	2.1467	2.1970
2.2889	2.3642	2.4414	2.5205	2.6014	2.6844	2.7692	2.8561
2.8153	2.9316	3.0518	3.1758	3.3038	3.4360	3.5723	3.7129
3.4628	3.6352	3.8147	4.0015	4.1959	4.3980	4.6083	4.8268
4.2593	4.5077	4.7684	5.0419	5.3288	5.6295	5.9447	6.2749
5.2389	5.5895	5.9605	6.3528	6.7675	7.2058	7.6686	8.1573
6.4439	6.9310	7.4506	8.0045	8.5948	9.2234	9.8925	10.6045
7.9259	8.5944	9.3132	10.0857	10.9153	11.8059	12.7614	13.7858
9.7489	10.6571	11.6415	12.7080	13.8625	15.1116	16.4622	17.9216
11.9912	13.2148	14.5519	16.0120	17.6053	19.3428	21.2362	23.2981
14.7491	16.3863	18.1899	20.1752	22.3588	24.7588	27.3947	30.2875
18.1414	20.3191	22.7374	25.4207	28.3957	31.6913	35.3391	39.3738
22.3140	25.1956	28.4217	32.0301	36.0625	40.5648	45.5875	51.1859
27.4462	31.2426	35.5271	40.3579	45.7994	51.9230	58.8079	66.5417
33.7588	38.7408	44.4089	50.8510	58.1652	66.4614	75.8621	86.5042
41.5233	48.0386	55.5112	64.0722	73.8698	85.0706	97.8622	112.4554
51.0737	59.5679	69.3889	80.7310	93.8147	108.8904	126.2422	146.1920
62.8206	73.8641	86.7362	101.7211	119.1446	139.3797	162.8524	190.0496
77.2694	91.5915	108.4202	128.1685	151.3137	178.4060	210.0796	247.0645
95.0413	113.5735	135.5253	161.4924	192.1683	228.3596	271.0027	321.1839
116.9008	140.8312	169.4066	203.4804	244.0538	292.3003	349.5935	417.5391
143.7880	174.6306	211.7582	256.3853	309.9483	374.1444	450.9756	542.8008
176.8593	216.5420	264.6978	323.0454	393.6344	478.9049	581.7585	705.6410
217.5369	268.5121	330.8722	407.0373	499.9157	612.9982	750.4685	917.3333
267.5704	332.9550	413.5903	512.8670	634.8929	784.6377	968.1044	1 192.5333
329.1115	412.8642	516.9879	646.2124	806.3140	1 004.3363	1 248.8546	1 550.2933
404.8072	511.9516	646.2349	814.2276	1 024.0187	1 285.5504	1 611.0225	2 015.3813
497.9129	634.8199	807.7936	1 025.9267	1 300.5038	1 645.5046	2 078.2190	2 619.9956

附　录

附录四　现值系数表（$PVIF_{i,n}$）

利率为 $i\%$，期数为 n，$PVIF_{i,n}=1/(1+i)^n$

期数（n）	利率（i）						
	1%	2%	3%	4%	5%	6%	7%
1	0.9901	0.9804	0.9709	0.9615	0.9524	0.9434	0.9346
2	0.9803	0.9612	0.9426	0.9246	0.9070	0.8900	0.8734
3	0.9706	0.9423	0.9151	0.8890	0.8638	0.8396	0.8163
4	0.9610	0.9238	0.8885	0.8548	0.8227	0.7921	0.7629
5	0.9515	0.9057	0.8626	0.8219	0.7835	0.7473	0.7130
6	0.9420	0.8880	0.8375	0.7903	0.7462	0.7050	0.6663
7	0.9327	0.8706	0.8131	0.7599	0.7107	0.6651	0.6227
8	0.9235	0.8535	0.7894	0.7307	0.6768	0.6274	0.5820
9	0.9143	0.8368	0.7664	0.7026	0.6446	0.5919	0.5439
10	0.9053	0.8203	0.7441	0.6756	0.6139	0.5584	0.5083
11	0.8963	0.8043	0.7224	0.6496	0.5847	0.5268	0.4751
12	0.8874	0.7885	0.7014	0.6246	0.5568	0.4970	0.4440
13	0.8787	0.7730	0.6810	0.6006	0.5303	0.4688	0.4150
14	0.8700	0.7579	0.6611	0.5775	0.5051	0.4423	0.3878
15	0.8613	0.7430	0.6419	0.5553	0.4810	0.4173	0.3624
16	0.8528	0.7284	0.6232	0.5339	0.4581	0.3936	0.3387
17	0.8444	0.7142	0.6050	0.5134	0.4363	0.3714	0.3166
18	0.8360	0.7002	0.5874	0.4936	0.4155	0.3503	0.2959
19	0.8277	0.6864	0.5703	0.4746	0.3957	0.3305	0.2765
20	0.8195	0.6730	0.5537	0.4564	0.3769	0.3118	0.2584
21	0.8114	0.6598	0.5375	0.4388	0.3589	0.2942	0.2415
22	0.8034	0.6468	0.5219	0.4220	0.3418	0.2775	0.2257
23	0.7954	0.6342	0.5067	0.4057	0.3256	0.2618	0.2109
24	0.7876	0.6217	0.4919	0.3901	0.3101	0.2470	0.1971
25	0.7798	0.6095	0.4776	0.3751	0.2953	0.2330	0.1842
26	0.7720	0.5976	0.4637	0.3607	0.2812	0.2198	0.1722
27	0.7644	0.5859	0.4502	0.3468	0.2678	0.2074	0.1609
28	0.7568	0.5744	0.4371	0.3335	0.2551	0.1956	0.1504
29	0.7493	0.5631	0.4243	0.3207	0.2429	0.1846	0.1406
30	0.7419	0.5521	0.4120	0.3083	0.2314	0.1741	0.1314

利率（i）							
8%	9%	10%	11%	12%	13%	14%	15%
0. 9259	0. 9174	0. 9091	0. 9009	0. 8929	0. 8850	0. 8772	0. 8696
0. 8573	0. 8417	0. 8264	0. 8116	0. 7972	0. 7831	0. 7695	0. 7561
0. 7938	0. 7722	0. 7513	0. 7312	0. 7118	0. 6931	0. 6750	0. 6575
0. 7350	0. 7084	0. 6830	0. 6587	0. 6355	0. 6133	0. 5921	0. 5718
0. 6806	0. 6499	0. 6209	0. 5935	0. 5674	0. 5428	0. 5194	0. 4972
0. 6302	0. 5963	0. 5645	0. 5346	0. 5066	0. 4803	0. 4556	0. 4323
0. 5835	0. 5470	0. 5132	0. 4817	0. 4523	0. 4251	0. 3996	0. 3759
0. 5403	0. 5019	0. 4665	0. 4339	0. 4039	0. 3762	0. 3506	0. 3269
0. 5002	0. 4604	0. 4241	0. 3909	0. 3606	0. 3329	0. 3075	0. 2843
0. 4632	0. 4224	0. 3855	0. 3522	0. 3220	0. 2946	0. 2697	0. 2472
0. 4289	0. 3875	0. 3505	0. 3173	0. 2875	0. 2607	0. 2366	0. 2149
0. 3971	0. 3555	0. 3186	0. 2858	0. 2567	0. 2307	0. 2076	0. 1869
0. 3677	0. 3262	0. 2897	0. 2575	0. 2292	0. 2042	0. 1821	0. 1625
0. 3405	0. 2992	0. 2633	0. 2320	0. 2046	0. 1807	0. 1597	0. 1413
0. 3152	0. 2745	0. 2394	0. 2090	0. 1827	0. 1599	0. 1401	0. 1229
0. 2919	0. 2519	0. 2176	0. 1883	0. 1631	0. 1415	0. 1229	0. 1069
0. 2703	0. 2311	0. 1978	0. 1696	0. 1456	0. 1252	0. 1078	0. 0929
0. 2502	0. 2120	0. 1799	0. 1528	0. 1300	0. 1108	0. 0946	0. 0808
0. 2317	0. 1945	0. 1635	0. 1377	0. 1161	0. 0981	0. 0829	0. 0703
0. 2145	0. 1784	0. 1486	0. 1240	0. 1037	0. 0868	0. 0728	0. 0611
0. 1987	0. 1637	0. 1351	0. 1117	0. 0926	0. 0768	0. 0638	0. 0531
0. 1839	0. 1502	0. 1228	0. 1007	0. 0826	0. 0680	0. 0560	0. 0462
0. 1703	0. 1378	0. 1117	0. 0907	0. 0738	0. 0601	0. 0491	0. 0402
0. 1577	0. 1264	0. 1015	0. 0817	0. 0659	0. 0532	0. 0431	0. 0349
0. 1460	0. 1160	0. 0923	0. 0736	0. 0588	0. 0471	0. 0378	0. 0304
0. 1352	0. 1064	0. 0839	0. 0663	0. 0525	0. 0417	0. 0331	0. 0264
0. 1252	0. 0976	0. 0763	0. 0597	0. 0469	0. 0369	0. 0291	0. 0230
0. 1159	0. 0895	0. 0693	0. 0538	0. 0419	0. 0326	0. 0255	0. 0200
0. 1073	0. 0822	0. 0630	0. 0485	0. 0374	0. 0289	0. 0224	0. 0174
0. 0994	0. 0754	0. 0573	0. 0437	0. 0334	0. 0256	0. 0196	0. 0151

期数（n）	利率（i）						
	16%	17%	18%	19%	20%	21%	22%
1	0.8621	0.8547	0.8475	0.8403	0.8333	0.8264	0.8197
2	0.7432	0.7305	0.7182	0.7062	0.6944	0.6830	0.6719
3	0.6407	0.6244	0.6086	0.5934	0.5787	0.5645	0.5507
4	0.5523	0.5337	0.5158	0.4987	0.4823	0.4665	0.4514
5	0.4761	0.4561	0.4371	0.4190	0.4019	0.3855	0.3700
6	0.4104	0.3898	0.3704	0.3521	0.3349	0.3186	0.3033
7	0.3538	0.3332	0.3139	0.2959	0.2791	0.2633	0.2486
8	0.3050	0.2848	0.2660	0.2487	0.2326	0.2176	0.2038
9	0.2630	0.2434	0.2255	0.2090	0.1938	0.1799	0.1670
10	0.2267	0.2080	0.1911	0.1756	0.1615	0.1486	0.1369
11	0.1954	0.1778	0.1619	0.1476	0.1346	0.1228	0.1122
12	0.1685	0.1520	0.1372	0.1240	0.1122	0.1015	0.0920
13	0.1452	0.1299	0.1163	0.1042	0.0935	0.0839	0.0754
14	0.1252	0.1110	0.0985	0.0876	0.0779	0.0693	0.0618
15	0.1079	0.0949	0.0835	0.0736	0.0649	0.0573	0.0507
16	0.0930	0.0811	0.0708	0.0618	0.0541	0.0474	0.0415
17	0.0802	0.0693	0.0600	0.0520	0.0451	0.0391	0.0340
18	0.0691	0.0592	0.0508	0.0437	0.0376	0.0323	0.0279
19	0.0596	0.0506	0.0431	0.0367	0.0313	0.0267	0.0229
20	0.0514	0.0433	0.0365	0.0308	0.0261	0.0221	0.0187
21	0.0443	0.0370	0.0309	0.0259	0.0217	0.0183	0.0154
22	0.0382	0.0316	0.0262	0.0218	0.0181	0.0151	0.0126
23	0.0329	0.0270	0.0222	0.0183	0.0151	0.0125	0.0103
24	0.0284	0.0231	0.0188	0.0154	0.0126	0.0103	0.0085
25	0.0245	0.0197	0.0160	0.0129	0.0105	0.0085	0.0069
26	0.0211	0.0169	0.0135	0.0109	0.0087	0.0070	0.0057
27	0.0182	0.0144	0.0115	0.0091	0.0073	0.0058	0.0047
28	0.0157	0.0123	0.0097	0.0077	0.0061	0.0048	0.0038
29	0.0135	0.0105	0.0082	0.0064	0.0051	0.0040	0.0031
30	0.0116	0.0090	0.0070	0.0054	0.0042	0.0033	0.0026

续表

利率 (*i*)							
23%	24%	25%	26%	27%	28%	29%	30%
0. 8130	0. 8065	0. 8000	0. 7937	0. 7874	0. 7813	0. 7752	0. 7692
0. 6610	0. 6504	0. 6400	0. 6299	0. 6200	0. 6104	0. 6009	0. 5917
0. 5374	0. 5245	0. 5120	0. 4999	0. 4882	0. 4768	0. 4658	0. 4552
0. 4369	0. 4230	0. 4096	0. 3968	0. 3844	0. 3725	0. 3611	0. 3501
0. 3552	0. 3411	0. 3277	0. 3149	0. 3027	0. 2910	0. 2799	0. 2693
0. 2888	0. 2751	0. 2621	0. 2499	0. 2383	0. 2274	0. 2170	0. 2072
0. 2348	0. 2218	0. 2097	0. 1983	0. 1877	0. 1776	0. 1682	0. 1594
0. 1909	0. 1789	0. 1678	0. 1574	0. 1478	0. 1388	0. 1304	0. 1226
0. 1552	0. 1443	0. 1342	0. 1249	0. 1164	0. 1084	0. 1011	0. 0943
0. 1262	0. 1164	0. 1074	0. 0992	0. 0916	0. 0847	0. 0784	0. 0725
0. 1026	0. 0938	0. 0859	0. 0787	0. 0721	0. 0662	0. 0607	0. 0558
0. 0834	0. 0757	0. 0687	0. 0625	0. 0568	0. 0517	0. 0471	0. 0429
0. 0678	0. 0610	0. 0550	0. 0496	0. 0447	0. 0404	0. 0365	0. 0330
0. 0551	0. 0492	0. 0440	0. 0393	0. 0352	0. 0316	0. 0283	0. 0254
0. 0448	0. 0397	0. 0352	0. 0312	0. 0277	0. 0247	0. 0219	0. 0195
0. 0364	0. 0320	0. 0281	0. 0248	0. 0218	0. 0193	0. 0170	0. 0150
0. 0296	0. 0258	0. 0225	0. 0197	0. 0172	0. 0150	0. 0132	0. 0116
0. 0241	0. 0208	0. 0180	0. 0156	0. 0135	0. 0118	0. 0102	0. 0089
0. 0196	0. 0168	0. 0144	0. 0124	0. 0107	0. 0092	0. 0079	0. 0068
0. 0159	0. 0135	0. 0115	0. 0098	0. 0084	0. 0072	0. 0061	0. 0053
0. 0129	0. 0109	0. 0092	0. 0078	0. 0066	0. 0056	0. 0048	0. 0040
0. 0105	0. 0088	0. 0074	0. 0062	0. 0052	0. 0044	0. 0037	0. 0031
0. 0086	0. 0071	0. 0059	0. 0049	0. 0041	0. 0034	0. 0029	0. 0024
0. 0070	0. 0057	0. 0047	0. 0039	0. 0032	0. 0027	0. 0022	0. 0018
0. 0057	0. 0046	0. 0038	0. 0031	0. 0025	0. 0021	0. 0017	0. 0014
0. 0046	0. 0037	0. 0030	0. 0025	0. 0020	0. 0016	0. 0013	0. 0011
0. 0037	0. 0030	0. 0024	0. 0019	0. 0016	0. 0013	0. 0010	0. 0008
0. 0030	0. 0024	0. 0019	0. 0015	0. 0012	0. 0010	0. 0008	0. 0006
0. 0025	0. 0020	0. 0015	0. 0012	0. 0010	0. 0008	0. 0006	0. 0005
0. 0020	0. 0016	0. 0012	0. 0010	0. 0008	0. 0006	0. 0005	0. 0004

附录五　年金终值系数表（$FVIFA_{i,n}$）

利率为 $i\%$，期数为 n，$FVIFA_{i,n}=\sum_{t=1}^{n}(1+i)^{n-t}$

期数（n）	利率（i）						
	1%	2%	3%	4%	5%	6%	7%
1	1.0000	1.0200	1.0000	1.0000	1.0000	1.0000	1.0000
2	2.0100	2.0200	2.0300	2.0400	2.0500	2.0600	2.0700
3	3.0301	3.0604	3.0909	3.1216	3.1525	3.1836	3.2149
4	4.0604	4.1216	4.1836	4.2465	4.3101	4.3746	4.4399
5	5.1010	5.2040	5.3091	5.4163	5.5256	5.6371	5.7507
6	6.1520	6.3081	6.4684	6.6330	6.8019	6.9753	7.1533
7	7.2135	7.4343	7.6625	7.8983	8.1420	8.3938	8.6540
8	8.2857	8.5830	8.8923	9.2142	9.5491	9.8975	10.2598
9	9.3685	9.7546	10.1591	10.5828	11.0266	11.4913	11.9780
10	10.4622	10.9497	11.4639	12.0061	12.5779	13.1808	13.8164
11	11.5668	12.1687	12.8078	13.4864	14.2068	14.9716	15.7836
12	12.6825	13.4121	14.1920	15.0258	15.9171	16.8699	17.8885
13	13.8093	14.6803	15.6178	16.6268	17.7130	18.8821	20.1406
14	14.9474	15.9739	17.0863	18.2919	19.5986	21.0151	22.5505
15	16.0969	17.2934	18.5989	20.0236	21.5786	23.2760	25.1290
16	17.2579	18.6393	20.1569	21.8245	23.6575	25.6725	27.8881
17	18.4304	20.0121	21.7616	23.6975	25.8404	28.2129	30.8402
18	19.6147	21.4123	23.4144	25.6454	28.1324	30.9057	33.9990
19	20.8109	22.8406	25.1169	27.6712	30.5390	33.7600	37.3790
20	22.0190	24.2974	26.8704	29.7781	33.0660	36.7856	40.9955
21	23.2392	25.7833	28.6765	31.9692	35.7193	39.9927	44.8652
22	24.4716	27.2990	30.5368	34.2480	38.5052	43.3923	49.0057
23	25.7163	28.8450	32.4529	36.6179	41.4305	46.9958	53.4361
24	26.9735	30.4219	34.4265	39.0826	44.5020	50.8156	58.1767
25	28.2432	32.0303	36.4593	41.6459	47.7271	54.8645	63.2490
26	29.5256	33.6709	38.5530	44.3117	51.1135	59.1564	68.6765
27	30.8209	35.3443	40.7096	47.0842	54.6691	63.7058	74.4838
28	32.1291	37.0512	42.9309	49.9676	58.4026	68.5281	80.6977
29	33.4504	38.7922	45.2189	52.9663	62.3227	73.6398	87.3465
30	34.7849	40.5681	47.5754	56.0849	66.4388	79.0582	94.4608

利率（i）							
8%	9%	10%	11%	12%	13%	14%	15%
1.0000	1.0000	1.0000	1.0000	1.0000	1.0000	1.0000	1.0000
2.0800	2.0900	2.1000	2.1100	2.1200	2.1300	2.1400	2.1500
3.2464	3.2781	3.3100	3.3421	3.3744	3.4069	3.4396	3.4725
4.5061	4.5731	4.6410	4.7097	4.7793	4.8498	4.9211	4.9934
5.8666	5.9847	6.1051	6.2278	6.3528	6.4803	6.6101	6.7424
7.3359	7.5233	7.7156	7.9129	8.1152	8.3227	8.5355	8.7537
8.9228	9.2004	9.4872	9.7833	10.0890	10.4047	10.7305	11.0668
10.6366	11.0285	11.4359	11.8594	12.2997	12.7573	13.2328	13.7268
12.4876	13.0210	13.5795	14.1640	14.7757	15.4157	16.0853	16.7858
14.4866	15.1929	15.9374	16.7220	17.5487	18.4197	19.3373	20.3037
16.6455	17.5603	18.5312	19.5614	20.6546	21.8143	23.0445	24.3493
18.9771	20.1407	21.3843	22.7132	24.1331	25.6502	27.2707	29.0017
21.4953	22.9534	24.5227	26.2116	28.0291	29.9847	32.0887	34.3519
24.2149	26.0192	27.9750	30.0949	32.3926	34.8827	37.5811	40.5047
27.1521	29.3609	31.7725	34.4054	37.2797	40.4175	43.8424	47.5804
30.3243	33.0034	35.9497	39.1899	42.7533	46.6717	50.9804	55.7175
33.7502	36.9737	40.5447	44.5008	48.8837	53.7391	59.1176	65.0751
37.4502	41.3013	45.5992	50.3959	55.7497	61.7251	68.3941	75.8364
41.4463	46.0185	51.1591	56.9395	63.4397	70.7494	78.9692	88.2118
45.7620	51.1601	57.2750	64.2028	72.0524	80.9468	91.0249	102.4436
50.4229	56.7645	64.0025	72.2651	81.6987	92.4699	104.7684	118.8101
55.4568	62.8733	71.4027	81.2143	92.5026	105.4910	120.4360	137.6316
60.8933	69.5319	79.5430	91.1479	104.6029	120.2048	138.2970	159.2764
66.7648	76.7898	88.4973	102.1742	118.1552	136.8315	158.6586	184.1678
73.1059	84.7009	98.3471	114.4133	133.3339	155.6196	181.8708	212.7930
79.9544	93.3240	109.1818	127.9988	150.3339	176.8501	208.3327	245.7120
87.3508	102.7231	121.0999	143.0786	169.3740	200.8406	238.4993	283.5688
95.3388	112.9682	134.2099	159.8173	190.6989	227.9499	272.8892	327.1041
103.9659	124.1354	148.6309	178.3972	214.5828	258.5834	312.0937	377.1697
113.2832	136.3075	164.4940	199.0209	241.3327	293.1992	356.7868	434.7451

期数（n）	利率（i）						
	16%	17%	18%	19%	20%	21%	22%
1	1.0000	1.0000	1.0000	1.0000	1.0000	1.0000	1.0000
2	2.1600	2.1700	2.1800	2.1900	2.2000	2.2100	2.2200
3	3.5056	3.5389	3.5724	3.6061	3.6400	3.6741	3.7084
4	5.0665	5.1405	5.2154	5.2913	5.3680	5.4457	5.5242
5	6.8771	7.0144	7.1542	7.2966	7.4416	7.5892	7.7396
6	8.9775	9.2068	9.4420	9.6830	9.9299	10.1830	10.4423
7	11.4139	11.7720	12.1415	12.5227	12.9159	13.3214	13.7396
8	14.2401	14.7733	15.3270	15.9020	16.4991	17.1189	17.7623
9	17.5185	18.2847	19.0859	19.9234	20.7989	21.7139	22.6700
10	21.3215	22.3931	23.5213	24.7089	25.9587	27.2738	28.6574
11	25.7329	27.1999	28.7551	30.4035	32.1504	34.0013	35.9620
12	30.8502	32.8239	34.9311	37.1802	39.5805	42.1416	44.8737
13	36.7862	39.4040	42.2187	45.2445	48.4966	51.9913	55.7459
14	43.6720	47.1027	50.8180	54.8409	59.1959	63.9095	69.0100
15	51.6595	56.1101	60.9653	66.2607	72.0351	78.3305	85.1922
16	60.9250	66.6488	72.9390	79.8502	87.4421	95.7799	104.9345
17	71.6730	78.9792	87.0680	96.0218	105.9306	116.8937	129.0201
18	84.1407	93.4056	103.7403	115.2659	128.1167	142.4413	158.4045
19	98.6032	110.2846	123.4135	138.1664	154.7400	173.3540	194.2535
20	115.3797	130.0329	146.6280	165.4180	186.6880	210.7584	237.9893
21	134.8405	153.1385	174.0210	197.8474	225.0256	256.0176	291.3469
22	157.4150	180.1721	206.3448	236.4385	271.0307	310.7813	356.4432
23	183.6014	211.8013	244.4868	282.3618	326.2369	377.0454	435.8607
24	213.9776	248.8076	289.4945	337.0105	392.4842	457.2249	532.7501
25	249.2140	292.1049	342.6035	402.0425	471.9811	554.2422	650.9551
26	290.0883	342.7627	405.2721	479.4306	567.3773	671.6330	795.1653
27	337.5024	402.0323	479.2211	571.5224	681.8528	813.6759	971.1016
28	392.5028	471.3778	566.4809	681.1116	819.2233	985.5479	1 185.7440
29	456.3032	552.5121	669.4475	811.5228	984.0680	1 193.5129	1 447.6077
30	530.3117	647.4391	790.9480	966.7122	1 181.8816	1 445.1507	1 767.0813

续表

利率（i）							
23%	24%	25%	26%	27%	28%	29%	30%
1.0000	1.0000	1.0000	1.0000	1.0000	1.0000	1.0000	1.0000
2.2300	2.2400	2.2500	2.2600	2.2700	2.2800	2.2900	2.3000
3.7429	3.7776	3.8125	3.8476	3.8829	3.9184	3.9541	3.9900
5.6038	5.6842	5.7656	5.8480	5.9313	6.0156	6.1008	6.1870
7.8926	8.0484	8.2070	8.3684	8.5327	8.6999	8.8700	9.0431
10.7079	10.9801	11.2588	11.5442	11.8366	12.1359	12.4423	12.7560
14.1708	14.6153	15.0735	15.5458	16.0324	16.5339	17.0506	17.5828
18.4300	19.1229	19.8419	20.5876	21.3612	22.1634	22.9953	23.8577
23.6690	24.7125	25.8023	26.9404	28.1287	29.3692	30.6639	32.0150
30.1128	31.6434	33.2529	34.9449	36.7235	38.5926	40.5564	42.6195
38.0388	40.2379	42.5661	45.0306	47.6388	50.3985	53.3178	56.4053
47.7877	50.8950	54.2077	57.7386	61.5013	65.5100	69.7800	74.3270
59.7788	64.1097	68.7596	73.7506	79.1066	84.8529	91.0161	97.6250
74.5280	80.4961	86.9495	93.9258	101.4654	109.6117	118.4108	127.9125
92.6694	100.8151	109.6868	119.3465	129.8611	141.3029	153.7500	167.2863
114.9834	126.0108	138.1085	151.3766	165.9236	181.8677	199.3374	218.4722
142.4295	157.2534	173.6357	191.7345	211.7230	233.7907	258.1453	285.0139
176.1883	195.9942	218.0446	242.5855	269.8882	300.2521	334.0074	371.5180
217.7116	244.0328	273.5558	306.6577	343.7580	385.3227	431.8696	483.9734
268.7853	303.6006	342.9447	387.3887	437.5726	494.2131	558.1118	630.1655
331.6059	377.4648	429.6809	489.1098	556.7173	633.5927	720.9642	820.2151
408.8753	469.0563	538.1011	617.2783	708.0309	811.9987	931.0438	1 067.2796
503.9166	582.6298	673.6264	778.7707	900.1993	1 040.3583	1 202.0465	1 388.4635
620.8174	723.4610	843.0329	982.2511	1 144.2531	1 332.6586	1 551.6400	1 806.0026
764.6054	898.0916	1 054.7912	1 238.6363	1 454.2014	1 706.8031	2 002.6156	2 348.8033
941.4647	1 114.6336	1 319.4890	1 561.6818	1 847.8358	2 185.7079	2 584.3741	3 054.4443
1 159.0016	1 383.1457	1 650.3612	1 968.7191	2 347.7515	2 798.7061	3 334.8426	3 971.7776
1 426.5719	1 716.1007	2 063.9515	2 481.5860	2 982.6444	3 583.3438	4 302.9470	5 164.3109
1 755.6835	2 128.9648	2 580.9394	3 127.7984	3 788.9583	4 587.6801	5 551.8016	6 714.6042
2 160.4907	2 640.9164	3 227.1743	3 942.0260	4 812.9771	5 873.2306	7 162.8241	8 729.9855

附　录

附录六　年金现值系数表（$PVIFA_{i,n}$）

利率为 $i\%$，期数为 n，$PVIFA_{i,n} = \sum_{t=1}^{w} 1/(1+i)^t$

期数（n）	利率（i）						
	1%	2%	3%	4%	5%	6%	7%
1	0.9901	0.9804	0.9709	0.9615	0.9524	0.9434	0.9346
2	1.9704	1.9416	1.9135	1.8861	1.8594	1.8334	1.8080
3	2.9410	2.8839	2.8286	2.7751	2.7232	2.6730	2.6243
4	3.9020	3.8077	3.7171	3.6299	3.5460	3.4651	3.3872
5	4.8534	4.7135	4.5797	4.4518	4.3295	4.2124	4.1002
6	5.7955	5.6014	5.4172	5.2421	5.0757	4.9173	4.7665
7	6.7282	6.4720	6.2303	6.0021	5.7864	5.5824	5.3893
8	7.6517	7.3255	7.0197	6.7327	6.4632	6.2098	5.9713
9	8.5660	8.1622	7.7861	7.4353	7.1078	6.8017	6.5152
10	9.4713	8.9826	8.5302	8.1109	7.7217	7.3601	7.0236
11	10.3676	9.7868	9.2526	8.7605	8.3064	7.8869	7.4987
12	11.2551	10.5753	9.9540	9.3851	8.8633	8.3838	7.9427
13	12.1337	11.3484	10.6350	9.9856	9.3936	8.8527	8.3577
14	13.0037	12.1062	11.2961	10.5631	9.8986	9.2950	8.7455
15	13.8651	12.8493	11.9379	11.1184	10.3797	9.7122	9.1079
16	14.7179	13.5777	12.5611	11.6523	10.8378	10.1059	9.4466
17	15.5623	14.2919	13.1661	12.1657	11.2741	10.4773	9.7632
18	16.3983	14.9920	13.7535	12.6593	11.6896	10.8276	10.0591
19	17.2260	15.6785	14.3238	13.1339	12.0853	11.1581	10.3356
20	18.0456	16.3514	14.8775	13.5903	12.4622	11.4699	10.5940
21	18.8570	17.0112	15.4150	14.0292	12.8212	11.7641	10.8355
22	19.6604	17.6580	15.9369	14.4511	13.1630	12.0416	11.0612
23	20.4558	18.2922	16.4436	14.8568	13.4886	12.3034	11.2722
24	21.2434	18.9139	16.9355	15.2470	13.7986	12.5504	11.4693
25	22.0232	19.5235	17.4131	15.6221	14.0939	12.7834	11.6536
26	22.7952	20.1210	17.8768	15.9828	14.3752	13.0032	11.8258
27	23.5596	20.7069	18.3270	16.3296	14.6430	13.2105	11.9867
28	24.3164	21.2813	18.7641	16.6631	14.8981	13.4062	12.1371
29	25.0658	21.8444	19.1885	16.9837	15.1411	13.5907	12.2777
30	25.8077	22.3965	19.6004	17.2920	15.3725	13.7648	12.4090

利率（i）							
8%	9%	10%	11%	12%	13%	14%	15%
0.9259	0.9174	0.9091	0.9009	0.8929	0.8850	0.8772	0.8696
1.7833	1.7591	1.7355	1.7125	1.6901	1.6681	1.6467	1.6257
2.5771	2.5313	2.4869	2.4437	2.4018	2.3612	2.3216	2.2832
3.3121	3.2397	3.1699	3.1024	3.0373	2.9745	2.9137	2.8550
3.9927	3.8897	3.7908	3.6959	3.6048	3.5172	3.4331	3.3522
4.6229	4.4859	4.3553	4.2305	4.1114	3.9975	3.8887	3.7845
5.2064	5.0330	4.8684	4.7122	4.5638	4.4226	4.2883	4.1604
5.7466	5.5348	5.3349	5.1461	4.9676	4.7988	4.6389	4.4873
6.2469	5.9952	5.7590	5.5370	5.3282	5.1317	4.9464	4.7716
6.7101	6.4177	6.1446	5.8892	5.6502	5.4262	5.2161	5.0188
7.1390	6.8052	6.4951	6.2065	5.9377	5.6869	5.4527	5.2337
7.5361	7.1607	6.8137	6.4924	6.1944	5.9176	5.6603	5.4206
7.9038	7.4869	7.1034	6.7499	6.4235	6.1218	5.8424	5.5831
8.2442	7.7862	7.3667	6.9819	6.6282	6.3025	6.0021	5.7245
8.5595	8.0607	7.6061	7.1909	6.8109	6.4624	6.1422	5.8474
8.8514	8.3126	7.8237	7.3792	6.9740	6.6039	6.2651	5.9542
9.1216	8.5436	8.0216	7.5488	7.1196	6.7291	6.3729	6.0472
9.3719	8.7556	8.2014	7.7016	7.2497	6.8399	6.4674	6.1280
9.6036	8.9501	8.3649	7.8393	7.3658	6.9380	6.5504	6.1982
9.8181	9.1285	8.5136	7.9633	7.4694	7.0248	6.6231	6.2593
10.0168	9.2922	8.6487	8.0751	7.5620	7.1016	6.6870	6.3125
10.2007	9.4424	8.7715	8.1757	7.6446	7.1695	6.7429	6.3587
10.3711	9.5802	8.8832	8.2664	7.7184	7.2297	6.7921	6.3988
10.5288	9.7066	8.9847	8.3481	7.7843	7.2829	6.8351	6.4338
10.6748	9.8226	9.0770	8.4217	7.8431	7.3300	6.8729	6.4641
10.8100	9.9290	9.1609	8.4881	7.8957	7.3717	6.9061	6.4906
10.9352	10.0266	9.2372	8.5478	7.9426	7.4086	6.9352	6.5135
11.0511	10.1161	9.3066	8.6016	7.9844	7.4412	6.9607	6.5335
11.1584	10.1983	9.3696	8.6501	8.0218	7.4701	6.9830	6.5509
11.2578	10.2737	9.4269	8.6938	8.0552	7.4957	7.0027	6.5660

期数（n）	利率（i）						
	16%	17%	18%	19%	20%	21%	22%
1	0. 8621	0. 8547	0. 8475	0. 8403	0. 8333	0. 8264	0. 8197
2	1. 6052	1. 5852	1. 5656	1. 5465	1. 5278	1. 5095	1. 4915
3	2. 2459	2. 2096	2. 1743	2. 1399	2. 1065	2. 0739	2. 0422
4	2. 7982	2. 7432	2. 6901	2. 6386	2. 5887	2. 5404	2. 4936
5	3. 2743	3. 1993	3. 1272	3. 0576	2. 9906	2. 926	2. 8636
6	3. 6847	3. 5892	3. 4976	3. 4098	3. 3255	3. 2446	3. 1669
7	4. 0386	3. 9224	3. 8115	3. 7057	3. 6046	3. 5079	3. 4155
8	4. 3436	4. 2072	4. 0776	3. 9544	3. 8372	3. 7256	3. 6193
9	4. 6065	4. 4506	4. 3030	4. 1633	4. 0310	3. 9054	3. 7863
10	4. 8332	4. 6586	4. 4941	4. 3389	4. 1925	4. 0541	3. 9232
11	5. 0286	4. 8364	4. 6560	4. 4865	4. 3271	4. 1769	4. 0354
12	5. 1971	4. 9884	4. 7932	4. 6105	4. 4392	4. 2784	4. 1274
13	5. 3423	5. 1183	4. 9095	4. 7147	4. 5327	4. 3624	4. 2028
14	5. 4675	5. 2293	5. 0081	4. 8023	4. 6106	4. 4317	4. 2646
15	5. 5755	5. 3242	5. 0916	4. 8759	4. 6755	4. 4890	4. 3152
16	5. 6685	5. 4053	5. 1624	4. 9377	4. 7296	4. 5364	4. 3567
17	5. 7487	5. 4746	5. 2223	4. 9897	4. 7746	4. 5755	4. 3908
18	5. 8178	5. 5339	5. 2732	5. 0333	4. 8122	4. 6079	4. 4187
19	5. 8775	5. 5845	5. 3162	5. 0700	4. 8435	4. 6346	4. 4415
20	5. 9288	5. 6278	5. 3527	5. 1009	4. 8696	4. 6567	4. 4603
21	5. 9731	5. 6648	5. 3837	5. 1268	4. 8913	4. 6750	4. 4756
22	6. 0113	5. 6964	5. 4099	5. 1486	4. 9094	4. 6900	4. 4882
23	6. 0442	5. 7234	5. 4321	5. 1668	4. 9245	4. 7025	4. 4985
24	6. 0726	5. 7465	5. 4509	5. 1822	4. 9371	4. 7128	4. 5070
25	6. 0971	5. 7662	5. 4669	5. 1951	4. 9476	4. 7213	4. 5139
26	6. 1182	5. 7831	5. 4804	5. 2060	4. 9563	4. 7284	4. 5196
27	6. 1364	5. 7975	5. 4919	5. 2151	4. 9636	4. 7342	4. 5243
28	6. 1520	5. 8099	5. 5016	5. 2228	4. 9697	4. 7390	4. 5281
29	6. 1656	5. 8204	5. 5098	5. 2292	4. 9747	4. 7430	4. 5312
30	6. 1772	5. 8294	5. 5168	5. 2347	4. 9789	4. 7463	4. 5338

续表

利率（i）							
23%	24%	25%	26%	27%	28%	29%	30%
0. 813	0. 8065	0. 8000	0. 7937	0. 7874	0. 7813	0. 7752	0. 7692
1. 4740	1. 4568	1. 4400	1. 4235	1. 4074	1. 3916	1. 3761	1. 3609
2. 0114	1. 9813	1. 9520	1. 9234	1. 8956	1. 8684	1. 8420	1. 8161
2. 4483	2. 4043	2. 3616	2. 3202	2. 2800	2. 2410	2. 2031	2. 1662
2. 8035	2. 7454	2. 6893	2. 6351	2. 5827	2. 5320	2. 4830	2. 4356
3. 0923	3. 0205	2. 9514	2. 8850	2. 8210	2. 7594	2. 7000	2. 6427
3. 3270	3. 2423	3. 1611	3. 0833	3. 0087	2. 9370	2. 8682	2. 8021
3. 5179	3. 4212	3. 3289	3. 2407	3. 1564	3. 0758	2. 9986	2. 9247
3. 6731	3. 5655	3. 4631	3. 3657	3. 2728	3. 1842	3. 0997	3. 0190
3. 7993	3. 6819	3. 5705	3. 4648	3. 3644	3. 2689	3. 1781	3. 0915
3. 9018	3. 7757	3. 6564	3. 5435	3. 4365	3. 3351	3. 2388	3. 1473
3. 9852	3. 8514	3. 7251	3. 6059	3. 4933	3. 3868	3. 2859	3. 1903
4. 0530	3. 9124	3. 7801	3. 6555	3. 5381	3. 4272	3. 3224	3. 2233
4. 1082	3. 9616	3. 8241	3. 6949	3. 5733	3. 4587	3. 3507	3. 2487
4. 1530	4. 0013	3. 8593	3. 7261	3. 6010	3. 4834	3. 3726	3. 2682
4. 1894	4. 0333	3. 8874	3. 7509	3. 6228	3. 5026	3. 3896	3. 2832
4. 2190	4. 0591	3. 9099	3. 7705	3. 6400	3. 5177	3. 4028	3. 2948
4. 2431	4. 0799	3. 9279	3. 7861	3. 6536	3. 5294	3. 4130	3. 3037
4. 2627	4. 0967	3. 9424	3. 7985	3. 6642	3. 5386	3. 4210	3. 3105
4. 2786	4. 1103	3. 9539	3. 8083	3. 6726	3. 5458	3. 4271	3. 3158
4. 2916	4. 1212	3. 9631	3. 8161	3. 6792	3. 5514	3. 4319	3. 3198
4. 3021	4. 1300	3. 9705	3. 8223	3. 6844	3. 5558	3. 4356	3. 3230
4. 3106	4. 1371	3. 9764	3. 8273	3. 6885	3. 5592	3. 4384	3. 3254
4. 3176	4. 1428	3. 9811	3. 8312	3. 6918	3. 5619	3. 4406	3. 3272
4. 3232	4. 1474	3. 9849	3. 8342	3. 6943	3. 5640	3. 4423	3. 3286
4. 3278	4. 1511	3. 9879	3. 8367	3. 6963	3. 5656	3. 4437	3. 3297
4. 3316	4. 1542	3. 9903	3. 8387	3. 6979	3. 5669	3. 4447	3. 3305
4. 3346	4. 1566	3. 9923	3. 8402	3. 6991	3. 5679	3. 4455	3. 3312
4. 3371	4. 1585	3. 9938	3. 8414	3. 7001	3. 5687	3. 4461	3. 3317
4. 3391	4. 1601	3. 9950	3. 8424	3. 7009	3. 5693	3. 4466	3. 3321

参考文献

[1] 艾伦·C. 夏皮罗. 跨国公司财务管理（原书第七版）[M]. 蒋屏，等译. 北京：中国人民大学出版社，2005.

[2] 财政部，等. 企业内部控制规范 [M]. 北京：中国财政经济出版社，2010.

[3] 查尔斯·T. 亨格瑞，等. 成本与管理会计（第13版）[M]. 王立彦，等译. 北京：中国人民大学出版社，2018.

[4] 劳拉·哈特曼，等. 企业伦理学（原书第3版）[M]. 北京：机械工业出版社，2018.

[5] 理查德·A. 布雷利，等. 公司财务原理（原书第八版）[M]. 方曙红，等译. 北京：机械工业出版社，2008.

[6] 曼纽尔·G. 贝拉斯克斯. 商业伦理：概念与案例（第7版）[M]. 刘刚，程熙镕，译. 北京：中国人民大学出版社，2018.

[7] 毛新述，杨有红. 内部控制与风险管理：中国会计学会2009内部控制专题学术研讨会综述 [J]. 会计研究，2009（5）：93－95.

[8] 斯蒂芬·A. 罗斯，等. 公司理财（原书第九版）[M]. 吴世龙，等译. 北京：机械工业出版社，2012.

[9] 唐纳德·E. 基索. 中级会计学 [M]. 杜兴强，等译. 北京：中国人民大学出版社，2008.

[10] 王清刚，林小飞. 内部控制与风险管理 [M]. 北京：北京大学出版社，2016.

[11] Benninga S Z, Sarig O H. Corporate Finance: A Valuation Approach [M]. New York: McGraw－Hill Publishing, 1997.

[12] Brooks L J, Dunn P. Business and Professional Ethics: For Director, Executives & Accountants [M]. 8 edition. Boston, MA: Cengage Learning, 2018.

[13] COSO. Enterprise Risk Management－Integrated Framework [R]. 2017.

[14] COSO. Enterprise Risk Management－Integrated Framework Application Techniques [R]. 2004.

[15] COSO. Internal Control－Integrated Framework [R]. 2004.

[16] COSO. Internal Control－Integrated Framework [R]. 2013.

[17] Gleim I N, Flesher D L. CMA Review－Part 2: Strategic Financial Management [M]. 2020 edition. University Station Gainesville, FL: Gleim Publications, Inc., 2019.

[18] IMA. CMA Learning Outcome Statements [EB/OL]. 2020 edition. www.

imachina. org. cn ，2019.

[19] IMA. Content Specification Outlines CMA Examinations [EB/OL]. 2020 edition. www. imachina. org. cn ，2019.

[20] IMA. Enterprise Risk Management: Frameworks, Elements, and Integration [R/OL]. www. imanet. org, 2018.

[21] IMA. Enterprise Risk Management: Tools and Techniques for Effective Implementation [R/OL]. www. imanet. org, 2018.

[22] IMA. Part 2 – Strategic Financial Management [M]. 2020 edition. Hoboken, New Jersey: John Wiley & Sons, Inc. , 2019.

[23] van Greuning H. International Financial Reporting Standards—A Practical Guide [R]. Washington, DC: World Bank, 2006.

优财（中国）CMA 培训中心介绍